JN067172

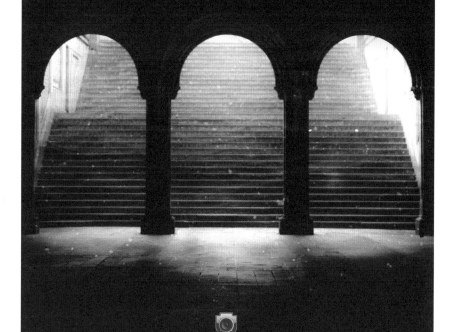

現代メタルガイドブック

監修　和田信一郎（aka s.h.i.）
執筆　清家咲乃　村田恭基　脇田涼平　つやちゃん
西山瞳　川嶋未来　藤谷千明　梅ヶ谷雄太

ele-king books

INTRODUCTION

まずはこの本の立ち位置から。本書は、「メタル」に馴染みがない人にとっての入り口を作るために書かれたものである。

・メタルをあまり聴いたことがない人に、「メタル」の全体像を紹介する。

・伝統的なHR/HM（ハードロック・ヘヴィメタル）のリスナーに、現代のメタルを紹介する。

・HR/HM以降のメタル（本書では、これを「ポストHR/HM」という呼称で括る）からメタルに入った比較的若い世代のリスナーに、HR/HMを紹介する。

・こうしたことのために、まずはHR/HMとそれ以降のメタルとの関係（旧来のメタル観では分断されたものと考えられがち）を整理し、複雑に入り組んだ豊かさをもつ「メタル」50年の歩みを網羅する。

・その上で、そこに「メタル」以外の音楽がいかに関係してきたか、特に、ポピュラー音楽全般と「メタル」がどのように影響を及ぼしあってきたかということを明示し、これまでのポピュラー音楽史では殆ど無視されてきた「メタル」がどのような存在意義を持っているのか説明する。

・以上を通して、「メタル」一般についての見られ方や歴史観を刷新し、これからの世代が「メタル」とそれ以外の音楽を分け隔てなく楽しみ論じていけるようにする土台を築き上げる。

個人的な印象としては、メタルを聴く人は近年かなり増えてきたように思う。少なくとも英語圏においては、ポピュラー音楽全般を取り扱う大手メディアはジャンルの区分をあまり気にせず、ポピュラー音楽の注目作と（その視点から評価しやすい類の）メタルを並べて紹介するところも多い。定額ストリーミングサービスに加入していれば追加料金なしで新譜をいくらでもチェックできるため、そうやって紹介されたメタルをたまたま聴いて興味を持つ機会も増えるし、このジャンルに全く馴染みのない人がいきなりコアなメタルに到達することも少なくない。しかしその一方で、メタル系の専門メディアの多くはこのような潮流に乗らず、自分からジャンル外のリスナーを引き込もうとする姿勢があまり見られない。これはメタル領域が伝統的に抱えてきた問題で、たまたま入門できてしまったリスナーを手取り足取り育てていく経路は確立されているのだが、呼び込みをするのには慣れておらず、そもそも「入り口」が開かれてさえいないことも多いのである。その一因として考えられるのが、メタルを今の音楽と繋げて紹介することができないために、「入り口」たりうる接点を見つけるのが難しいということだろう。メタル関連の音楽領域はあまりにも広く豊かなので、メタルファンはその領域内で充足できてしまい、領域外の音楽を聴かなくなる傾向がある。こうなると、同時代のポピュラー音楽とメタルを絡めて語ることが難しくなるし、そうしたポピュラー音楽を中心に聴く人の感覚に適したメタルを選ぶのも難しくなる。そこで本書では、この「入り口」を具体的に示しつつ、メタルファンの側から他のジャンルにアプローチするための取っ掛かりを作ることにも努めた。内側と外側の両方から掘り進めて「入り口」を開通させる。そうした意味において本書は、メタルに馴染みのない人とメタルファンの双方に向けて書かれたものになっている。

その上で、本書はメタル領域を可能な限り深いところまで掘り進め、旧来のメタル語りの定説を問い直すことも目的としている。例えば、初期デスメタル（Old School Death Metal = OSDM）の項に挙げられているDemilichやdiSEMBOWELMENT、Timeghoulといったバンドは、作品自体が素晴らしいだけでなく、2010年代におけるOSDMリバイバルで脚光を浴び、それ以前は全く無名だったのに今では歴史的名盤の評価を確立しつつある。しかし、こうした作品はデスメタル専門のメディア以外で取り上げられることが殆どなく、多くのガイドブックでは20年以上前に組まれたような名盤の並びがそのまま流用されている。もちろんそれが適切な場合もあるのだが、そうでない場合も少なくない。ジャンル内で常識とされている事柄を問い直し、必要があれば刷新する。そうした点においても、本書はなかなか新鮮な内容になったのではないかと思う。

以上の話に特に関係することとして、本書はメタルという音楽が創成期から備えてきた「越境性」に焦点を当てたものでもある。メタルは「様式美」という言葉とともに語られることが多いが、その型は一通りではなくサブジャンルの数だけあるし、サブジャンル内でも型から外れるものがいくらでも存在する。メタルは「メタリック」な質感さえあれば何でもそう呼んでしまえる柔軟な括りでもあるため、様々なジャンルとの混淆が起こりやすく、かなり実験的なことをやっても「メタリック」な質感の機能的快感で納得させてしまえることも多い。Judas PriestやSlipknotはその好例だろう。メタルとは、型を築きそれを足場にしながら遠く（様々な音楽領域、地域など）へ向かう音楽であり、ハイコンテクストさとキャッチーさを両立する音楽でもある。メタルに馴染みのない人もメタルファンも、このような面白さをぜひ知ってほしいものである。

こうしたことを語るために助力して下さったのが素晴らしい執筆陣である。いずれもメタルまたは他ジャンル（多くの場合は双方）に精通した実力者であり、しかも書き口がそれぞれ異なる。本書の重要な目的の一つに、メタルのレビューに欠けがちな「解釈」を書くというのがあったのだが、どの方も各々のやり方で見事に成し遂げて下さっているように思う。個人的な意見として、レビューで大事なのは「解釈の糸口を示す」ことと「興味を持たせる」ことの両立で、読むと聴いてみようかという気になる上に聴いてから読むと鑑賞の手掛かりが得られるのが理想的なレビューだと考えているのだが、これはかなりの割合で達成できているのではないだろうか。

ページ数の問題もあって本文で語れなかったことについても簡単に触れておきたい。ある程度は知られているように、メタル領域には社会的に問題のある事柄も多い。マッチョイズムやミソジニー、虐待、危険思想やそれがもたらした犯罪など。そして、そうした問題を抱えるミュージシャンが優れた音楽作品を生み出し、大きな影響力をもたらしてきたこと。例えば、故 Peter Steel が 80 年代に組んでいた Carnivore というスラッシュメタルバンドには 'Male Supremacy' や 'Jesus Hitler' といった曲があり、その歌詞はシニカルなブラックユーモアという言い訳では済まされないくらい酷いものなのだが、このバンドを解散した後に Peter が結成した Type O Negative は、そうした姿勢を前面に出さない極上のゴシックメタルでシーンに大きな影響を与えた。このような関係は真摯に議論されなければならないものだが、メタル全般についての十分な状況認識が共有されずに話題性だけが先行するのも好ましくない。本書はこういったことの前提を準備するために構築されたものでもあり、各レビューやコラムに必要事項をまぶしてはいる。とはいえ、女性がメインのバンドを大枠にできなかったのは反省しなければならないだろう（Boris と BABYMETAL は一応該当すると言えなくもないが）。これは自分も勉強を重ねつつ今後の課題としたい。

なお、本文中に挙げられているジャンル用語の説明については、各ジャンルを代表する名盤や傑作が最低限網羅されているので、簡略化した説明を読むよりもその作品自体を聴いて感覚的に了解する方がいいと思われる。その場での説明が足りないようでいて、他の項目では補完的な説明がなされているものも多い。いろいろ併せて読み込んでいただきたい。

本書の企画を立ち上げ多くの助言を下さったPヴァインの大久保潤氏にはこの場を借りて深く感謝申し上げる。ここまで充実した本に仕上げられるとは思っていなかった。本書が様々な分野の方に届き、何かのお役に立てれば幸いである。

2022 年 10 月　和田信一郎（s.h.i.）

1

注目すべき10アーティスト

本章では、現代のメタル領域における重要グループ 10組について述べている。この並びは従来のメタル系ガイドブックからすると極めてイレギュラーだが、現代のメタル語りに欠かせない事柄を集約したものでもある。メタルがもともと備えていた越境性や革新姿勢は今に至るまで常に受け継がれてきたのに、メディアの側はこうした部分にあまり注目せず、サブジャンルの棚に割り振った後は各々の相関関係を問い直すこともない。こうしたサブジャンルの増加について言われる「細分化」とは、音楽をジャンルとの紐付けでしか考えない上にジャンル間の関係性も考えない、語る側の責任も大きいのではないか。本章で挙げられている 10組のグループはみな優れたジャンル越境性を持っており、上記のような棚割を軽々包み込む「メタル」の柔軟性を体現している。以降の章（各々のジャンルについて詳説）と併せてお読みいただけると幸いである。

BORIS with MERZBOW

2R0I2P0

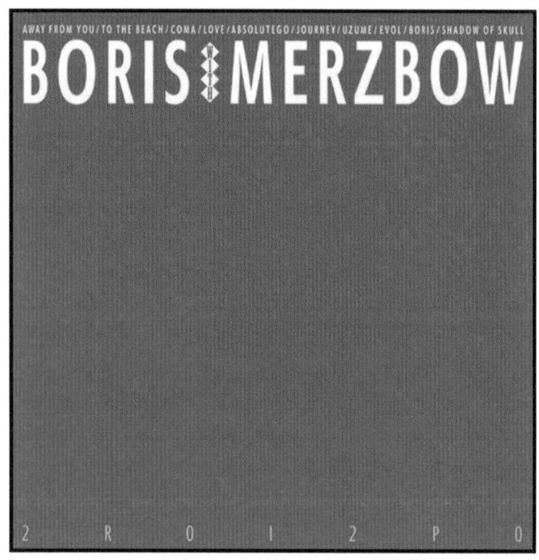

■日本（2020）■Relapse Records

Metal Archivesのジャンル紹介欄にVariousと記載される超越境バンド、同じく日本を代表する音楽家Merzbowとの共演作。2019年欧州ツアーでのオールタイムベスト選曲をもとに構築した作品で、Borisならではの強靭なスラッジ〜ドローン・ドゥームと、Merzbowの一般的イメージからは想像できないような柔らかいノイズ音響とが、理想的な融合を遂げている。聴き手を無慈悲に蹂躙する爆音と、それとは対照的にどこまでも優しく耳を撫でてくれる音色の配合は、陽光を艶やかに弾く虹の雨だれのようでもある。スピーカーで聴けるASMRとでも言うべき、稀有の音響快楽に満ちた傑作である。

日本の音楽を海外の音楽よりも低く位置付ける「洋楽至上主義」は、近年はだいぶ薄まってきたが、少し前までは色濃く存在し、優れた国内音楽の見落としに繋がってきた。メタル周辺に限ってみても、DEATH SIDE、SighやSabbat、DIR EN GREYやBABYMETALなど、国外で熱狂的なファンを抱え大きな影響をもたらしてきたのに国内メディアでは十分に語られないようなバンドが多い。Borisはその筆頭で、日本の地下シーンを代表するバンドとしてマニアから一目置かれるものの、一般的な知名度は殆どなく、作品やライブの売り上げは国外のほうが遥かに大きい。こうした歪な状況は早急に見直されるべきだろう。

Borisが十分に評価される機会を得られていないのは、そのジャンル越境的な在り方によるところも大きいのかもしれない。冒頭で述べた音楽性に加え、ヴィジュアル系やアニソン、ボーカロイドや同人音楽まで何でも網羅するBorisは、メディアのジャンル縦割り姿勢では確かに扱いづらい存在ではある。しかし、だからこそ読み込みがいがあって面白いし、一つのバンドを聴くだけであらゆる領域にアクセスできてしまう。本作は、その入り口としても最適である。〈和田〉

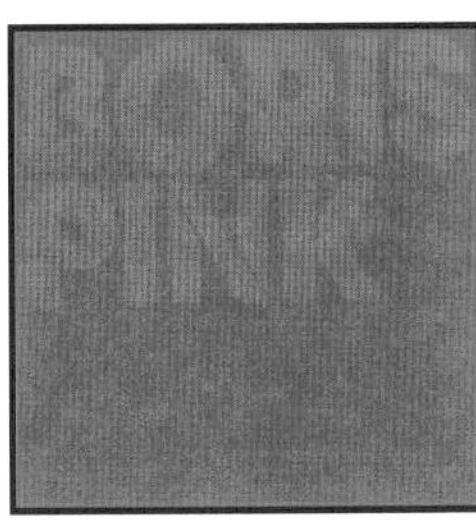

BORIS
Pink

ヘヴィロック路線の大文字 BORIS とアンビエント路線の小文字 boris、その双方をバランス良く集約した代表作。場面単位で曲調が変化する音楽性の豊かさは無節操にも思えるが、音響の質や展開ペース＝時間感覚が一貫しているからか、繋ぎに違和感はなく不思議な一体感がある。Pitchfork の 2006年ベスト 9 位に選出、海外での出世作となった。〈和田〉

■日本（2005） ■Diwphalanx Records / Southern Lord Records

Boris
New Album

ボーカロイドやヴィジュアル系、同人音楽などに焦点をあてた一枚。成田忍（4-D mode 1）の緻密な編集を経た音像は、デジタル化したドリームポップのようでもあるし、COALTAR OF THE DEEPERS に通じるところもある。「少年ナイフって、欧米にとっての初音ミクだと思うんです」「早く CG になりたいですね」という当時の発言も印象的。〈和田〉

■日本（2011） ■Tearbridge Records

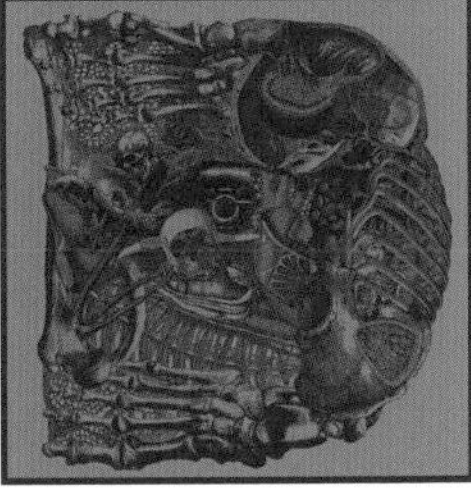

Boris
Dear

スラッジコア～ノイズコア～フューネラル・ドゥーム路線を極めた傑作。このジャンル屈指の極上音響（自身で録音しミックスは中村宗一郎が担当、プロデュースは成田忍）のもと、Boris ならではの間（ま）の表現力、いわばドローンぢからが理想的なかたちで示されている。アルバム全体の構成も素晴らしい。バンド自身も重要作と認める名盤である。〈和田〉

■日本（2017） ■Sargent House

Boris
Heavy Rocks

このタイトルでは 3 作目。1968 年以前のプロト・ヘヴィロックを意識したとのことだが、GASTUNK のような混沌メタルパンクにフューネラル・ドゥームやインダストリアルメタルを混ぜた感じの音像で、トランスレコード周辺～ヴィジュアル系黎明期を想起させる豊かさも。様々な文脈を汲み取りつつ出音は完全に個性的。〈和田〉

■日本（2022） ■Relapse Records

Devin Townsend

Empath

■カナダ（2019） ■Inside Out Music

ソロ名義での 8th アルバム。プログメタルの歴史を総覧しつつ新たな次元に押し上げた。膨大な音楽語彙を統合、入り組んだ構造を聴きやすく示す仕上がりは、一つの複雑な生態系のようであり、Devin 自身の切実な希求を体現するものでもある。この人の数多い作品の中でも代表作と言える一枚である。

Devin Townsend は、メタルの歴史全体をみても、個人単位では突出したアーティストと言えるだろう。完璧な発声、達人級のギター、異常な多重録音をすっきりまとめる音響構築などの技術は勿論、それらを舵取るヴィジョンがずば抜けている。HR/HM から出発しつつ、ABBA やブロードウェイ音楽、ニューエイジやダークアンビエントにも大きな影響を受けた音楽性は、一般的なメタルが包含する領域を大幅に逸脱するものであり、そこには様式美的な固着に対する抵抗、自身と向き合い変化し続けようとする意志が漂っている。ジャンル屈指の逞しい声を持ちながらもそれを誇示しない歌唱は、メタルに付きまとう男性的なイメージに向き合いつつ疑念を呈す姿勢の顕れだし、地に足が着かない綺麗なだけのものになりがちなニューエイジを扱っても嘘臭くならないのは、そうした美しさを切実に求める深みが伴うからでもある。このような意味において、メタルというものの核に最も迫る存在の一人だと言える。

本作は、以上のような在り方が理想的な完成度で示された作品である。Enya 的なコーラスが映える ‘Spirits Will Collide’、激烈なデスメタルを暖かく彩る ‘Hear Me’、オペラ歌唱と絶叫が自然に繋がる ‘Why?’、そして 24 分に渡る究極の名曲 ‘Singularity’。躁と鬱をひと所に受けとめ、ジェットコースターのように揺れつつも大樹の如く安定する佇まいは、Empath（共感者）というタイトルをこの上なく見事に体現するものだろう。数十年に渡る音楽の旅路を見事に総括してみせた集大成。〈和田〉

Strapping Young Lad

City

この名義での 2nd アルバム。Foetus や Morbid Angel に触発されたインダストリアル＋デスメタルで、直近の音楽業界活動で被った不快感を全放出。絶叫のまま美旋律を歌い上げる Devin のヴォーカル、後期 Death で名を馳せた Gene Hoglan の超絶ドラム、Deftones を強化したような異常音響など全てが驚異的。知名度的にはこれが Devin の代表作。〈和田〉

■カナダ（1997）■Century Media

Devin Townsend

Ocean Machine: Biomech

ソロ名義での 1st アルバム。Steve Vai の “Sex And Religion” で見出される前から書き溜められていた作品で、契約を得られず自身のレーベルを設立して発表された。“City” とニューエイジを混ぜたような曇り気味の明るさにはこの時期特有の優れた深みがある。Phil Spector とも My Bloody Valentine とも異なる超絶音響を確立した。〈和田〉

■カナダ（1997）■HevyDevy Records

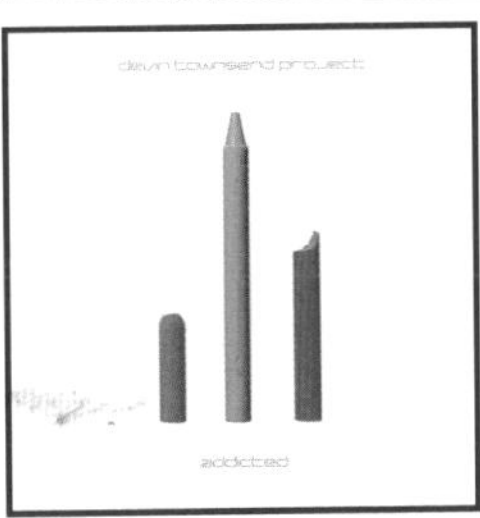

Devin Townsend Project

Addicted

この名義での 2nd アルバム。次作 “Deconstruction”（プログデス代表格が集結）の前座として作られた「過剰なポジティブさがもたらす不条理がテーマ」の歌もので、Anneke van Giersbergen（ex. The Gathering）との二重唱が全編素晴らしい。名曲 ‘Supercrush!’ は Devin の音楽の一つの到達点。近年の Anathema にも通じる佳作である。〈和田〉

■カナダ（2009）■HevyDevy Records

Devin Townsend

The_Puzzle

ソロ名義での 9th アルバム。これまで取り組んできた膨大な音楽語彙が新技を交えつつ薄暗がりのなかで忙しなくコラージュされていく趣の作品で、現在地を見失いながらも不思議な安らぎが得られるような居心地は、Van Dyke Parks の “Song Cycle” や Jim O'rourke の “The Visitor” にも通じる。ベストの一つと言える驚異的な作品だ。〈和田〉

■カナダ（2021）■HevyDevy Records

Ulver

Shadows of the Sun

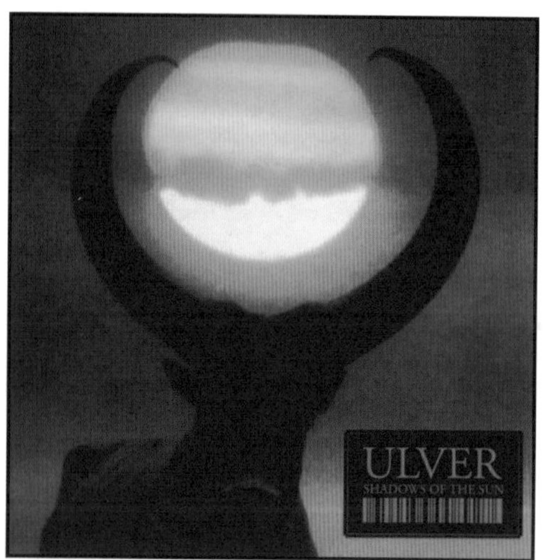

■ノルウェー（2007） ■Jester Records

メタル領域を代表する越境バンド、活動15年目の9thアルバム。緻密な電子音響と優美な管弦楽を融合、リーダーKristoffer Ryggの特徴的な美声で彩った一枚で、1999年以来の脱メタル路線の総決算となった。自身も代表作として誇る、このバンドにしか生み出せない類の名盤である。

Ulverはノルウェーの初期ブラックメタルを代表するバンドで、1stアルバムと3rdアルバム（別項参照）はメタル史上屈指の傑作として高く評価されている。ただ、Ulverがメタル・サウンドを扱っていたのは4thアルバムまでで、それ以降はロック要素すらない電子音楽を追求していく。90年代末になるとKristofferの嗜好はIDM（Autechreなど）やインダストリアル（Nurse With Wound、Coilなど）に向かい、1998年に加入したTore Ylwizakerの技術がこうした路線を実現可能にする。その成果を歌もの形式に落とし込んだのが“Shadows of the Sun”で、奥深い作り込みと明快な展開が絶妙に両立されている。アンビエントやニューエイジに通じる柔らかい音響なのに甘さは微塵もなく、大自然の厳しさが身に染みるような冷たさがあるのは、上記のダークな電子音楽の系譜にあるからだろうし、元ジャンルの爽やかなイメージを絶妙に汚しつつ利用するメタルの流儀が示されているからでもあるだろう。脱メタルを成功させた上でメタル領域でも確かな支持を得ている秘訣は、このあたりにもあるのではないかと思われる。

Ulverのこのような音楽遍歴は、ノルウェーのブラックメタルシーンの気風を反映するものでもある。カルト犯罪のイメージが強いシーンだが、特有の“他人と被ったら負け精神”は70年代のプログレッシヴロックや80年代のポストパンクにも通じ、早熟の天才たちが鎬を削って生み出した傑作群は音楽史全体で見ても屈指の豊かさを誇る。Ulverはその代表格であり、全ての作品を聴く価値がある優れたバンドなのである。〈和田〉

Ulver

Bergtatt: Et Eeventyr i 5 Capitler

1st アルバム。確立されつつあったブラックメタルの語法にフォーク〜トラッドの要素を大幅導入した作風で、2010年代以降にインディロック方面でも注目されるポストブラックメタルの型はここで殆ど出来ている。Slint のような初期ポストロックに通じる要素も備えつつ、この時期の北欧地下メタル特有の仄暗い空気感が絶品。歴史的名盤である。〈和田〉

■ノルウェー（1995）■Head Not Found

Ulver

Natttens Madrigal - Aatte Hymne til Ulven I Manden

プリミティヴ・ブラックメタル形式を追求した大傑作 3rd アルバム。激しいハーシュノイズを伴う籠った音響は一般的な感覚からすると極悪だが、緻密な作編曲（ギター２つ＋ベースによる対位法的アレンジなど）とのバランスが絶妙で、激情表現に優れた説得力を加えている。世界中のエクストリームメタル〜ハードコアパンクに影響を与えた。〈和田〉

■ノルウェー（1997）■Century Media Records

Ulver

Messe I.X - VI. X

Tromsø Chamber Orchestra との連名で発表された 12th アルバム。アルヴォ・ペルトやジョン・タヴナーといったミニマル〜神秘主義の作曲家からの影響を発展させた音楽性で、約 30 名の室内楽オーケストラと緻密な電子音響が完璧に融合。無意識の底にそっと潜っていくような瞑想的な居心地が絶品、電子音楽路線の一つの到達点と言える。〈和田〉

■ノルウェー（2013）■Jester Records

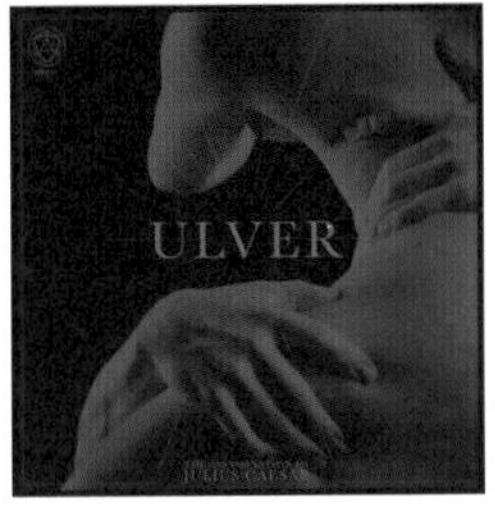

Ulver

The Assassination of Julius Caesar

歌ものポップスに大幅転換した 15th アルバム。ダークウェイヴやシンセポップ、Depeche Mode などと比較されるが、Kristoffer は殆ど聴いたことがなかったらしい。従来の活動で培った語彙をコンパクトな歌ものに集約した楽曲の出来は最高で、‘Coming Home’ 終盤のキックなど驚異的に優れたビートも多く、ベストの一つと言える。〈和田〉

■ノルウェー（2017）■House of Mythology

■UK（1987） ■Earache Records

Napalm Death
Scum

グラインドコアの誕生を告げる歴史的名盤1st アルバム。曲の短さと多さが衝撃を与えたが、各曲のリフや展開は明確に描き分けられ、全体の流れは起伏に富む。テープトレードやZINEを通し世界中から受けた影響を素早く反映させる姿勢は、地下水脈のように繋がるシーンの在り方を示すものでもある。新たなジャンルが立ち上がる瞬間の混沌を捉えた名作。〈和田〉

■UK（1988） ■Earache Records

Napalm Death
From Enslavement to Obliteration

伝説的メンバーが集結した2nd アルバム。独自の個性を確立したリフ展開は一見どれも同じようにみえるが実は多彩で、モノトーンな印象と表情の豊かさを絶妙に両立。最初と最後をSwans 的な遅重曲で挟む構成も冴えており、アルバムとして完璧な流れまとまりが出来ている。このジャンルの代表的名盤であり、ベストに挙げるファンも多い。〈和田〉

■UK（1990） ■Earache Records

Napalm Death
Harmony Corruption

メンバーに大幅な変更があり、Mark “Barney” Greenway（ex-Benediction/Vo）、Jesse Pintado（ex-Terrorizer/Gt）、Mitch Harris（Gt）の3名が新加入した3rd。Morrisound Recordingにて名匠Scott Burnsの元で制作、#5にGlen Benton（Deicide）とJohn Tardy（Obituary）も参加。音も一気にフロリダ・デスメタル化。予測不能なビートの応酬が彼らならでは。〈村田〉

■UK（2000） ■Dream Chatcher

Napalm Death
Enemy of the Music Business

9th アルバム。グルーヴメタルやニューメタルに取り組んできた90年代の成果を踏まえ独自のメタリックハードコアを確立した作品で、11拍子を滑らかに聴かせる冒頭曲をはじめ、複雑な作り込みと機能的快感を両立する手管が素晴らしい。Napalm Deathの作品を一通り聴けばエクストリームメタル一般の変遷がよくわかる。ここに挙げた5作品以外もぜひ。〈和田〉

Napalm Death

Throes of Joy in the Jaws of Defeatism

■UK（2020）　■Century Media Records

グラインドコアを確立し、このジャンル特有の越境精神を保ちながら多様なうるささを追求し続けているバンド、活動40年目の17thアルバム。ブラックメタルなどの要素を取り込んだ近年の路線の集大成で、Decibel Magazineの年間ベスト1位をはじめ、様々なメディアで非常に高く評価された。このジャンルが「速くてうるさいだけ」だと思っている人は特に聴いてみてほしい。

グラインドコアというと、“Scum”A面の最後を飾る1秒の名曲‘You Suffer’の印象が一般的には強く、他もだいたい同じ感じだろうと考えている人も多そうだが、実情は全く異なる。Napalm Deathの初期メンバーは脱退後に新たなジャンルの創始者になった者が多く、Bill Steer（Carcass）やLee Dorrian（Cathedralほか）、Justin Broadrick（GodfleshやJesu）など、各人の音楽的持ち分はメタルシーンの全域に及ぶ。また、Mick Harris（FretやScorn）を介してJohn ZornやBill Laswell、P-Funkにも繋がる人脈は驚異的に広く、ロック周辺音楽すべてを見渡しても屈指の越境姿勢が示されている。こうした在り方は現メンバーにも受け継がれており、一般的に名盤と言われる1st～3rdアルバムの後も、それらに勝るとも劣らない傑作が幾つも生み出されてきた。グラインドコアとは気合と限界突破の音楽であり、ブラストビートの高速を軸とする一方で、そこには複雑な作り込みと開拓精神が伴う。メタル～ハードコア特有の探求姿勢を最高度に体現するジャンルなのである。

以上にも関連する話として本作で重要なのが「文脈の提示」だろう。初期Swans的ジャンクからSonic YouthとRudimentary Peniのカバーに繋がる流れ（日本盤CDのみ）はNYの地下シーンからアナーコパンクに遡る系譜を示唆しているし、他の曲でも、曲構成やグルーヴの描き分けで様々な文脈が接続されている。こうした批評性と機能的快感の両立が本当に見事。過去と未来を繋げる姿勢が示されている。〈和田〉

The Body

I Have Fought Against It, But I Can't Any Longer.

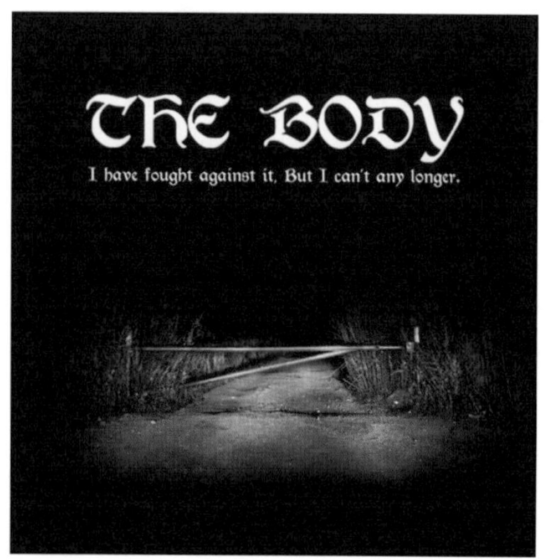

■US (2018)　■Thrill Jockey Records

Lee Buford と Chip King によるデュオバンド、単独名義では6作目となるフルアルバム。タイトルはヴァージニア・ウルフ（20世紀モダニズム文学の主要作家であり、フェミニズムと両性愛者の観点からも非常に重要な役割を担った）の遺書の一節から。過去音源のサンプリングから再構築された作品で、ダブやヒップホップと讃美歌をインダストリアル経由で融合するような音楽性が、独自のシニカルながら真摯な姿勢のもと描き抜かれている。メタルに根差しながらもその一般的イメージから逸脱する表現力は、Pitchfork の 2018年ベスト（メタル枠）に選出されるなど、メタル専門でないメディアからも高く評価された。現代の「メタル」を考える上で最も重要な作品の一つである。

The Body の表現志向をよく示す発言に、「アンダーグラウンドはポピュラー音楽からもっと多くのことを学ぶ必要がある。Beyoncé のコーチェラ、Cardi B、そして Taylor Swift が Charli XCX や Camila Cabello と回ったツアー。このレベルの包括性が生じてほしい」というものがある。本作に限らず、近年のメタルはポピュラー音楽におけるジャンル越境志向や包括・協働姿勢に触発され、旧来の悪弊を見直すバンドが増えているが、専門メディアはそれに追いついておらず、外からの評価に追随することも多い。The Body のような存在は、本来ならばメタル側が自発的に評価できなければならないものである。実際、それだけの凄みと広がりがある素晴らしいヘヴィ・ミュージックなのだ。

本作で重要なのが、シニカルではあるが悪意はないということだろう。Lee の言う通り、The Body の音楽には暗さはあるが恐怖はない。'Nothing Stirs' で悲痛な叫びを上げる Kristin Hayer（Lingua Ignota）の声から伝わってくるのも、絶望というよりはむしろ「いま戦っている」こと。サザン・ゴシックの仄暗い温かみが漂う、厳しくも力強い「メタル」の傑作である。〈和田〉

The Body

All the Waters of the Earth Turn to Blood

出世作となった2nd アルバム。リフを軸とするメタル系譜の曲構造が比較的はっきり残っているが、激重スラッジパートでも音色の処理はインダストリアル〜ダブ的で、定型的なメタルから離れようとする志向は既に顕れている。'Ruiner' あたりからは Amebix のようなクラストパンクの薫りも。静かな讃美歌パートとそれ以外の対比も効果的な佳作。〈和田〉

■US（2010）■At A Loss Recordings

The Body

No One Deserves Happiness

単独名義作としては最も聴きやすいと思われる5th アルバム。Beyoncé のベースラインや Donna Summer のグルーヴを参照したという作品で、ELO や The Beach Boys などの卓越したポップソングや80年代ダンスミュージックからの影響がエクストリームメタル流に再構築されている。Death Grips あたりにも通じる現代ビートミュージックの傑作。〈和田〉

■US（2016）■Thrill Jockey Records

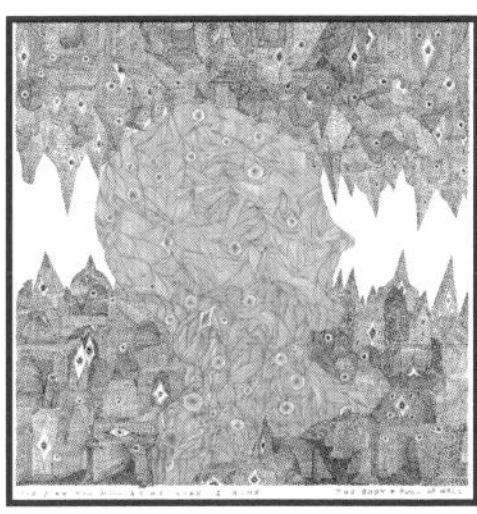

The Body + Full of Hell

One Day You Will Ache Like I Ache

The Body はコラボレーション作品が多く、単独名義作で前面に出ないメタル的な質感はそちらで活かされることが多い。超越境的グラインドコア Full of Hell との本作では、BPM80（アクセント少なめ）の遅い展開に激速ブラストが絡む冒頭曲など、地下メタル領域だからこそ可能になる素晴らしいビート構築が多数。リフ展開もわかりやすい。〈和田〉

■US（2016）■Neurot Recordings

The Body and BIG|BRAVE

Leaving None But Small Birds

BIG|BRAVE はドローンやカントリーの要素を活かしたスラッジバンド。このコラボレーション作はそこに欧州トラッド風味を加えた作風で、復活後の Earth を Led Zeppelin に寄せたような趣も。本項に挙げた他4作品のような地獄感はないが、独特の緊張感は確かに漂い、それが穏やかな曲調と絶妙な配合をなしている。聴き込むほどに味が出る逸品。〈和田〉

■US／カナダ（2021）■Thrill Jockey Records

Meshuggah

Nothing

■スウェーデン (2002)　■Nuclear Blast

メタルのリズム・和声・音響に革命を起こしたバンド、そのスタイルを確立した 4th アルバム。パーツは変拍子なようで実は 4 拍子系に収まるリフ構成、Allan Holdsworth の無調寄りコード感に澄明な潤いを加えたサウンド、8 弦ギターを駆使した著しく魅力的な重低音は、メタルの機能的快感を極めつつ大幅に拡張するもので、現代ジャズなど他領域にも大きな影響を与えた。2000 年代以降の音楽における最重要グループの一つである。

Meshuggah の音楽は「ポリリズム」「変拍子」のような言葉で語られることが多く、難解なものだと考えられがちだが、確かに複雑ではあるけれども、特有の規則性を把握できれば意外なほど快適に聴けるものでもある。Meshuggah のリズム構造はギター & ベースリフによる単一の軸からなる。そのリフも、基本的には〈A＋A'〉× n＋A" という構成で、A だけみれば変拍子でも全体では 4 拍子系に収まる。例えば、'Perpetual Black Second' の序盤は以下のような構成である。

① 0'01〜0'14：〈7×2〉×4＋8＝64（8 拍× 8 小節）

② 0'27〜0'39：〈10＋8〉×3＋10＝64

③ 0'52〜1'05：〈4＋5〉×6＋〈4＋5＋1〉＝64

つまり、〈 〉部分だけ聴くと 2 秒ほどの変拍子に思えるが、実はトータルで 13 秒ほどの長い 4 拍子系になっている。この構造を模してハードコア的な躍動感を加えた Djent（ジェント）は 2000 年代以降のメタルの定番の一つになるほど普及した。音楽におけるリズム〜グルーヴ表現に革命を起こしたバンドなのである。

以上のこととはまた別に素晴らしいのが、ある種アンビエントにも通じる居心地の良さだろう。明るい暗黒浮遊感を醸し出す不協和音はどんな気分にも合い、一定の BPM を保つ 4 拍子の枠内で広がりを生むリズムは、聴き手の集中力を引き出しつつ安定して没入させる。アルバム構成も完璧で、文字通り無限に聴ける。複雑さとポップさを理想的に兼ね備えた、不世出の大傑作である。〈和田〉

Meshuggah

Destroy, Erase, Improve

メタルシーンに絶大な衝撃を与えた 2nd アルバム。先述のスタイルはまだ未完成で、代表曲 'Future Breed Machine' ソロ部の 13 拍子など変則的な展開も多いが、そうしたところも含め当時の基準では常軌を逸して高度な音楽性が魅力的に示されており、無数のフォロワーを生んだ。後の作品では控えめになる北欧的叙情も素晴らしい。〈和田〉

■スウェーデン（1995）■Nuclear Blast

Frederik Thordendal's Special Defects

Sol Niger Within

Meshuggah のリードギタリスト Fredrik 唯一のソロ作。先述の長周期リズム構成を確立、溢れ出るアイデアを 44 分の組曲にまとめたアルバムで、Devin Townsend にも関わる超絶ドラマー Morgan Ågren など、同郷の達人が大集結。メタル史上屈指の美しさを誇る怪作となった。後の作品に比べ軽く鋭いギターサウンドは Djent の直接の雛形と思われる。〈和田〉

■スウェーデン（1997）■Ultimate Audio Entertainment

Meshuggah

Obzen

代表作とされる 6th アルバム。リフ周期の長尺化が本格化した作品だが（'Lethargica' は冒頭 16 小節 36 秒間が一周期）、綺麗に裏拍に入るスネアドラムや速いパートの多さがとっつきやすさに繋がり、売上の面でも成功した。構造を理解できなくても楽しくのれる仕上がりは Meshuggah の真骨頂。前後の路線の過渡期としても意義深い。〈和田〉

■スウェーデン（2008）■Nuclear Blast

Meshuggah

Immutable

9th アルバム。7th と 8th はリフ周期の長尺化が過剰になり、高品質ながらも焦点が定まらない印象があったが、本作では同じ路線の上で優れた完成度を示している。'Broken Cog' イントロの〈7＋15〉×8＋〈7＋9〉＝192＝〈3×4〉×16 など超変則的な展開も明快に洗練。作曲のメインを担うようになった Mårten Hagström の仕事も見事。〈和田〉

■スウェーデン（2022）■Atomic Fire

Bring Me The Horizon

amo

■UK (2019)　■RCA

度々指摘されることではあるが、現在のメタルは〈型〉の音楽である。他ジャンルの要素を取り入れ変化を重ねてきた歴史があるものの、それは絶妙な匙加減で成り立っており、基本的には他ジャンル要素は型をさらに強固に補強していくエンジンオイルでありデコレーションとしての作用を欲されている。あるいはこうも言えるだろう──メタルとは、適度な型を保持しつつ〈ヘヴィ〉な音を重さ／速さ／質感といった様々な角度から再解釈し磨き上げるために、フレッシュな他ジャンルの音を取り入れる試みの蓄積である、と。ゆえに、何か表現したいことがあり楽器をかき鳴らした末に気づいたらメタルが出来上がっていた、というケースは今では稀なのだ。メタルは、基本的にはメタルへの自意識によって成り立っている。裏返すと、メタルの世界で頭一つ抜きん出るためにはその絶妙なバランスの元で型を揺さぶる必要がある。やりすぎず、良き塩梅で。

本作は、その点で非常に危ういポジションにいる。トラップ・ミュージックの構造や音の鳴りを研究し尽くした上でアウトプットされた楽曲は、メタルの型をキープしているものからもはや手放しているものまで、幅広い。それはかつてSlayerが"Diabulus in Musica"で、In Flamesが"Reroute to Remain"で舵を切ったモダン化とは次元が異なる。どちらかと言うと、もっとラディカルにメタルがヒップホップを取り入れたKornやLimp Bizkit等のニューメタル勢のアプローチに近い。つまり、ニューメタルバンドとBMTHは、(2010年代にさかんに言われた)ブーンバップとトラップというヒップホップ内の二項のアプローチをそのままメタルの次元で試みている存在として置きかえることができる。本作は、それほどの大きな挑戦であろう。しかし、だからこそ型は良き塩梅を通り越して激しく揺さぶられ、ある瞬間にメタルから逸脱する。メタルに対する意識の塊のようなアルバムでありながらも時に自我が暴走してしまう、スリリングさ宿る攻めの一手。〈つや〉

■UK（2006）■Visible Noise

Bring Me The Horizon
Count Your Blessings

デビュー・アルバム。メロディック・デスメタルからメタルコアへと時代が移り変わっていく転換期のトレンドをしっかり押さえ、加えてデスメタルやブラックメタルの要素を盛り込みクロスオーヴァーさせている。Oliverのヴォーカルは、デスメタリックなグロウルに加え、張り裂けるようなハイピッチ・スクリームを織り交ぜており、この頃からカリスマ性は健在。〈脇田〉

■UK（2008）■Visible Noise

Bring Me The Horizon
Suicide Season

賛否両論の激しかった1stを乗り越えた2ndアルバム。感情を腸（はらわた）ごと全て吐き出す勢いのヴォーカルと憤りの発露で世界をスローモーションにするブレイクダウン、よりストレートにブラッシュアップされたデスコア・サウンドは主にティーンに人気を博しファンベースの獲得に繋がった。後発のリミックス盤には既に越境志向が。〈清家〉

■UK（2013）■Epitaph

Bring Me The Horizon
Sempiternal

ポストハードコアに接近、より研ぎ澄まされた4th。本作をきっかけに正式加入したシンセ／プログラミング担当Jordan Fishが鍵となって電子音やアンビエントを活かしたサウンドに発展。リード・トラック‘Can You Feel My Heart’のイントロで印象的に用いられるヴォーカルのループなどは現在のSFテイストと地続きで、後のアリーナ・クラスの成功への呼び水となっている。〈清家〉

■UK（2020）■Sony Music, RCA

Bring Me The Horizon
POST HUMAN: SURVIVAL HORROR

前作“amo”がソフトで弱さを丁寧に描いた作品だったのに対し、反動のごとく暴力的に始まる。前作で強弱の「弱」が強化されたことで、荒々しい「強」も愛と優しさを包摂したさらに強いものに。多彩なゲストを迎え、荒々しくもマッチョにはならない。生物のように脈動し体温を持ちながら、時代とともに柔軟に進化するバンドの強さを感じる。〈西山〉

聖飢魔 II
THE OUTER MISSION

■日本（1988） ■Fitzbeat

5枚目となる大経典（アルバム）。初期の様式美HM路線でも滲み出ていた多彩な音楽要素を前作“BIG TIME CHANGES”で全開放、その勢いに乗って制作された一枚で、Journeyを想起させる煌びやかなHRサウンドと、Frank ZappaやU.K.に通じるプログレッシヴな奥行きとが、極上のポップセンスのもとで美しく統合されている。全曲の音楽性が異なるのに全体の流れは完璧、特に最後の曲における7拍子のギターソロは奇跡的な名演。

聖飢魔 II（せいきまつ）は今でこそ実力が認められ、2021年以降は『BURRN!』誌の表紙を2度飾るなど、メタル領域でも表立って称賛されるようになってきた。しかし、その『BURRN!』が1st大経典（1985年）に「技術はあるのに邪道を走ってしまった」0点という評価を下してからは、HR/HMシーンで取り上げられることが長い間なかった。これは日本のメタル語りにおいては大変な損失だったわけだが、バンドにとっては必ずしも不利に働かなかったのが興味深い。聖飢魔 II の構成員はみな「HR/HMもできる他ジャンルの超一流」で、多彩な素養を活かし作品ごとに全く違う音楽性に取り組んできた。そうした活動は、「ピュアなHR/HM」を美徳とし要求するシーンでは到底不可能だったが、そこから生み出された傑作群がメタルへの入り口となり、シーンを外側から耕してきた面もある。というふうに、結果論としては良かったわけだが、そろそろ適切な音楽的評価がなされてもいい頃ではないだろうか。そうならないのはあまりにも惜しい、金脈といえるバンドなのである。

本作はその中でも屈指の傑作である。‘RATSBANE’ ひとつとっても、Dビートと4ビートをファンク経由で融合した盤石のリズム隊のもと、John ScofieldとPaul Gilbertが美しいソロを交換しあうような展開がたまらない。私はこれをメタル史上最高のアルバムの一つだと思っている。未聴の方はぜひ。〈和田〉

■日本（1986）■Fitzbeat

聖飢魔II

THE END OF THE CENTURY

幕開けにインストで濃厚に世界観を提示しスピード曲へ突入、ツインギターとハイトーンヴォイスで爆発し悪魔の世界を説く、至極真っ当な正統派ヘヴィメタルである。激動と優しさの相俟った歌唱にタイトな演奏、前例のない完璧な演出ゆえ、当時このモンスターバンドを正当に評価する準備はできていなかった。先行するALFEEなど邦楽ロックの流れも忘れてはいけない。〈西山〉

■日本（1998）■BMG, Ariola

聖飢魔II

NEWS

オリジナル大経典としては10作目。90年代前半の迷走を断ち切るかのように明るく弾けた一枚で、ルーク篁参謀のメロディセンスが抜群の冴えをみせている。（"THE OUTER MISSION"まではエース清水長官が主導、従って色合いの配合が異なる）。構成員の演奏表現力も一層素晴らしい。全編ポップだが意外と似たもののない歌謡HR/HM。〈和田〉

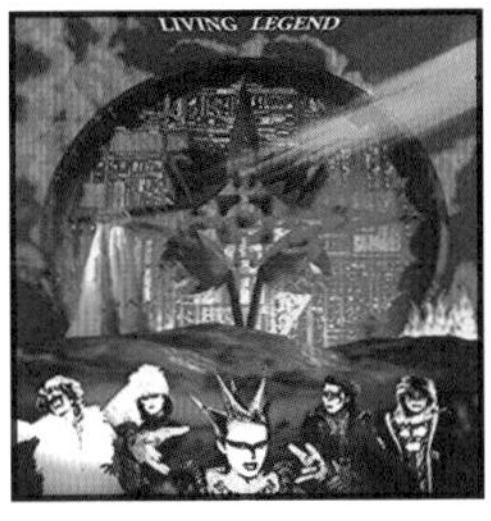

■日本（1999）■BMG, Ariola

聖飢魔II

LIVING LEGEND

1999年末に解散するという公約を守り、最後のオリジナル作として制作された大経典。多彩なジャンル語彙を網羅しつつメタルに重点を置いた作品で、'HEAVY METAL IS DEAD' や 'CENTURY OF THE RAISING ARMS' は至高のHM名曲、最後を飾る 'GO AHEAD!' はDream Theaterにも並ぶ超絶プログメタル。文字通り有終の美を飾った。〈和田〉

■日本（2022）■Ariora

聖飢魔II

BLOODIEST

21世紀の聖飢魔IIは定期視察という名目で5年毎の再集結を繰り返しており、35周年の今回はコロナ禍の妨害により期間延長、それが23年ぶりのオリジナル大経典を導いた。プロ作曲経験のある構成員が全員楽曲を提供した本作は、ヒップホップやシューゲイザーなど多彩な要素の活用も見事で、独特の音響も現代的。見事に時代に並走した。〈和田〉

DIR EN GREY

UROBOROS

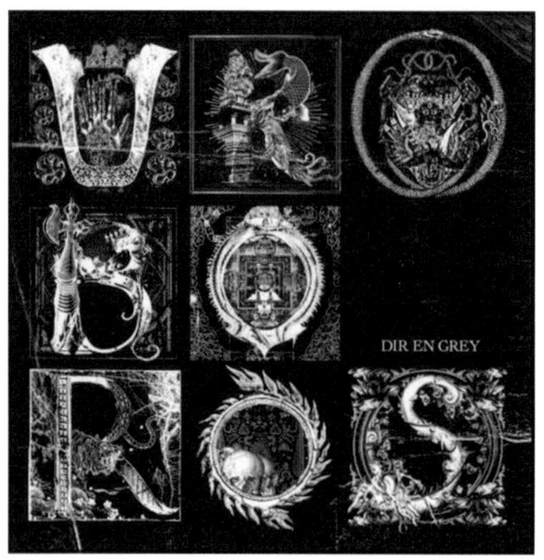

■日本（2008）　■Firewall Div.

前作から2年と待たずに発表された7th。僅かな期間でプログレッシブネスが急激に成熟している事実に驚かされる。元Dream TheaterのMike Portnoyが年間ベストに選出したことで逆輸入的に聴いたリスナーも少なくないはずだ。バンドと交流のあるTool、企画盤“THE ROADKILLERS -artist selection by DIR EN GREY”に収録されたOpethらと同じ靴を履いて、しかし全く別の道をひた走る。そもそもデビュー作“Gauze”の時点でうち2曲が10分に迫る長尺であり、キャリアを通じてそうした傾向は断続的に見せてきていたバンドだが、尺を使うことでじわじわと真綿で首を締めるためにとられた手法という印象だった。ところが今作を象徴するトラック‘Vinushka’は前述のものとは一線を画している。オリエンタルなアコースティック・ギターがゆっくりと緞帳を開き、ディストーションが厳然と降り立つ。その上で踊る京のエスニックな響きのメロディは食虫の毒花といった趣きで、この民族音楽的スキャットは以降の作品やライヴでアクセントとなっている。幽遠なクリーン・ヴォイスから台詞ともポエトリー・リーディングともつかない語りが胸倉を掴んだかと思うとミドル・テンポのトンネルへ。この03:26～の部分に顕著なのが、2012年にリリースされたTue Madsenによるリマスター盤との違いだ。そちらは一つ一つのパーツが立体的に組み上げられているのに対し、オリジナルには広大な空間が浮かび上がるダイナミズムが宿っている。メタリックなセクションはグロウルからガテラル、ホイッスル・ヴォイスまで操る京の独壇場に。そこから再び空と雲の間のような空間へ迷い込む。漂ってくるフルートの使い方も新機軸で、本作では他にシタール、琵琶、マンドリン、コンガが導入されている。17ヵ国同時発売という大波を超えるための羽化として全体を通して楽曲の構成力が向上、抽象性を増しながら重苦しいテーマを傷口から痛切に絞り出す歌詞も数段上のレベルに進んだ変革の一枚である。日本のロック史で紙幅を割かれるべきアルバム。〈清家〉

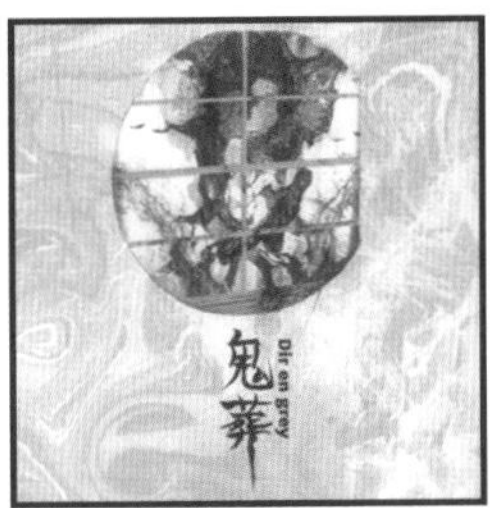

Dir en grey

鬼葬

SEを散りばめアルバムとしての構築度が増した3rd。ポップスの要素が徐々に後退し、サイボーグ感の強い音作りと打ち込みによりインダストリアル・メタルの色合いが強まった。大味のゴア描写やオカルトで済まさない「おかしな隣人」的ジャパニーズ・ホラーの気配が充満、露悪的に歌われる性描写も相まって見てはいけないものを目撃した心持になる。〈清家〉

■日本（2002） ■Firewall Div.

Dir en grey

Withering to death.

怒涛の海外進出やビジュアルの変化など激動の季節の訪れを告げた5th。卓抜したメロディ・センスを改めてすくい上げ、ヘヴィになっていくリフ主体の楽曲にポストメタルの刺繍を施して最適なバランスで纏めた、前期DEGの集大成と言えるアルバム。歌詞も普遍性を帯び始める。ストレートなようでいて聴くほどに奇想の解像度が上がり理解から遠のく。〈清家〉

■日本（2005） ■Firewall Div.

DIR EN GREY

DUM SPIRO SPERO

“UROBOROS”の前衛的メタル路線をさらに押し進めた8thアルバム。Mr. BungleとDeathspell Omegaの間にあるような奇想を流麗に聴かせる作編曲、技術的な制約が唯一無二の妙味を生む演奏表現力など、全ての要素が孤高の音楽的深みに奉仕している。最も難解と言われるが、慣れれば意外と負担なく浸れる一枚。全体の構成も非常に良い。〈和田〉

■日本（2011） ■Firewall Div.

DIR EN GREY

Pharlaris

11thアルバム。“DUM SPIRO SPERO”で極点に達した構築志向と、その揺り返しからストレートな衝動性を意識した作品群、双方の路線が絶妙に活かされている。暗く絶望感に溢れているが浮き沈みは少ない本作は、馴れ馴れしくないホスピタリティに溢れており、構造は過剰なのに気疲れせず浸れる。暗い音楽一般への入門編としても優れた作品だ。〈和田〉

■日本（2022） ■Firewall Div.

BABYMETAL

METAL GALAXY

■日本（2019）　■Babymetal Records

「アイドルとメタルの融合」をテーマに結成、メタル全体を代表するアクトにまで発展した「メタルダンス・ユニット」の3rdアルバム。全曲で異なるビートに取り組んだ音楽的コンセプト作品で、現代メタルの可能性を網羅しつつそこに欠けている要素を積極的に取り込む試みは、この領域の歴史的蓄積を愛し尊重した上で延命させようとする姿勢の顕れでもある。ジャンル批評とエンタテインメント性を極めて高い水準で両立した、稀代のトリックスター的傑作である。

BABYMETALを考える際に重要なのが、このユニットは単に「アイドルがメタルをやってみせる」だけでなく、「アイドルという立ち位置からメタルの歴史を補完する」ものだということである。この点、プロデューサーのKOBAMETALが立ち上げ当初から聖飢魔IIやX JAPANへの愛を公言していたのが象徴的で、1stアルバム“BABYMETAL”では、十分に評価されていたとは言い難い両バンドの音楽性を軸に据え、そこに近いHMの要素や、HR/HM領域ではいまだ馴染み薄かったデスコアやトラップメタルなどの要素を併置、絶妙に融合している。従来のメタル語りが無視してきた領域を意識的に取り込み、好き嫌いの強い相手にもそれとなく食べさせる。BABYMETALが掲げる「METAL RESISTANCE」とはこういうことでもあるのだろうし、その上で、そんなことを全く考えなくても楽しめるエンタメにもなっている。ハイコンテクストさとキャッチーさを高次元で両立する、極めてよく出来た音楽なのである。

BABYMETALがここまで売れたのは、実力や演出の凄さに加え、メタルという文化的蓄積を共有することで言語の壁を容易に越えられたからでもあるだろう。上記のような文脈補完的貢献は、こうした文化的蓄積を使わせて頂いていることに対する恩返しでもあるはず。メタルの将来を最も具体的に憂い、批評的に戦っていくユニット。その2019年時点での到達点。〈和田〉

BABYMETAL
BABYMETAL

メタルとアイドル、印象がかけ離れたもの同士だけに反発はあったが、合体し得なかったものを合体させ再構築した意義は非常に大きい。重音にハイトーン・ヴォイスというメタルの型を崩しておらず、メロスピ、ラップメタル、メタルコアなどを下敷きにして、過去のメタルにリスペクトを持って非常に丁寧に制作されていることがわかる。〈西山〉

■日本（2014）■BMD Fox Records

BABYMETAL
METAL RESISTANCE

躍進の 2nd。Dragonforce のメンバーをゲストに迎えたメロスピ・アンセムに始まりインダストリアル、メタルコア、ラウド、フォーク、プログ、ニューメタルと網羅的にサブジャンルを浚っていく。前作ではメタル成分が包括的だったが、アイドル・メタル双方のファンに好意的に受け入れられたこと、海外での成功なども踏まえ更に踏み込んだ内容になっている。〈清家〉

■日本（2016）■Toy's Factory, Amuse, BMD Fox Records

COLUMN

BABYMETALのライブ作品 〈和田信一郎〉

BABYMETAL の魅力を理解するにあたり避けては通れないのがライヴ音源である。BABYMETAL は基本的にライヴの方がスタジオ音源よりも遥かに凄い。これは、リードヴォーカルの SU-METAL が非常にうまいというだけでなく、バッキングを務める「神バンド」がこのジャンル全体をみても屈指の超絶技巧を誇るのが大きい。シンセサイザー周りを同期音源で流しつつ、そこに生のアンサンブルを滑らかに合わせるグルーヴ表現力は、伝統的なメタルから離れるタイプのリズム構成においても笑ってしまうくらい凄まじい。加えて、ライヴならではのリアレンジも重要な見せ場だろう。例えば、序曲（自己紹介曲）'BABYMETAL DEATH' はスタジオ版の時点でデスコアを軸に構成されているが、"10 BABYMETAL BUDOKAN"（2021 年）では Lorna Shore にも通じるシンフォニック・ブラッケンド・デスコアに改変されている。現行シーンの潮流を把握し、既存曲の手を加えうる部分に取り入れていく創意は、前述のような音源制作の姿勢にそのまま通じる。こうしたライヴ作品がストリーミングサービスでも多数配信されていることは、このユニットのファンを増やすことに少なからず貢献していると思われる。

COLUMN

ライフスタイルとしてのメタル 〈清家咲乃〉

ライフスタイルとしてのメタルについて十把一絡げにして語ることは困難だ。しかし一般論を書いても面白くない。したがってここではZ世代前後の、自分が観測してきた範囲を紹介しようと思う。

俗にメタラーと呼ばれる人間の典型的なイメージとして定着しているのはロン毛にバンドTシャツという出で立ちだろうが、これはほぼ正解である。サークル時代、2010年代の終盤においてもなお男子部員の殆どは入学時から髪を伸ばし続けていたし、合宿で延々とドライヤーを占領するのは彼らだった。長髪が煩わしいことは間違いないが、よくオールドスクール・デスのアーティスト写真で目にする"前傾姿勢になり髪で顔を隠す"ポーズをことあるごとに出来るという利点は認めざるを得ない。ライヴ映えもする。お洒落は我慢の賜物なのだ。一方でメタルコアやラウドを好むタイプは所謂エモボーイ風の髪型が多かったと記憶している。他にも、購入したTシャツの袖を切って着るのはデスコア・リスナーに多い、などサブジャンルごとにロール・モデルが違うことで差異が現れる。本書掲載の作品群を聴いていけば判るように、「メタルが好き」という言葉だけでは曖昧過ぎて5分後に肩を組んでいるか殴り合っているか予測できない。ヘヴィミュージックは広大だ。

そうした微妙な食い違いを抱える集団がメタル・サークルである。都内だけでおそらく二十近くの団体が存在していたが、年々減少傾向にあるよう。リスナーが減っただけでなく、バンド、特にメタルを演るのは難易度的にも非常に敷居が高い。オーディションに合格しなければ定期ライヴに出演することさえ叶わないシステムのところもあるほどで、根気強い練習は必要不可欠。ただ、周りの恐ろしく楽器／ヴォーカルが上手い人々を見ていると努力と達成感は必ず比例するのだと痛感する。とは言え今はかなり軟化しているので、気になった学生は是非門を叩いてみてほしい。

そんなサークルで交流のあった同世代はとにかくCDを大量に買い込んでいた。おそらくTwitterを覗くだけでも確認できるはず。ディスクユニオンのDUステイタス（1年間の利用合計金額を反映）を競う遊びさえあった。探求心やコレクター気質は80年代辺りの世代から連綿と受け継がれている。ルーツをひたすら掘り進めることは敬愛する音楽への礼儀という認識もいつからか染みついていた。気難しい面もあるが、本書を参考に自分だけの文脈を作り、それを語る楽しさも知ってもらえれば幸いだ。

2

HR/HM
(Hard Rock / Heavy Metal)

HR＝ハードロックという言葉は広く知られているわりに定義が難しく、どこまでがHRでどこからがHM＝ヘヴィメタルとするかも人によって感覚が異なる。HR/HMという総称は、このように区分困難なものを一括りにして議論を棚上げにするためのものでもあり、メタル領域全体の別名として長く便利に用いられてきた。しかし、90年代に入るとHR/HMの枠からはみ出るメタルも増え、ジャンル全体を網羅する言葉としては機能しなくなってくる。この章では、そうした古典的メタル観で説明されてきた作品を集め、2000年代以降のリバイバルを経た今の感覚で語り直すことを試みた。このようなジャンルをよく知らず先入観がない人にこそ聴いてみてほしい傑作群である。

オリジネーター

Black Sabbath

Master of Reality

■UK (1971)　■Vertigo Records

Black Sabbath はあらゆるヘヴィロックの始祖的存在であり、メタルに限らずロック関連の音楽全般に決定的な影響を与えている。HR＝ハードロックと HM＝ヘヴィメタルの区分は永遠の問題で、メタルファンの間でも人によって意見が異なるが、ギターやドラムの音が重く分厚く尖り整っているのが HM、そこまででもないのを HR とする切り分け方もあると思う。本作はその HM 的質感を最初に確立してみせたアルバムの一つで、驚異的に優れたリフ（反復フレーズ）の出来栄えもあわせ、時代を超えた金字塔として君臨し続けている。

Black Sabbath がこれほどまでに大きな影響力を持つことができたのは、真似しやすい部分と真似しようのない部分を絶妙なバランスで併せ持っているからではないかと思われる。ブルース・スケールを独自に改変した音階の枠内で引っ掛かりを生む低音のリフ作りと、そこに多彩な音楽要素を組み合わせる作編曲は、形式として非常にわかりやすく魅力的で、後のドゥーム／ストーナーをはじめ多くのジャンルの基準となった。その一方で、初期メンバー 4 人の出音や演奏にはコピーしきるのが難しい強烈な個性があり、一聴すればわかる特徴的な音色や、ハードコアパンク的にもヒップホップ的にも聴ける酔いどれアンサンブルなど、2022 年の今でも古びない神秘的な深みを保ち続けている。

3rd アルバムとなる本作では、中低域に密集するソリッドな HM 的サウンドが生み出されただけでなく、前 2 作の即興的展開が大幅に整理され、強力なリフのみで楽曲を構成する手法が確立されている。その一方で、'Solitude'（さりげない 7 拍子が非常に効果的）や 'Orchid' のような穏やかな曲も素晴らしい。こうした動と静の対比、ネガティブな感情の発露とメロウな叙情の両立は、Black Flag や Nirvana のようなメタル外の重要バンドにも大きな影響を与えた。全曲名曲。永遠の名盤である。〈和田〉

オリジネーター

Black Sabbath
Black Sabbath

ほぼ全曲少ないモチーフを発展させていくシンプルなものだが、だからこそ繰り返すことで呪いの効果を発揮し、ユニゾンすることでその呪いはより強くなる。音楽で呪いや魔術をかけ異世界に連れていくことができるという発明が、この作品をメタルの始まりとする所以だろう。一発録りのため即興のエネルギーと緊張感に満ち、自由度の高い演奏。〈西山〉

■UK（1970） ■Vertigo Records

オリジネーター

Black Sabbath
Paranoid

Ozzy が在籍した初期 Black Sabbath の作品は殆どが歴史的名盤だが、特に一般的人気が高いのがこの 2nd アルバムだろう。前作ではまだ色濃かった古典的ブルースロック形式から脱しつつ、今で言うジャムバンド風の即興展開は引き継いでおり、ポップなフックとジャズロック的な豊かさを両立。'Paranoid' や 'Iron Man' など代表曲を多数収録。〈和田〉

■UK（1970） ■Vertigo Records

オリジネーター

Black Sabbath
Vol.4

4th アルバム。ストイックに作風を限定した前作から一転して豊かさを増した一枚で、プログレッシヴロックにも通じる大曲、電子音楽的な小曲など、バンドの創造力が混沌とした形で開花している。それでいて全体の流れまとまりは不思議と良く、楽曲も演奏も驚異的（特にドラムスが凄すぎる）。これを最高傑作とするファンも少なくないだろう。〈和田〉

■UK（1972） ■Vertigo Records

オリジネーター

Black Sabbath
Heaven and Hell

Ozzy が脱退、Ronnie James Dio（元 Rainbow）がヴォーカル担当になってからの一作目。様式美 HR に振り切った作風は賛否を招いたが、この分野では最高級の出来で、今では歴史的名盤とされている。ポスト HR/HM への影響が大きい初期に対し、本作以降の叙情 HR/HM 路線はエピックメタル方面に絶大な影響を与えた。Sabbath の守備範囲の広さを示す大傑作。〈和田〉

■UK（1980） ■Warner Bros. Records

オリジネーター

Judas Priest
Sad Wings of Destiny

"Painkiller"後ヘヴィメタルアイコンと化す前の、非常に硬派なブリティッシュ・ロック。シンプルでダークな質感と慟哭のメロディ、他のバンドとは一線を画す圧倒的なカリスマ性。孤独で美しいロックだ。このピュアで高潔な態度が、後のヘヴィメタルというジャンル全体の精神に繋がる。ダークな美しさと孤高の世界観こそがジューダスの根幹。〈西山〉

■UK (1976) ■Gull

オリジネーター

Judas Priest
British Steel

HMのサウンドと在り方を確立した歴史的名盤。Metal Godの異名で知られるJudas Priestは、実はメタル外の流行も素早く把握し取り込む柔軟なバンドで、本作では'The Rage'でレゲエが取り込まれ、'Rapid Fire'もDischarge的ハードコアパンクを感じさせるなど、多彩な音楽要素が伝統的なHR/HM様式と見事に調和している。メンバー自身も認める代表作。〈和田〉

■UK (1980) ■CBS

オリジネーター

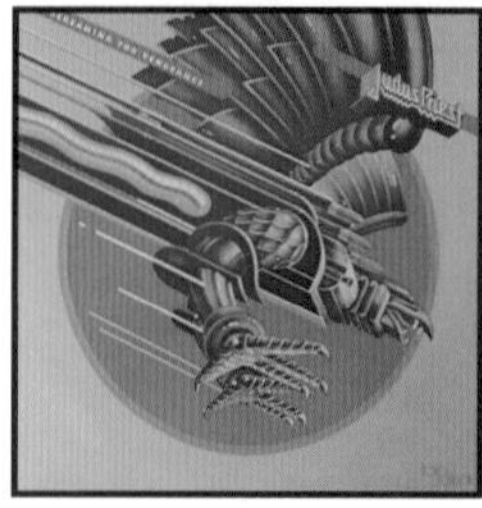

Judas Priest
Screaming for Vengeance

US市場向けにポップに振り切った前作"Point of Entry"を反省し、伝統的HR/HM成分を大幅増量した歴史的名盤。冒頭2曲の組曲形式がジャンルの定番になるなど熱烈な支持を集めたが、ファンが好む要素を前面に出す一方、曲調は前作の延長線上で、過去作から一変した音楽性を極めて自然に提示している。アルバム全体の構成も完璧。〈和田〉

■UK (1982) ■CBS

オリジネーター

Judas Priest
Painkiller

スラッシュメタルやデスメタルが引き上げた激しさ基準に対抗すべく作られた起死回生の傑作。ツインバスを駆使した高速ドラムと、技術水準的にはあまり更新されていないギターの刻みが組み合わさることで、同時期にPanteraなどが編み出したグルーヴメタルに通じる音像が生まれている。楽曲の良さもあってベストに挙げるファンも多い名作である。〈和田〉

■UK (1990) ■Columbia Records

オリジネーター

Thin Lizzy

Jailbreak

Thin Lizzy は一般的には HR 領域で語られるが、音楽性は Television のようなパンク寄りの越境的バンドに通じる部分もあるように思う。歌と語りの境界を溶かす Phil Lynott のヴォーカルはマンブルラップにも通じ、良い意味で足元が定まらない演奏の妙味も併せ、聴き返すほどに発見がある。本作はこうした要素と美しいメロディの絡みが絶妙な傑作である。〈和田〉

■アイルランド（1976） ■Vertigo Records

オリジネーター

Thin Lizzy

Black Roses: A Rock Legend

出身であるアイルランド民謡を散りばめ祖国の語り部となった最終曲一曲で、この作品の価値を歴史的なものに押し上げた。歌い継がれてきた民謡やフィドルで奏でられるケルト音楽の特徴的な音形を、ハードロックとして見事に昇華。ブリティッシュ・ロックの国民楽派と言える。疾走感ある曲群の中、異質な慈愛溢れる 'Sarah' で作品の厚みが増す。〈西山〉

■アイルランド（1979） ■Vertigo Records

オリジネーター

Aerosmith

Rocks

前 3 作から飛躍し、サウンド、ヴィジョン共に引き締まりダイナミックになった Aerosmith 初期の頂点。録音物でも各人の音の太さがリアルに聞き手にぶつかってくる、スケールの大きな音とリスクを顧みずダイヴするダイナミック演奏、これぞアメリカのロックだ。当時のストレートなハードロックの中でも、重層的で都会的なコーラス使いが大胆だ。〈西山〉

■USA（1976） ■Columbia Records

オリジネーター

KISS

Destroyer

KISS は子供向けフィギュア的な扮装から色物扱いされがちだが、実際は極めて優れたロック・バンドである。とにかく曲が良く、演奏も強靭で格好良い。US 出身バンドが UK 的 HR をやった時に生まれる類の叙情が滋味深く、楽しさとシリアスさの配合も絶妙。本作はそうした持ち味が十全に示されたアルバム。元祖ポップメタルとしても重要。〈和田〉

■USA（1976） ■Casablanca

オリジネーター

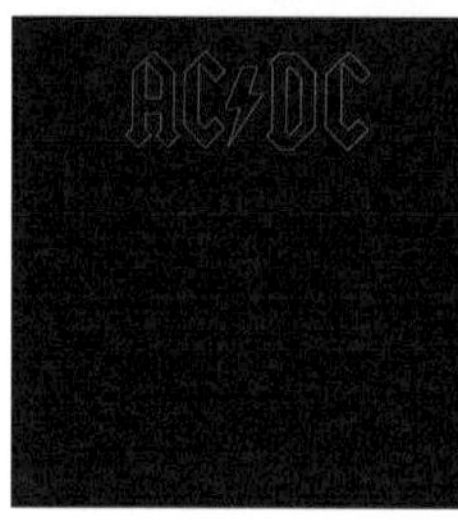

AC/DC

Back in Black

AC/DC は史上最高のグルーヴを築き上げたバンドの一つである。淀みなく突き進むベースにドラムスとリズム・ギターが絶妙に絡み、その上で高音のヴォーカルやリード・ギターが程よく乱舞する。金太郎飴と言われる楽曲もリフ構築は多彩、限られたコード感は演奏の滋味と絡むことで酩酊感を生む強みになる。本作で加入した Brian Johnson の仕事も素晴らしい代表作。〈和田〉

■オーストラリア（1980）■Albert/Atlantic

オリジネーター

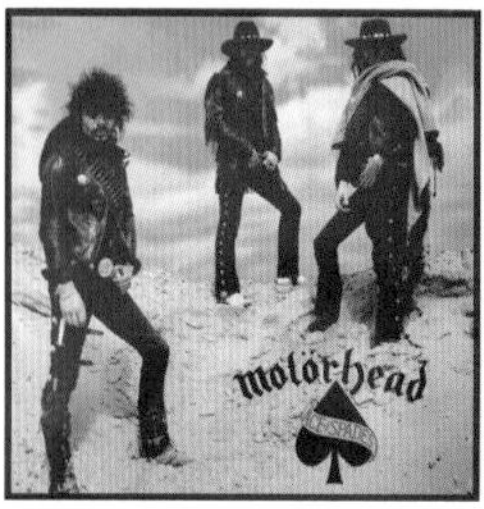

Motörhead

Ace of Spades

Motörhead のサウンドは複雑な成り立ちをしている。ハードコアパンクにも大きな影響を与えたバンドだが、肉厚な鳴りは NWOBHM にも通じ、荒々しいようで紳士的なグルーヴはガレージロックとメタルの美点を足した感も。ここにリーダー Lemmy のルーツであるプログレ方面の要素が加わるわけで、一見シンプルでも奥行きは果てしない。冒頭の名曲から惹き込まれること必至。〈和田〉

■UK（1980）■Bronze Records

オリジネーター

Van Halen

Van Halen

ギター奏法の改革者として知られる Eddie Van Halen だが、リフ構築も極めて優れており、Allan Holdsworth を介してジャズ方面から受けた影響など多彩な要素がフレーズの端々に息づいている。王道アメリカン HR のようで成り立ちは特殊、その上でとことんキャッチー。後者の側面を華やかに増幅する David Lee Roth も素晴らしい。歴史的名デビュー作。〈和田〉

■USA（1978）■Warner Bros.

オリジネーター

Guns N' Roses

Appetite for Destruction

MCU 映画での激推しもあって今も広く知られるガンズだが、音楽的には特異な成り立ちをしている。AC/DC や Hanoi Rocks の系譜にあるようで曲構成は複雑、初期 Queen をパンク化したように思える不思議な展開もあるのに底抜けに親しみやすい。これは以上全てに対応できる Axl Rose の声があればこそ。後のグランジに通じるゴスの薫りも興味深い。〈和田〉

■USA（1987）■Geffen

Deep Purple

In Rock

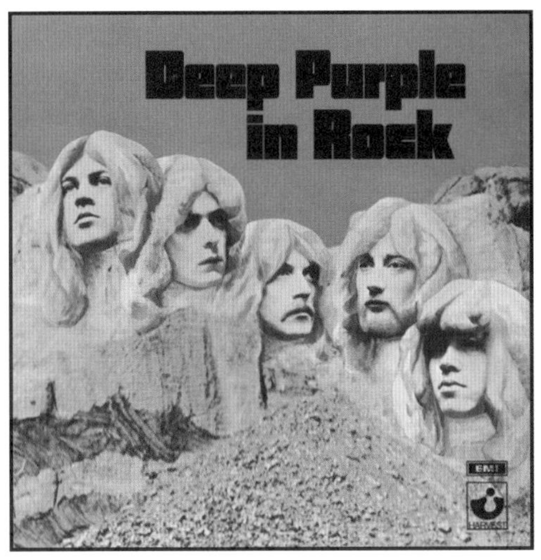

■UK（1970）　■Harvest Records

HR/HMの誕生を高らかに告げる歴史的名盤。Jimi HendrixやCream、Led Zeppelinなどが築き上げたロックの爆音基準を引き継ぎつつ、そこにクラシック音楽の和声感覚や、ジャズにも通じる流麗な演奏技術を加えることで、荒々しい勢いと整った質感を巧みに両立。「うるさいが実はメロディアスで聴きやすい」「ソロが長く聴き手もそれを喜ぶ」というHR/HMの傾向を最も早い時期に確立してみせたアルバムの一つである。

Deep Purpleはメンバーの優れた技巧（Ritchie Blackmoreのギター、Jon Lordの歪んだオルガン、Ian Paiceのドラムスなど）について語られることが多いが、影響力という点ではむしろ曲の良さの方が重要だと思われる。ギター初心者の必修課題として名高い'Smoke on the Water'を筆頭に印象的なリフが多く、J.S.バッハのコード進行を引用した'Highway Star'や'Burn'の間奏など、フレーズ間の繋がりも滑らかに整理されている。ブルースとクラシック音楽の旨みを絶妙に融合したこのようなスタイルは、Ritchieが結成したRainbowや、Yngwie Malmsteenをはじめとしたフォロワーに引き継がれ、HRの様式美として確立されていった。ポストHR/HMへの影響が大きいBlack Sabbathに対し、Deep PurpleはHR/HMの礎となった存在だと言える。

"In Rock"は、そうした音楽性が初めて明確に示された傑作である。冒頭の'Speed King'から強烈な掴みがあり、Pink Floydの'Echoes'（翌年発表）を激しくしたような長尺曲'Child in Time'も素晴らしい。それ以外の曲は古典的なブルースロックを引きずっている印象もあるが、そうしたところから何か新しいものが生まれる瞬間の混沌を捉えた様子が味わい深いし、ライブの凄さ（1972年の名盤"Made in Japan"が好例）も比較的よく反映されている。HR/HMは苦手でガレージロックやハードコアが好き、という方にはぜひ聴いてみてほしいアルバムである。〈和田〉

ハードロック

■UK（1972） ■Purple Records

Deep Purple

Machine Head

ギターソロをスキップ聴取する話が定期的に話題に上るが、この第2期 Deep Purple はギターソロ・オルガンソロのために曲があると言っても過言ではない。冒頭には歌メロより記憶に残るギターリフ、インストの比重がとても高い。70年より高速ハードロックに重心を置き成功、演奏の推進力も高まりバンドの一体感とそれぞれのヒーロー性も顕著になる。〈西山〉

ハードロック

■UK（1976） ■Oyster

Rainbow

Rising

様式美 HR/HM 史上究極のアルバム。音楽的には Deep Purple の延長線上だが、逞しさと退廃美を兼ね備えた Ronnie James Dio のヴォーカル、異常なパワーヒットで土台を固める Cozy Powell のドラムスが揃うことで（Ritchie も併せ三頭政治と称された）、理想的なアンサンブルが実現。楽曲も中東風味の大曲を筆頭に最高の出来。金字塔的な名作である。〈和田〉

ハードロック

■UK（1983） ■Polydor

Rainbow

Bent Out of Shape

Joe Lynn Turner 期の総決算。Rainbow のヴォーカリストは全員が HR/HM を代表する名手だが、Joe はヒロイックさと親しみやすさを兼ね備えた声質がポップメタルに向いており、その持ち味が様々な曲調で活かされた。歌メロを邪魔しないよう非リフ志向となったギターも含め全ての曲が素晴らしい。いわゆるメロディアスハードのお手本的な逸品。〈和田〉

ハードロック

■UK（1970） ■Island

Free

Fire And Water

Bad Company の前身としても知られるブルースロックの名バンド。後に Queen に参加する Paul Rodgers を筆頭に全メンバーの演奏が極上で、それがあるからこそ成立する隙間の多いアレンジ、滲み出る勢いと渋みを兼ね備えた表現がたまらないし、そこから醸し出される落ち着いた背伸び感がまた得難い。The Band などが好きな方はぜひ聴いてほしい。〈和田〉

ハードロック

Czar

Czar

1969年結成、唯一のアルバム。"Red"期のKing Crimsonを先取りしたような音楽性で、イタリアの暗黒プログレや2010年代以降のOpethにそのまま通じる音像が凄まじい。70年代初頭にはこうした知る人ぞ知る強バンドが多数存在し、マニアにとっては金脈となっている。Tyler, The Creatorは本作収録曲 'Today' をサンプリングした。再評価が待たれる。〈和田〉

■UK（1970） ■Fontana

ハードロック

Wishbone Ash

Argus

HMでは定番となったツインギター体制の強みを知らしめたバンド。リフを軸としない曲構成はHRというより英国フォークの系譜だが、流麗なリードの絡みはMichael Schenkerなど多くの名人に影響を与えた。特に 'Throw Down The Sword' は名曲中の名曲で、Steve Harris（Iron Maiden）も人生を変えられた曲に挙げている。果てしなく美しい名盤。〈和田〉

■UK（1972） ■MCA Records

ハードロック

UFO

Phenomenon

Michael Schenker加入後の初アルバム。MichaelはHR/HM最高のソロイストの一人だが、リズムギタリストとしても優れており、本作ではその持ち味が十全に活かされている。Deep Purple～Rainbowとはまた別の配合で英国ブルースロックをメロディアスに発展させた音楽性は、HRがHMに変化していく過程をよく捉えている。渋さと艶やかさを兼ね備えた傑作。〈和田〉

■UK（1974） ■Chrysalis

ハードロック

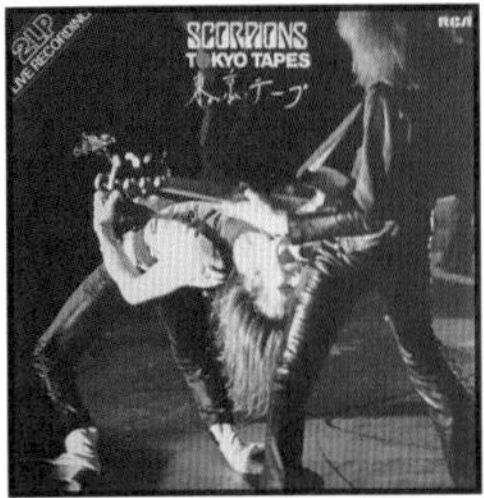

Scorpions

Tokyo Tapes

Ulrich Roth期の最後を飾る名ライブ盤。US市場進出前の名曲連発＋「荒城の月」という贅沢な構成で、Klaus Meineの華麗な熱唱はもちろん、鬼気迫る叙情を全開にするUliのギターが信じられないくらい素晴らしい。Scorpionsは次作以降のメロディアスハード路線で世界的成功を手にするが、Uli期も別の良さがある。Jimi Hendrixが好きな方もぜひ。〈和田〉

■ドイツ（1978） ■RCA

NWOBHM

Iron Maiden

Powerslave

■UK (1984)　■EMI

NWOBHMは1980年前後の英国におけるHR/HM版インディ・ムーブメント（社会現象としての動きを担ったのは多くの無名バンド）、Iron Maidenはその代表格である。70年代HRをパンク以降の激しさ基準で更新し、そこにプログレッシヴ・ロックの構築美を加える。太く生々しい音色と独特のコード感を合わせたサウンドは極上の珍味で、Iron Maidenの1stアルバムで殆ど完成されたこのスタイルは、微調整を施されながらも時代を越えて受け継がれ続けている。

これは別ジャンルの作品だが、NWOBHMを考える際に聴き比べてほしいものに近田春夫の“電撃的東京”(1978)がある。「歌謡曲もSex Pistolsみたいにアレンジすれば簡単に演奏できる」という考えから作られたこのカバーアルバムは、優れた演奏技術もあってIron Maidenと殆ど同じような音になっている。これをみると、NWOBHMとパンクの類縁関係がよくわかるし、名著『ポストパンク・ジェネレーション』冒頭での指摘「ポストパンクは、プログレッシヴ・ロックだった」にも異なる角度からの納得が得られる。こうしたジャンルは、メディアの縦割り的語り分けもあって別物とされてきたが、在り方的にも音楽的にも確かに繋がっているのである。

Iron Maidenの音楽を考える際に重要なのがBruce Dickinsonのヴォーカルだろう。発声が最高級に強靭な一方、音程は要所を除き雑で、それが固有の旨みになっている。整った佇まいとラフな動きを兼ね備えたこの歌い回しは、プログレ成分とパンク成分を繋ぐ要素として絶妙だし、前任者と対照的な声なのにうまくはまった理由はこの辺りにもあるのではないかと思われる。本作5thアルバムではバンドの大曲志向が強まり、GenesisやJethro Tullの影響が前面に出ているが、Bruceの声はそこにもうまく合い、知的な雰囲気を引き受けつつ巧みに撹乱している。名曲揃いの代表作である。〈和田〉

NWOBHM

■ UK（1980） ■ EMI

Iron Maiden

Iron Maiden

Iron Maiden 以前にも速いバンドはたくさんいたが、刹那的な爆発の前に、美学や物語を時間をかけ考え抜き技術を高め高速で実現する、その貫徹こそがメタルなのだと本作で示した。ベースがバンドを牽引するからこそ、歌やギターのような明らかなヒーローだけが活躍するのではなく、全体の世界観を的確に構成、提示し、強い印象を残すことができたのだろう。〈西山〉

NWOBHM

■ UK（2021） ■ Parlophone

Iron Maiden

Senjutsu

いつも同じ音楽性と言われがちな Iron Maiden だが、特徴的な音色やコード感は保ちつつ確実に発展を続けている。この 17th アルバムは大作路線の究極進化形で、9 曲 82 分の長尺を絶妙なペースで聴かせる構成が素晴らしい。持ち味を徹底熟成した Bruce のヴォーカル（メタル版 Bob Dylan みたいな趣も）も見事。様々なメディアの年間ベストを獲得した。〈和田〉

NWOBHM

■ UK（1980） ■ Carrere

Saxon

Strong Arm of the Law

Iron Maiden や Def Leppard に並ぶ NWOBHM の代表格。70 年代 HR を硬く速くした感じの音楽性で、バイカーをテーマにした歌詞や演出のとおり Motörhead に通じる部分も多い。これと Venom あたりを併せて聴けば、NWOBHM の音楽的な傾向は概ね把握できる。メタルパンクと呼ばれ現代にも受け継がれるスタイルを確立した傑作の一つ。〈和田〉

NWOBHM

■ UK（1980） ■ Bronze Records

Angel Witch

Angel Witch

NWOBHM の代表的名盤。「名曲 ‘Angel Witch’ だけが突出している」と言われることもあるが、全編充実した作品である。NWOBHM にはこのような B 級扱いバンドや無名の実力者も多く、掘りがいのある金脈であり続けている。仄暗いサウンドとそれに見合ったオカルト演出は、Mercyful Fate などに繋がる暗黒メタルの先駆となった。その意味でも重要。〈和田〉

NWOBHM

Diamond Head

Lightning to the Nations

自主制作の 1st アルバム。流通の悪さや次作以降の路線もあって当時は評価されなかったが、Metallica が 4 曲カバー、Megadeth の Dave Mustaine もリフ作りの発想源とするなど、スラッシュメタルの流れに絶大な影響をもたらした。こうした後世のフックアップが名声に繋がった点でも重要な存在。当時の音楽水準からはみ出した傑作である。〈和田〉

■UK（1980） ■Independent

NWOBHM

Girlschool

Demolition

現在に至るまで全ての期間を女性のみで活動している稀有な存在。親しい間柄の Motörhead にも通じるパンキッシュな荒々しさに加え、歌うようにキャッチーなギターが魅力。バンドにおける女性ヴォーカルというと何かと「高く澄んだ声」あるいは「キュートな声」が求められがちだが、本作はその王道から外れつつロックンロールを爆走するさまが痛快。〈つや〉

■UK（1980） ■Bronze Records

NWOBHM

Manilla Road

Crystal Logic

エピックメタルの創始者による代表作。音楽的には NWOBHM の系譜だが、そこに Rainbow や Scorpions などに通じる多彩な要素が溶け込み、US 出身のバンドが欧州的な叙情を表現した時に初めて生まれる類の湿り気が極上の妙味になっている。力強くはないが貧弱でもない歌声も絶妙。近年のリバイバル傾向とともに評価されるべき叙事詩的傑作。〈和田〉

■USA（1983） ■Roadster Records

NWOBHM

Cirith Ungol

King of the Dead

カリフォルニアで 70年代から約 20年間活動。US マイナー・メタルの一角として語り継がれた名バンドの 2nd。サイケ /HR が根底にあるノイジーな演奏と、Tim Baker の劇的な歌唱。バッハのカヴァー #7 他、作品全体へ過剰な叙情性を注入した奇妙な佇まいが、後年のエピックメタル界隈で再評価。2020年の復活 5th もブランクを一切感じさせず、称賛を受けている。〈村田〉

■USA（1984） ■Enigma

NWOBHM

Sortilège

Métamorphose

伝説の 80's フレンチメタル。前年の EP は影響力があった作品で、Death の Chuck Schuldiner も曲の一部でオマージュしたが、この 1st も甲乙つけがたい名盤だ。Gt と Dr の兄弟が生んだ奥行きある展開は、様式美〜プレ・パワーメタルの名リフ＆ソロの連続で彩られる。哀愁の歌唱に焦点を当てたバラードも趣深い。母国語版は力強く、英語版はやや繊麗である。〈村田〉

■フランス（1984）■Steamhammer, SPV GmbH

NWOBHM

Agent Steel

Skeptics Apocalypse

スピードメタル（スラッシュメタルと一括りにされがちだが別物で、NWOBHM を高速化したようなスタイル）を象徴する名盤。どこまでも伸びる超高音ヴォイスをはじめ全員が超絶技巧、意外とハードコアに通じる部分もある楽曲も興味深い。関連バンド Holy Terror や Evil Dead とあわせて聴かれるべき傑作。〈和田〉

■USA（1985）■Combat Records

NWOBHM

Blind Illusion

The Sane Asylum

メタル史上に輝くべき究極の珍味。エピックメタルに通じる部分もなくはない音なのだが、NWOBHM 創成期から曲作りを続けてきたリーダー Marc Biedermann の独特すぎるセンス、Primus のメンバー 2 名の力量もあってか、Voivod をも上回る類稀な個性が生まれている。ダブ的な音作りも興味深い。知る人ぞ知るポジションに留まり続けているのが勿体ない奇跡的傑作。〈和田〉

■USA（1988）■Combat Records

NWOBHM

Toxik

Think This

テクニカルスラッシュの歴史に輝く異形の大傑作。音楽的にはスピードメタルの系譜なのだが、この 2nd アルバムでは Mahavishnu Orchestra 経由でストラヴィンスキーに接続するような唯一無二のスタイルに発展。Eddie Van Halen や Uli Jon Roth をさらに流麗にしたようなギターも凄まじい。影響関係を云々するのも難しいオーパーツ的なアルバムだ。〈和田〉

■USA（1989）■Roadracer Records

ポップメタル、メロディアスハード

Ozzy Osbourne

Blizzard of Ozz

■UK (1980)　■Jet Records

Black Sabbath の初代ヴォーカリスト Ozzy Osbourne のソロプロジェクト。1979年の Sabbath 脱退後、当初は Blizzard of Ozz 名義で活動しており、それがこの1st アルバムのタイトルになった。名ギタリスト Randy Rhoads の活躍もあわせ、その後のメタル領域全般に影響を与えた。

Ozzy が Sabbath 在籍時以上の成功を手にし、このジャンルのアイコンになることさえできたのは、やはりその声の魅力によるところが大きいだろう。一聴すればそれとわかる唯一無二の声質はポピュラー音楽にとって最も大事な要素だし、歌唱力不足を指摘されることが多いけれども発声自体はとても良く、バンドサウンドの顔となる優れた響きを持っている。不穏さと親しみやすさを兼ね備えたこの声の魅力のうち、Sabbath 在籍時は基本的には不穏な面しか活かされなかったが、そうしたイメージを都合よく引き継ぎつつポップさを前面に出したソロでは、親しみやすい側面が絶妙に映えている。The Beatles からの影響が大きいという Ozzy のポップなメロディセンスが全開になった 'Goodbye to Romance' はその好例。HR/HM だからこそ可能な類のポピュラー音楽にうってつけの存在なのである。

その上で、本作のもう一人の主役となったのが Randy Rhoads だろう。クラシック音楽的なフレージングを得意とする一方で、リフ構成やコード感は変則的で、これが Ozzy ソロの方向性にも絶妙に合致。名曲 'Mr. Crowley' の荒々しく荘厳なリードギターは後の Yngwie Malmsteen に通じるし、ランディ内田（G.I.S.M.）への薫陶なども考えれば、メタルに関わるあらゆる領域に大きな影響を与えている。1982年の飛行機事故による早逝もアイコン化に貢献、HR/HM 領域におけるギターヒーローの重要さを知らしめた。Ozzy はこの後も優れたギタリストを次々に発掘、ジャンルを代表する名人を多数輩出している。そうした流れの起点にもなった、クオリティ・話題性の両面で最高度に優れた傑作である。〈和田〉

ポップメタル、メロディアスハード

Mötley Crüe

Too Fast for Love

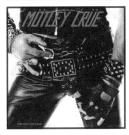

1st アルバム。80年代後半にはポップメタル（ヘアメタルはほぼ同義の蔑称）の代表格として世界的人気を博することになるが、本作ではMotörhead と Riot を足したような HM 的エッジが前面に出ており、70年代グラムロックの系譜にある楽曲を絶妙に彩っている。粗めな演奏もラフな格好良さを増幅させていて良い。次作以降では味わえない滋味がある佳作。〈和田〉

■USA（1981）■Leathür Records

ポップメタル、メロディアスハード

Mötley Crüe

Dr. Feelgood

男性を惹きつけるヤンキー文化的な傾（かぶ）きと、女性を惹きつけるロックスターの色気という、グラム・メタルの真髄を凝縮させた一枚。とにかく重さよりも爽快感を取って作られている楽曲は、バイクや車を乗り回すことがステータスであった80年代の文化と相性抜群だったはず。現在も Apple Music の『Rock Drive』プレイリストに本作の楽曲が名を連ねている。〈清家〉

■USA（1989）■Elektra

ポップメタル、メロディアスハード

Hanoi Rocks

Two Steps from the Move

Hanoi Rocks はバッドボーイズ・ロックンロール系バンドの先駆者で、ドラマー逝去（Mötley Crüe メンバーの飲酒運転が原因）による解散で活躍時期を逃したが、80年代ポップメタル全般に絶大な影響を与えた。グラムロックを礎としつつ曲展開は変則的、パンクに通じるエッジもある音は、Guns N' Roses の原型となった部分も多い。無二の魅力に溢れた傑作。〈和田〉

■フィンランド（1984）■CBS

ポップメタル、メロディアスハード

Bon Jovi

Slippery When Wet

ロックファンだけでなく一般にまで洋楽ハードロックを浸透させ、洋楽のアイコンとなるのを決定づけた 3rd アルバム。歩けるテンポ、愚直なまでの 8 ビート、サビに大合唱というボン・ジョヴィ的クリシェは、人間元来のフィジカルな運動に同期しやすく、興味がなくとも気付けば体が動き音楽にシンクロしてしまう。誰にでも入り口の開かれた音楽の強さ。〈西山〉

■USA（1986）■Mercury Records

ポップメタル、メロディアスハード

■スウェーデン（1986） ■Epic

Europe
The Final Countdown

一世を風靡した3rdアルバム。タイトル曲の超有名なイントロリフが揶揄されることも多いが（80年代HR/HMファンのシンセ嫌いも一因）、全編極上のメロディアスHRである。同郷のABBAやYngwie Malmsteenに通じるメロディ感覚は仄暗く透き通った魅力に満ちており、日本で「北欧メタル」と呼ばれ愛される流れを生んだ。80年代Scorpionsの名盤群にも並ぶ傑作。〈和田〉

ポップメタル、メロディアスハード

■UK（1987） ■Mercury Records

Def Leppard
Hysteria

80年代ポップメタルを象徴する名盤。前作『Pyromania』（1983）がUS市場で大成功を収めた後、ドラマーRick Allenが左腕切断の重傷を負うが、特注のエレクトリックドラムとともに見事復帰。そのサウンドをふまえて制作された本作の音響は驚異的に緻密で、楽曲の良さもあわせメロディアスHRの理想形を示している。約3,000万枚の売上を誇る。〈和田〉

ポップメタル、メロディアスハード

■USA（1987） ■EMI

Whitesnake
Whitesnake

ブルース・フィーリングとスピード感を兼ね備えた重量級ハードロック。過去作よりも曲調とビート感のヴァリエーションに富み、おかげでDavid Coverdaleの驚異的な表現力とヘヴィ級シンガーとしての力量が遺憾無く発揮される。ミックスもよく練られた明るく抜けの良いサウンドで、幅広い層に開かれたポップさがある。豪快なフルスロットル感が気持ち良い。〈西山〉

ポップメタル、メロディアスハード

■ノルウェー（1988） ■Mercury Records

TNT
Intuition

メロディアスHR史上屈指の傑作。Tony Harnellのどこまでもクリアに伸びる超高音ヴォーカル、美しい旋律と変則的すぎるリフを滑らかに接続するRonnie Le Tekroのギターといった演奏の凄さに加え、本作はとにかく楽曲が素晴らしい。スウェーデンのバンドと比べると微妙に曇り気味な感覚もノルウェーならでは。アルバム全体の構成も見事。〈和田〉

ポップメタル、メロディアスハード

Vixen

Vixen

女性のグループとなるとすぐさま「華やかな」という形容を与えてしまう風潮にはできるだけ抗していきたいが、Vixen のような 80年代 L.A メタルど真ん中のサウンドに叙情性を付加した表現となると、華やかさが傑出していると言わざるを得ない。華とは、情感から香り立つ色気であり、Queen を換骨奪胎したような 'I Want You To Rock Me' にはそれらが宿っている。〈つや〉

■USA (1988) ■EMI-Manhattan Records

ポップメタル、メロディアスハード

Extreme

Pornograffitti

LA メタルのパーティー感を受け継ぎながら、16 ビートでメタルを演奏した画期的な作品。ホーンセクションの導入や、ブラックミュージック系のギターカッティング、タイトな 16 ビート・シャッフルなど、ファンクの様式を鮮やかにメタルに持ち込み、当時のパーティ系アメリカン・ヘヴィメタルの進化完成系と言える。とにかくべらぼうに上手い。〈西山〉

■USA (1990) ■A&M Records

ポップメタル、メロディアスハード

Mr. BIG

Lean into It

当時のロック少年たちの世界を変えた、90年代の代表的な一枚。有名なドリルでのギターソロ、難易度の高いリフ、アコギ一本で合唱できるバラード、都会的なブルース・フィーリングなど、バンド小僧が目指したいものが全て揃っていた。深刻になりすぎずパーティすぎず、ダーティにもクリーンにも聞こえる、抜群のちょうど良さがあった。〈西山〉

■USA (1991) ■Atlantic

ポップメタル、メロディアスハード

Fair Warning

Fair Warning

Uli Jon Roth の実弟 Zeno Roth 率いる Zeno（1st アルバムは名盤）を母体として結成、日本で大人気を博したバンドのデビュー作。ジャンル最高峰のヴォーカリスト Tommy Heart、Uli のスカイギター（バイオリンの高音域が出せる）を受け継いだ Helge Engelke などメンバーの充実に加え、全ての楽曲が圧倒的に素晴らしい。メロディアスハードを代表する傑作。〈和田〉

■ドイツ (1992) ■WEA

ポップメタル、メロディアスハード

Harem Scarem

Mood Swings

質実剛健なハードロック名盤。必ず微量のロマンチックが織り込まれ、アレンジはポップだがコードワークも凝っており意外と仕掛けが多い。緊張と解放のタイミングが絶妙で、聴き手に寄り添いながらクールに進んでいく。硬軟のバランスがポップで、サウンドデザインも含め、隅々まで考え抜いて製作された一流のプロ集団の仕事としての清涼感がある。〈西山〉

■カナダ（1993） ■WEA

ポップメタル、メロディアスハード

Wig Wam

Hard To Be Rock'n Roller

2000年代に出現したグラムメタル・リバイバルの代表格。80年代当時もヘアメタルと揶揄された扮装の採用など、コンセプトとしてはパロディ色が濃いが、その上で楽曲や演奏は極めて高品質で、「オリジナル」なバンド群には出せなかった魅力がある（これはSteel Pantherなどにも言える）。北欧メタルの滋味が凝縮された素晴らしいデビューアルバム。〈和田〉

■ノルウェー（2004） ■Voices of Wonder

ポップメタル、メロディアスハード

Weezer

Van Weezer

パワーポップ～エモの代表格として知られるWeezerがHR/HMからの影響を全開にした15thアルバム。若い世代に80年代ロックの明るい楽しさを知ってほしいという意図から作られた本作は、Ozzy OsbourneやVan Halen、AC/DCのようなポップメタルの要素を前面に出す一方で歌メロはあくまでWeezer流。異なるタイプのナード感が絶妙に融合した佳作である。〈和田〉

■USA（2021） ■Atlantic/Crush

ポップメタル、メロディアスハード

Ghost

Impera

現代HR/HMの代表格、メンバーを一新しての5thアルバム。前作まではTOTOやKansasなどを暗黒メタルに落とし込んだような音楽性だったが、本作ではEuropeなど北欧メタルの妙味を集約する路線に急転換、その上で従来の仄暗い奥行きが絶妙な隠し味に。楽曲も音響も絶品、最初と最後に同一フレーズを配したアルバム構成も見事。掛け値なしの傑作である。〈和田〉

■スウェーデン（2022） ■Loma Vista Recordings

Yngwie Malmsteen

Trilogy

■スウェーデン（1986）　■Polydor

84年ソロデビュー作“Rising Force”は、ヴァイオリンのようなソロとクラシカルな楽曲、ほぼインスト曲で構成という前例のない作品で、技術、楽曲の両面で衝撃を与えた。続く2作目“Marching Out”はヴォーカル曲が増えつつもまだインスト色は濃厚で、3作目の本作“Trilogy”でヴォーカル作品においての表現の型と方向性を掴み取ったと言える。

ディミニッシュ・コードをアルペジオで立板に水の如く流麗に弾き、ナポリの和音、ドッペルドミナントなども用いるYngwieの楽曲と演奏からは、本人はパガニーニというが、西洋の機能和声の美しさそのものに魅了され、それから成る叙情や耽美へのピュアな憧れを感じる。同時にJimi Hendrixのブルース・フィーリングを受け継ぎ、高速クラシカルフレーズの終着点に特大のブルース＝歌心を解き放つ。これらを両立することで、独自の官能性を獲得している。

“Trilogy”は、プロデューサー視点を持ちながらギター表現を探究し、ギタリストの発表するヴォーカル作品としての完成度を高めた。

ギターではなくシンセを前面に出したイントロで幕開ける‘You don’t emember, I’ll never forget’は、歌作品としての完成度を求める意識が強く表れており、ギタリストとして存在感を感じるまで2分半待たなければいけない。

‘Liar’、歌メロ冒頭ドミナント7thコードはRitchie Blackmore由来のエキゾチックな展開で始まり、クワイアのようなシンセを重ね、歌の合間にギターで高速フレーズのフィルインが入る。歌メロが終わった後に一展開挟んでからのギターソロ突入に至るまで、歌作品ながらギターをメインに聴かせるこの手法は、この後定番化していく。‘Fury’の速いテンポと機能和声の美しさの両立も同様だ。‘Fire’は、ペダルトーン上にシンセがコードを変えていくVan Halen‘Jump’以降80年代ハードロックの定型ではあるが、サビのコードの陰影の移り変わりが非常にYngwieらしい。メタルでは非常に遅いBPMの‘Dark Ages’、このようなスローテンポの時にブルースの地の力が発揮される。〈西山〉

メタル系テクニカルギタリスト（80〜90年代）

Alcatrazz

No Parole from Rock 'n' Roll

Rainbowで活躍したGraham Bonnet率いるAlcatrazzの1枚目、超重量級の咆哮と絶唱が繰り広げられる。声量がありすぎてか、Grahamの80年代の録音はいずれも音が遠く、だからこそ規格外の歌唱スケール感が伝わってくる。楽曲は当時在籍していたYngwie Malmsteenの色がかなり強く、Yngiwie作品と言ってもいいほど。〈西山〉

■USA（1983） ■Rocshire Records

メタル系テクニカルギタリスト（80〜90年代）

Yngwie Malmsteen

The Seventh Sign

ギター・ヒーローは、その超絶プレイのために時折音楽としての全体バランスを崩してしまうが、この作品はヒーロー性と作曲能力、メンバーとのコンビネーションも含め、最もバランスの優れた内容。ヴァリエーション豊かで充実した作曲群のため、速弾きのための速弾きにならず、Yngwieの音楽家としての本来の基礎体力の高さが堪能できる。〈西山〉

■スウェーデン（1994） ■Music For Nations

メタル系テクニカルギタリスト（80〜90年代）

Racer X

Street Lethal

80年代に流行したシュレッド（歪ませた音色による速弾き）ギターの代表的名盤。Yngwieの出現によってギター奏法の技術水準が急上昇したこのシーンでは、その技巧を活かす場として高速HMが選ばれ、超絶プレイヤーが鎬を削りあった。後にMr. Bigやソロで優れたポップセンスを開花させるPaul Gilbertのテクニカルな側面を堪能できる佳作。〈和田〉

■USA（1986） ■Shrapnel Records

メタル系テクニカルギタリスト（80〜90年代）

Jason Becker

Perpetual Burn

HR/HMを代表する天才ギタリストの一人、ソロ1stアルバム。Marty Friedman（ex. Megadeth）と組んだCacophonyの時点でYngwieとは似て非なるクラシック音楽流の発想が冴えていたが、本作ではその圧倒的な技巧および表現力がHMに留まらない形で爆発している。1990年のALS発症後も眼球運動を用いたコミュニケーションシステムを通して創作を続ける不屈の名人。〈和田〉

■USA（1988） ■Shrapnel Records

メタル系テクニカルギタリスト（80〜90年代）

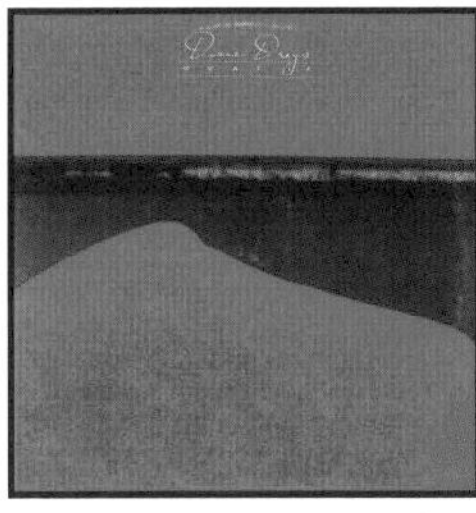

Dixie Dregs

What If

ギター史を代表する名人のひとり Steve Morse が音楽大学の同級生仲間と結成したバンド、代表作の 3rd アルバム。Little Feat をジャズロック経由で HR 化したような音楽性で、US ルーツミュージックの真髄を超絶技巧で楽しく聴かせる手管が見事すぎる。'Odyssey' は殆ど Dream Theater で、実際にカヴァーされた。時代を越える新鮮な魅力に満ちている。〈和田〉

■USA（1991） ■Capricon

メタル系テクニカルギタリスト（80〜90年代）

Steve Vai

Passion and Warfare

Frank Zappa 門下（超難曲の数々を採譜・演奏）、Alcatrazz や Whitesnake への参加でも知られる超絶ギタリスト、出世作となった 2nd アルバム。変態的技巧ばかり取り沙汰されるが、それがあって初めて可能な曲想や表現力こそが本領で、それこそ Zappa や Pat Metheny、Jacob Collier にも並ぶ卓越した総合音楽家である。極彩色の楽しさに満ちた驚異的傑作。〈和田〉

■USA（1990） ■Relativity

メタル系テクニカルギタリスト（80〜90年代）

Steve Vai

Sex and Religion

前半はフュージョン調の爽やかなロックだが、6 曲目からギアチェンジ、プログレッシブな 10 曲目以降終盤に向かって世界が歪んでいく、映画の三幕構成のようなドラマチックな傑作。曲調が荒々しく暴力的であっても、音楽教養と高い技術が音楽を支えると悪魔的に美しい世界となる。メタルでは珍しいうねりのあるメロディ作り、ソロのラインが見事。〈西山〉

■USA（1993） ■Relativity

メタル系テクニカルギタリスト（80〜90年代）

Uli John Roth

Transcendental Sky Guitar

初期 Scorpions を支え、Yngwie を含むメタル系ギタリスト全般に影響を及ぼした"仙人"。Jimi Hendrix の圧倒的表現力を倍加したような繊細な音色／音量コントロールは史上最高級、ヴァイオリンの高音域を出せる特注のスカイギターによりさらに増幅される。本作はライヴ音源とスタジオセッションからなる代表作。驚異的な美技を堪能できる名盤である。〈和田〉

■ドイツ（2000） ■Steamhammer

DIO

Last in Line

■USA（1984）　■Warner Bros. Records

RainbowやBlack Sababathで“様式美HR”の名盤を連発した最強ヴォーカリストRonnie James Dioが結成したバンド。前2バンドの人脈からメンバーを集めつつ、無名の優れたギタリストも積極的に起用。本作は2ndアルバムで、80年代中期にポピュラー音楽市場を席巻した「ヘヴィメタル」の代表作として人気を博した。

ここでいう「ヘヴィメタル」は、特定の音楽形式を指すサブジャンル用語である。具体的には1970年代後半のJudas Priestなどの系譜で、パワーメタルもこの流れにある。ポップメタルに隣接しつつ硬派な印象を重視したものとみてもいいだろう。DIOの音楽はRainbowやSabbathの要素を下敷きにしているが、そこに上記のような要素が加わり、総体としては確実に新しいものになっている。例えば、“The Last in Line”のベースラインはSabbath的だが、一方でリフ進行は別物だし、ギターソロの構成には後のDead Endなどに通じる捻りがある。また、特筆すべきなのがVinny Appiceで、ジャズロック的な機動力に重みを加えたドラムスには、テクニカルなハードコアパンクにも並ぶ強力な躍動感がある。“I Speed At Night”のスピード感は同時期に勃興したスラッシュメタルにも見劣りしないし、代表曲“We Rock”（実質的にVinnyのドラムソロ曲）でこうした質感に魅了された人も多いだろう。様式美の権化みたいなイメージのあるバンド／ジャンルだが、確かに時代を切り拓いてきた音楽なのである。

DIOは、映画『ソー：ラブ＆サンダー』（2022）での‘Rainbow in the Dark’起用が大きな話題を呼んだ。『ストレンジャー・シングス』でのMetallica‘Master of Puppets’もだが、このところ80年代のHR/HMが取り上げられる機会が増えている。80年代リバイバルのブルーオーシャン的な扱われ方なのかもしれないけれども、それに耐えるだけの強度や魅力があるのも間違いない。これを機に再評価されるべき優れたバンドである。〈和田〉

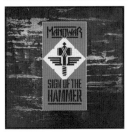

ヘヴィメタル～パワーメタル

Manowar

Sign of the Hammer

“Death to False Metal” を標榜するメタル界最強のカルトヒーロー。KISS に Meatloaf やワーグナーを突っ込んだような音楽性は唯一無二、後のメロディックな HM 全般に絶大な影響をもたらしたが、この時代の HM としてはむしろ異質。ヴォーカルとベースをはじめ演奏は超一流、ライヴ音響も世界最高級。本作はそうした魅力がまとまりよく示された名盤だ。〈和田〉

■USA（1984） ■Ten Records

ヘヴィメタル～パワーメタル

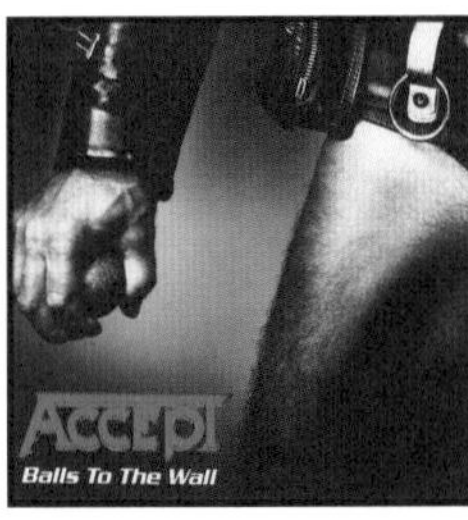

Accept

Balls to the Wall

ジャーマンメタルの礎を築いた名バンド、出世作となった 5th アルバム。初期の速い曲調はスピードメタルやスラッシュメタルに大きな影響を与えたが、本作では AC/DC 的ミドルテンポが大幅に増加、美麗なメロディと見事に融合。荒々しさと色気を異様なバランスで両立する Udo の声も無二の妙味となっている。Rammstein あたりと聴き比べても面白い。〈和田〉

■ドイツ（1985） ■RCA

ヘヴィメタル～パワーメタル

Mercyful Fate

Don’t Break the Oath

メタル史上に輝く暗黒 HM の大傑作。NWOBHM と Thin Lizzy を混ぜて Rush の変拍子を加えたような目まぐるしい曲展開、驚異的に優れたリフ構築、低音ヴォイスと高音ヴォイスの一人二役をこなす King Diamond の悪夢的パフォーマンスは、スラッシュメタルやブラックメタルに決定的な影響をもたらした。カルトメタル入門としても最適。〈和田〉

■デンマーク（1984） ■Roadrunner Records

ヘヴィメタル～パワーメタル

King Diamond

Abigail

2nd アルバムにして、彼ら初のコンセプト・アルバム。嵐の晩にキングが見た夢をベースに書かれたという、呪われたアビゲイルにまつわるストーリーは実に壮大で、歌詞を噛み締めながら本作を聴くと、一本のホラー映画を鑑賞した気分になれる。以降、コンセプト・アルバムは King Diamond の 1 つの売りとなっていく。本作から Andy La Rocque がバンドに本格参加。〈川嶋〉

■デンマーク（1987） ■Roadrunner Records

ヘヴィメタル〜パワーメタル

Riot

Thundersteel

1984年に一度解散、メンバーを一新して制作した5年ぶりのアルバム。US出身でありながら欧州的叙情に溢れる楽曲に定評があるバンドだったが、本作ではそうした持ち味を活かしつつ、同時期に流行ったスラッシュメタルの激しさ基準を踏まえ大幅なアップデートがなされている。冒頭曲は必殺の名曲。ヘヴィメタル〜パワーメタル史上屈指の傑作である。〈和田〉

■USA（1988）■CBS

ヘヴィメタル〜パワーメタル

Vicious Rumors

Digital Dictator

80年代も終わりに差し掛かる頃になると、エクストリームメタルの台頭やグランジ的なものの勃興などもあって、80年代中盤の全盛期には概ね型が固まっていたHMへの風向きは悪くなってくる。Vicious RumorsはこうしたS時期に健闘したバンドで、本作はHM史を代表する名シンガーCarl Albertの出世作となった。演奏も楽曲も優れた充実作。〈和田〉

■USA（1988）■Roadrunner Records

ヘヴィメタル〜パワーメタル

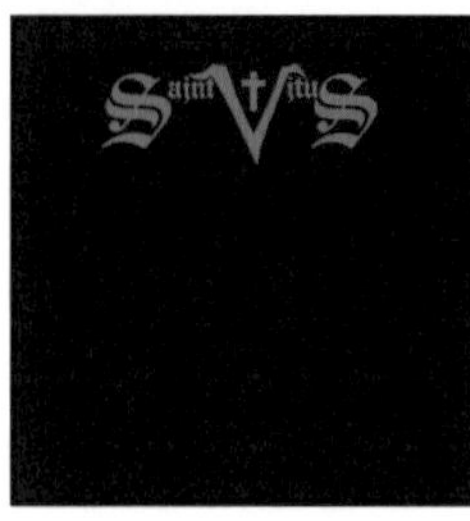

Saint Vitus

Saint Vitus

Greg Ginn（Black Flag）のレーベルから発表された1stアルバム。初期Black Sabbathとパンクの融合を図った音楽性だが、各パートの野太く重たい音色や全体を包む煙たい音響はそれ以前のHR/HMになかった異様な酩酊感に満ちており、今ではドゥームメタルの先駆として高く評価されている。3rdアルバム『Born Too Late』（1986）と並ぶ大傑作。〈和田〉

■USA（1984）■SST Records

ヘヴィメタル〜パワーメタル

Trouble

Trouble

1stアルバム。後の作品では古典的なHR成分が前面に出てくるが、この頃は4ADレーベル所属のゴシックロックに通じる仄暗いスタイルがHM形式と絶妙に混ざっており、後のParadise LostやCathedralをそのまま先取りしている感さえある。Saint VitusやPentagramに並ぶドゥームメタルの先駆的作品であり、汲めども尽きぬ神秘的な魅力に溢れている。〈和田〉

■USA（1984）■Metal Blade Records

ヘヴィメタル〜パワーメタル

Pentagram

Relentless

元々は知る人ぞ知るカルト・バンドで、LP も自主制作のレア盤であったが、90年代初頭、Cathedral が②をカヴァー。突如ドゥーム・メタルの元祖として注目を浴び結果、本作も再発され、めでたく誰でも聴ける状況に。オリジナル盤のタイトルは“Pentagram”で、曲順も違う。ひたすらヘヴィでイーヴル。名曲を書くのにテクニカルなリフなど必要ないことを思い知らせてくれる傑作。〈川嶋〉

■USA（1985） ■Peaceville

ヘヴィメタル〜パワーメタル

Candlemass

Nightfall

奇談の話者のようにシアトリカルなヴォーカル、歪んだギター・リフを中心に据えミドル〜スローテンポでじわじわと進むおどろおどろしい演奏。ゴシック文学を思わせる豪奢さと陰りを備えたサウンドは、なめらかに煌めくナイトドレスとそれを切り裂く錆びた鉄のよう。英詞を解せずとも伝わるストーリーテリングぶり。エピック・ドゥームの代名詞。〈清家〉

■スウェーデン（1987） ■Axis Records

ヘヴィメタル〜パワーメタル

Sabaton

Heroes

古今東西の戦争をテーマとするコンセプチュアルなバンドであるSabaton の音楽は硬く規則正しく弾み、軍靴の音の迫るのを聞くような心地にさせる。それはどうあっても奇妙な高揚感をもたらし、同時に諍いへの渇望が己が血に刻まれているのではという重苦しい罪悪感ももたらす。PTSD に悩まされるアメリカの退役軍人の著書に基づいた ‘To Hell And Back’ はその極致。〈清家〉

■スウェーデン（2014） ■Nuclear Blast

ヘヴィメタル〜パワーメタル

Nevermore

This Godless Endeavor

Nevermore は「ヘヴィメタル」の到達点と言える最高のバンドだった。基本的には Queensrÿche と Pantera を合わせたようなプログ／グルーヴメタルだが、変則的なコード進行の上で捻れたメロディを歌いこなす Warrel Dane と超絶ギタリスト Jeff Loomis の掛け合いが絶品で、そこから生まれる仄暗い叙情は唯一無二。本作はその集大成となった。〈和田〉

■USA（2005） ■Century Media

スラッシュメタル、クロスオーヴァー・スラッシュ

Metallica

Master of Puppets

■USA (1986)　■Elektra Records

老害と罵られようが、Metallicaの最高傑作はこの“Master of Puppets”だ。決して“...And Justice for All”やブラック・アルバムを貶めようなどというつもりはないし、あれらも当然優れた作品である。だが、“Master of Puppets”は、「傑作」などという言葉では表現しきれない、神懸かり的、奇跡的作品なのだ。

83年にアルバム・デビュー。翌84年には2nd アルバム“Ride the Lightening”をリリース。そのわずか1年半後に発表されたのが、この3rd アルバムだ。デビューからわずか3年。その間、凄まじい量のツアーをこなしながら、3枚いずれもがヘヴィメタル、ひいてはロックの歴史に残るモンスター・アルバムだというのだから、そのヴァイタリティ、クリエイティヴィティたるや、とても人間のものとは思えない。中でもこの“Master of Puppets”は、ビルボードの29位にランクインするという商業的大成功も収めた。本人たちは否定するかもしれないが、いわゆるスラッシュメタルという激しいジャンルに属する音楽であり、とても「一般の」人々が気軽に聴けるものではない。収録曲8曲のうち、3曲が8分超。トータル1時間にも及ぼうかという大作のどこに、商業的要素があるというのか！ だが、本作はそんな常識を簡単に超えるパワーを持っていた。完璧なリフ、曲構成、そして詩的で知的な歌詞。これぞMetallicaの、いやヘヴィメタルの頂点とも言える奇跡的な作品だ。

本作の特殊性は、後にも先にも類似のアルバムが見つからないところにある。通常歴史的名盤は多くの亜流を生み、ムーヴメントを作り出す。だが、本作は逆にスラッシュメタルを死に追いやった。彼らの成功を目の当たりにした世界中のスラッシャーたちは、自分たちも後に続けと、「速い方が偉い、邪悪な方が偉い」というスラッシュのアイデンティティを放棄。Metallicaの持つインテリジェンスを追い求めた結果「普通のバンド」へと成り下がってしまった。Metallicaにとっても奇跡であった“Master of Puppets”を、他のバンドが模倣などできるはずもなく、彼らは亜流にすらなれなかったのだ。〈川嶋〉

スラッシュメタル、クロスオーヴァー・スラッシュ

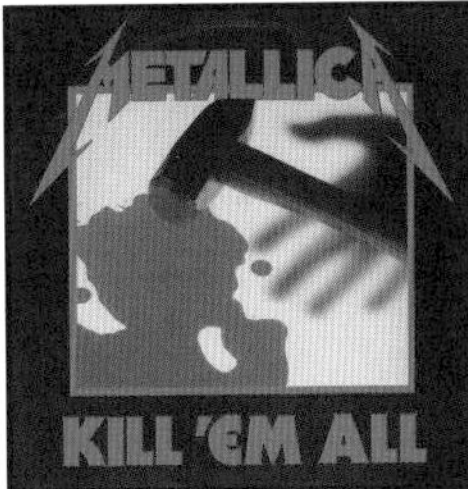

Metallica

Kill 'Em All

NWOBHM を極度にスピード・アップし、まったく新しいスタイルを作り出した Metallica。本作のヨーロッパ盤をリリースした Music For Nations のオーナーの「正気か？ これはただのノイズだ！」という発言に対し、事実上彼らを発掘した Megaforce の Jon Zazula が「こいつらは次世代の Led Zeppelin になる」と反論したとされる。そのくらい斬新な音楽だったのだ。実際 Jon は正しかった。〈川嶋〉

■ USA（1983） ■ Megaforce Records

スラッシュメタル、クロスオーヴァー・スラッシュ

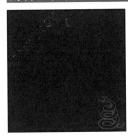

Metallica

Metallica

ポスト HR/HM の幕開けを告げる決定的名盤。鋭く機敏なスラッシュ路線から遅く重い HM 路線に急転換したアルバムで、同時期に勃興したグルーヴメタルとエピック～プレドゥームの間にある音楽性を、驚異的に洗練された音響で提示。ジャンル史批評としても優れた本作は、楽曲の良さもあって 2,000 万枚もの売上を達成した。メタル外への影響も絶大。〈和田〉

■ USA（1991） ■ Elektra Records

スラッシュメタル、クロスオーヴァー・スラッシュ

Metallica

Garage Inc.

カヴァー集。70 年代 HR や NWOBHM、パンク～ハードコアと多岐に渡る選曲で、Metallica の幅広くマニアックな影響源がまとめて開陳されている。Diamond Head など正当な評価を得られていなかった先達をフックアップするだけでなく、Metallica 曲では発揮されづらい類の表現力が示されている点でも興味深い。原曲の良さもあって非常に充実した作品。〈和田〉

■ USA（1998） ■ Vertigo Records

スラッシュメタル、クロスオーヴァー・スラッシュ

Metallica

St. Anger

発表当時は賛否両論となった問題作。過去作のシャープな音質からかけ離れた鈍い音色やしつこい展開は HR/HM ファンから酷評されたが、今の感覚で改めて聴くと、Kyuss と Converge を High On Fire や System Of A Down 経由で接続するような極上ストーナーメタルで、ソロを排除した構成も潔い。これが一番好きという人も実は多い。〈和田〉

■ USA（2003） ■ Vertigo Records

スラッシュメタル、クロスオーヴァー・スラッシュ

Slayer
Show No Mercy

世界初のスラッシュメタルのアルバムと言えば、これだろう。徹頭徹尾疾走しまくり。当時は速すぎて曲の区別がつかないと思ったほど。あまりに斬新すぎて、それまでのメタルとの断絶を感じさせたが、現在の耳で冷静に聴けば、Phil Anselmo も指摘している通り、Judas Priest の 'Rapid Fire' あたりの発展型であることは明白。リフの完成度という点では、本作が Slayer の最高傑作と言えるだろう。〈川嶋〉

■USA（1983） ■Metal Blade Record

スラッシュメタル、クロスオーヴァー・スラッシュ

Slayer
Reign in Blood

究極のスラッシュメタル・アルバム。全体を完璧な緩急構成で繋げた一枚で、強靭な高速吐き捨て声、HM の展開を弁えつつスケール・アウトを乱発する高速ソロ、重さと速さを最高度に両立する芸術的ドラムスなど、全ての要素が素晴らしい。本作でハードコア流のモノトーンなリフ展開の妙味を知った人も多いのでは。史上最速の名を恣にした歴史的名盤。〈和田〉

■USA（1986） ■Def Jam Recordings

スラッシュメタル、クロスオーヴァー・スラッシュ

Megadeth
Killing Is My Business... and Business Is Good!

テクニカル・スラッシュという言葉がなかった頃にその最高峰を示した 1st アルバム。複雑かつキャッチーな作編曲、それを異常な速さで演奏してしまう技術（ジャズ方面の名手が 2 人参加）、それらに必然性を加える表現意欲（Metallica 解雇による怨恨など）と三拍子揃った作品で、全編とにかく凄すぎる。ジャズ＋メタルの到達点の一つと言える。〈和田〉

■USA（1985） ■Combat Records

スラッシュメタル、クロスオーヴァー・スラッシュ

Megadeth
Rust in Peace

ひたすら短距離競走の速さを競っていたスラッシュメタル黎明期から、速さと同時に音色とギミックにストイックに拘り続け、本作から参加の Marty Friedman の艶やかで華のあるギターが加わりメガデスが完成したといえる。クリアな技術力と思想の行き届いた音色、幾重にも裏切る展開、考え抜かれた音楽に翻弄される快感は、唯一無二。〈西山〉

■USA（1990） ■Capitol Records

スラッシュメタル、クロスオーヴァー・スラッシュ

Anthrax

Spreading the Disease

速さ烈しさは他に譲ったとしても、とにかくモッシャブルな、血沸き肉躍るリフを生み出す能力に関して頭抜けているのが Anthrax だ。そのリフワークと対をなす特色である焦燥感を煽るハイトーン・ヴォーカルのメロディの主・Joey Belladonna が加入して間もなく制作されたのが本作である。ふたつの要素が奇跡的に調和をなし、それぞれにヴォルテージを引き上げる。〈清家〉

■ USA（1985） ■ Megaforce Worldwide

スラッシュメタル、クロスオーヴァー・スラッシュ

Celtic Frost

To Mega Therion

アルバムとしては最初の作品。メタルとハードコア双方の旨みを抽出融合した音色と、単純な半音進行リフを頻繁にくりかえすことで無調的な広がりを生む曲構成は、前身バンド Hellhammer とともにメタル／ハードコア全域に絶大な影響を与えた。オーケストラを加えた演出もあわせ全体の構成は完璧。地下メタルの歴史に輝く金字塔。〈和田〉

■ スイス（1985） ■ Noise Records

スラッシュメタル、クロスオーヴァー・スラッシュ

Celtic Frost

Into the Pandemonium

2nd アルバム。HM 領域からは近接しつつも避けられる傾向にあったポストパンク〜ゴシックロック要素をいち早く全面導入した革命的作品で、固有のリフ展開と欧州ならではの仄暗い美的感覚が見事に融合。後のゴシックメタルやデスドゥームなど様々な地下音楽に決定的な影響をもたらした。最初のオルタナティヴ・メタルの一つといえる異形の歴史的名盤。〈和田〉

■ スイス（1987） ■ Noise Records

スラッシュメタル、クロスオーヴァー・スラッシュ

Possessed

Seven Churches

80年代地下シーン最重要アルバムの一つ。超絶技巧ギター＋素人級ドラムス＋サタニックな濁声（元祖グロウルとも言われる）が生む崩壊気味の疾走感は、暗く危険な雰囲気を求める音楽全般に絶大な影響を与えた。Morbid Angel のような巧いデスメタルも技術度外視のブラックメタルもこのバンドがなければ存在しない。異様な迫力に満ちている。〈和田〉

■ USA（1985） ■ Combat Records

スラッシュメタル、クロスオーヴァー・スラッシュ

Voivod

Killing Technology

Venomやパンクから影響を受けた爆走ロックンロール・スタイルを標榜していた彼らが、現代音楽や映画音楽からの影響を取り入れつつ、プログレッシヴな方向へと舵を切った歴史的名盤。Piggyによるギターの音域をフルに活用したリフ・ワークは唯一無二。結成から40年が経った今も、一切クリエイティヴィティを喪失していない稀有な存在でもある。〈川嶋〉

■カナダ（1987） ■Noise International

スラッシュメタル、クロスオーヴァー・スラッシュ

Voivod

Nothingface

5thアルバム。プログレッシヴ・ロック（King CrimsonやVan Der Graaf Generatorなど）への接近が進んだ一枚だが、ハードコア流の鈍い引っ掛かりを活かしたグルーヴ表現（ジャンルを問わず唯一無比）がここで完成、優れた音響のもと理想的な形で示されている。発展的な音楽性を志向するメタルやハードコア全般に大きな影響を与えた傑作。〈和田〉

■カナダ（1989） ■MCA Records

スラッシュメタル、クロスオーヴァー・スラッシュ

Voivod

Synchro Anarchy

活動40周年を飾る15thアルバム。中心人物Piggyの没後に加入したChewy（元Martyr）は、Piggyの唯一無二のサウンドを完璧に再現するだけでなく、そのKing Crimson的な手癖を絶妙に解きほぐす形で見事に発展。本作では、上記2作の路線を土台に初期Cynicなど様々な文脈が注ぎ込まれ、シーンの歴史的繋がりと未来が示されている。最高傑作の一つ。〈和田〉

■カナダ（2022） ■Century Media Records

スラッシュメタル、クロスオーヴァー・スラッシュ

Sepultura

Schizophrenia

80年代半ばの時点でブラストビートに迫ろうかというとんでもないスピードで、メタル・マニアの度肝を抜いていたSepultura。本作から加入したAndreas Kisserのバックグラウンドであるトラディショナルなヘヴィメタルの要素が、バンドが元々持っていたHellhammerやKreator直系のブルータリティを見事にコントロール。結果彼らはブラジルのローカル・シーンから世界に活躍の場を移すこととなった。〈川嶋〉

■ブラジル（1987） ■Cogumelo Produções

スラッシュメタル、クロスオーヴァー・スラッシュ

Sepultura

Roots

創始者の一人 Max 在籍時の最終作。初期のスラッシュ路線で培ったリフ構築に、ニューメタルやインダストリアルメタル、そして南米の多様なリズム形式が融合した音楽性は、ビート・ミュージックとしてのメタルの可能性を大幅に拡張した。Slipknot や Gojira、Code Orange のような現代メタルの代表格も大きな影響を受けている。ポスト HR/HM 最重要作の一つ。〈和田〉

■ブラジル（1996） ■Roadrunner Records

スラッシュメタル、クロスオーヴァー・スラッシュ

Suicidal Tendencies

Suicidal Tendencies

クロスオーヴァーの文脈で捉えられることの多い Suicidal Tendencies だが、デビュー作である本作は Metallica や Slayer がデビューした 83 年のリリースであり、内容としては純粋なハードコアと言える。全 12 曲で 30 分未満。83 年にこの速度！ スピードという点では、ハードコアは常にメタルの数歩先を行っていたのである。その後 Anthrax らがプッシュしたことで、メタル・ファンにもその名が浸透した。〈川嶋〉

■USA（1983） ■Frontier Records

スラッシュメタル、クロスオーヴァー・スラッシュ

Stormtroopers of Death（S.O.D.）

Speak English or Die

メタルとハードコアの交わる地点に今なお立ち続けるフラッグ。今日のポリコレ的観点からは完全 NG な歌詞の方向性こそ淘汰されたが、現在様々なサブジャンルで用いられているブラストビートを取り入れた最初期音源の一つ ‘Milk’ などはこの先も褪せないだろう。文献では汲み取れない、アイディア溢れる当時のシーンの現場感がパッケージングされている。〈清家〉

■USA（1985） ■Megaforce Records

スラッシュメタル、クロスオーヴァー・スラッシュ

D.R.I.

Dealing with It!

S.O.D. とともに、80 年代中盤のクロスオーヴァー・ムーヴメントを牽引したバンド。もともとハードコア・シーンで活躍していたが、彼らの大ファンであった Slayer の口利きで、Metal Blade 傘下の Death Records と契約しリリースした 2nd。全 25 曲 34 分。メタルの整合性とハードコアのスピードを完璧なバランスで混ぜ合わせた、これぞクロスオーヴァーとしか言いようがない歴史的傑作。〈川嶋〉

■USA（1985） ■Death Records

スラッシュメタル、クロスオーヴァー・スラッシュ

Sacrilege

Behind the Realms of Madness

クラストやステンチコアの黎明期を彩ったアルバムとしても重要だが、ことメタル領域で振り返るとなると、当時（これは今も変わらないが）圧倒的に男性中心であった世界において女性がヴォーカルを執り、その上で音楽的に評価を受けたこと、暴力的な歌詞が主だったスラッシュ・シーンで社会情勢や政治への憤りを叫んだことが非常に意義深い作品。〈清家〉

■UK（1985）■Children Of The Revolution Records

スラッシュメタル、クロスオーヴァー・スラッシュ

Destruction

Eternal Devastation

欧州スラッシュを代表する傑作の一つ。US や UK のバンドとはフレーズ作りの傾向が異なる（ブルース成分が少ないように思われる）リフ構成は、カミソリとノコギリの間にあるような摩擦係数の高い音色とともに、後のブラックメタルに大きな影響を与えた。リズム処理がやや怪しい演奏も不穏な雰囲気や勢いを増幅。慣れると離れられなくなる魅力のある一枚である。〈和田〉

■ドイツ（1986）■Steamhammer

スラッシュメタル、クロスオーヴァー・スラッシュ

Kreator

Terrible Certainty

3rd アルバムの本作よりギター 2 本体制に。勢いがすべてであった前 2 作に比較すると、演奏面でも整合性が増し、かつ初期の勢いも保持されているという奇跡的な名盤。歌詞の面でも暴力一辺倒の前作から一転、宗教批判や環境汚染など、ポスト“Master of Puppets”を思わせる内容にシフト。初期ファンも 21 世紀以降のファンもうならせる本作を Kreator のベストとする者も多い。〈川嶋〉

■ドイツ（1987）■Noise International

スラッシュメタル、クロスオーヴァー・スラッシュ

Watchtower

Control And Resistance

テクニカルなメタルの世界における金字塔的傑作。Rush 的な変拍子を高速スラッシュに落とし込み、John Coltrane ～ Michael Brecker の系譜や Chick Corea Elektric Band を更に複雑にしたような曲調と掛け合わせた音楽性で、13 拍子や 44 拍子も滑らかに聴かせる楽曲・演奏は異次元の域。Dream Theater や Cynic にも影響を与えた至高のメタルアルバム。〈和田〉

■USA（1989）■Noise Records

Helloween

Keeper of the Seven Keys Part Ⅱ

■ドイツ (1988)　■Noise International

ヴォーカルに Michael Kiske を迎えて制作された2部作の後編であり、バンドの代表作。ハイスピードで駆け抜けるベースとドラムに、それを土台に輝くドラマのあるギター・ソロと、どのパートにもスタミナが求められる疾走感のあるサウンドが持ち味。それに加え、暑苦しいほどに力を込めて歌い上げられる、スケールが大きくも耳に残りやすい、思わず唱和したくなるメロディ・ラインが人気を博した。更にファンタジーの世界を思わせるアートワークに覆われて、パワー・メタルのエッセンスを総て兼ね備えた金字塔的傑作となった。バンドの代表曲であり後続バンドたちに敬意をもってカヴァーされることとなる 'Eagle Fly Free' や 'I Want Out' も収録され、同じ系譜にあるメロディック・スピードメタルやシンフォニック・メタルにも多大な影響を及ぼした作品であることは間違いない。本邦で局地的人気を誇ったバンドについて書かれた『ビッグ・イン・ジャパンの時代』でも Helloween の章が設けられているほどに日本国内で成功を収め「ジャーマン・メタル」というカテゴリの旗手ともなった彼ら。日本のリスナーには――あくまで一般的にだが――硬質でグルーヴを押し出した音楽よりもメロディを楽しめるものの方が受け入れられる傾向があるため、約30年以上もの間各世代に愛され続けてきた。タイトルがそのままサビで歌われるパターンも多く、キャッチーさにおいてアニメソングなどとの親和性も高い。しかし、本作リリース後にレーベルとのトラブルやそれによる人間関係の不和からリーダーの Kai Hansen が脱退、以降の2作は迷走期としてファンから冷遇されることとなる。ただし、代表作のテイストを再生産し続ける方向性を求める保守的なリスナーが多かったためという点も考慮し、長いキャリアの中でのスパイスとすれば興味深く聴けるはずである。ヴォーカリストを Andi Deris に交代した 6th からは安定した Helloween サウンドが聴けるので、近作から遡っていく聴き方でも充分に楽しめる。〈清家〉

メロディック・パワーメタル、メロディック・スピードメタル、シンフォニック・メタル

Gamma Ray

Land of the Free

Kai Hansen が Helloween（主要作曲者の一人だった）脱退後に結成、このジャンルの代表格にまで育て上げたバンド。Helloween 同様の陽気な疾走感が印象的だが、Manowar やエピックメタルに通じる翳りも絶妙に混ざっており、他のメロパワ／メロスピとは一線を隠す奥行きがある。Kai の独特な歌声も無二の妙味。代表作となった 4th アルバム。〈和田〉

■ドイツ（1995）■Noise Records

メロディック・パワーメタル、メロディック・スピードメタル、シンフォニック・メタル

Angra

Angels Cry

超人的なハイトーンヴォイス、シンフォニックなアレンジと非常に要素の多いメロスピの合体はどこか神々しさもあり、生まれたての煌めきに満ちている。ハロウィンと比較されるが、ブラジル音楽のクリシェを多用し、ヨーロッパ音楽由来ではないサウダージと呼ぶべき美的感覚と叙情が横溢。その他の同系統のバンドとは、前提となる音楽が随分違う。〈西山〉

■ブラジル（1993）■Eldorado

メロディック・パワーメタル、メロディック・スピードメタル、シンフォニック・メタル

Angra

Temple of Shadows

バンドの持つ異国感が十二分に発揮された一大叙事詩。豊かな音楽背景を駆使し、各曲を冒険の一場面として描き出す。総合的な音楽体力の高さとヴィジョンに向かうエネルギーに驚嘆。徹頭徹尾プログレッシブに構築された楽曲群だが、メロスピの求心力もサウダージも失わない。冒頭からの 5 曲の繋がりは、見事に雄大なヴィジョンを体現している。〈西山〉

■ブラジル（2004）■Steamhammer

メロディック・パワーメタル、メロディック・スピードメタル、シンフォニック・メタル

Blind Guardian

Somewhere Far Beyond

ロックミュージックの体裁をとって語られる叙事詩。ストリングスの類いで飾りつければ表面的なスケールの拡張は出来てしまうが、バンド・サウンドでファンタジックな風景を描ききるところに力量と矜持を感じる。長くとも 7 分半という尺の中にメロディと展開を惜しみなく注ぎ込み、一つの物語の幕開けからエンディングまでを魅せてくれる。〈清家〉

■ドイツ（1992）■Virgin

メロディック・パワーメタル、メロディック・スピードメタル、シンフォニック・メタル

Stratovarius

Visions

6枚目にして世界的に大ヒットした本作、ギターと並び、キーボードがバンドの影の立役者として大きな存在感をもつ。Jens Johansson（key）はロックにおける鍵盤奏法と効果を知り尽くし、時には異物として、時にはギターと同じレイヤーで、テクスチャーを変えてサウンドに貢献する。その他メタル系鍵盤奏者とは全く違う、クレバーで達人の仕事。〈西山〉

■フィンランド（1997）■T&T

メロディック・パワーメタル、メロディック・スピードメタル、シンフォニック・メタル

Rhapsody

Legendary Tales

恐ろしいほどに一曲の中に展開が詰め込まれ、大方のプログレよりもはるかに要素が多くなっている。そしてクラシック音楽に基づく和声進行に乗せた叙情のメガ盛り。5分の曲でもドラマー本分の物語を見るような充実感。Fabio Lioneの豊かな歌唱力が散逸した要素を一本の強靭な物語へまとめあげており、歌い手、語り手としてのパワーが漲る。〈西山〉

■イタリア（1997）■LMP

メロディック・パワーメタル、メロディック・スピードメタル、シンフォニック・メタル

Sonata Arctica

Ecliptica

デビュー・アルバムとしては驚異の完成度であり、ジャーマン系とはまた一味違った繊細さを持つ北欧特有のもの悲しいメロディ・ラインに心打たれる。そして一番のフックは残雪の反照のように眩しくきらめくキーボードの存在。同じくきらきらしいギターと融けあって楽曲全体に雪華を巻きあげ、自律型スノードームを眺めているような気持ちに。〈清家〉

■フィンランド（1999）■Spinefarm Records

メロディック・パワーメタル、メロディック・スピードメタル、シンフォニック・メタル

Nightwish

Wishmaster

シンフォニックメタルの隆盛を導いた名バンド、初期の代表作3rdアルバム。Tarja Turunenのオペラ発声（使用音域はメゾソプラノ）は豊かさとソフトさを兼ね備え、それがメロパワ系譜のバッキングと絶妙に融合。Therionに通じる変則的な構造と聴きやすさを両立した楽曲は後続に大きな影響を与えた。母国のチャートで3週連続1位を獲得した出世作。〈和田〉

■フィンランド（2000）■Spinefarm Records

メロディック・パワーメタル、メロディック・スピードメタル、シンフォニック・メタル

Within Temptation

Mother Earth

この後いわゆるゴシック系シンフォニックメタルの傾向をますます強めていくが、本作（2nd アルバム）の時点では、現在よりも分かりやすくケルト音楽の要素を随所に振りまきながら Sharon den Adel の歌唱が一層引き立つような構成が組まれている。行き過ぎない塩梅での匙加減は、メタル的様式美に耽溺する一歩手前の禁欲性の表れか。〈つや〉

■オランダ（2000） ■DSFA Records

メロディック・パワーメタル、メロディック・スピードメタル、シンフォニック・メタル

Kamelot

Karma

キャッチーさよりも切なさと美しさが強調された歌メロと、それを引き受けるヴォーカルの Roy Khan の表現力が評価されたアルバム。やや線が細くナイーヴな彼の歌唱は ‘Don’t You Cry’ のようなバラードにおいて真価を発揮する。また、演奏の方も楽器の音作り含めタイトな仕上がりで、全編を通して力押し的な部分を感じさせない非常に丁寧な作りである。〈清家〉

■USA（2001） ■Noise Records

メロディック・パワーメタル、メロディック・スピードメタル、シンフォニック・メタル

Dragonforce

Sonic Firestorm

初代ヴォーカル ZP Theart 在籍時の 2nd。後任の Marc Hudson よりややクセが強いため好き嫌いは分かれるが、ゲームの SE が連なっているかのような独特の忙しなさのギター・ソロは一聴して彼らのものと判るトレード・マークであり、粗削りながら既に自らのスタイルを確立している。とにかくカロリーが高く、メタル奏者の「びっくり人間」化の原点の一つである。〈清家〉

■UK（2004） ■Noise Records

メロディック・パワーメタル、メロディック・スピードメタル、シンフォニック・メタル

Twilight Force

Heroes of Mighty Magic

ファンタジー・コンセプトの世界観を忠実に守っている彼ら、楽曲における演出力にもそのこだわりが表れており、特にこの 2nd でのスケール・アップ具合には文句のつけどころがない。従来のメロパワ的ファンタジーが 2D なら、本作は 240fps で出力された 3D というくらいの鮮明さと広がりを持っている。Twilight Froce という竜の背に乗り、世界の裾野まで見渡してほしい。〈清家〉

■スウェーデン（2016） ■Noise Records

Dream Theater

Metropolis Pt.2 : Scenes from a Memory

■USA（1999） ■Elektra Records

プログレッシヴメタルというジャンルを確立した名バンド。卓越した技術と親しみやすい楽曲は大きな影響を与え、メタル領域に限らず多くの楽器奏者の憧れの対象となった。本作は5th アルバムで、歴史的名盤“Images And Words”収録の大曲‘Metropolis’のコンセプトを発展。記憶と輪廻転生をテーマとした物語もリピート聴取に絶妙に対応、非常に完成度の高い一枚になっており以降の作品に続く音楽形式を確立した。

このジャンルを考えるにあたって大事なことの一つに「“プログレッシヴ”とは何か」がある。

①1970年前後の越境的なロック周辺バンドに共通する在り方、既存の形式を打ち破る姿勢（革新的）

②そうしたバンド群に影響を受けたRush やDream Theater が確立した、変拍子＋シンフォニックなアレンジといった音楽形式（保守的）

こうした真逆のイメージは説明抜きに並べられ、ほとんど区別されずに用いられているばかりか、実際は②なのに①のような顔をしているものも多い。このような混同は、①と②双方を併せ持つDream Theater の在り方によるところも大きく、「HM は様式美的な音楽」「文学的な深みはない」みたいなイメージに対する格好の反論材料、知的で発展性のある希望峰的な存在として、保守的なHR/HM メディアに持ち上げられてきた。Dream Theater にその価値があるのは間違いないが、より①の特性が強い優れたバンド（例えばノルウェーの初期ブラックメタル）がそうした観点から語られない状況は歪で、批判的に再検討されるべきだと思われる。

「プログレッシヴ」からあえて離れて言うと、Dream Theater の素晴らしさは、フュージョンやHR/HM の語彙を基盤にしつつ、その定型に縛られない薫り高い個性を築いたところにこそあると思う。固有の展開にも出音の良さにも、このバンドにしかないソウル・ミュージック的な滋味がある。本作は、そうした旨みを確立した点でも代表作と言えるアルバムである。〈和田〉

プログレッシヴ・ハード〜プログレッシヴメタル

Rush

2112

複雑な楽曲構造とポップさを両立する「プログレッシヴ・ハード」の立役者、その路線の幕開けを告げる4th アルバム。変拍子を楽しいフックにするアレンジ、長尺を難なく聴かせる構成力、複数の意味を織り込む高度な作詞は、Metallica や Dream Theater、Voivod や Meshuggah など後続に絶大な影響を与えた。冒頭を飾る 20 分余の大曲も素晴らしい代表作。〈和田〉

■カナダ（1976）■Mercury Records

プログレッシヴ・ハード〜プログレッシヴメタル

Rush

Moving Pictures

欧州プログレの濃い色彩感ではなく、明るく清涼感のある北米のプログレ先駆者。ギミックより先にグルーヴ主眼で進んでいくため、プログレ独特の継ぎ接ぎの複雑さが非常にスポーティに、推進力を失わず進んでいく。アレンジは壮大でも演奏そのものは淡白に進んでいくので、後に残るのは複雑さではなく爽快感。特にドラムの完全無比な演奏に注目。〈西山〉

■カナダ（1981）■Anthem Records

プログレッシヴ・ハード〜プログレッシヴメタル

Rush

Clockwork Angels

80年代中盤以降の Rush は HR/HM やプログの領域を脱し柔軟な変化を続けたこともあって語られることが少ないが、全ての作品で優れた達成をしている。最終作となった本作はその真骨頂で、2000年代以降のポストメタルやストーナーロックに通じる新鮮な音像のもと、これまで培ってきた要素を新たなバランスで統合。ベストの一つと言える驚異的傑作だ。〈和田〉

■カナダ（2012）■Anthem Records

プログレッシヴ・ハード〜プログレッシヴメタル

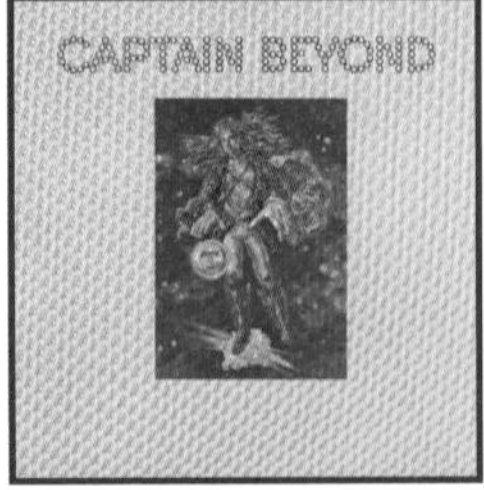

Captain Beyond

Captain Beyond

Iron Butterfly や初期 Deep Purple メンバーからなる HR バンドの 1st アルバム。5 拍子や 7 拍子も頻出する変則リフ構成、後のストーナーロックに程よいエッジを加えた感じの出音、ラテン〜ジャズとサイケデリックなブルースを混ぜた趣のサウンドなど、プログレッシヴハードの原型以上のものをこの時点で完成。知名度は高くないが根強い人気を誇る。〈和田〉

■USA（1972）■Capricorn

プログレッシヴ・ハード〜プログレッシヴメタル

Fates Warning

Awaken the Guardian

ヘヴィメタル〜パワーメタルを土台としてプログレッシヴハードに接近したバンドの代表格、初期の代表作となった3rdアルバム。「プログレッシヴメタル」が確立される以前も越境的で特殊な閃きを持つバンドは複数存在し、それらはDream Theaterにとっても大事な発想源となった。USならではの土臭いゴシック感覚が神秘的な演出のもとで映える。〈和田〉

■USA（1986） ■Metal Blade Records

プログレッシヴ・ハード〜プログレッシヴメタル

Queensrÿche

Operation: Mindcrime

80年代のプログレッシヴ・メタルを代表する歴史的名盤。音楽形式は一般的なヘヴィメタルの延長線上だが、そこに特殊なコード感や変拍子を加える作編曲と曲順構成が素晴らしく、当時の深刻な社会情勢を題材にしたコンセプト作としても極めて完成度が高い。シーン屈指の歌唱力を誇るGeoff Tateを筆頭に演奏も見事。HR/HM全体でみても屈指の大傑作である。〈和田〉

■USA（1988） ■EMI

プログレッシヴ・ハード〜プログレッシヴメタル

Psychotic Waltz

Into the Everflow

US流ゴシック感覚を最高度に体現する隠れた名バンド、代表作の2ndアルバム。プログレッシヴメタル枠で語られることが多いが、音楽的には初期のTroubleやCynicが近く、楽器だけでなく歌メロの動きでも特殊なコード感を表現してしまう（従ってヴォーカルも非常にうまい）のはNevermoreにも通じる。知る人ぞ知る存在に留まるのは勿体なさすぎる。〈和田〉

■USA（1992） ■Dream Circle Records

プログレッシヴ・ハード〜プログレッシヴメタル

Dream Theater

Images And Words

非常に特殊な構造物だ。理知的だが無計画ぎりぎりのアイデアのはめこみと超展開、Rush直系の明るさとメタルの重低音、ジャズ〜フュージョン由来のフレージング、このいびつな構築物の迷宮感を世界は熱狂し迎えた。ライヴの一体感を求めるメタルにおいて、これだけ身体的なシンクロと離れた音楽が受け入れられ名盤となったのが、今でも奇跡に思える。〈西山〉

■USA（1992） ■ATCO Records

プログレッシヴ・ハード〜プログレッシヴメタル

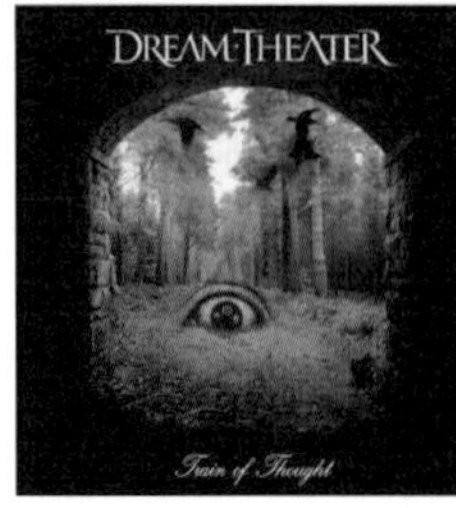

Dream Theater

Train of Thought

7th アルバム。過去作でも巧みに忍ばせていたポスト HR/HM の要素を前面に出した一枚で、Tool と 90年頃の Metallica を足して Dream Theater 流に仕上げたような路線が非常にうまくはまっている。初期は高音の発声が厳しかった James LaBrie は中低音に徹し極上の表現力を発揮、それが作品全体のゴシックな仄暗さを絶妙に中和。ベストに挙げるファンも多い。〈和田〉

■USA（2003） ■Elektra Records

プログレッシヴ・ハード〜プログレッシヴメタル

Dream Theater

A Dramatic Turn of Events

バンドの主要メンバーであった Mike Portnoy の脱退を経て、オーディションで選ばれた新ドラマー Mike Mangini と共に制作された 11th。彼らのアイデンティティを問い直さんとする作品で、歌ものも入れつつヘヴィさを盛り込んだ楽曲もあり、意図的にプログレとメタルの境界線を綱渡りするかのような絶妙なパワー・バランスが成立するように構成されている秀才的アルバム。〈清家〉

■USA（2011） ■Roadrunner Records

プログレッシヴ・ハード〜プログレッシヴメタル

Symphony X

The Divine Wings of Tragedy

90年代のプログレッシヴメタル代表格、初期の傑作である 3rd アルバム。一口で言えば Yngwie Malmsteen と Dream Theater を足したような音楽性で、ネオクラシカルなメロディ展開の冴えはさらに上、Pantera に通じる重心の低いサウンドも絶妙な対比をなして溶け込んでいる。ヴォーカル含め演奏も凄腕揃い。メロパワ〜メロスピ好きは必聴の一枚。〈和田〉

■USA（1996） ■Inside Out Music

プログレッシヴ・ハード〜プログレッシヴメタル

Liquid Tension Experiment

2

ベースは King Crimson の Tony Levin、あとは同時期の Dream Theater の布陣そのままという夢のような編成で作られた珠玉のインスト・アルバム。サイドプロジェクトという位置づけのためか、メタルとプログレはもちろん、ラテンミュージックや電子音、果ては赤ん坊の泣き声の SE まで遊び心に富んでおり、メンバーが楽しんで作っているのが伝わってくる玩具箱のような一枚。〈清家〉

■USA（1999） ■Magna Carta

プログレッシヴ・ハード〜プログレッシヴメタル

Pain of Salvation

Be

「存在」を巡る、全5部のセクションからなるコンセプト・アルバム。オーケストラの導入によってバンドのブレーン Daniel Gildenlöw の思考を描き出す手段が拡張された。同時に「声」という根源的かつ最小単位のツールがリーディング／台詞の形で効果的に用いられ、演奏＋歌というバンドミュージックの体裁からは飛び出したため、難解と評されることも多い。〈清家〉

■スウェーデン（2004） ■Inside Out Music

プログレッシヴ・ハード〜プログレッシヴメタル

Circus Maximus

Isolate

2000年代のプログレッシヴメタル代表格、出世作となった2nd アルバム。北欧 HR/HM をプログメタルの語法で捻り長尺化したら初期 Dream Theater に通じる姿になったような音楽性で（味わいの質は似て非なる）、メロディアスハード的なコクを爽やかに呑み込ませる演奏と楽曲が素晴らしい。ポップメタルに抵抗がある人にとっての入門編にもなりうる。〈和田〉

■ノルウェー（2007） ■IntroMental

プログレッシヴ・ハード〜プログレッシヴメタル

Haken

The Mountain

華麗に練られた展開に導かれるまま聴いていると不意に奇妙なフレーズに出くわして面食らうという「猫騙し」戦法が齟齬なく嵌め込まれているところに、ダウンチューニング・ギターを用いながらも伝統あるプログ・コミュニティでの評価も得ている彼らの手腕が窺える。ポップなイラストと陰惨な寓話からなる絵本のような 'Cockroach King' は歪な名曲。〈清家〉

■UK（2013） ■Inside Out Music

プログレッシヴ・ハード〜プログレッシヴメタル

Leprous

Pitfalls

エレクトロニカへのアプローチを試みた結果生まれた傑作。アルバム・オープナーの 'Below' からその方向性は顕著であり、洗練度はこれまでと段違い。電子ドラムを用いたり、ボーナストラックで Massive Attack をカヴァーしたりとメタルの枠組みを跨ぐ挑戦者としての顔をいくつも見せてくれる。視線で曇天をかき混ぜている時の気怠い浮遊感を音でもって再現。〈清家〉

■ノルウェー（2019） ■Inside Out Music

COLUMN

メタルと英語 〈川嶋未来〉

勢いがすべてであった“Master of Puppets”登場以前のスラッシュ・メタル。それは歌詞についても同じこと。英語のクオリティなんてクソ食らえ！ 細かいことなど気にしないバンドも少なくなかったし、またそれが初期スラッシュの魅力でもあった。

今なおシーンの最前線を走り続けるジャーマン・スラッシュ三羽烏を例にとって見てみよう。Kreatorの名盤セカンド・アルバム“Pleasure to Kill”(86年）のオープニング・ナンバー、‘Ripping Corpse’は、そもそもタイトルの意味がよくわからない。‘rip’は「引き裂く」、‘corpse’は「死体」だが、死体を引き裂くのか、それとも死体が引き裂くのか？ 前者なら‘Ripping a Corpse’か‘Ripping Corpses’であるべき。後者ならば文法的には誤りではないが、この2単語から「何らかのものを引き裂く死体」という意味を想像するのは至難の業。「奴はお前の奥さんの心臓を食らい、おま○こを内側から引き裂く」という（どうしようもない）歌詞を読むと、後者が正解のような気もするのだが、「奴は東からやって来た」みたいな意味深なパートもあり、結局何のことやらサッパリわからない。いずれにせよ、英語圏の人間にとっては、まったく意味はわからないが、何だかイカしたタイトルなのである。

Destructionのデビュー EP “Sentence of Death”(84年）収録の‘Total Desaster’は、後世に残る名曲。だが、‘desaster’という英単語は存在しない。「災害」は英語では‘disaster’であり、“desaster”というのはドイツ語。似すぎているが故に、間違えてしまったようだ。さらにこの曲には、‘Satan is my teacher’というメタル史上に残る迷言が登場する。もちろんこれは文章として何らおかしいものではないが、サタンが俺の先生って。直前の‘preacher’と韻を踏みたかったのだろうが、もう少し何とかならなかったのか。

80年代当時から「英語に難アリ」として有名だったのがSodom。彼らは87年に“Expurse of Sodomy”というEPをリリースしているが、ここで使われている‘expurse’という単語は、英語にもドイツ語にも存在しない。もちろん音楽はアートであるから、造語が使用されることもある。だが、このケースはそんな高尚な話ではない。どうやら“Expulse of Sodomy”、つまり「男色の追放」というタイトルにしようとして、‘R’と‘L’を間違えたようなのだ。ドイツ人でも‘R’と‘L’を間違えるとは、何とも微笑ましい。まあ、仮に正しく“Expulse of Sodomy”としていたとしても、‘expulse’は「追放する」という動詞なので、結局文法的には間違っているんですけど。このケースは曲ではなく、EPのタイトルの誤り。1人くらい「そんな単語存在しないけど？」と指摘するスタッフはいなかったのだろうか。

3

メタルの理解を深めるにあたって重要なジャンル外音楽①：90年代まで

最近はメタル専門でない大手メディアがメタルを取り上げることも増え、メタル内外の作品が並べて紹介されることも珍しくなくなってきたが、2000年代まではそうした機会はあまりなく、メタル専門メディアがジャンル外の音楽について言及することも殆どなかった。これは従来のメタル語りにおける最大の問題点で、メタルに影響を受けたジャンル外の音楽は非常に多く、メタルもジャンル外の音楽に大きな影響を受けてきたのに、このような相互作用は全く説明されないばかりか、そもそも意識されてすらいないことも多い。この章では、そうした関係性を考えるにあたって特に重要な作品についてまとめている。メタルの理解を深めるためにもぜひ聴いてみてほしい名盤たちである。

The Beatles
The Beatles

人気と実力の両面で60年代を制覇した史上屈指の音楽家集団。印象的な歌メロと複雑な和声感覚はポピュラー音楽の常識を塗り替え、強靭なヴォーカルや魅力的な楽器演奏も後続に影響を与えた。本作収録の 'Helter Skelter' は HM の原型と言われるが、ノイジーな鳴りはむしろカオティックなハードコアに近い。興味深い奥行きに満ちた傑作。〈和田〉

■UK（1968） ■Apple

MC5
Kick Out the Jams

デビュー作。パンクの原型を示したと言われる名ライヴ盤で、後の Motörhead と同等以上の激烈な爆音は、初出が70年代末だったとしても早すぎるレベル。その上で、Sun Ra 'Starship' のカヴァーなどフリージャズ経由でサイケデリックな音像を開拓する創意も凄まじい。マネージャー Jon Sinclair の社会運動なども含め、ロック史的に極めて重要な傑作。〈和田〉

■USA（1969） ■Elektra Records

Led Zeppelin
Led Zeppelin IV（Untitled Album）

音楽史を代表する規格外の超絶ミクスチャー・バンド。メンバー自身は HR でないと言うが、各人の演奏は多くのフォロワーを生み、優れたリフや楽曲構成も広範囲に大きな影響を与えた。最高傑作の呼び声も高い本作は、'When the Levee Breaks' の特殊な音響など、今も汲み尽くしきれぬ発想の源になっている。全曲名曲、掛け値なしの歴史的名盤。〈和田〉

■UK（1971） ■Atlantic

Queen
Queen II

Queen は HR の枠に括りきれないバンドだが、初期作品はメタル領域にも大きな影響をもたらした。本作は過剰な曲想と作り込みが極点に達した傑作で、Rush や Captain Beyond に欧州的な退廃美を加えたような音像は My Chemical Romance あたりにも通じる。あらゆる特殊音響をギター多重録音のみで構築したサウンドは唯一無二。時代を越えて新鮮な名盤。〈和田〉

■UK（1974） ■EMI

■UK（1974） ■Island

King Crimson
Red

KC二度目の終焉を飾る歴史的名盤。プログレの代表格とされるバンドだが、本作の音響はメタルの完成形の一つで、特有のサウンド（Voivodを筆頭とする不協和音ヘヴィロックの定番に）もあわせ、後続に絶大な影響をもたらした。13拍子の展開部を経て有終の暗黒美を描く名曲‘Starless’など、アルバム構成も完璧。メタルの理解にも必須といえる重要作。〈和田〉

■UK（1981） ■E.G.

King Crimson
Discipline

80年代KCの幕開けを告げる歴史的名盤。過去作の陰鬱な美しさが欠片もないポストパンク的作風は既存ファンを困惑させたが、ガムラン〜ケチャに通じる超絶ポリリズム（‘Thela Hun Ginjeet’の7＆8など）と個性的なリフは無二の機能美を誇り、後のポストロックやマスロックに絶大な影響を与えた。そうした領域経由でメタルへの影響もある傑作。〈和田〉

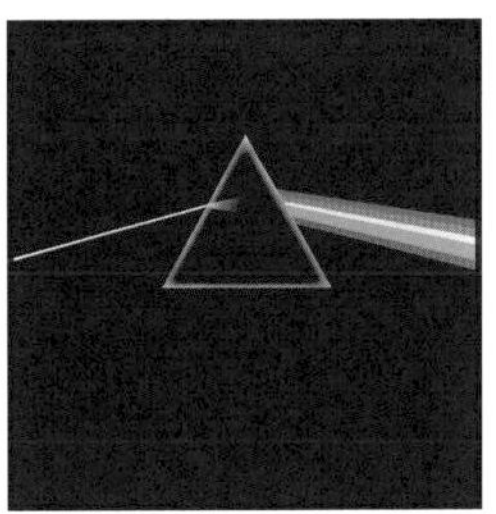

■UK（1973） ■Harvest

Pink Floyd
The Darkside of the Moon

Pink Floydがプログレか否かは意見が分かれるが、その枠で最も有名なのは確かだし（4,500万枚以上売上）、メタル領域でも参照対象としてよく名が挙がる。1枚43分を1曲として聴かせる構成力・時間感覚に加え、英国ブルース・ロックの精髄を極める展開が絶品、The Bandあたりにも並ぶ至高の滋味に。こうした点でも大きな影響を及ぼした歴史的名盤。〈和田〉

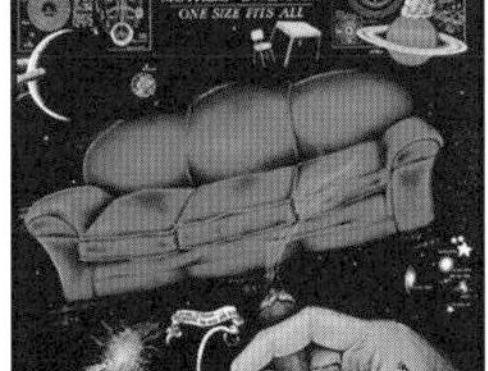

■USA（1975） ■DiscReet Records

Frank Zappa & The Mothers of Invention
One Size Fits All

現代音楽やR&B〜ロックを土台にあらゆる音楽を咀嚼混淆、個性的な美しさに満ちたポピュラー音楽を追求した偉人（作編曲もギター演奏も超一流）。本作は音楽史上最強バンドの一つと言われる第2期Mothersの代表作で、驚異的に複雑な構造が楽しく聴きやすく提示されている。テクニカルなメタルへの影響も大きい。入門編としても最適な至高の傑作。〈和田〉

Emerson, Lake & Palmer

Brain Salad Surgery

ロック史を代表する鍵盤トリオ。破天荒な演奏で知られるEmersonは開拓精神に溢れ、クラシック音楽の引用（本作‘Toccata’におけるヒナステラなど）やモーグ・シンセサイザーの先駆的活用は大きな影響を与えた。英国的美学を体現するLakeの声、落ち着きのなさが味わい深いPalmerのドラムスも絶品。H.R.ギーガーのアートワークも印象的な傑作。〈和田〉

■UK（1973） ■Manticore

Cardiacs

Sing to God

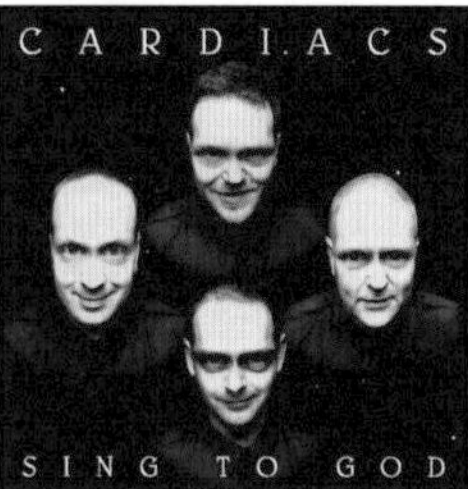

プログレとパンクの融合＝pronkとも呼ばれる孤高の個性派、メタル成分を大幅増量した4thアルバム。膨大な音楽要素を自在に越境混淆、英国的な気難しい親しみ深さのもとで統合してしまう音楽性は、一般的には殆ど無名だが、Mr. BungleやDevin Townsendなど多くに影響を与えている。初期作品も傑作揃い。広く聴かれるべきバンドである。〈和田〉

■UK（1996） ■Alphabet Music Concern

Chick Corea

Return to Forever

長らくアコースティック・ジャズで活躍していたChick Coreaが、全編フェンダーローズを演奏。ヴォーカルを器楽的に使い、コーラスを繰り返すジャズの様式ではなく長編の組曲のように進行する。電化マイルスからの本作がフュージョンの起源とも言われるが、同時期にプログレッシヴ・ロックが華開いたことの、ジャズ方面からの回答とも言える。〈西山〉

■USA（1972） ■ECM Records

Chick Corea

The Chick Corea Elektric Band

ジャズ史上屈指の名人John PatitucciとDave Wecklの出世作として知られる1stアルバム。ファンクを複雑に翻案強化した‘Rumble’ほか名曲揃いで、Cynicなど多くのテクニカルなメタルバンドの発想源となった。Flying Lotusなど昨今のビートミュージックに通じる要素も多く、そこ経由で現代メタルへの影響も大きいのでは。再評価されるべき大傑作。〈和田〉

■USA（1986） ■GRP Records

■USA（1973）■Columbia

Mahavishnu Orchestra

Birds of Fire

本来ジャズは管楽器の音楽であるため、ジャズから派生したフュージョンも同様であるが、ギターや弦楽器中心のフュージョンの幕開けとなる重要な作品。管楽器的発想が無くなった即興音楽はアメリカ音楽から大きく飛躍し、リュート属で奏でられるアジア系のエキゾチックさも織り交ぜられ、構築された世界観にプログレとの垣根は極めて曖昧となる。〈西山〉

■USA（1977）■Columbia

Weather Report

Heavy Weather

このとんでもない祝祭感を聴いてほしい。メタルだけでなく後年のインストゥルメンタル音楽全体に多大な影響を及ぼした一枚。当代きってのスタープレイヤーが一つの音楽を目指し、力を合わせ山を登る、音楽という行為の普遍的な祝祭感。Jaco Pastorius という不世出の天才はロック系ベーシストとの繋がりも多く、影響を受けていない者はいない。〈西山〉

■USA（1978）■Arista

The Brecker Brothers

Heavy Metal Be-Bop

70年代フュージョンは主にラテンやソウルとジャズがクロスオーヴァーしていったが、本作はPファンクとロックの文脈を導入。管楽器にワウやハーモナイザー、ディストーションを多用し豪快に吹きまくり、リズムセクションがロック的手数の多さでヘヴィに支える。演奏クオリティの異常な高さも含め、後に続くフュージョン勢に大きな自由を与えた。〈西山〉

■UK（1983）■Warner Bros Records

Allan Holdsworth

Road Games

ジャズとプログレを横断する超絶ギタリスト。サックスを参考にした超越的に滑らかなフレージングと唯一無二の多調／無調的なサウンドは広範囲に薫陶を与え、メタル領域でも Meshuggah や Cynic など多くのバンドが影響を受けている。本作は Eddie Van Halen が惚れ込みプロデュースした代表作。参加メンバーも含めた影響力では“Secrets”（1989）も重要。〈和田〉

Jimi Hendrix

Electric Ladyland

Experience 名義での最終作。驚異的な表現力を誇るギターでロック全域に影響をもたらした Jimi だが、真価はむしろ作編曲の方にある。ブルースを発展拡張したサウンドは Miles Davis や Prince など多くの天才に閃きを与え、長尺を難なく聴かせる構成力と緩急調節力はアンビエントな音楽の系譜にも影響を与えた。音楽の歴史に輝く至高の傑作である。〈和田〉

■USA（1968） ■MCA

Funkadelic

Maggot Brain

P ファンク一派を代表する初期の傑作。Jimi Hendrix の音楽をシリアスかつユーモラスに発展した作風で、ロック（いわゆる黒人音楽の借用／搾取から出発）を敬遠していたアフリカン・アメリカンの人々にも衝撃を与え、Prince らに連なるブラック・ロックの系譜を生んだ。冒頭曲の叙情的なギターソロは歴史的名演。時代を越えて語り継がれるべき重要作。〈和田〉

■USA（1971） ■Westboud

Beastie Boys

Licensed To Ill

Run-D.M.C. の "Raising Hell" から約半年後にリリースされた Rick Rubin によるプロデュース作。ヒップホップとメタルのクロスオーバーを告げる歴史的意義の高いアルバムであり、Kelly King（Slayer）もギターで参加。他にも Black Sabbath の 'Sweet Leaf' や Led Zeppelin 'The Ocean' がサンプリングされ、今作以降も様々なメタル系楽曲を引用。時にハードコア・パンクにも接近していった。〈つや〉

■USA（1986） ■Def Jam Recordings, Columbia

Public Enemy

It Takes a Nation of Millions to Hold Us Back

メタル×ヒップホップのクロスオーバーとして最も有名なナンバーであろう Anthrax とのコラボ曲 'Bring The Noise' の原曲を収録したセカンド・アルバム。反体制としての思想に基づく警報のようなスクラッチ音や注意を惹くサンプリングの数々は、とにかく重く激しい音を鳴らすメタルの志向と一部共鳴し、90 年代以降に活躍する後のラップ・メタル勢の参照元に。〈つや〉

■USA（1988） ■Def Jam Recordings, Columbia

■USA (1977) ■Virgin

Sex Pistols

Never Mind the Bollocks, Here's the Sex Pistols

ロンドン以降、現在に至るパンクの誕生を告げる歴史的名盤。「反体制を謳っているが実は作られた企画バンド」「音だけみればわりと普通」とも言われるが、既存の音楽にない捻りや勢いもあり、以降のシリアスなバンドにも大きな影響を与えた。解散後にメンバー John Lydon が結成した PiL はポストパンク代表格。そうした人脈の面でも重要な存在である。〈和田〉

■UK (1978) ■Crass Records

Crass

The Feeding of the 5000

アナーコパンクの確立者、1st アルバム。冒頭曲の歌詞がレコード制作工場からプレス拒否にあったことから自身のレーベルを設立、これが DIY 姿勢の先駆けに。音楽性は初期パンクの延長線上だが、そこに特殊なノイズやドローンが絡むなど音響表現に優れ、広範囲に大きな影響をもたらした。Napalm Death などを経由してメタル領域に与えた影響も絶大。〈和田〉

■UK (1979) ■Island Records

The Slits

Cut

ダブステップとメタルを強引に同居させた Skrillex に顕著だが、レゲエやダブは様々な音楽の媒介になりながら、ヘヴィ・ミュージックの「ヘヴィさ」をブーストさせていく歴史を持っている。それらのルーツには Dub War が、もっと遡ると The Slits がいたに違いない。もちろん、Bad Brains もいる。黒人と女性である。浮遊感あるサウンドは今聴いても刺激的。〈つや〉

■UK (1979) ■Factory

Joy Division

Unknown Pleasures

ポストパンクの代表格。しかしメンバー自身にロック／パンクの革新をという意図はなく、むしろ知識がまっさらであったためにプロデューサーの実験的な試みがまるっと反映され、結果的に歴史に名を残す作品となった。鬱屈の暴発が内へ内へと向かう点もそれまでのパンクと異なっており、その姿勢はポストメタルなどにも影響を及ぼしている。〈清家〉

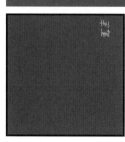

■UK（1979） ■Piano

This Heat

This Heat

ポストパンクの代表的名盤とされる1st アルバム。様々な場所で録音されたテープに即興演奏を加え緻密に編集した音源は、ダブやフリージャズ、ミュージック・コンクレートなどの手法をカンタベリー系プログレなどと混淆したもので、多彩な文脈の結節点として広範囲に大きな影響を与えている。異形のインダストリアル・メタルとしても聴ける大傑作。〈和田〉

■UK（1980） ■E.G.

Killing Joke

Killing Joke

1st アルバム。楽曲の基本構造はパンクの延長線上にも見えるが、タイトな演奏やメタリックな音響はその枠から逸脱するもので、後のインダストリアル・メタルの型が殆ど完成してしまっている。'The Wait' をカバーした Metallica をはじめ、Nine Inch Nails や Ministry、Jane's Addiction など後続への影響も絶大。ゴシックロックの系譜としても重要な歴史的名盤だ。〈和田〉

■UK（1980） ■EMI

Kate Bush

Never for Ever

音楽史を代表する超絶ヴォーカリストにして、ロック周辺で最大の影響力を誇る女性アイコンの一人。本作は初めてプロデュースも担当した3rd アルバムで、狂気と親しみ深さを不可分に両立する持ち味が、当時最新鋭の電子音響を用いた仄暗く神秘的な音像のもと十全に表現されている。メタル領域にも崇拝者が多い、時代を越えて愛される本物の天才。〈和田〉

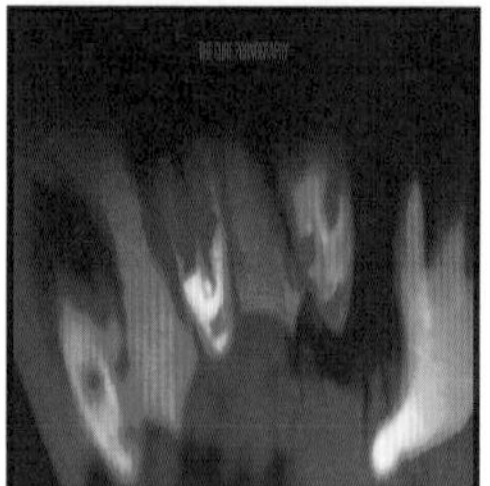

■UK（1982） ■Fiction Records

The Cure

Pornography

淡々と声なきコーラスを刻み続けるベース、やわらかなものの表面に鉄球を落とすようなリヴァーブのかかったドラム、どこまでも冷たく澄んだ水の如きギター、そして綺麗すぎる水に適合出来ず踠き苦しむヴォーカル……Robert Smith の、口論の最中で涙に詰まるような声は、当時の彼の心身における限界状態を露わにしている。この不健康さこそがゴスである。〈清家〉

Cocteau Twins

Treasure

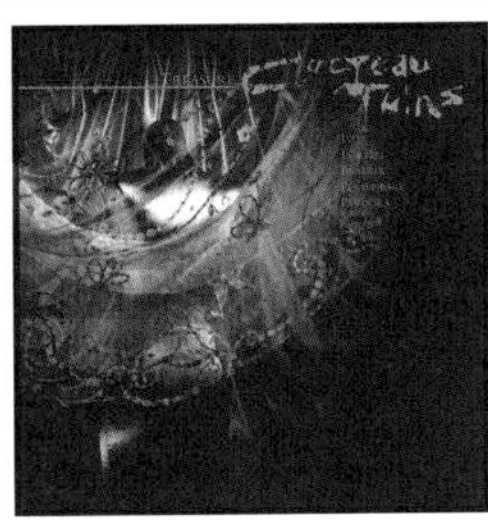

■UK（1984） ■4AD

まさに「爪弾かれる」アコースティック・ギターも、天使の歌声と称される Elizabeth Fraser の囀りも美しいことに間違いはないのだが、可憐なのに人間に意地悪をする妖精のような、机にこぼれて大事な旅券を台無しにしてしまった芳醇な紅茶のような、単なる桃源郷的なものにとどまらない危うさを持った作品。異国情緒のあるフレーズがスリルを醸し出す。〈清家〉

Dead Can Dance

Within the Realm of a Dying Sun

■UK（1987） ■4AD

架空の国を訪れ、その奥深くに分け入って、知られざる儀式の一部始終を覗き見せてもらっているような音楽。ネオクラシカル・ダークウェーブとして西洋のクラシック音楽の影響下にあるのだが、秘匿感の演出のためにある種の誇張がなされているお陰で、我々の想像する中世ヨーロッパの典型的イメージと合致し、作品の世界に入りやすくなっている。〈清家〉

Depeche Mode

Violator

■UK（1990） ■Mute

ゴスを冠する音楽を聴くうえで避けては通れないバンド。ロボット然として自らの仕事に専念するビートや、お前に興味はないとばかりに伏し目がちに闊歩するシンセサイザーたちは単体では温度を持たない。ところが総てのレイヤーが重なった時、一つの部屋、一つの空間を形作り、その中には得も言われぬ色香が漂う。冷たい肉感という概念の教科書。〈清家〉

Radiohead

OK Computer

■UK（1997） ■Parlophone

錆びた音色、ルーズにも聴こえる演奏は、それまでのロックのテクスチャを一変させた。くたびれた官能と繊細な襞のようなハーモニー、静かな諦観に時折表出する激情は、助けを求める叫びのようで、世紀末の空気にシンクロした。マッチョや虚飾することから解放され、繊細でナイーブな質感を武器にロックに革命を起こし、90 年代を代表するアルバムとなった。〈西山〉

Discharge

Hear Nothing See Nothing Say Nothing

欧州ハードコアの代表格、歴史的名盤の 1st アルバム。重いコンクリート塊がゆっくり滑るようなリズム表現は D-Beat と呼ばれ、以降のハードコア一般（特に北欧）の定番に。HR/HM からの影響も大きく、メタル的な質感を広める窓口としても重要な役割を担った。白黒モノトーンのアートワークも含め、このジャンル全般の方向性を固めた。〈和田〉

■UK（1982）■Clay

Rudimentary Peni

Death Church

アナーコパンクの代表格、1st アルバム。リフの響きなどは後の Celtic Frost にそのまま通じるし、陰鬱ながらも不思議な安定感のある佇まいは、Furze のような特殊な一人ブラックメタルと並べてもしっくりくる。Lee Dorrian から Roadburn 2016 トリ格出演のオファーを受けるほどのバンドである。〈和田〉

■UK（1983）■Corpus Christi Records

Siege

Drop Dead

本活動中唯一の公式作品となったデモ音源。ブラストビート寸前の激速ハードコア 5 曲（計 5 分）と 7 分に渡る遅重曲“Grim Reaper”を並べる構成は、ノイジーな音響や独特の不協和音もあわせパワーバイオレンスの草分けとなり、Napalm Death をはじめとするグラインドコアの在り方にも絶大な影響を与えた。何度も再発され受け継がれる歴史的名作。〈和田〉

■USA（1984）■Independent / Relapse

Amebix

Arise!

歴史的名盤となった 2nd アルバム。Discharge などの爆裂拡散するギター音に水気を加えて重く弛緩させたような鳴りは、いわゆるクラストパンクの雛形となった。特筆すべきは独特の不協和音で、diSEMBOWELMENT や Cynic と同じような感覚で聴ける神秘的な響きは、Sepultura や Neurosis にも大きな影響を与えた。ゴシックロックの系譜としても重要。〈和田〉

■UK（1985）■Alternative Tentacles

Black Flag
My War

USハードコアの代表格であり、以降のグランジなど広範囲に決定的な影響をもたらした重要バンド、歴史的名盤の2ndアルバム。Black Sabbathなどパンク以外から得たものも多く、遅く重い展開やゴシックロックにも通じる複雑なコード感は、前作1stとともに後のヘヴィロック一般の指針となった。本作がSaint Vitusの1stと同レーベル連番なのは示唆的だ。〈和田〉

■USA（1984）■SST Records

Bad Brains
Bad Brains

ブラック・ロックの系譜でも重要なUSハードコア代表格。当初はフュージョン路線だったが、RamonesやSex Pistolsに衝撃を受け方向転換。高度な技術や楽理を用いて凄まじい勢いのあるパンクを演奏する作風は、いきなり挟まれるレゲエとの落差もあわせ、後のミクスチャーの先駆にもなった。本作1stアルバムは殆どスラッシュとしても聴ける圧倒的傑作。〈和田〉

■USA（1982）■ROIR

Dead Kennedys
Fresh Fruit for Rotting Vegitables

ハードコアパンク黎明期の代表的傑作となった1stアルバム。ロカビリーやカントリーの親しみやすくも仄暗い曲調にサーフロックを絡めて高速化したような楽曲は、アナーキーで皮肉に富んだ歌詞と相性が良く、Jello Biafraの強靭なヴォーカルと絶妙にマッチ。Biafraはその後もMinistryメンバーとのLard、Melvinsとの共作など、メタル領域でも重要な作品を生み出し続けている。〈和田〉

■USA（1980）■Alternative Tentacles

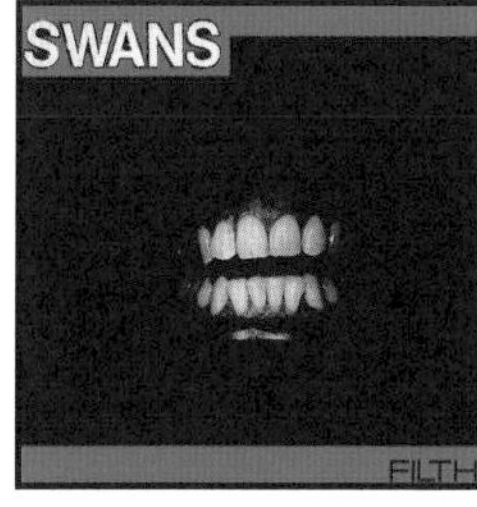

Swans
Filth

ヘヴィな音楽の歴史において最も重要なバンドの一つ、1983年発表の1stアルバム。ノー・ウェイヴの無調的コード感をさらに推し進めたサウンド、インダストリアル・メタルやグラインドコアに繋がる重苦しいジャンク音響、それらに表現上の必然性を与える殺伐とした雰囲気は、以降の音楽全般に測り知れない影響を与えた。今の感覚で聴いても衝撃的。〈和田〉

■USA（1983）■Neutral

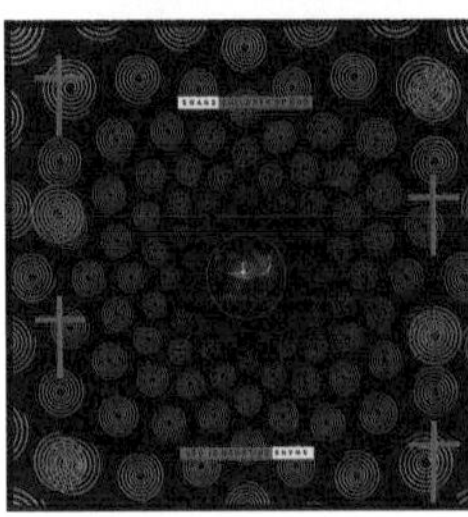

Swans
Children of God

ニューヨークの地下ノー・ウェイヴのシーンから出現し、ノイズが鳴り響く作品を経て、今に至るバンドの方向性を決定づけた重要な5作目。耳をつんざく歪んだ音による初期衝動は保ちながらも、フォークやピアノの音色を活かしたナンバーを織りまぜつつ後のNeurosisにも通じる悲哀に満ちたビートを繰り出す。「ヘヴィ」にまつわる様々な音要素の博覧会！〈つや〉

■USA（1987） ■Caroline Records, Product Inc.

Swans
To Be Kind

2010年に復活を遂げた最強バンド編成による13thアルバム。Swansがこれまでに身につけてきたあらゆる要素を長尺構成（34分超の大曲を除いても1曲平均10分）のもと手際よく整理してみせる凄まじい音楽で、圧倒的な存在感と聴きやすさを最高度に両立する在り方はNeurosisやToolにも勝るとも劣らない。ポストメタル的にも聴ける驚異的傑作。〈和田〉

■USA（2014） ■Young God

Big Black
Songs About Fucking

徹底したアナログ＆ライヴ録音至上主義で知られるSteve Albini、プレイヤーとしての代表作。ポストパンクの尖ったギターをノイジーに発展させたような個性的音響、ドラム・マシンの端正で獰猛な鳴りを最高にうまく活かすアンサンブルは、ポピュラー音楽と地下音楽の双方に絶大な影響を与えた。Kraftwerkのカバーも含め隅々まで素晴らしい歴史的名盤。〈和田〉

■USA（1987） ■Touch And Go

Sonic Youth
Daydream Nation

ブラックメタルのドリームチームTwilightへの加入も話題になった音執狂Thurston Moore率いるバンドの6th。脳内に憑りついたノイズの蟲を振り払わんと野放図に四肢を振り回す生々しいバンド・アンサンブルの波は終曲まで凪ぐことはない。2枚組の大作となったのはあくまで創作欲に従った結果であると証明するかのように、肩の力の抜けた緊張感で満ちている。〈清家〉

■USA（1988） ■Enigma, Blast First

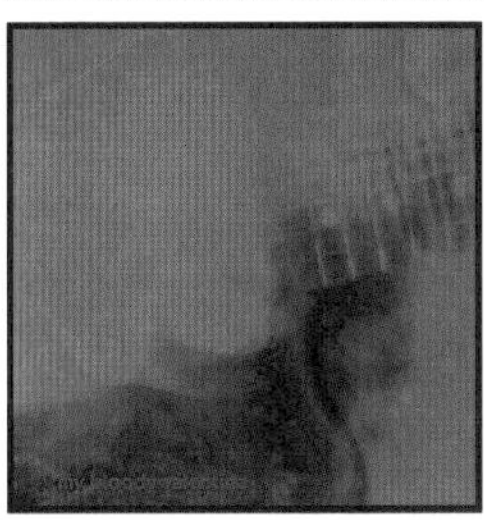

My Bloody Valentine

Loveless

いくつものジャンルと接続し、数多の作品へそのエッセンスを分け与えてきたこのアルバムのサウンドは、シンプルな機材とギタリストのKevin Shieldsのアイディアとの二人三脚の遠回りを以て制作されている。だからこそ、身体の髄も輪郭も溶けて落ちてあたり一面に染み込んでいってしまいそうになるこの酩酊感は今なお後続たちと一線を画したままなのだ。〈清家〉

■UK（1991） ■Creation Records

Nirvana

Nevermind

メタルの隆盛に幕を下ろしたアルバムとして語られることもある、商業的に大成功を収めた2nd。パワーコードを用いたリフ主導の音楽という点ではメタルと類似するが、演奏技術において両者の溝は深かった。しかも本作は、テクニックや繊細な構成を削ぎ落した剥き身のものであっても、強度さえあれば大衆の心を揺さぶり得ることを証明してしまった。〈清家〉

■USA（1991） ■DGC, Sub Pop

Slint

Spiderland

USインディ最高傑作の一つ。ハードコアの歪んだ鳴りとプログレッシヴ・ロック的な変拍子構成を絶妙に融合したサウンドは、静と動の滑らかな推移、魅力的な不協和音もあわせ、後のポストロックやマスロックの礎となった。IsisやMogwai経由でメタル領域への影響も大きい。仄暗く暖かい雰囲気も唯一無二、汲み尽くしきれない魅力に満ちた永遠の名盤。〈和田〉

■USA（1991） ■Touch And Go

Mogwai

Mogwai Young Team

ゲスト・ヴォーカルを迎えた1曲を除き全編インストゥルメンタルで構成されたアルバム。けば立った歪みにクリーン・トーンがひんやりと流れるサウンドは、そのままポストメタルやアトモスブラック、スラッジ等近年のメタルと地続きだ。重低音に沈みながらリズムを刻む語りと、混線したラジオのように時々挿入される話し声が孤独感を増幅させる。〈清家〉

■USA（1997） ■Chemikal Underground

Massive Attack
Mezzanine

歴史的名盤 3 連発の最後を飾る 3rd アルバム。ヒップホップやレゲエ～ダブを軸に様々な要素を混淆したサウンド（いわゆるトリップホップ）の代表格として知られるが、本作ではゴシックロックの仄暗さが最高に魅力的な形で活かされている。Elizabeth Fraser（Cocteau Twins）など客演も素晴らしい。Portishead 同様にメタル領域での影響力も強い。〈和田〉

■ UK（1998） ■ Virgin Records

Aphex Twin
Selected Ambient Works 85-92

エレクトロニックミュージックを代表する天才と謳われる Richard D. James のデビューアルバム。デトロイトテクノやハウスの系譜にあるビートを複雑化、アンビエントな時間感覚のもとまとめた名作で、美しいメロディと魅力的な音響はロック領域にも大きな影響を与えた。後の傑作群とともに IDM（Intelligent Dance Music）の嚆矢にもなった。〈和田〉

■ UK（1992） ■ R&S Records

Portishead
Dummy

トリップホップ（当事者はこの括りを嫌う）の先駆者、歴史的名盤の 1st アルバム。ヒップホップと 70 年代欧州ロックの双方に精通した Geoff Barlow が組む強靭なビートは底抜けの絶望感に包まれており、音響と雰囲気表現の両面で多くの追随者を生んだ。ブラックメタルやゴシックメタルの越境傾向など、メタル領域においても大きな影響を及ぼした。〈和田〉

■ UK（1994） ■ Go! Beat Records

Tricky
Angels With Dirty Faces

Massive Attack との共作でも知られるトリップホップの代表格 Tricky が世界的な成功を掴む事になった重要作。全体に広がるポスト・パンク的なサウンドと内向的なアグレッシヴさは、トラップ・メタルに通じるものを感じさせる。複数曲で Anthrax の Scott Ian がギターで参加しており、本作の独特な世界観に良い味付けをしている。〈梅ケ谷〉

■ UK（1998） ■ Island Records

4

エクストリーム・メタル

エクストリーム・メタルとは、80年代までのHR/HMの基準を大幅に上回る「過激さ」を体現するメタルのことで、基本的にはデスメタルおよびグラインドコア以降のものを指す。一口に過激さと言ってもその質は様々で、技術偏重主義と表現力至上主義が混在する領域でもあるのだが、音楽的に高度でありたいという知的欲求と、うるさく破壊力のある音を出したいという衝動的欲求、その2つを両立するための音楽スタイルというのは概ね共通するところだろう。勃興当時はHR/HMファンからみても立ち入り難いものだったエクストリームメタルも、世間のうるささ許容水準が上昇するにつれて構えず聴かれるようになってきた。そうなった今だからこそ掘り進めてみてほしい、ジャンル越境的な豊かさに満ちた金脈である。

グラインドコア

Carcass

Symphonies of Sickness

■UK（1989） ■Earache Records

2nd アルバム。Napalm Death に通じる部分もあった前作の路線を踏まえつつ、曲を長くして音質を改善した作品で、緻密な作編曲を生々しい音響とともに提示する手法や、複雑なフレーズを無理やり演奏して異様な勢いを生み出す姿勢は、シーンに絶大な衝撃を与えた。デスメタルやグラインドコアの在り方に大きな影響をもたらした歴史的名盤である。

Carcass の音楽性はアルバムごとに大きく異なり、その各々がシーンに大きな影響を与えている（その意味では、同郷リバプール出身の The Beatles に通じるようにも思われる）。それらの軸が確立されたのが本作で、欧州ハードコアと NWOBHM の双方から大きな影響を受けたメンバーが各々の要素を融合することにより、Carcass ならではの薫り高い暗黒浮遊感が生まれている。それを彩るのが低域に密集した音作りと獰猛な演奏で、特に Ken Owen のもつれながら爆走するドラムスは、作編曲だけみれば実は端正な構造にやぶれかぶれの過剰な勢いを与える。こうした情報過多な要素が、慣れていなければ聴き取れない音響のもとで提示されることにより、細かいことはどうでもいいんだよ的な理屈抜きの衝撃が前面に押し出され、スプラッター映画に通じる陰惨な楽しさが生まれる。このような音楽性は同時代のエクストリーム・メタル全般に決定的な影響を与え、Björk が Carcass にリミックスを依頼するなどポピュラー音楽の先端にまで衝撃が届いた。また、Carcass の音楽性を土台に発展した北欧の初期デスメタルが 2000 年代以降のハードコアやメタルコアの参照源になっていることも鑑みれば、その影響力は現代のメタルにも及んでいる。メタルの歴史全体をみても最も重要なバンドの一つなのである。

Carcass の音楽はメタルの極端な部分を煮詰めたものだが、“Heartwork”がメロディック・デスメタルの元祖（これには異論もある）として HR/HM ファンにも広く知られることもあってか、エクストリーム・メタルはあまり聴かないのに Carcass は好きという人も多い。そういう意味でも稀有で有り難いバンドである。〈和田〉

グラインドコア

Carcass

Reek of Putrefaction

1st アルバム。先述の音楽性に医学用語を多用する歌詞（誤字多、日本盤 CD の超訳も有名）と死体写真コラージュを添えるスタイルは大きな衝撃を与え、ゴアグラインドと呼ばれるジャンルの形成を促した。複雑な語彙を歪み声で歌う手法は、複雑な構造を劣悪な音響で提示することにそのまま通じる。デスメタルというよりグラインドコアの歴史的名盤。〈和田〉

■UK（1988）■Earache Records

グラインドコア

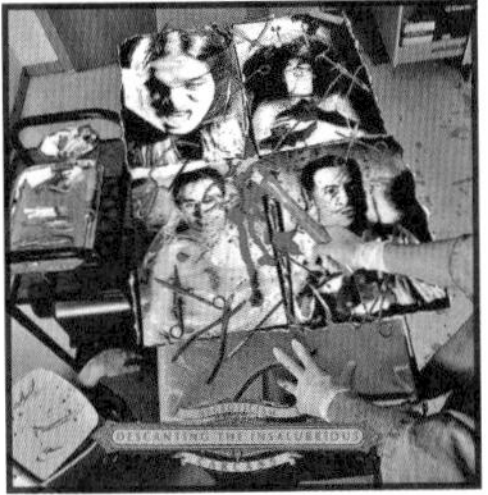

Carcass

Necroticism - Descanting the Insalubrious

Michael Amott（後に Arch Enemy を結成）が加入した 3rd アルバム。2nd アルバムの複雑な曲展開をさらに推し進めメロディアスに彩った一枚で（King Diamond の“Abigail”“Them”を意識したという発言あり）、一般的な感覚からみても良好な音質もあってか、このバンドの特異な魅力が分かりやすく示されている。異形の NWOBHM としても楽しめる。〈和田〉

■UK（1991）■Earache Records

グラインドコア

Carcass

Heartwork

一般的には代表作とされる 4th アルバム。メロディックデスメタルの歴史的名盤と言われるが、スウェーデン以降のそれとは異なり、メタルコアなどとも直接繋がる音楽性ではない。グラインドコア系譜のリフが流麗なソロと掛け合わされる（水と油な場面も多い）ことで生じる味わいは唯一無二。孤高の傑作である。〈和田〉

■UK（1993）■Earache Records

グラインドコア

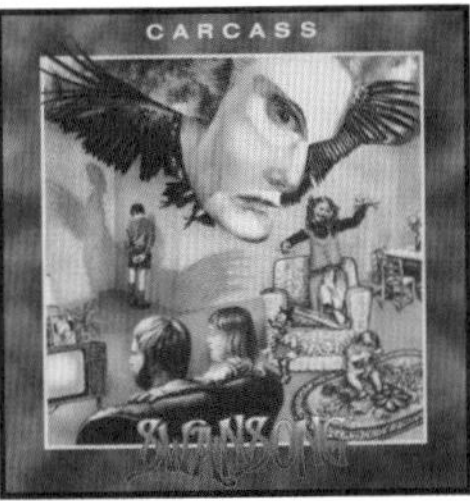

Carcass

Swansong

解散作となった 5th アルバム（2007年に復活）。前作に伴う EP 収録の“Rot 'n' Roll”路線を押し進めた一枚で、同時期に Entombed、Xysma、C.S.S.O. などが体現した「デスメタル～グラインドコアの硬さ＋ロックンロールの躍動感」＝グラインドロック形式が、Carcass 特有の NWOBHM 要素を軸に追求されている。グラインドコアの変遷傾向や進歩的性質をよく示す佳作。〈和田〉

■UK（1996）■Earache Records

グラインドコア

Repulsion

Horrified

1986年に録音されたデモを基に、1989年に発表された原初的グラインド／デス・メタル。1980～90年代にかけてのEarache Records勢が影響を公言しており、ほぼ全ての同系列バンドが後追いともいえる。単なる歴史的価値を超えた、腐ったような、膿んだような、不潔なプロダクションに覆われたサウンド。⑯辺りの歯切れの良いHCナンバーも最高。〈村田〉

■USA（1989）■Necrosis Records

グラインドコア

Terrorizer

World Downfall

グラインドコア史上最高傑作の一つ。Morbid AngelのPete SandovalとDavid Vincent、Napalm Deathにも参加するJesse Pintadoという面子から想像される以上の逸品で、狭い音域内を蠢くリフを多彩に聴かせるデスメタル寄りの構成力が素晴らしい。独特の脱力感があるOscar Garciaの声も良い味を出している。ビートミュージック一般としてみても超一流な名盤。〈和田〉

■USA（1989）■Earache Records

グラインドコア

Assück

Anticapital

USグラインドコアの代表的名盤。17曲15分の短尺だが曲展開は実に多彩で、パワーバイオレンスに通じるハードコア寄りの曲調から特殊な浮遊感を伴う不協和音まで、当時のこのシーンの豊かさや文脈的繋がりを凝縮した作編曲および演奏表現がなされている。Scott Burnsによる分厚い音作りも同時代のデスメタルとの距離の近さを示していて興味深い。〈和田〉

■USA（1991）■Sound Pollution Records

グラインドコア

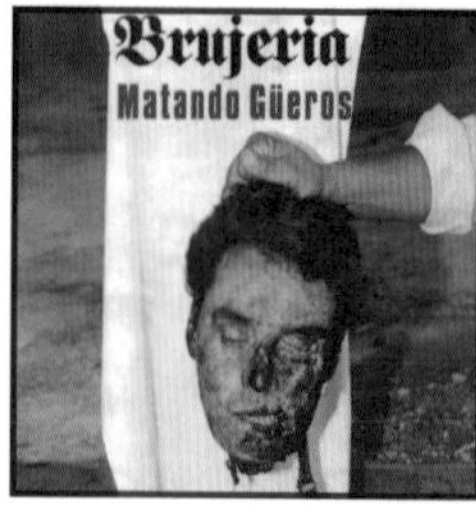

Brujeria

Matando gueros

メキシコ出身の悪魔崇拝主義者、ドラッグディーラーで殺人テロリスト集団…という触れ込みの覆面バンドだが、実はFear FactoryやNapalm Death、Faith No Moreのメンバーが集結、作編曲や演奏もそれらに勝るとも劣らないくらい素晴らしい。スペイン語のヴォーカルが醸し出す能天気で殺伐とした雰囲気も絶妙。このジャンルを代表する傑作の一つ。〈和田〉

■メキシコ（1993）■Roadrunner Records

グラインドコア

Anal Cunt（AxCx）

Everyone Should Be Killed

故 Seth Putnam（Vo）が率いた、ボストン近郊の AxCx による 1st アルバム。嫌悪感を抱かせ続けた彼らのやり方は、現代では評価し難い。が、この世のすべてを憎む時期は誰しもあって（あるだろ？）、そんなとき傍にいてくれる。今何曲目？と言いたいぐらい、気を抜くと置いてきぼりを食う演奏も、ノイズグラインドを極めた初期よりは「曲」だし、引き出しも多い。〈村田〉

■USA（1994）■Earache Records

グラインドコア

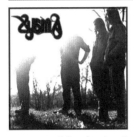

Xysma

Xysma（編集盤）

フィンランドで初めてグラインドコアを演奏したと言われるバンドの初期音源集。基本的には Carcass の系譜なのだが、そこに 70 年代 HR や 60 年代ポップスの要素を大胆に融合し、邪悪な重低音と爽やかな展開が自然に並ぶ無二の音楽性を確立。同郷のシーンやグラインドロックの流れに絶大な影響を与えた、初期ポストロックの一種としても聴ける傑作群。〈和田〉

■フィンランド（2017）■ComeBack

グラインドコア

Brutal Truth

Need to Control

2nd アルバム。前作の一部で試されていた変則的なコード感覚を全面追求した一枚で、2000 年代のカオティックなハードコアをも上回る独創的な展開が素晴らしい成果をあげている。'Ironlung' の特殊な電子音響や、超絶ドラマー Rich Hoak 加入によるリズム構造の開拓なども併せ、グラインドコアというジャンルの進歩的姿勢を最高度に示した作品。〈和田〉

■USA（1994）■Earache Records

グラインドコア

The Locust

The Locust

1st アルバム。The Dillinger Escape Plan や Discordance Axis にも並び立つ高度なカオティック・ハードコア〜グラインドコアだが、そこに突然間抜けな電子音を挿入して気勢を削ぎつつ勢いは損なわない独特の呼吸が凄まじい。ニューウェイヴ〜ポストパンク的な要素の妙、イナゴの被り物もあわせ、The Residents あたりにも通じる在り方が興味深い。〈和田〉

■USA（1998）■Gold Standard Laboratories

グラインドコア

Discordance Axis

The Inalienable Dreamless

日本のアングラHCシーンと深い関係にあった、NJ州のグラインドコアによる名作3rd。エヴァ、攻殻、クトゥルフ他、それぞれの精神世界から借りた死や天使の物語が描かれる全17曲約24分。Jon Changの猥雑なセンスを孕んだスクリームと、バッキングによる超人的技巧の数々。情報量の多さと速度に圧倒されるが、やがて没入している自分に気づくはず。〈村田〉

■USA (2000) ■Hydra Head Records

グラインドコア

Nasum

Helvete

2000年代を代表するグラインドコアの傑作となった3rdアルバム。短尺で手際よく畳み掛けるこのジャンルの流儀を踏まえつつ、スウェーデンらしい叙情的なコード進行（メロデス的な甘いものではない）を絶妙なタイミングで挟む作編曲が素晴らしい。演奏も超強力。メロディアスな展開の魅力もあってグラインドコア一般への注目度を高めた。〈和田〉

■スウェーデン (2003) ■Relapse Records

グラインドコア

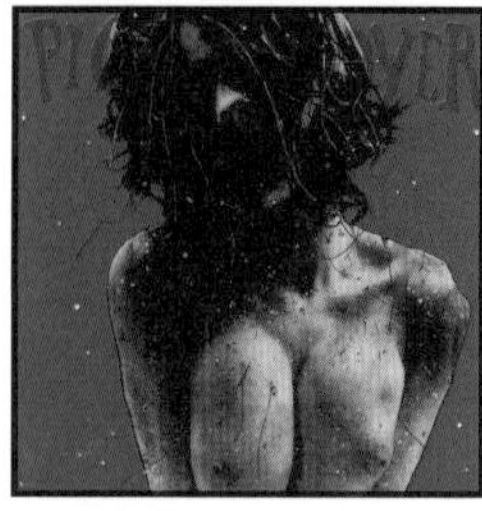

Pig Destroyer

Terrifyer

1997年にヴァージニアで始動したレジェンドの2nd。Scott Hull (Gt) が結成以前から活動するAgoraphobic Nosebleedと共鳴する「汚さ」を偏愛したサウンド。当時はベースレスの編成のスラッシュ／パンク要素含む軽快なアンサンブル。反面J.R. Hayesが書いた歌詞が重苦しくかなり危うい。Disc2にScottがBaを兼任したスラッジ前日譚 'Natasha' を収録。〈村田〉

■USA (2004) ■Relapse Records

グラインドコア

Agoraphobic Nosebleed

Bestial Machinery (ANb Discography Vol 1)

マシーン・グラインド界の帝王と呼べるScott Hull率いるAxNxBxのコンピレーションCD。速度だけではなく、人間が作り出せるエクストリームなサウンドの限界を突破し続けた彼等の功績が凝縮された全てのエクストリーム狂に捧げられる作品。AxNxBxとそれ以外のマシーン・グラインドの違いがハッキリと出ており、彼等が如何に唯一無二なのかが分るはずだ。〈梅ケ谷〉

■USA (2005) ■Relapse Records

グラインドコア

Cephalic Carnage

Anomalies

自身の音楽性を Rocky Mountain Hydro-grind と呼ぶバンドの 4th アルバム。エイリアンと大麻への愛を公言する通り、不協和音デスメタルやドゥーム／ストーナーの要素も巧みに織り込まれ、グラインドコアを軸に多彩な音楽語彙を統合。同時期の US メタルコアを意識した 'Dying Will Be the Death of Me' も含め、非常に優れた作品である。〈和田〉

■USA（2005） ■Relapse Records

グラインドコア

Last Days of Humanity

Putrefaction in Progress

過激な死体写真で大きな注目を浴びたゴアグラインド代表格、3rd アルバム。中域が殆どない極端なサウンドは慣れないとリフの動きも掴めず、高速ブラストビートが鳴り続ける工事現場のような音響に圧倒されるほかないが、楽曲は緻密に作り込まれており、41 曲 25 分という軽快な構成も妙な没入感を生む。ブルータル・デスメタルの流れにも影響を与えた。〈和田〉

■オランダ（2006） ■Bone Brigade Records

グラインドコア

Nails

Abandon All Life

Todd Jones（Gt, Vo / ex-Terror 他）は、前作の延長線上で Suffocation 等から触発、この 2nd の全 17 分を書いた。戦慄のドゥーム／ドローン曲で間を取ったパワーヴァイオレンスが、破壊と混沌を極める壮絶作である。エンジニアとしても活躍する Taylor Young（Dr）、プロデューサーを務めた Kurt Ballou の意匠とも混じり合う、デプスを俯瞰した佇まいが見事。〈村田〉

■USA（2013） ■Southern Lord Recordings

グラインドコア

Full of Hell

Rudiments of Mutilation

Merzbow や The Body との共演でも知られる越境派グラインドコアの 2nd アルバム。個性的なリフ展開と、Swans や Man Is The Bastard にも通じる奥深いノイズ表現の融合が絶妙で、本作では後者多め（パワーヴァイオレンス寄り）な配合のもと、バンド名通りの凄まじい世界が描かれている。近年増えてきた感のあるこの手のアルバム構成の先駆けとなった。〈和田〉

■USA（2013） ■A389 Recordings

初期デスメタル（OSDM）

Death

Leprosy

■USA（1988） ■Combat

34歳の若さでこの世を去ったデスメタルの父、Chuck Schuldinerが率いた伝説的バンドの2nd。ラインナップは1987年1st“Scream Bloody Gore”からChris Reifertが脱退（Autopsyを結成）し、Mantas～極初期DeathのRick Rozz（Gt）が復帰、後者と共にMassacreで活動していたBill Andrews（Dr）が加入しての3ピース。Chuck自身はGt, Vo, Baを兼任。後にデスメタルの聖地と呼ばれるフロリダ・タンパのMorrisound Recordingにて、Scott Burnsがエンジニアを手掛けた初期作品でもある。テープトレード等による不透明な過激化の表出といえた前作まででシーンに充満したカオスを、Chuck個人の技術とMassacre人脈の妙で変質させ打ち立てた、デスメタルの金字塔……。ChuckのNWOBHM／正統派メタルからの影響と、極初期DeathにおけるGenocide（Repulsion前身）やD.R.I人脈との接触。また、彼のSlaughterへの加入といった西海岸～カナダでの活動を、Thrash to Deathの一つの背景とする。Combat Records（Venom、Bathory、Slayer、Possessed、Celtic Frost等のカタログ有）からの流通や、Ed Repkaのアートワークにより彩られた本作は、そんな「スラッシュメタルの延長線上にあるデスメタル」のロールモデルとして最も適当に思える。技巧的な転調やリズムチェンジを駆使したスラッシュ・ビート＆リフに、ヨーロピアン・テイストの流麗なGtソロを組み合わせた演奏。そのスリリングな推移の上で、社会的に差別や偏見を生んだハンセン病を題材とする表題曲の他、病と死の恐怖に蝕まれた叫び声が鳴り響く。さらに後の作品では完璧主義的なChuckのソロ・プロジェクトとして展開してゆき、プログレッシヴ／テクニカル・デスメタルといったサブ・ジャンルを開拓。ヘヴィメタル史でOSDMが見直されなければ、本書でもその4th～7thに焦点が当たっていたのではないか。彼がいなければデスメタルの形はまるで異なっていたに違いないし、彼の死によるシーンの損失は計り知れない。〈村田〉

初期デスメタル（OSDM）

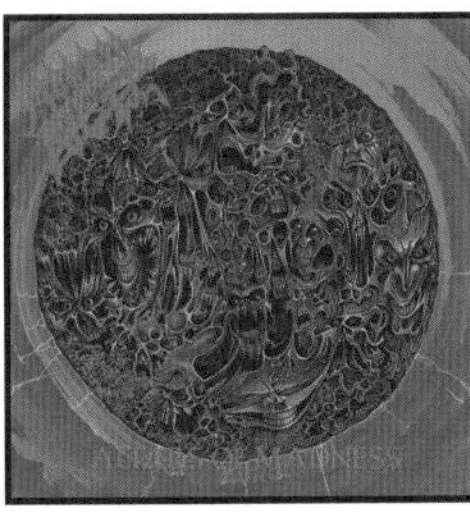

■USA（1989） ■Earache

Morbid Angel

Altars of Madness

Pete Sandoval（Terrorizer）のブラストビートと、Trey Azagthoth による高速ピッキングをフィーチャーした楽曲で、新時代の到来を告げたデスメタルの最重要名盤。Morrisound Recording にて制作され、Dan Seagrave がアートワークを担当。1986年録音の“Abominations of Desolation”にあった Thrash to Death サウンドからの、ソリッドな変化が見逃せない。〈村田〉

初期デスメタル（OSDM）

■UK（1989） ■Earache

Bolt Thrower

Realm of Chaos: Slaves to Darkness

闘神の異名を誇るデスメタル・レジェンドの 2nd。クラスティー／ローカルな猥雑さを孕んだ前作の延長線上で、Warhammer 40,000 の世界観とデスメタリックな爆発力が渾然としている。戦場を進軍するかのごとき混沌グルーヴ、囁きかけるようなグロウル、グルーミーなリフさばきで、ゲーマーも戦争オタクもハードコア・ヘッズも魅了し続ける希代の名盤。〈村田〉

初期デスメタル（OSDM）

■オランダ（1989） ■R/C Records

Pestilence

Consuming Impulse

OSDM の歴史的名盤の一つとなった 2nd アルバム。スラッシュの疾走感を損なわず硬く安定させた質感に特異なコード進行（Morbid Angel をジャズに寄せた感じ）が加わった作風は Atheist や Cynic に先駆けるもので、次作以降はプログレッシヴ・デスメタルの代表格となっていく。80年代末における様々な文脈の結節点。〈和田〉

初期デスメタル（OSDM）

■スウェーデン（1990） ■Earache

Entombed

Left Hand Path

Nihilist からの改名後に発表された 1st。これぞスウェディッシュ・デスメタルな名盤だ。HM-2 エフェクターをフルテンにしたバズソー・リフに、叙情的なフレーズを組み合わせた手法は、現代にかけて多くのフォロワーを生んだ。その音の本質としては後年 Nicke Andersson が語るように、薄汚れた感覚を与えるものである。Sunlight Studio での制作。〈村田〉

初期デスメタル（OSDM）

Obituary
Cause of Death

フロリダのデスメタル・レジェンドによる名盤2nd。Hellhammer〜Celtic Frostの間にある構成派への変化が、Obituaryの1stとこの2ndの違いともいえ、実際④では後者をカヴァー。最高の「ウッ!!」も聴ける。また、新たに加入したJames Murphyの様式美的な演奏がその魅力を最大化する形で、全編を這う独特の暗いもったり感からのカタルシスを起こしていく。〈村田〉

■USA（1990） ■Roadracer Records

初期デスメタル（OSDM）

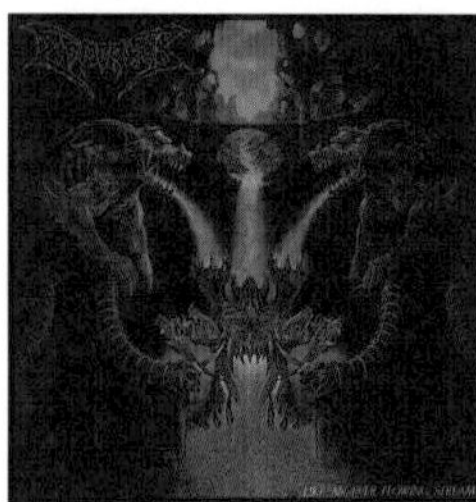

Dismember
Like an Everflowing Stream

Entombed、Grave、Unleashedと並び、スウェディッシュ・デスのBIG4に数えられるバンドの名作1st。メンバー3名が在籍したCarnageの延長線上で、HM-2の重厚なトーンとゴアな攻撃性は残して、さらなるメロディアスな進化をみせた。Dan Seagraveのアートワークが喚起するイメージとも奏功した、⑤'Dismembered'でのやや甘美なGtソロはその最たる例だろう。〈村田〉

■スウェーデン（1991） ■Nuclear Blast

初期デスメタル（OSDM）

Malevolent Creation
The Ten Commandments

NY州バッファローで結成し、早期にフロリダのデスメタル・シーンへ参入した実力者の1st。当時「コアな感じがする」と評されたサウンドで、Morrisound制作のデスメタルでは贅肉を削ぎ落したような手法で重立っている。これまた硬質なボトム周りに支えられたゾクゾクするようなリフ・ワークのユニゾンにより、残虐性の高みに上り詰めるキラー・タイトル。〈村田〉

■USA（1991） ■Roadracer Records

初期デスメタル（OSDM）

Cannibal Corpse
Tomb of the Mutilated

商業的に最も成功したデスメタル・バンド、名オープナー'Hammer Smashed Face'収録の3rd。同曲でファンの一人だったジム・キャリーが『エース・ベンチュラ』にカメオ出演させ、一般層にまで浸透していくブルータリティ。人喰いゾンビの死姦をはじめ、存外に物語性のある世界観／アレンジは確かな殺傷力を伴い、アイコニックと呼べるほどに洗練化している。〈村田〉

■USA（1992） ■Metal Blade Records

初期デスメタル（OSDM）

Deicide

Legion

デスメタル孤高の反キリスト Glen Benton（Ba, Vo）擁するバンドの2nd。Slayer の名作“Reign in Blood”に近い尺で、シュレッド系テクニカル・デスの原型のような楽曲を収めた。Hoffman 兄弟による緻密な単音リフと、比例して手数の多い Steve Asheim のドラミングが当時としては異次元。変拍子やブレイクも多用する、緊張感と閉塞性で横溢したサウンドが聴ける。〈村田〉

■USA（1992） ■R/C Records

初期デスメタル（OSDM）

Master

Unreleased 1985 Album

Paul Speckmann（Ba,Vo）率いるレジェンド。1985年に録音されたもののお蔵入りした幻の 1st（①〜⑦）他、1990年代のデモを収録したアルバム。氏が同時期に稼働した Death Strike の作品と併せて、ハードコア寄りのデスメタルの祖の一つとして避けては通れない。Motörhead や Discharge、G.B.H. 等の先にある激音。Terrorizer のバンド名に由来する説がある曲も。〈村田〉

■USA（2003） ■From Beyond Productions

初期デスメタル（OSDM）

Necrovore

Divus de Mortuus

Sarcófago や、Morbid Angel & Incubus（Nocturnus にも続く方）との Split を始め、大量のブートレグが出回った歴史的デモ。デス／ブラック／スラッシュメタルが混沌とした時代特有の音像が、後年にリバーブがかったグロウルが特徴的な暗黒群へと派生する。Metal of Death 勢や、Davthvs、Sepulchral Voice 等が手掛けた界隈の大体は、このテキサスの邪神の影響下。〈村田〉

■USA（1987） ■Self-Released

初期デスメタル（OSDM）

Autopsy

Mental Funeral

カリフォルニアの古参による 2nd。ゴア、ホラー、サイケのまだら模様を描く腐ったデスメタルを鳴らして、1st と同様に多数のリバイバル勢に影響を与えた名盤である。アルバム全体を通してドゥーミーなグルーヴの発酵が進み、乱歩の“芋虫”ラストのようなシュールさを発生させる⑧‘Hole in the Head’他。どの展開からも快に繋げるかのアレンジが際立つ。〈村田〉

■USA（1991） ■Peaceville Records

初期デスメタル（OSDM）

Immolation

Dawn of Possession

1st アルバム。Immolation はデスメタルにおける混沌とした世界観表現を後押ししたバンドで、独特の浮遊感あるコード感を末世的なイメージと結びつける作編曲は、不協和音デスメタルなど様々な領域に大きな影響を与えた。本作の時点ではまだ変則的な単音リフが主体であり、それが無二の個性となっている。本作も含め傑作の多いバンドである。〈和田〉

■USA（1991）■R/C Records

初期デスメタル（OSDM）

Cenotaph

The Gloomy Reflection of Our Hidden Sorrows

メキシコ産デスメタルの代表格による 1st アルバム。Xysma や Nihilist、Immolation などの影響を礎に独自の世界を作り上げた傑作で、暗黒浮遊感と土着性を兼ね備えた曲展開、変則的だが洗練された楽曲構造、凄まじい勢いに満ちた演奏など、あらゆる面で完璧に充実した作品になっている。再発と廃盤化を繰り返しながら受け継がれる伝説的カルト名盤。〈和田〉

■メキシコ（1992）■Horus Productions

初期デスメタル（OSDM）

Demilich

Nespithe

唯一のフルアルバム。発表当時は完全に無名だったが、OSDM リバイバルの主要バンドに大きな影響を与え、近年新たに歴史的名盤の地位を確立した。Bolt Thrower や Pestilence、Carcass からの影響を別次元に変容させた音楽性は唯一無二ながら、アレンジ次第で独自の個性に発展させやすい素材としても優秀。ジャズロック的な観点からも楽しめる大傑作。〈和田〉

■フィンランド（1993）■Necropolis Records

初期デスメタル（OSDM）

diSEMBOWELMENT

Transcendence into the Peripheral

唯一のフルアルバム。Joy Division や Cocteau Twins に連なるゴシックロックと Napalm Death 的なグラインドコアを融合、中東〜地中海音楽や古楽を介しアンビエントに繋げたような音楽性は唯一無二で、フューネラル・ドゥームの先駆けとも位置付けられている。洞窟の中で反響するような音像は ethereal の観点からも興味深い。孤高の大傑作である。〈和田〉

■オーストラリア（1993）■Relapse Records

初期デスメタル（OSDM）

Rippikoulu

Musta Seremonia（Reissue）

本活動期間中の最終作となった2ndデモ。デスドゥーム路線が多いフィンランドの初期デスメタルを最高度に体現する音楽性で、作編曲も演奏も超強力なことに加え、デモ音源ならではのrawな質感を活かしつつ美しく引き締めた音響が素晴らしい。発表当時は完全に無名だったが、2010年の再発を機に評価が急上昇。今では重要作として知られる傑作である。〈和田〉

■フィンランド（1993） ■Svart Records

初期デスメタル（OSDM）

Incantation

Mortal Throne of Nazarene

ペンシルベニアよりデスメタルのロウエンドな領域を拡張した重要バンドの2nd。現在はDismaで活動するCraig Pillard（Vo,Gt）によるド迫力のグロウルと、バンドの中核を担うJohn McEntee（Gt）とのトレモロを軸とした詩的な暗黒譚。ジャケットの露悪的コラージュを始めとするノイズ要素を含む、アトモスフェリックかつドープな仕上がりが蠱惑的だ。〈村田〉

■USA（1994） ■Relapse Records

初期デスメタル（OSDM）

Timeghoul

1992-1994 Discography

90'sアンダーグラウンド・デスメタルの技術的な発展として後年評価される、ミズーリのカルトによるディスコグラフィ編集盤。複雑な曲構成の中に、陰鬱さに浮遊感が同居した各曲の、幻想とSFの世界観と病的さや、聖歌隊のアイデア（盲目的なコーラスとして表される）。これ等はBlood Incantationを始めとする、現行のOSDM勢に大きな影響を与えた。〈村田〉

■USA（2012） ■Dark Descent Records

初期デスメタル（OSDM）

Order from Chaos

Stillbirth Machine

ミズーリ州カンザスシティで、Venom、Hellhammer、Bathory等を聴いて成長した3名による、原理主義的なデス／ブラックメタルを収めた1st。後にAngelcorpse～Revenge～Abhomineや、Ares Kingdom等のウォー・ベスチャル文脈に。不浄な音の塊のような激ロウな曲は、多彩なアプローチの上でリフとかの基本さえ否定した瞬間が多々あり可能性を感じさせる。〈村田〉

■USA（1994） ■Wild Rags Records

ブルータル・デスメタル

Suffocation

Effigy of the Forgotten

■USA（1991）　■R/C Records

すでにニューヨークのデスメタル・シーンでカルト的な人気を誇っていたSuffocationの記念すべきデビュー・アルバム。ブルータル・デスメタルの歴史を考えた時、このアルバムから語られることが非常に多い。Suffocationはブルータル・デスメタルの基本的なスタイルを作り、後にテクニカル・デスメタル、スラミング・ブルータル・デスメタルへと派生していく道筋も作った、いわばこのジャンルの原点。現在のブルータル・デスメタルの周辺ジャンルを見渡してみれば、本作がこのジャンルの始まりであることが感じられると思う。ブラストビートとテクニカルビートのパターンを巧みに混在させつつ、ヴォルテージが最高潮に達したところで繰り出されるバウンシーなパートがヘッドバンギングを誘っていく。オープニングを飾る'Liege of Inveracity'にSuffocationがブルータル・デスメタルのトップバンドと言われる所以が詰め込まれていると言っても過言ではない。Terrance、Dougのファストなリフは整合感はもちろんのこと、まるで生き物のように蠢き鳴っているというのも非常に面白く聴きどころの一つだ。アルバムのタイトル・トラック'Effigy of the Forgotten'ではメリハリの効いたリフワークでブルータル・デスメタルの世界観に緊張感を与えてくれる。そしてなんと言っても、Suffocationを筆頭に後続のバンド達へ計り知れない影響を与えたFrankのヴォーカルがアルバム全編に渡って圧倒的な存在感を見せる。ガテラルの生みの親とも呼ばれるカリスマであり、徹底的にローに振り切ったディープな咆哮をしっかりとサウンドに調和させている。'Infecting the Crypts'や'Seeds of the Suffering'では地鳴りのようなガテラルを炸裂させ、その唱法の奥深さを提示。どれだけ時代が変わっても、色褪せないクラシック・アルバム。〈脇田〉

ブルータル・デスメタル

Internal Bleeding

Voracious Contempt

同郷の Suffocation が“Effigy of the Forgotten”で開発したデスメタルにおけるスラミングという手法。Internal Bleeding はそれにフォーカスし、さらにハードコアのフックをブレンドした。スラムのマキシマムを引き出すためのミニマム、とも言えるプロダクションで刃物のように鋭いリフが太いビートを刻む。〈脇田〉

■USA（1995） ■Pavement Music

ブルータル・デスメタル

Cryptopsy

None So Vile

驚異的な演奏技術がデスメタルの枠を超えて注目された傑作 2nd アルバム。速さと表情の豊かさを兼ね備えた Flo Mounier のドラムス、Lord Worm の人間離れしたガテラル声がよく語られるが、このバンドはとにかく楽曲が素晴らしい。特に本作は複雑な捻りとキャッチーさの両立が理想的で、アルバム全体の構成も完璧。人気の高さも頷ける。〈和田〉

■カナダ（1996） ■Wrong Again Records

ブルータル・デスメタル

Deeds of Flesh

Inbreeding the Anthropophagi

ブルータル・デスメタルのおどろおどろしい不気味さをテクニカルな手法で表現した本作は、Deeds of Flesh の代表的なアルバムのひとつだ。嵐の如く叩き込まれるドラミング、休むことなく刻まれるリフによって全く予想することの出来ない展開が続く。デスメタルの概念を変え、ブルータル・デスメタルを確立した名作。〈脇田〉

■USA（1998） ■Repulse Records

ブルータル・デスメタル

Dehumanized

Prophecies Foretold

ブルータル・デスからスラム・デスが勃興した時期の名盤。重くてたわんだ、鈍重な振り子のようなグルーヴはサウンド・プロダクション的な面から現行のスラムよりは控え目で、ブラストビートやピンチ・ハーモニクスといったクリシェも不用意に多用されていないため、楽曲が金太郎飴化せず純粋に良質なデスメタルとして味わうことが出来る。〈清家〉

■USA（1998） ■Pathos Productions

ブルータル・デスメタル

Aborted

Goremageddon: The Saw and the Carnage Done

チープでグロテスクなジャケットに反して音は非常にシャープで、低音域も心地良い。憤怒の感情に同調するブルータル・デスと、その上で解放に導いてくれるようなデスグラインドの要素をバランスよく混ぜ合わせることによって出てくるドライヴ感を素地に、ワウから速弾き、コードまでを上手く使った多面的なアプローチのギター・ワークが躍る。〈清家〉

■ベルギー（2003） ■Listenable Records

ブルータル・デスメタル

Skinless

Trample the Weak, Hurdle the Dead

無数の礫のようなキックと刻みが絶え間なく降り注ぐ冷血で暴力的なブルータル・デス。巨大な音のかたまりでなぎ倒すのではなく、硬質な銃弾でもって聴く者を蜂の巣にしていく感覚で蹂躙する。ゴロッとして立体感のあるドラムのサウンドも機関銃のような質感に拍車をかける。ラストに収録されたBlack Sabbathのカヴァーはどこか手慣れない雰囲気で面白い。〈清家〉

■USA（2006） ■Relapse Records

ブルータル・デスメタル

Disgorge (USA)

Cranial Impalement

ガテラル・ヴォイスでMatti Wayの右に出る者はいないだろう。耳を劈く強烈なガテラルで幕を開けるこのアルバムは、圧倒的にファストなブラストビートを正確に叩き込み、無感情に刻み込むチェーンソー・リフが疾走、一切のメロディを排除し徹底的に残忍で無慈悲なサウンドを貫いたブルータル・デスメタルの金字塔的作品だ。〈脇田〉

■USA（1999） ■Extremities Productions

ブルータル・デスメタル

Dying Fetus

Destroy the Oppositon

Suffocation、Skinlessと並んでニューヨークを代表するデスメタル・バンドのひとつで、ブルータル・デスメタルにハードコアのエレメンツを盛り込み、グルーヴィに仕立てたサウンドでメインストリームでも評価される。巧みなフックを持ち前のテクニックで描いたDying Fetusの中でもバランス感覚に優れた一枚だ。〈脇田〉

■USA（2000） ■Relapse Records

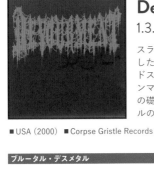

ブルータル・デスメタル

Devourment

1.3.8.

スラミングという画期的な手法に焦点を当て、その魅力を完璧に表現したDevourmentのコンピレーション。鬱屈で圧迫感のあるサウンドスケープの中、殺気だった重厚なドラミングに、粘着質なリフがハンマーの如く刻み込まれていく。現在まで続くスラミング・スタイルの礎であり、色褪せることのないスラミング・ブルータル・デスメタルのクラシック。〈脇田〉

■USA（2000） ■Corpse Gristle Records

ブルータル・デスメタル

Ingested

Surpassing the Boundaries of Human Suffering

「何かを喰らい永遠に自らのものとする」ある種の究極生命体のようなバンド名を冠するUKマンチェスターのIngestedが、圧倒的な技巧力を発揮した1st。クリーンかつモダンな同地のシーンに立ち、ニュースクールHCとDying Fetusや、Devourmentに代表されるTXDM等を咀嚼した特異な音楽性。スラム／ブルータル・デスメタル～デスコア間を揺れ動く。〈村田〉

■UK（2009） ■Siege of Amida Records

ブルータル・デスメタル

Abominable Putridity

The Anomalies of Artificial Origin

ロシアン・デス最高峰と謳われるどう猛なスラム・リフを核に、総合力の高さを見せた大名盤2nd。『Dead Space』のSEをイントロに配したSFを下地とする世界観。展開の複雑さやキレの良さはどれもS級で、プログレッシヴ／テクニカル双方に訴求する洗練性は、後のデスコア・シーンにも波及している。なお、Matti Way（Vo）はUnique Leaderの現社長。〈村田〉

■ロシア（2012） ■Brutal Bands

ブルータル・デスメタル

Cattle Decapitation

Monolith of Inhumanity

カリフォルニアの巨匠による5th。Carcass影響下のゴアを起点とするプログレッシヴ・デス／グラインドコアへの道程が一つの到達点を迎えた。行き過ぎた人類の欲望に警鐘を鳴らすグロテスクな楽想へ、悲痛なクリーンVoやメロディアスな間奏を導入し陰影をつけた先進的様相。延々とブチ切れている歌詞で『2001年宇宙の旅』へのオマージュをかける。〈村田〉

■USA（2012） ■Metal Blade Records

ブルータル・デスメタル

Extermination Dismemberment

Serial Urbicide

グローバルなネットワークを持つブルータル・デスメタル・シーンの中でベラルーシが誇る本格派、Extermination Dismemberment はベースドロップを搭載した桁違いの破壊力を誇るスラミング・ブルータル・デスメタルで他を圧倒。本作では Devourment を継承しながらスラムの可能性をアップデートしている。〈脇田〉

■ベラルーシ（2013） ■Amputated Vein records

ブルータル・デスメタル

Katalepsy

Autopsychosis

ブルータル・デスの枠内で「これはテクニカルかスラムか」の論争を局地的に巻き起こしたロシアン・バンドの 1st。ハーモニクス・スクレイプを始めとした巧妙な高音域フレーズと、スラム足らしめるグルーヴィーな低音の折衷型。精緻と破壊のコントラストが広がる。H.R. ギーガー系譜のジャケットも秀逸な傑作だ。Dr は現在 Slaughter to Prevail で活動。〈村田〉

■ロシア（2013） ■Unique Leader Records

ブルータル・デスメタル

Vomit Remnants

Hyper Groove Brutality

Dying Fetus や Internal Bleeding を彷彿とさせるニューヨーク・スタイルのブルータル・デスメタルの中でも圧倒的な人気を誇る Vomit Remnants の 18年振り復活作。惜しげもなく詰め込まれたフック、その連なりによって何重にも威力を増したグルーヴとブルータリティ。アルバムタイトルの名に相応しい名作。〈脇田〉

■日本（2017） ■Unique Leader Records

ブルータル・デスメタル

Effluence

Psychocephalic Spawning

Krallice のリリース・レーベルより登場した、エクスペリメンタル／ブルータル・デスの 1st。南カリフォルニアの一室で、NOISM に肉薄する超高密度の楽曲を制作するプロジェクト。ニューロンと宇宙構造の感応のような、アヴァンギャルドやフリージャズとも評される推移を辿り、モーグシンセの奏者を迎えた結びの章にて、また抑圧された感情へと帰する。〈村田〉

■USA（2021） ■P2

Cynic

Focus

■USA (1993)　■Roadrunner Records

“プログレッシヴ・デスメタル”の原点にして頂点、孤高の地位を保ち続ける1st アルバム。Allan Holdsworth や Frank Zappa バンドの高度な楽理と演奏技術、プログレッシヴ・ロックの構築美、アンビエント〜ニューエイジの特殊な音響感覚など、従来のメタルでは考えられなかった越境的語彙を自在に取り込み、その上で全く新しい味を生む創意が凄まじい。後続に絶大な影響を与えたのに直接的なフォロワーが現れない、汲めども尽きぬ謎に満ちたオーパーツ的傑作である。

Dream Theater の項でも触れた通り、プログレッシヴという言葉は ①既存のフォームを打ち破ろうとする姿勢 と ②特定の（限られた）音楽形式 の2通りの意味で用いられている。①②が区別されずに語られているのはこのジャンルも同様で、本書では①寄りのものをここに、②寄りのものを“テクニカル・デスメタル”（超絶技巧を駆使する一方で音楽形式が一定の枠に収まる）に分類している。Cynic の 1st アルバムは①の最たるもので、本作が切り拓いた可能性は枚挙に暇がない。中でも特に凄いのが、様々なジャンルの語彙を元の文脈から切り離して用い、全く新しいニュアンスを創り出すことだろう。例えば ‘I'm But A Wave To...’ では、ニューエイジ的音響やフュージョン的コード進行が割とそのまま使われているのだが、注意して聴かないと気付かないくらい違った印象が生まれている。元ジャンルの爽やかなイメージを絶妙に汚しつつ利用する姿勢は本作に限らずメタルの真骨頂だし、こうした換骨奪胎の巧さはポップソングとしての完成度の高さにも繋がっている。複雑なのにキャッチー。極めて特殊なのに非常に聴きやすいのである。

本作の代替不可能な個性に最も貢献しているのが、溶けかかった金属のスープが蠢くような不思議なグルーヴだろう。音楽史上を見渡しても似たものがなく、ヴォコーダーを通した声との対比も素晴らしい。これは名人揃いのこのメンバーでなければ生み出せなかった代物。そういう意味でも再現不可能な、永遠の名盤である。〈和田〉

プログレッシヴ・デスメタル

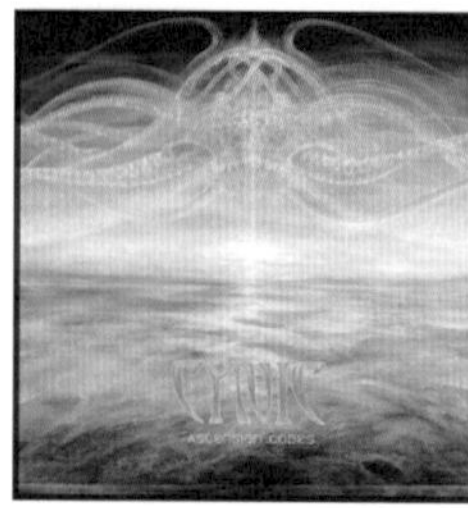

Cynic

Ascension Codes

4th アルバム。2006年に復活した後の Cynic は、Paul Masvidal の音楽志向（Tame Impala や Caetano Veloso などを好む）を 1st アルバム的なフレーズ構成で彩るスタイルを追求してきたが、本作でそれが見事に結実。ソウルミュージックにも通じる感覚が最高の形で活かされている。インディロックとメタルの融合の尖端部としても評価されるべき傑作。〈和田〉

■USA（2021）■Season of Mist

プログレッシヴ・デスメタル

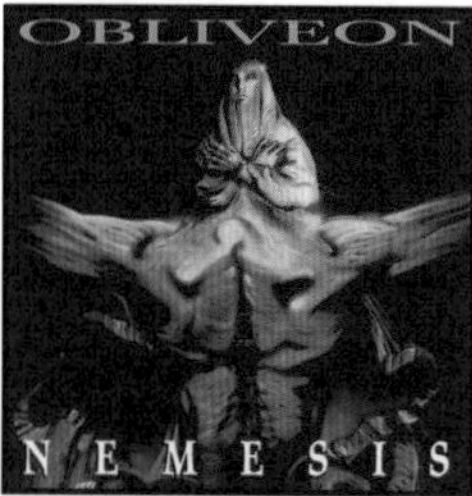

Obliveon

Nemesis

Obliveon は、Voivod や Gorguts、Martyr を生んだケベックシーンの元締め的存在で、それらの名盤群に並ぶ優れた作品を連発した。この 2nd アルバムは特有の暗黒浮遊感をグルーヴメタル形式に落とし込んだ傑作だが、流通の問題もあって不当に知名度が低い。リーダー Pierre Rémillard のエンジニア仕事も含め高く評価されるべきバンドである。〈和田〉

■カナダ（1993）■Independent

プログレッシヴ・デスメタル

Pestilence

Testimony of the Ancients

プログデス路線に明確に踏み切った傑作 3rd アルバム。前作の時点で垣間見えていた特殊な不協和音が前面に押し出され、ジャズやクラシック音楽にも通じる洗練されたサウンドで数段強化。その上で Celtic Frost 的なフレーズも散見されるのが興味深く、唯一無二の個性の源はそのあたりにもあるのかも。優れたソロも多い。このジャンルの誕生を告げる名盤の一つ。〈和田〉

■オランダ（1991）■R/C Records

プログレッシヴ・デスメタル

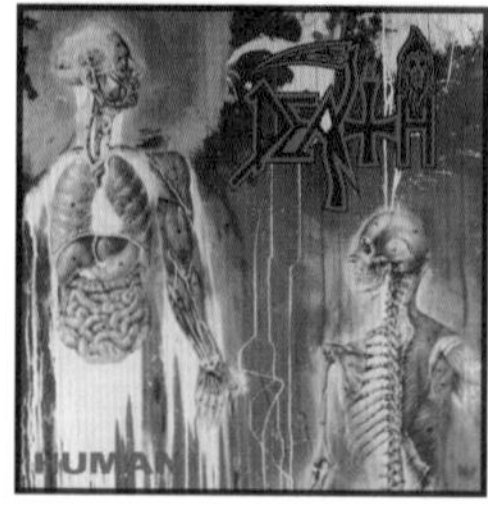

Death

Human

リーダー Chuck Schuldiner、Cynic の Paul と Sean Reinert、名ベーシスト Steve DiGirogio というメタル史上屈指の座組となった 4th アルバム。このシーンの文脈をまとめる優れた楽曲と名演の数々（特に Sean のドラムス）は後続に絶大な影響を与えた。プログデスというジャンルの誕生を告げる、創設者というよりは編集者的な意味での歴史的名盤である。〈和田〉

■USA（1991）■Relativity Records

プログレッシヴ・デスメタル

Atheist

Unquestionable Presence

メタル史上究極の傑作の一つとなった2nd アルバム。音楽性の基盤はメンバーが言う通り Rush + Slayer + Mercyful Fate だが、そこによく動く変則的単音リフや超絶的な演奏表現力（特に Steve Flynn の神憑ったドラムス）を注ぎ込んだ仕上がりは NWOBHM にもモードジャズにも通じる。プログデスというより伝統的 HR/HM の異形の到達点とみるべき歴史的名盤。〈和田〉

■USA（1991） ■Active Records

プログレッシヴ・デスメタル

Disharmonic Orchestra

Not to Be Undimensional Conscious

プログデス黎明期を代表するカルト名盤の一つ。基本的なスタイルはグラインドコア寄りデスメタルなのだが、Napalm Death や Carcass の変則的なコード遣いにゴシックロック的なスケールアウト感覚を加えた曲調は蠱惑的な魅力に満ちている。一見地味な演奏も異常にうまい。The Dillinger Escape Plan のメンバーなどにも影響を与えた。〈和田〉

■オーストリア（1992） ■Nuclear Blast

プログレッシヴ・デスメタル

Martyr

Feeding the Abscess

後期 Death や Cynic をプログデス第一世代とするならば、Martyr はそれらに直接影響を受けた第二世代の代表格であり、この系譜の史上最高のバンドの一つでもある。Watchtower を後期 Emperor 経由でバルトークに接続し禍々しい怨念を注入したようなサウンドは前人未到。行き着くところまで行き着いてしまったので解散、というのも仕方ない 3rd アルバム。〈和田〉

■カナダ（2006） ■Galy Records

プログレッシヴ・デスメタル

Defeated Sanity

Psalms of the Moribound

一般的にはテクニカル／ブルータル・デスメタルに括られる名バンドの代表作 2nd アルバム。重低音に密集した凶悪な音響は慣れないと音程変化を聴き取るのも難しいが、作編曲は驚異的に緻密で、Ben Monder のような現代ジャズの重要人物にも大きな影響を与えている。曲単位で音色を使い分けるリーダー Lille Gruber のドラムスも見事な傑作。〈和田〉

■ドイツ（2007） ■Grindethic Records

プログレッシヴ・デスメタル

Opeth

Blackwater Park

Porcupine Tree の Steven Wilson とタッグを組んで制作した出世作にして重要作。ピアノとアコースティック・ギターがフィーチュアされており、プログレとメタルという二者の関係だけには最早とどまらず、完成された「プログ・メタル／デス」の庭に更にフォークやアート・ロックなどのジャンルを植え込み、勢いを削がない程度に剪定してまとまりを与えている。〈清家〉

■スウェーデン（2001） ■Music For Nations

プログレッシヴ・デスメタル

Opeth

Heritage

プログデス路線から完全脱却した10th アルバム。過去作でも重要な役割を担っていた70年代HR要素を全面開放した一枚で、ヴィンテージ機材による極上の録音のもと、隠者の美学的な叙情が様々に描かれている。とはいえ単なる懐古にはならず、Morbid Angel や Meshuggah に通じる要素も顔を出すのが興味深い。賛否両論あるが、最高傑作の一つだと思う。〈和田〉

■スウェーデン（2011） ■Roadrunner Records

プログレッシヴ・デスメタル

Extol

Extol

Death 系譜のテクニカル・デスからポストハードコアまで様々な変遷を遂げた（人脈的にも 2 つの流れが複雑に絡む）名バンド、復活作となった 5th アルバム。初期作のリーダーも担った Ole Børud が大部分を構築した一枚で、Ole の AOR 志向（ソロ名盤あり）も活かした極上の歌ものプログデスになっている。過去作の多彩な要素を巧みにまとめた集大成。〈和田〉

■ノルウェー（2013） ■Indie Recordings

プログレッシヴ・デスメタル

Fallujah

The Flesh Prevails

1st で良質なテクニカル・デスを作っていた彼らだったが、EP“Nomadic”でプログ色を強め、この 2nd で新たなステージに進んだ。中盤の 3 曲でジャンル外の女性シンガー Roniit Alkayam をフィーチュアし、ミストのようなクリーン・ヴォイスと斜光のごとく差し込むリード・ギターを剣呑なリフと調和させることに成功。〈清家〉

■USA（2014） ■Unique Leader Records

Nile

Annihilation of the Wicked

■USA（2005） ■Relapse Records

古代エジプトをコンセプトに1993年から活動を続けるテクニカル・デスメタル・バンド、Nileの通算4枚目となるスタジオ・アルバム。彼らの作品の中で最も人気があり、ドラマーGeorge Kolliasが加入したことで格段にレベルアップしたテクニカル・デスメタルを味わうことが出来る。「テクニカル・デスメタルを聴いてみたいけど、何から聴いていいか分からない」というメタル・ヘッズには迷わず“Annihilation of the Wicked”をオススメしたい。Nileらしさを紐解くキーワードはやはりなんといっても古代エジプトだ。イントロに使われているブズーキと呼ばれる歴史ある弦楽器をはじめ、随所に組み込まれたエキゾチックな音色は驚くほどデスメタルとの親和性が高い。目を閉じればそこには砂漠、たくさんの蛇がミイラの周りをうねうねと蠢き、不気味な生温かい風が吹き抜けていく（ような気がする、本当に）。この圧倒的な雰囲気を味わうだけでも価値のある作品だが、テクニカル・デスメタル・アルバムとしてもずば抜けたセンスを感じる。“Annihilation of the Wicked”以前以後にリリースされた作品と聴き比べて見ると、このアルバムにはプログレッシヴな魅力が非常に多く感じられる。ギタリストであるKarlとDallasのコンビネーションは特に素晴らしく、パンチのある刻みのダイナミズムはもちろん、時折ドゥーム・メタルへ接近するようなヘヴィなグルーヴがあったり、ブラック・メタリックなトレモロ・ピッキングを差し込んだりとその才能と創造性を発揮している。本作から加入したGeorge Kolliasのドラミングもリフの捉え、丁寧なプレイでグルーヴをより強固なものにする。混沌とした中に感じられる、テクニカル・デスメタルの美しさはこのアルバムが頂点。〈脇田〉

テクニカル・デスメタル

Decrepit Birth

...and Time Begins

ブルータル・デスメタルのテクニカルな成分を凝縮したクラシック・アルバムとして語り継がれる彼らのデビュー作。精密なストップ＆ゴーが、予想不可能に展開を続ける楽曲にハリを持たせ、ドラマ性さえも感じさせてくれる。サウンド以上にアートワークやバンド名、リリックの語感など彼らのヴィジュアル・イメージが後のテクニカル勢にもたらした影響は大きい。〈脇田〉

■USA（2003） ■Unique Leader Records

テクニカル・デスメタル

Necrophagist

Epitaph

古典的なテクニカル・デスメタルをネオ・クラシカルな手法でプログレッシヴに仕立てた名作。砂塵を巻き上げるようにして唸りをあげるリフの数々はテクニカル・デスメタルの無形文化財として登録したいほどだ。タイプの違ったモダンさ同士の優れたバランス感覚は簡単にフォロワーを生み出さないセンスで構築されている。〈脇田〉

■ドイツ（2004） ■Relapse Records

テクニカル・デスメタル

Brain Drill

Apocalyptic Feasting

テクニック、スピードにおいて当時のデスメタル・シーンでBrain Drillの右に出るものはいなかった。過剰に詰め込まれた音速スウィープ・ピッキングが嵐の如く降り注ぎ、速度超過したブラストビートが火花を散らして駆け抜けていく。メタル・シーン全体におけるエクストリームの無限の可能性を感じさせた快作ならぬ怪作。〈脇田〉

■USA（2008） ■Metal Blade Records

テクニカル・デスメタル

The Faceless

Planetary Duality

2000年代の後半からデスコアの多様化が進んでいた。その中でもThe Facelessはテクニカル・デスメタル／プログレッシヴ・デスメタルとデスコアを融合させ、2nd アルバムとなる本作で大ブレイク。インテリジェントでありながらモッシャブルなスタイルが後のデスコア・シーンに与えた影響は計り知れない。〈脇田〉

■USA（2008） ■Sumerian Records

テクニカル・デスメタル

Origin

Antithesis

テクニカル・デス特有の黄色いカラスが目を白黒させているような忙しいスウィープの連撃にはあまり頼らず、しかし充分に技巧的かつ速さもある高水準な楽曲が並ぶ。リリース年を鑑みるとあまり褒められたプロダクションではないことは否定できないものの、ややタメ気味の演奏の人力感が補強されており、かえって聴きこみたくなる仕上がりに。〈清家〉

■USA（2008） ■Relapse Records

テクニカル・デスメタル

Obscura

Cosmogenesis

ジャーマン・テクニカル・デスの 2nd。Necrophagist での実績がある Dr と Gt の緻密な技巧。フレットレス Ba 奏者のフュージョン／ジャズ要素が喚起する、後期 Death や Cynic の文脈。オリジナル・メンバーの Gt,Vo が翌年に Thulcandra で昇華する Dissection 愛好癖の横溢。対位法の流麗なリフ・ワークとプログレッシヴ・メタルの展開力を有した知性派な名盤。〈村田〉

■ドイツ（2009） ■Relapse Records

テクニカル・デスメタル

Beyond Creation

The Aura

テクニカル・デスメタルの名産地カナダ・ケベックから現れた Beyond Creation。その最大の武器はネオ・クラシカルな旋律を操るフレットレス・ベースの美技だろう。そのベースラインが滑らかなテクスチャーで精密なリフ、ドラミングと交差する本作は、まるでクラシック音楽を聴いているかのような錯覚さえ覚える。〈脇田〉

■カナダ（2011） ■Not On Label（Beyond Creation Self-released）

テクニカル・デスメタル

Slaughterbox

The Ubiquity of Subjugation

彼らがデビュー EP としてこの作品を発表した時の事は今でも鮮明に覚えている。圧倒的なスピードで叩き込まれるドラミング、デスメタルの固定概念を破壊する奇天烈な展開、金切り声のようなスクリーム……。当時の一般的なエクストリーム・メタルの持つ限界を驚愕のテクニックで突破し衝撃を与えた。短命であったのも彼ららしい。〈脇田〉

■USA（2011） ■Amputated Vein Records

テクニカル・デスメタル

Spawn of Possession

Incurso

当時のテクニカル・デスの閉塞性に一石を投じた、スウェディッシュ・バンドの 3rd。Christian Münzner の加入～ Obscura とのツアーから氏の経歴に呑まれた観があるが、バンドの屋台骨を支えるのは Jonas Bryssling（Gt）。シュレッド・リフを軸とした予測不能な展開が続き、クラシック音楽の作曲家を起用した終曲で、作品全体の壮大な構成を完成させる。〈村田〉

■スウェーデン（2012） ■Relapse Records

テクニカル・デスメタル

Bloodshot Dawn

Demons

メロディック・デスメタル／スラッシュメタル・バンドとして登場。次第にテクニカルなスタイルへと傾倒していった Bloodshot Dawn の変革期に生み落とされた本作はバンドの変遷を象徴するような作品となっており、鋭いスラッシー・リフがテクニカル・デスメタルに火花を散らしながら絡み付いていく。この絶妙な塩梅にツボを突かれたメタルヘッズも多いはず。〈脇田〉

■USA（2014） ■Not On Label（Bloodshot Dawn Self-released）

テクニカル・デスメタル

First Fragment

Gloire Eternelle

Atramentus や Chthe'ilist などに関わる現代メタル最重要人物のひとり Phil Tougas の原点バンドによる 2nd アルバム。ネオクラシカル／パワーメタルを Necrophagist 的テクデス形式に過剰注入した作風で、フレットレスベースも含めた 3 人が美麗なリードを弾きまくる展開が凄すぎる。80 年代 HR/HM の集大成的な一枚であり、デスメタルが苦手な人にもお薦め。〈和田〉

■カナダ（2021） ■Unique Leader Records

テクニカル・デスメタル

Archspire

Bleed the Future

Archspire は僕たちをテクニカル・デスメタルの先の未来へ連れていってくれる。耳を疑うようなフレーズが星の数ほど詰め込まれたこの作品は、圧倒的な個性、特にショットガン・ヴォーカルと呼ばれる Oliver のグロウルと銃乱射音のようなブラストが異次元の域に達しており、これまでのテクニカル・デスメタルがスローに聴こえるほど。〈脇田〉

■カナダ（2021） ■Season Of Mist

Venom
Black Metal

■UK (1982)　■Neat Records

Metallica や Slayer のような商業的成功を収めることはなかった Venom であるが、その功績は決して軽んじられるべきではない。と言うよりも、Venom はスラッシュ、デス、ブラック等、あらゆるエクストリーム・メタルの祖であり、彼らがいなければ、その後のメタルの歴史はまったく違ったものになっていただろう。何しろ「ブラック・メタル」というジャンル名は、彼らの歴史的名盤である、この 2nd アルバムのタイトルからとられたほどだ。だが、本作を聴いて「これのどこがブラック・メタル？」と首を傾げる若いファンも少なくないことだろう。90年代以降のブラック・メタルの音楽的ルーツは、むしろ Bathory に求められるものだからだ。Judas Priest や Kiss、そして Motörhead などから大きなインスピレーションを受けていたという Venom の音楽スタイルは、実はかなりヴァラエティに富んだもの。'Witching Hour'（"Welcome to Hell" 収録）の発展型と言えるタイトル・トラックは、ツービートのスラッシュメタルのプロトタイプ（これを完成型にしたのが Slayer だ)。ギタリストの Mantas は、ある朝ウ○コをしながらギターを弾いていて、この曲を思いついたのだそう。一方、生き埋めの恐怖を描いた 'Buried Alive' はスローで雰囲気たっぷりだし、ライヴでは大合唱必至の名曲、'Countess Bathory' はひたすらヘヴィ。セクシーな女性教師とのアヴァンチュールを描いた 'Teacher's Pet' に至ってはノリノリのロックンロールと、その振れ幅は実に広い。
一方で、現在のブラック・メタルのイメージを決定づけたのが Venom であることは間違いない。武器を携えたアーティスト写真も Venom が端緒であろうし、イーヴルなステージネーム (Cronos、Mantas 等) やパート名（Bulldozer Bass 等）の使用もそう。少なくとも "Master of Puppets" 以前は「スラッシュ・メタル＝イーヴル」という公式が成り立っていたが、その原因は Venom だ。彼ら自身はサタニストでも何でもなく、100％ギミックとして楽しんでいただけなのだが、チャーチ・オブ・サタンから激励の手紙が来てしまうほど、そのインパクトは強烈だったのだ。〈川嶋〉

1st wave of Black Metal

Hellhammer

Apocalyptic Raids

Celtic Frost の前身バンドが残した唯一の EP。Black Sabbath や Discharge から影響を受けたシンプルでヘヴィなリフと言えば聞こえがいいが、はっきり言ってしまえばギターを買ったその日に弾けてしまうような曲。なのに（だからこそ？）、その後のデス、ブラック、グラインドコアからパンク、グランジにまで影響を与えているのだから凄すぎる。彼らがいなければ、ヘヴィ・ミュージックの歴史は全く違ったものになっていただろう。〈川嶋〉

■スイス（1984） ■Noise

1st wave of Black Metal

Bathory

Under the Sign of the Black Mark

90年代初頭にノルウェーのブラックメタル勢が音楽的ロールモデルとしたのが本作。絶叫型ヴォーカル、シャリシャリのギター、単調なドラミング、シンセサイザーの使用。もはやプロトタイプではなく、ブラックメタルの完成型がここにある。ジャンル名は Venom のアルバム名から取られたが、ブラックメタルという音楽を定義したのは Bathory なのだ。〈川嶋〉

■スウェーデン（1987） ■Under One Flag

1st wave of Black Metal

Sodom

Obsessed by Cruelty

Destruction や Kreator と並びドイツのスラッシュを代表するバンド、1st アルバム。Venom の露悪姿勢を引き継ぎ邪悪さを強調した作風で、崩壊気味の演奏からくる異様な勢いは、以降の地下メタル全般に大きな影響を与えた。Mayhem の Euronymous が設立した Deathlike Silence Production は本作収録曲から名前を借用。欧州盤と US 盤が完全別録音ということなど謎が多い。〈和田〉

■ドイツ（1986） ■Metal Blade Records

1st wave of Black Metal

Sarcófago

I.N.R.I.

カルトなスラッシュメタルの代表的名盤。87年（Napalm Death の 1st フルの翌月）にブラストビートを全面駆使、ガンベルトの着用など、ヴィジュアル面でも後のブラックメタルに影響を及ぼした。曲展開は滅茶苦茶だが演奏の息は合っており、それがまた凄まじい勢いを増幅。歴史的資料に留まらない魅力に満ちている。〈和田〉

■ブラジル（1987） ■Cogmelo Records

1st wave of Black Metal

■チリ（2000） ■Picoroco Records

Pentagram

Pentagram

US 産ドゥームではなくチリ産スラッシュの Pentagram、最初の 2 つのデモをまとめた編集盤。Possessed の暗黒浮遊感あるリフを発展させて確かな演奏力で仕上げた音源はいずれも極上で、後のブラックメタルだけでなく、Napalm Death（本盤の解説は Shane Embury が執筆）などにも影響を与えた。当時の地下シーンの世界的広がりを示す傑作である。〈和田〉

1st wave of Black Metal

■カナダ（1990） ■Wild Rags Records

Blasphemy

Fallen Angel of Doom...

冒涜をその名に冠するカナダ／ブリティッシュコロンビアの暴神による、ウォー・ブラックメタルを象徴する名盤。崇拝者が後を絶たないジャンルの入門的アルバムで、野蛮極まりない音はリスナーを篩に掛けるかのよう。Bathory や Hellhammer の後続といえる彼らがグラインドコア／デスメタル台頭の波を受けて極北に向かった、2nd Wave of Black Metal 前夜の肖像でもある。〈村田〉

1st wave of Black Metal

■チェコ（1991） ■Monitor

Master's Hammer

Ritual.

Bathory の "Under the..." からノルウェーにおけるブラックメタル・ブームの到来までには 5 年ほどを要している。この間デス／グラインドがシーンを席巻、イーヴルなメタルは時代遅れとされたからだ。だが、そんなブームなどお構いなしに、Bathory の意志を継いだバンドもいた。Master's Hammer もその中の 1 つ。故 Euronymous も自身のレーベルから彼らのアルバムをリリースしようとしていたほど。〈川嶋〉

1st wave of Black Metal

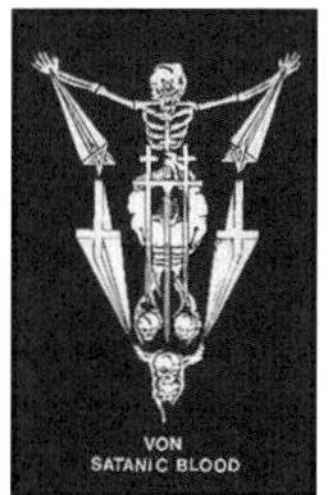

■USA（1992） ■Independent

Von

Satanic Blood

ブラックメタルの歴史において確かな存在感を誇るカルトバンド、本活動期間中唯一のデモ。激しく杭を打ち続けるようなビートは異様な迫力に満ちているが、日常習慣として行われるささやかな儀式のような淡々とした気分も漂い、総体として独特の没入感が生まれている。こうした居心地がプリミティヴ・ブラックの原点になったとも言える。〈和田〉

2nd wave of Black Metal

Mayhem

De Mysteriis Dom Sathanas

■ノルウェー (1994)　■Deathlike Silence Productions

1st アルバム。ノルウェー以降 (2nd wave) のブラックメタルにおける記念碑的傑作である。アンチ・デスメタルから出発した表現力至上主義は達人と素人の分け隔てない共演を可能にし、名曲 'Freezing Moon' に顕著なミニマル感覚の確立は、メタルとハードコアの結節点として以降のメタルに影響を与えた。凄惨なエピソードとともに語られがちだが、それ抜きでも歴史的名盤と言うべき逸品である。

シーンの中心人物だったリーダー Euronymous が 1991年に設立したレコード店 Helvete は、教会放火などで知られるインナーサークルの拠点として悪名高いが、アンダーグラウンドな音楽を紹介する場としても非常に重要な役割を担った。例えば、Ulver の Kristoffer Rygg は、14 歳の頃に同じ学校のメタラーから Helvete の存在を教えられ、開店 1 ～ 2 週間後に訪れて Mortem や Old Funeral のデモを買ったという。Euronymous は ANTI MOSH を標榜したが、同店の写真を見ると Napalm Death や Godflesh も置かれており、ここで知見を広げられた人も多い。当シーンの"他人と被ったら負け精神"は地下メタル一般の気風からくるものだが、それを実践できたのはこういう紹介者がいればこそ。電子音響を扱うブラックメタルバンドが多いのは Helvete の貢献が大きいし、後に生まれる霧のようなトレモロギター＋ブラストビートが生む肉感のなさ (従来のメタルと最も異なる部分) とアンビエントな没入感は、そうした音楽に端を発するものでもある。メタル史上で最も重要なメンターの一人なのである。

その上で、Euronymous はミュージシャンとしても優れていた。Attila Csihar の呪詛的ヴォーカルや Hellhammer の超絶ドラムスも重要だが、土台となる楽曲が良くなければここまでの訴求力はなかっただろう。メタル的なダイナミズムとストイックなミニマル感覚を見事に両立した、このジャンルの確立を告げる決定的名盤である。〈和田〉

2nd wave of Black Metal

Mayhem

Deathcrush

1st EP。現在一般的に言われる意味でのブラックメタル形式が確立される前の作品で、Sarcófago の 1st フル（同月発表）のようなスラッシュに近い音だが、冒頭に Conrad Schnitzler（Tangerine Dream）の曲を用いるなど、特有のミニマル感覚・越境姿勢は既に示されている。'Chainsaw Gutsfuck' の 5 拍子ほか、さりげない作り込みも見事な佳作。〈和田〉

■ノルウェー（1987）■Posercorpse Music

2nd wave of Black Metal

Mayhem

Ordo Ad Chao

4th アルバム。Euronymous 没後の後任 Blasphemer が作曲を担当した時期の Mayhem は、ブラックメタルの前衛的な側面を研究・整理するような活動を続けてきた。本作はその到達点で、複雑怪奇ながら異様な魅力を放つ楽曲が、初期作品の劣悪音質を再構築した暗黒音響とともに提示されている。ノルウェーのチャートで過去最高の 12 位を記録した。〈和田〉

■ノルウェー（2007）■Season of Mist

2nd wave of Black Metal

Burzum

Hvis lyses tar oss

Varg Vikernes によるソロ・プロジェクトの 3rd。ホワイトノイズに似た音世界からは、彼が過去に持つ瑕疵を知らずとも厭悪が痛いほどに伝わってくる。五里霧中の中、身体中の毛穴から這入り込むのは過去に受けた有象無象の嗤笑。ブラックメタルを演ろう、デスヴォイスを出そうという目的とは離れている音楽なので嗜好に関わらず一聴の価値はあるはず。〈清家〉

■ノルウェー（1994）■Misanthropy Records, Cymophane Productions

2nd wave of Black Metal

Burzum

Filosofem

過去作よりもブラックメタルらしさが増した 4th。どのアルバムもカルト的人気を誇るが、恐らくこれが代表作である。洞穴に独り佇み正気から指を一本一本引き剥がしてゆく男の苦悶を傍受したが如き濁声はローファイどころではない。一方、後半に存在感を強めるニューエイジ調のシンセサイザーは等間隔で石を穿つ雨垂れのように幽寂に響く。〈清家〉

■ノルウェー（1996）■Misanthropy Records, Cymophane Productions

2nd wave of Black Metal

Darkthrone

A Blaze in the Northern Sky

テクニカル・デスメタルで名を馳せていたDarkthroneが、Mayhemの故Euronymousに洗脳され、突如ブラック化。大人気デスメタル・バンドが白塗りをして現れた時の衝撃は大きく、彼らがブラックのメジャー化に果たした役割は大きい。とは言いつつ、本作は10分半の大曲でスタートするなど、テクニカル・デス時代の香りも色濃い。バンドが完全にブラック化するのは、次のサードから。〈川嶋〉

■ノルウェー（1992） ■Peaceville

2nd wave of Black Metal

Darkthrone

The Cult Is Alive

12thアルバム。2nd～4thの初期3部作で2nd wave以降のブラックメタルを確立したバンドだが、メンバー2名はHR／HMやハードコアパンクの超マニアで、それらの旨みを巧みに抽出融合するプリミティヴな音楽性を追求していく。本作はMotörheadに通じるメタルパンク的な仕上がりで近年のHMリバイバルの流れに先駆けた佳作である。〈和田〉

■ノルウェー（2006） ■Peaceville Records

2nd wave of Black Metal

Beherit

The Oath of Black Blood

1stアルバムと見なされることも多い名編集盤。アルバム制作資金を酒とドラッグに使い切り、怒ったレーベルが強硬発売した初期音源集で、Blasphemyにも通じる暗黒宇宙グラインド／ブラックメタルが繰り広げられている。劣悪な音質が勢いを倍加、時折挟まれる静かな展開も別角度から不穏さを煽る。ウォーブラックを確立に貢献した重要作。〈和田〉

■フィンランド（1991） ■Turbo Music

2nd wave of Black Metal

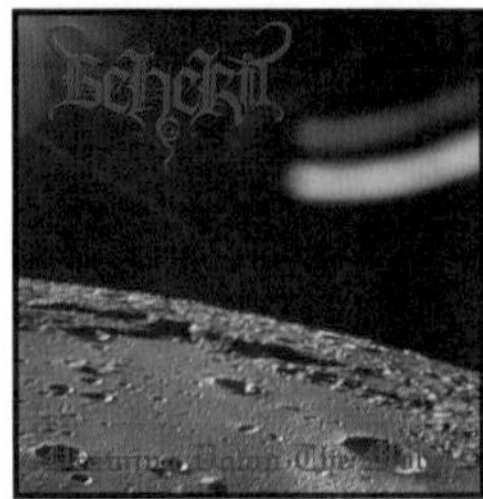

Beherit

Drawing Down the Moon

正式な1stアルバム。グラインド・コアに通じる爆走展開をドゥーミーな重さと籠った音質、小さめの音量で彩り、儀式的な静けさを強調した作風で、曲構成の見事さもあわせ、唯一無二の暗黒美が描かれている。後の脱メタル路線に通じるアンビエントな時間感覚も素晴らしい。音像がカルト過ぎるため敷居は高いが、代替不可能な旨みに満ちた傑作である。〈和田〉

■フィンランド（1993） ■Spinefarm Records

2nd wave of Black Metal

Immortal

Pure Holocaust

デスメタル・バンド Old Funreral のメンバーを母体に結成、ブラックメタルの代表格となった 2nd アルバム。中心人物 Abbath の主な影響源は Bathory、Motörhead、Kiss とのことで、トレモロギター＋ブラストビートのブリザード・サウンドを軸としつつ明確な展開がある楽曲が格好良い。ネタ扱いを受け入れる度量と親しみやすさも備えている。〈和田〉

■ノルウェー（1993） ■Osmose Produvtions

2nd wave of Black Metal

Impaled Nazarene

Ugra-Karma

フィンランドの重鎮ブラックメタルによる 2nd。わずか 10 か月前の 1st にあった野蛮な音楽性を「サイバーパンク」の角度でアップデート。隣国のノルウェイジャン・シーンを批評し、この時代でしか生まれ得ない鬼神のごとき音像を生んだ。あまねく否定性に覆われた 2nd Wave に乗り、中東の神々やハードコアのルーツも垣間見せる姿勢は優雅でさえある。〈村田〉

■フィンランド（1993） ■Osmose Productions

2nd wave of Black Metal

Rotting Christ

The Mighty Contract

元々はグラインド・コアを標榜していたが、80年代後半、つまり北欧でブラックメタルがムーヴメントになる以前にシンセサイザーを取り入れ、Bathory のスタイルを継承した Rotting Christ。その後ゴシックメタルへと接近し、ヨーロッパを中心に大きな人気を獲得しているが、本作は彼らのブラックメタル期の頂点。スピードに頼らないギリシャ独特のスタイルを確立した作品。〈川嶋〉

■ギリシャ（1993） ■Osmose Productions

2nd wave of Black Metal

Samael

Ceremony of Opposites

3rd アルバム。ノルウェー・シーンの立ち上がりと並行して大きな存在感を示したバンドで、Celtic Frost と 2nd wave 以降のブラックメタルの間にある曲調をインダストリアル・メタルに落とし込む作風で名を馳せた。本作はその路線の最初を飾る名盤で、硬いビートとオーケストラの絡みが素晴らしい。ゴシック・ロックの薫りも好ましい。〈和田〉

■スイス（1994） ■Century Media Records

2nd wave of Black Metal

Emperor

In the Nightside Eclipse

93年にEnslavedとのスプリット作で、いわゆるシンフォニック・ブラックメタルというものを定義してみせたEmperorのファースト・フル・アルバム。軟弱なイメージがつきまとったシンセサイザーという楽器を用い、エクストリーム・メタルとクラシック、恐怖映画のサウンドトラックを見事に融合してみせた。参加メンバー4人中3人が、殺人、放火等で逮捕されているというのもブラックメタル。〈川嶋〉

■ノルウェー（1994） ■Candlelight Records

2nd wave of Black Metal

Emperor

Prometheus - The Discipline of Fire and Demise

Ihsahnがドラム以外のほとんど全パートを担当した最終作4thアルバム。クラシック音楽の教育（楽理および声楽）を受けて身につけた技量を全投入し作り込まれた楽曲は異形の伽藍のようで、シンセのみで構築されたオーケストレーションと極太メタルサウンドの融合も完璧。初期作品とはまた異なる気迫が迸る、バンドの最期を飾るに相応しい傑作である。〈和田〉

■ノルウェー（2001） ■Candlelight Records

2nd wave of Black Metal

Ihsahn

After

3rdアルバム。ソロ名義以降のIhsahnは、Emperor時代にはなかったタイプの和声感覚を取り入れつつ個性を確立。RadioheadやThe Weekndなどメタル外の音楽も積極的に参照しつつ、プログブラック～プログデス領域の代表格といえる傑作を発表し続けている。本作は、そうした音楽性が絶妙にメタルの枠内にまとめられた初期の名盤だ。〈和田〉

■ノルウェー（2010） ■Candlelight Recordings

2nd wave of Black Metal

Marduk

Opus Nocturne

前作まではヴォーカルのJoakim Af Gravfがドラムも叩いていたが、この3rdから専任ドラマーとしてFredrik Anderssonが加入、ブラストビートの嵐が吹き荒れる苛烈なアルバムとなった。乾燥したスネアの音とジリジリと焦げるトレモロ・リフ、全体をどんより覆うリヴァーブには現行のエクストリーム・メタルではなかなか出せない「アクセスの悪い音楽」の気配がある。〈清家〉

■スウェーデン（1994） ■Osmose Productions

2nd wave of Black Metal

Dissection

Storm of the Light's Bane

スウェーデンがメロデス大国として覚醒せんとする頃、時を同じくして生まれたメロディック・ブラックのマスターピース。肺まで凍てつく大気と威圧的に地平を埋め尽くす針葉樹林、生気を失った雪原を人ならざるものが征く――冷たさと勇猛さを同時に表現しながら疾駆するメロディはシーンではお馴染みNecrolordの描くカヴァー・アートとリンクする。〈清家〉

■スウェーデン（1995） ■Victor

2nd wave of Black Metal

Ved Buens Ende

Written in Waters

Vicotnik（Dødheimsgardほか）、Carl-Michael（VirusやAura Noir）、Skoll（Arcturusほか）による唯一のアルバム。現代音楽とフリー寄りモードジャズをブラックメタル経由で融合したような音楽性で、卓越した演奏表現力と孤高のヴィジョンは唯一無二。90年代のあらゆる音楽ジャンルを見ても屈指の奇跡的傑作である。〈和田〉

■ノルウェー（1995） ■Misanthropy Records

2nd wave of Black Metal

Limbonic Art

Moon in Scorpio

シンフォニック・ブラックのお約束であるところのわざとらしいまでに大仰なシンセがふんだんに盛り込まれており、そのハリボテのようなけれん味、ピクセルの粗さとでも言うべき質感が、まだ街灯の少なかった前時代の宵闇に跋扈していたかもしれないなにかを思わせる名盤。エクストリーム性とのバランスが絶妙で最後まで夢から醒めさせない。〈清家〉

■ノルウェー（1996） ■Nocturnal Art Productions

2nd wave of Black Metal

Satyricon

Nemesis Divina

Gorgorothや1349でも知られるブラックメタル界のスーパードラマーFrostに支えられた怜悧で安定感のあるサウンドには、クワイアやシンセによる味付けを受け止められるだけの余裕がある。個人的で衝動的な創作になりがちだった1st waveから、ジャンルとして骨子を組み上げ音楽として認識／評価される2nd waveブラックへの変遷を感じられる作品。〈清家〉

■ノルウェー（1996） ■Moonfog Productions

2nd wave of Black Metal

Aura Noir

Black Thrash Attack

読んで字のごとくブラッケンド・スラッシュメタルを標榜するアルバム。ブラックメタルのオリジネイターたちも80年代にスラッシュなどが生んだエクストリーム性の延長に息づいたため、黎明期にあった胎動のカオスを再び手繰り寄せようとした結果とも取れる。粗野でパワフルでストレートな演奏はロックンロールと言い換えてもいい力走。〈清家〉

■ノルウェー（1996） ■Malicious Records

2nd wave of Black Metal

Fleurety

Department of Apocalyptic Affairs

2nd アルバム。このシーンの実験精神が言葉本来の意味で発揮された大傑作で、複雑な構造を楽しく聴かせる（そしてそこに鮮やかに毒を滑り込ませる）手つきは Frank Zappa や Cardiacs、Mr. Bungle にも比肩する。ブラックメタルの定型は殆ど残っていないが、そこから出発しなければ生み出せない音楽的妙味も満載。知名度の低さが勿体ない重要作。〈和田〉

■ノルウェー（2000） ■Supernal Music

2nd wave of Black Metal

Arcturus

The Sham Mirrors

ブラックメタルの地下精神を損なわず最大限のポップ化を果たした傑作 3rd アルバム。リーダー Sverd、Kristoffer Rygg や Hellhammer など演奏面も充実しているが、それ以上に曲が素晴らしい。北欧クラシックをスペースオペラ化したような楽曲は隅々まで美しく、その上でこのジャンル特有の引っ掛かりも常にある。他作品も全て良いのでぜひ。〈和田〉

■ノルウェー（2002） ■Ad Astra Enterprises

2nd wave of Black Metal

Dødheimsgard

666 International

ブラックメタルの枠内で最大の越境姿勢を発揮し続けるバンド、代表的怪作の 3rd アルバム。Ved Buens Ende や Fleurety などシーン屈指の先鋭的なバンドのメンバーが揃った作品で、このジャンルの定型フレーズを介して同時代の電子音楽〜インダストリアル〜クラブミュージックを食いまくるアレンジが凄まじい。繰り返し聴くほどに謎が増す。〈和田〉

■ノルウェー（1999） ■Moonfog Productions

ブラックメタルの広がり

Mutiilation

Vampires of Black Imperial Blood

Meyhna'ch が首謀する Les Légions Noires 代表格プロジェクトの1st。同フレンチ・ブラックメタル・サークルのロウネス／脱力感と、存在の希少化に傾倒するカルトな諸相を、ヴァンパイア・アートに転化させた傑作。Burzum と Xasthur の間のマイルに位置するデプレッションと幽かに漂う哀感に、凋落した貴族の面影を彷彿とさせる。②のみ Dr マシンを導入。〈村田〉

■フランス（1995） ■Darkkar Productions

ブラックメタルの広がり

Revenge

Triumph. Genocide. Antichrist

Conqueror の J. Read（Dr,Vo）が始動した 2000年代を代表する極悪ブラックメタル。Order from Chaos ～ Angelcorpse、Sacramentary Abolishment ～ Axis of Advance 等の人脈を揃えての 1st。激戦地の弾幕を描いたようなピックスクラッチを多用する Gt、ロウエンドな広がりを生む Ba、姦しくも小気味良い Dr、汚濁に近いグロウルの掛け合いによるカオスの展覧。〈村田〉

■カナダ（2003） ■Osmose Productions

ブラックメタルの広がり

Silencer

Death - Pierce Me

DSBM 界隈で永劫語り継がれるであろう名盤。歌詞はホロコーストに関する点もあり時代を感じるが、99％は自己破壊に傾倒する死への欲動そのもの。それに見合った発狂や喚きや嗚咽で乱れる Nattramn（Vo）と、ドゥーミーな作曲を施す Leere（Gt,Ba）といった 2 名のスウェーデン人に、彼らへ影響を与えた Bethlehem の Steve Wolz（Dr）をゲストに迎えて制作。〈村田〉

■スウェーデン（2001） ■Prophecy Productions

ブラックメタルの広がり

Xasthur

Nocturnal Poisoning

デプレッシヴ・ブラックのクラシックの一つ。ソロ・プロジェクト特有の密室感が顕著で、他者に向けたものでもなければ自分への慰めにもなっていないような自傷の一種とでも言うべき音楽。なのでドラムマシンを使っていることによる物足りなさは感じない。'A Walk Beyond Utter Blackness' で局地的に顔をのぞかせるインダストリアルなパートに血の気が引いてゆく。〈清家〉

■USA（2002） ■Blood Fire Death

ブラックメタルの広がり

Shining

Halmstad (Niklas angående Niklas)

スーサイダル・ブラックメタルの変革者による名盤5th。Niklas Kvarforthの故郷を主題に、名を副題に置いた、彼らのカタログで最もパーソナルな作品。それと氏個人に介在したこれまでの音楽。その中でも特に好ましく思っていたであろうBethlehemが創出したダークメタル（Goth要素含む）を発展させた、鬱ブラックとも呼ばれる文脈には見られない独創性がある。〈村田〉

■スウェーデン（2007） ■Osmose Productions

ブラックメタルの広がり

Lunar Aurora

Andacht

8thアルバム。シンフォニック・ブラックとプリミティヴ・ブラックは、前者がメジャー志向、後者がアングラ志向になりがちなためか両立する存在があまりいないが、このバンドはそれを理想的に達成する作品を生み出し続けてきた。本作はその最高到達点で、深い絶望感と優しい気品を兼ね備えた音像がたまらない。バンド名通りの世界が描かれた大傑作。〈和田〉

■ドイツ（2007） ■Cold Dimensions

ブラックメタルの広がり

Teitanblood

Death

ブラックメタルとデスメタルを隔てる深淵を、野蛮な界隈から見つめ直したスペイン／マドリードの巧者による2nd。−0.8秒の世界からやってくる暴虐の嵐のような疾走と、奈落の底からにじり寄るミッド・パートに始まり、純真な醜悪さを湛えたロウな気配が満ちていく。⑥の咆哮にChris Reifert、アートワークにTimo Ketolaを起用する人選に気もそぞろ。〈村田〉

■スペイン（2014） ■Norma Evangelium Diaboli

ブラックメタルの広がり

mulmeyun

Struggle

チリのボカロP、おそらく1stアルバム。初音ミクを駆使した独りバンドで、Arcturusの1st〜2ndや初期Sighに通じるシンフォニック・ブラックが構築されている。澄んだクリーントーンとそれを強烈に歪ませるがなり声の対比はもちろん、作編曲全体が素晴らしい。ブラックメタルとボカロのベッドルーム制作性の邂逅という点でも意義深い佳作。〈和田〉

■チリ（2020） ■Independent

ブラックメタルの広がり

Esoctrilihum

Eternity of Shaog

現代の独りブラック代表格、知名度を上げるきっかけとなった5th アルバム。プリミティヴブラックを軸に地下メタルを総覧するような複雑怪奇な音楽性がカルト人気を集めてきたが、本作は音響が明瞭になり曲構成も程よく洗練。特異な音楽的魅力が比較的わかりやすく示されている。リリースペースの速さとクオリティの両立に圧倒されるバンドである。〈和田〉

■フランス（2020）■I, voidhanger Records

ブラックメタルの広がり

Cradle of Filth

Dusk and Her Embrace

度々指摘される Iron Maiden からの影響は、重ねられ叙情性を爆発させるツインギターにとどまらず、ぐいぐいとサウンドを引っ張る極端なベースにも感じられる。加えて Dani Filth のヴォーカルは単にダミ声とだけで片づけてしまうのはもったいない表現力で、たとえば表題曲では時にラップにも接近するようなリズムを披露。唯一無二の傑作であり、代表作。〈つや〉

■UK（1996）■Music For Nations

ブラックメタルの広がり

Dimmu Borgir

Puritanical Euphoric Misanthropia

この5作目で現在まで定着するメンバーがようやく揃う。華美なメロディという中和剤を有するためにしばしば商業的な成功や思想の薄さを批判されることもあるが、本作では隣国スウェーデンのオーケストラを招いてその要素を強化しつつブラックメタルが本来持つ強圧的な邪悪さの力関係も均等になっており、理想的なバランスを築いている。〈清家〉

■ノルウェー（2001）■Nuclear Blast

ブラックメタルの広がり

Behemoth

Demigod

ブレイクスルー・アルバムと謳われる7作目。歌詞やアートワークに表れる悪魔崇拝的なコンセプトやコープス・ペイントはブラックメタルそのものだが、サウンドとしては質の高いブラッケンド・デスをやっている。Nergal のヴォーカルはよく訓練されたガテラル・ヴォイスで情緒的ではなく、手数の多さから生まれる暴虐に真正面から張り合う。〈清家〉

■ポーランド（2004）■Regain Records

ブラックメタルの広がり

ChthoniC（閃靈）

十殿（Mirror of Retribution）

アジアを飛び出し他の大陸へと名を轟かせ始めた5作目。ギターが既に単音・リフともにメロディアスなうえ、中国の伝統的な弦楽器二胡の優雅な旋律が加わる。土着的フォークのような色を見せつつ、ブラックメタルに合わせてオーケストレーションのような機能も果たしている。二・二八事件などをテーマに綴られた歌詞にも注目したい。〈清家〉

■台湾（2009） ■Uloud Music

ブラックメタルの広がり

Abigail Williams

In the Shadows of a Thousand Suns

ドラムを叩いているのはEmperorのTrym TorsonとDecrepit BirthのSamus Paulicelliという盤石のリズム・セクションはモダンなエクストリーム・メタルのテイストを持ち、キーボードはシンフォ・ブラック黎明期を思わせるダンジョン・シンセ風の音を奏でている。本作の肝、時折訪れる劇的なテンポ・ダウンパートはバラードから抜け出してきたかのように感傷的なピアノの独壇場である。〈清家〉

■USA（2008） ■Candlelight Records USA

ブラックメタルの広がり

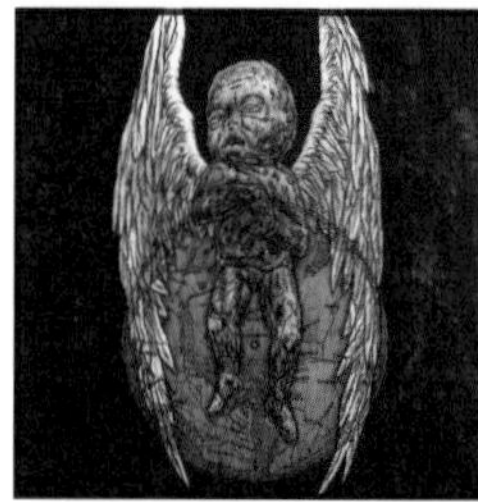

Deathspell Omega

Si Monvmentcm Reqvires, Circvmspice

ブラックメタル史上のベストの一つとも言われる（極めてよく出来たposerと言う声もある）3rdアルバム。形而上学的観点からサタニズムを掘り下げる歌詞、プリミティヴな音響と緻密な構成を兼ね備えた楽曲など全ての要素が超強力。大曲‘Carnal Malefactor’に「荒城の月」の美しい合唱が入ることもあって日本でも人気が高い一枚である。〈和田〉

■フランス（2004） ■Norma Evangelium Diaboli

ブラックメタルの広がり

Deathspell Omega

Paracletus

5thアルバム。Convergeのようなメタリック・ハードコアに通じる構成のもと、独自のコード進行を突き詰めた大傑作で、Ulcerateなどの不協和音デスメタルと並び称される音楽性を確立。メンバーのネオナチ疑惑など問題の多いバンドだが、音楽が魅力的なために影響力は非常に大きい。そうした意味でも歴史的に重要な作品。〈和田〉

■フランス（2010） ■Norma Evangelium Diaboli

ブラックメタルの広がり

Bal-Sagoth

Battle Magic

自称"Kings of Barbarian Metal"、代表作3rdアルバム。シンフォニック・ブラックに分類されることが多いが、映画音楽やゲーム音楽を緻密なシンセ・オーケストレーションで彩る音楽性はむしろエピックメタルの系譜で、Byron Robertsの幻想文学的な歌詞＆語りも含めその存在感は唯一無二。フォークメタル方面にも大きな影響を与えた傑作だ。〈和田〉

■UK（1998）■Cacophonous Records

ブラックメタルの広がり

Blut Aus Nord

The Work Which Transforms God

史上屈指の前衛ブラックメタルバンド、音楽的拡散の契機となった名盤4thアルバム。シューゲイザー・ブラックメタル＝ブラックゲイズの先駆けとも言われる作品で、ギターの残響音には確かにその傾向があるが、全体的には暗黒インダストリアル音響と複雑怪奇な曲展開の方が印象に残る。その上で妙な聴きやすさもあるのが凄い。稀有の傑作である。〈和田〉

■フランス（2003）■Appease Me Records

ブラックメタルの広がり

Akercocke

Words That Go Unspoken, Deeds That Go Undone

UKロンドンのアヴァンギャルド・ブラックメタル。Morticianとの2回のツアーに前後して発表された4th。Celtic Frost系譜の原初的暗黒に連なる、悪魔崇拝と色欲の儀式のような音を展開した彼らの名作群では最もメロディックな作風。当時としてはモダンなデスメタルの技法と相携える、暗鬱に舞うアルペジオやクリーンVoを用いた扇情的な響きが心に残る。〈村田〉

■UK（2005）■Earache Records

ブラックメタルの広がり

Anaal Nathrakh

In the Constellation of the Black Widow

インダストリアル・ブラックメタルとグラインドコアを軸に様々なエクストリーム・メタルを融合するバンド（名前は「蛇の吐息」の意）、最初の到達点と言える大傑作5thアルバム。打ち込みドラムスを滑らかに活かしきる驚異的演奏表現力も、苛烈な勢いとキャッチーさを兼ね備える楽曲も最高の仕上がり。10曲34分半のコンパクトな尺も絶妙な名盤である。〈和田〉

■UK（2009）■Candlelight Records

ブラックメタルの広がり

Lugubrum

De Ware Hond (Stavelot - Ghent)

この世界随一の個性派である"Brown Metal"、代表作の一つとなった8th アルバム。クラウトロックやThird Ear Band に通じる密教アンビエントを土着的なジャムバンドが演奏したような音楽性で、飲酒の泥酔／宿酔感覚を饒舌に描く技術と表現力が凄すぎる。30年以上の活動歴で生み出した作品は傑作揃い。広く聴かれるべき優れたバンドである。〈和田〉

■ベルギー（2007）■Old Grey Hair

ブラックメタルの広がり

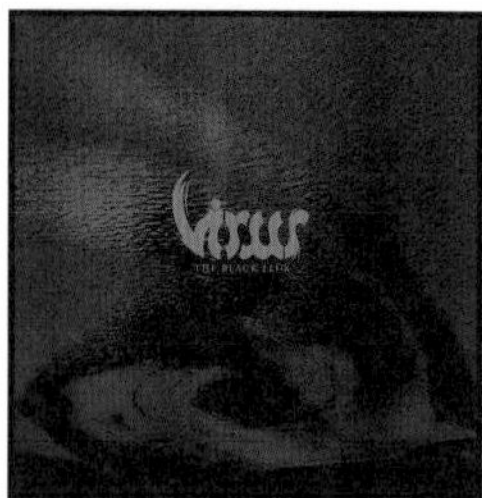

Virus

The Black Flux

Carl-Michael のリーダーバンド、2nd アルバム。自ら「Talking Heads + Virus」と言う通りのポストパンク寄りジャズロックだが、不協和音に満ちたコード感はVed Buens Ende 直系で、そこから抽出濃縮した毒素を殺人的ユーモア感覚とともに差し出す趣の語り口が恐ろしい。精製された呪詛の中で眠らされるような気分が味わえる異形の音楽。〈和田〉

■ノルウェー（2008）■Season of Mist

ブラックメタルの広がり

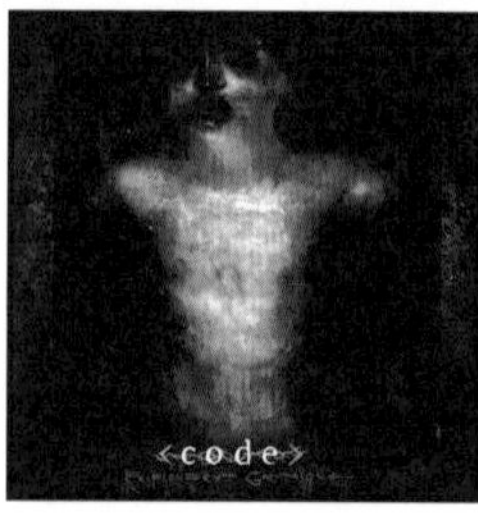

〈CODE〉

Resplendent Grotesque

Aort 率いるUK 出身ブラックメタル・バンドの2nd アルバム。Darkthrnone とVirus の両系譜を理想的に融合させた前作にAlice in Chains のダイナミズムを加えたような作風で、楽曲・演奏・音響いずれも最高の出来。深刻な表現力とメタル的な機能美を両立した、このジャンル屈指の傑作である。以降の作品はインディロック化。そちらも興味深い。〈和田〉

■UK（2009）■Tabu Recordings

ブラックメタルの広がり

Oranssi Pazuzu

Mestarin kynsi

5th アルバム。Can やHawkwind に通じる暗黒宇宙路線が驚異の発展を遂げた大傑作で、5拍子や7拍子を滑らかに聴かせる構成力（Magma やTool にも通じる）とブラックメタルならではの衝動表現の両立が素晴らしい。ダンス・ミュージックとしての機能と瞑想音楽的な没入感を兼ね備えた本作はジャンル外からも高く評価された。歴史的名盤である。〈和田〉

■フィンランド（2020）■Nuclear Blast

Enslaved

Riitir

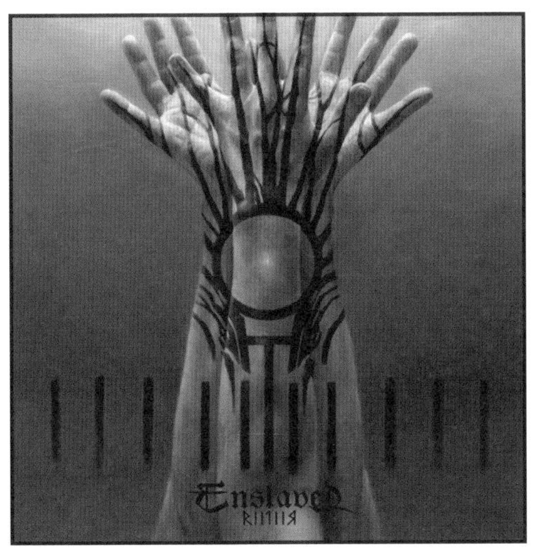

■ノルウェー（1994）　■Nuclear Blast

ヴァイキングメタルの代表格、集大成的12thアルバム。70年代のプログレッシヴ・ロックや同時代のエクストリーム・メタルなど多方面から学ぶ姿勢が最高の結実をみせた作品で、ジャンルのイメージを引き受けつつ大幅に拡張する創意が素晴らしい。現代メタルを代表する傑作の一つである。

ヴァイキングメタルとは、ヴァイキングを介して北欧神話や古詩、自然崇拝を歌うジャンルで、ブラックメタルと絡めて語られることが多い。それは、直接的な起源がBathoryの“Blood Fire Death”にあり、それを礎としてジャンルを確立したEnslavedがノルウェーシーンの代表格だったことにもよるし、キリスト教化された北欧諸国におけるルーツ探求的テーマ、ロック的な反骨精神を示しやすい題材だからでもあるだろう。その一方で、音楽的な定義をするのは意外と難しい。北欧の民俗音楽由来の音階を用いるという共通点はあるものの、それ以外の要素は多種多様。こうした傾向を導いたのがEnslavedで、外部からの影響を歓迎し学び続ける姿勢はジャンル全体の広がりを促してきた。これはWolves in the Throne Roomのような後の世代の越境傾向を先取りするものでもある。その意味でも非常に重要なバンドなのである。

以上を踏まえて本作について言うと、様々な影響源を匂わせつつ参照元とは全く異なる個性を確立しているのが素晴らしい。例えば冒頭曲では、初期Carcass的リフからRush的な19拍子を経て、IhsahnやMeshuggahにも通じるオーロラ的暗黒浮遊感に至る流れが見事で、その全てがEnslavedならではの極上の滋味になっている。こうした音楽性は、異なる文化背景を持つ人々が一神教以前の時代からどのようにして深い相互理解を得ようと努めてきたのか、ということを示唆するタイトル（the rites of man）を体現するものでもある。メタル外からも支持される理由は、この辺りにもあるのではないかと思われる。〈和田〉

ヴァイキングメタル、フォークメタル

Enslaved

Frost

ヴァイキングメタルとブラックメタル、双方のジャンルにおける歴史的名盤となった 2nd アルバム。初期の音楽スタイルを完成させた一枚だが、後の作品で前面に出てくる混沌とした豊かさも見え隠れしている。同時期のノルウェー産バンドに通じるシンフォニック・ブラック的展開や、以降の作品にはない儀式的なパートがあるのも興味深い。代表作の一つ。〈和田〉

■ノルウェー（2004）■Osmose Productions

ヴァイキングメタル、フォークメタル

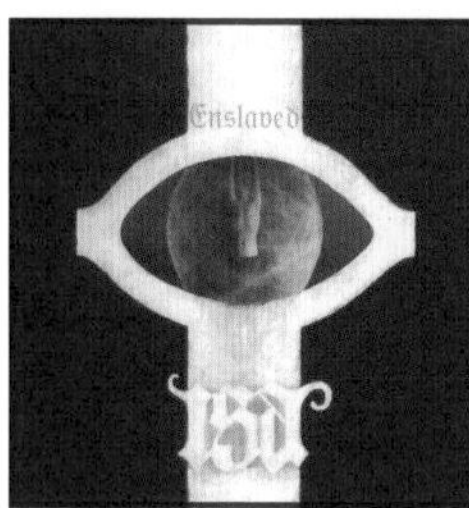

Enslaved

Isa

中期の代表的傑作 8th アルバム。初期 Genesis や Van Der Graaf Generator のようなプログレッシヴ・ロックの影響が明確に前面に出た一枚で、このバンド特有の仄暗い空気感に程よい外連味が加わり、神秘的な奥行きと親しみやすさがうまく両立されている。'Neogenesis' のギターソロは絶品。13th アルバムまで続くメンバー編成が出揃った重要作。〈和田〉

■ノルウェー（2012）■Tabu Recordings

ヴァイキングメタル、フォークメタル

Nocturnal Mortum

Nechrist

生々しいブラックメタル・サウンドを薄手のシンフォニック・レイヤーでくるみ、さらに民族楽器を乗せたペイガン・ブラック。フックとなっているのはそのフォーク的要素の部分で、リコーダーを思わせるひょろりとした笛や朗らかに鳴り響く鐘、「ヤッホー！」「ハイヤ」といった掛け声が妙にのどかなために歪な祝祭感を生み出している。〈清家〉

■ウクライナ（1999）■The End Records

ヴァイキングメタル、フォークメタル

Mithotyn

Gathered Around the Oaken Table

勇猛なチャントが聴けるパートにはパワーメタル好きにもアピールするであろう親しみやすさとキャッチーさがある。バンド・サウンドのみ（キーボードと SE が幾分か演出を加えているが）でヴァイキングの世界を表現し尽くしている点が素晴らしく、特に泣きのソロまで弾いてみせるギターには胸が躍る。最後のアルバムとなったのが残念でならない。〈清家〉

■スウェーデン（1999）■Invasion Records

ヴァイキングメタル、フォークメタル

Ensiferum

Ensiferum

北欧ファンタジーとメロディック・デスが融合したエピック・フォーキッシュ・デスの世界を貫く1st。兵器のない時代、剣と盾と己の肉体のみで戦いに赴く男たちが自らを鼓舞する際に本作を掲げていたのではないかと思えてくる。愚直に果敢に前進するアグレッシヴなナンバーと男くさいコーラスが一体感溢れる楽曲が同居しており、どちらも良質。〈清家〉

■フィンランド（2001） ■Spinefarm Records

ヴァイキングメタル、フォークメタル

Korpiklaani

Spirit of the Forest

フォークメタルの代表的アルバムでヴァイオリンがメロディにおける主戦力。アルバム／曲名の邦題やMVのインパクトが絶大だったためにコミックバンドのような愛され方をされてきたが、メタルヘッズ以外の層へも届くキャッチーさと歪んだヴォーカルの共存度合いは秀逸。「酒メタル」と称されるのも頷ける、あたたかなパブを思わせる作品。〈清家〉

■フィンランド（2003） ■Napalm Records

ヴァイキングメタル、フォークメタル

Finntroll

Nattfodd

ブラッケンド・フォークメタルの代表的なアルバム。ヴォーカルはパワーメタル的な歌唱とデスヴォイスの二本刀で、サウンドもフォーク要素全開の丸みのある部分とブラックに寄せた音作りの粗暴な部分の2層のレイヤーで作られている。後者は重量がありながら曲に疾走感を与えるキャタピラの役割を果たし、前者はそこに散りばめられる花飾りである。〈清家〉

■フィンランド（2004） ■Spikefarm Records

ヴァイキングメタル、フォークメタル

Turisas

Battle Metal

2000年代のフォーク／ヴァイキングメタルを代表するバンドの一つ。Bal-SagothやManowarに大きな影響を受けたという話通りの音で、北欧の伝統を扱った映画のイメージを強調したような見せ方は、コンセプトのわかりやすさもあって大きな支持を得た。陽気だがしんみりする湿り気もある空気感が素晴らしい。このジャンルへの注目度を高めた佳作。〈和田〉

■フィンランド（2004） ■Century Media Records

ヴァイキングメタル、フォークメタル

Equilibrium
Sagas

ドイツのエピック／フォークメタル、出世作となった 2nd アルバム。2000 年代に入ってフォークメタルの型が確立されると、そこに自身の文化圏の伝統的旋律や神話・叙情詩を織り込むバンドが北欧以外の地域でも増え、ジャンルの認知度が一気に増していく。Equilibrium はその代表格。メロディック・ブラックメタル形式の換骨奪胎も見事。〈和田〉

■ドイツ（2008）■Nuclear Blast

ヴァイキングメタル、フォークメタル

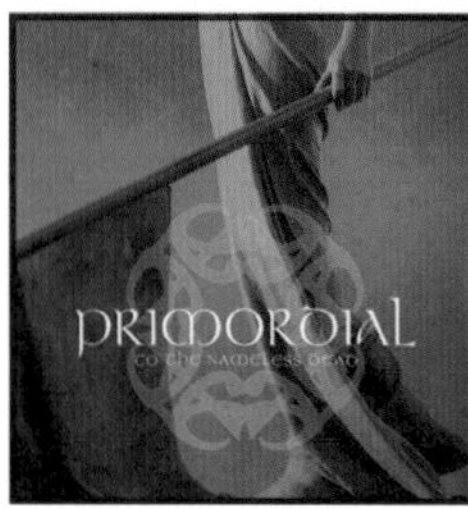

Primordial
To the Nameless Dead

アイルランドのケルティック・フォーク／ブラックメタルの 6th。Bathory や Candlemass 等からの影響と、自国の伝統音楽から哀愁を取り込み、独自の抒情詩的スタイルを生んだ彼らの代名詞的な作品。フロントマンの A.A. Nemtheanga が力強く先導する勇壮なツイン Gt とリズムセクションにより、フォークメタルの主流派とは異質の太く、微かに血腥い構成を呈する。〈村田〉

■アイルランド（2005）■Metal Blade Records

ヴァイキングメタル、フォークメタル

Negură Bunget
Om

Negură Bunget が行った「霧暗し森」をコンセプトとする土着信仰に根差したアトモスフェリックな表現は、薄っすらシンセがかった 2000 年代のアルカイックな作風には列せられまい。ルーマニアの山々の DVD 映像含むパッケージングも先進的だった。山の声が聴こえない？ 時に民族楽器を用いる不可思議なメロディが、その壮大かつ神妙な世界への入口だ。〈村田〉

■ルーマニア（2006）■Code666 Records

ヴァイキングメタル、フォークメタル

Saor
Aura

Andy Marshall が稼働する UK アトモスフェリック／フォーク・ブラックメタル。ゲール語の女声、ストリングス、ヴィオラ、バウロン等のゲスト奏者を迎え制作、スコットランドの伝統と親和した 2nd。青天へ抜ける山風のごとき疾走と、当時のポスト勢とも共鳴する仄明るい叙情美が渾然とした強力作。やや Raw な作りが界隈ではかえって好ましくもあった。〈村田〉

■UK（2014）■Northern Silence Productions

COLUMN

近代・現代音楽とエクストリーム・メタル 〈川嶋未来〉

メロディックなヘヴィメタルとクラシック音楽の相性が良いことは、みなさんご存知だろう。一方で、エクストリーム・メタルと近代・現代音楽の相性もなかなかだ。様々なスタイルが乱立した19世紀終盤以降のクラシックだが、その中において「調性の拡大・否定」が一つの大きなテーマであったことは疑いない。スラッシュメタルから始まったエクストリーム・メタルも、もともとは調性感の希薄な音楽だった。もちろんそれは意図されたものではなく、むしろ音楽的知識の欠如の産物であったわけだが、やがて意図的に近代・現代音楽からの影響を取り入れるアーティストたちも登場するようになる。というわけで、エクストリーム・メタル・ファンにこそ聴いてほしい近代・現代音楽の作品をいくつか紹介しよう。

■クシシュトフ・ペンデレツキ「広島の犠牲者たちに捧げる哀歌」
ポーランドの作曲家による「現代音楽って不協和音ばっかりで不気味なんでしょ？」という、多くの人が持つ偏見通りの作品。トーンクラスターと呼ばれる手法を用いて原爆投下の恐怖を描いた名曲、と言いたいところだが、タイトルは曲の完成後に考えたようだ。Voivod や Gorguts を筆頭に、ペンデレツキからの影響を公言するエクストリーム・メタル系ミュージシャンは多い。イタリアのカルト・ドゥームメタル・アーティストの Paul Chain に至っては、ペンデレツキのカヴァーまで披露している。

■イーゴリ・ストラヴィンスキー「春の祭典」
選曲がベタすぎる気がしないでもないが、変拍子に不協和音の嵐と、エクストリーム・メタル・ファンでも圧倒されること間違いなし。問答無用の名曲だ。1913 年にパリで初演された際、賛成派と反対派で大乱闘になったというのは有名な話。そのくらいインパクトのある曲だったのである。Voivod の ‘Always Moving’（“The Wake” 収録）では、露骨に本作からの影響が見てとれるし、ギリシャのシンフォニック・デス・メタル・バンド、Septicflesh もその影響を公言するなど、エクストリーム・メタル界にもファンが多い作曲家。

■ベーラ・バルトーク「アレグロ・バルバロ」
東ヨーロッパの民俗音楽を収集・分析していたハンガリーのバルトーク。民謡が持つエネルギーに魅せられ、その影響を自らの作品にも積極的に取り込んでいった。ペンデレツキやストラヴィンスキーと違い、満場一致の代表作を選ぶのが難しいが、バルトーク自身もピアニストだったということで、ここではピアノ独奏曲を。ルーマニアやハンガリー、果てはアフリカの民俗音楽からの影響も消化した、「野蛮なアレグロ」というタイトル通りの曲。スイスのテクニカル・スラッシュ、Coroner でドラムを叩いていたマーキス・マーキーは、「暗く鬱々とした音楽を作る天才」とバルトークを絶賛。Voivod や Mekong Delta も、その影響を口にしている。

COLUMN

メタルと声 〈和田信一郎〉

メタルの話をするにあたって大事な前提事項の一つに、その人が「メタル」のヴォーカルをどんなものだと思っているかということがある。HR/HM を中心に聴く人からすればメタルのヴォーカルは基本的にはハイトーン（高音域で明確なメロディをなぞるもの）だが、2000 年代以降のメタルを中心に聴く人からすれば、メタルのヴォーカルは音程変化に乏しい歪み声というイメージが強いだろう。ここでいう「歪み声」はクリーントーン（ハイトーンに限らず、歪みを加えない声で明確なメロディをなぞるもの）以外、一般に「デスヴォイス」「デス声」と認識されている発声すべてを指す。「一般に」としたのは、90 年代まではエクストリーム・メタル・ファンの間でも通用していた「デス声」は 2000 年代に入ると殆ど使われなくなり、グロウル（唸り声）やガテラル（歪みがきつく歌詞の聞き取りも難しいもの）、ピッグスクイールや下水道ヴォイスなど、具体的なスタイルを指す言葉が広く用いられるようになってきたからである。これは、そうした個々のスタイルがサブジャンルに深く結びついているのが大きいだろう。デスメタルが低音のグロウルを多用する一方でブラックメタルは高音の絶叫が基本、デスメタルの中でもブルータル度が増すとガテラル寄りになっていく、デスメタルにクリーンを入れることが物議を醸した時代もあった、というふうに。こうした結びつきは「メタル」全体のイメージについても言える話で、感情の発露を表現しやすく技術的にも敷居が低い（正確には、求められる技術の質が違うと言うべきだが）歪み声が普及し、メタルコア以降のメタルにおける基本スタイルになっていくと、冒頭で述べたように「メタルと言えば（ハイトーンでなく）グロウル」という印象が広がっていく。メタル的なものを揶揄する言葉が「ヘビメタ」から「デスメタル」に移ってきたのにも、以上のような唱法の変化が少なからず関わっているのではないかと思われる。

こうしたことに絡めて興味深いのが、メタルにおける言語の問題である。母語話者でも歌詞が聴き取れない歪み声が普及すると、メタルのヴォーカルを楽器と同様に楽しむ姿勢が定着していく。日本の SxOxB が UK の Napalm Death に影響を与えたのも、こうした歪み声の特性、聴き取れなくても問題ない音楽性によるところが大きかったのではないか。双方とも歌詞の内容は一般的なメタルより数段コンシャスだが、音楽全体の訴求力の問題として。BABYMETAL が日本語歌唱で成功したのも、メタルファンの間で英語にこだわらず様々な国のメタルを音として楽しむ姿勢ができていたことが関わっているはず。などなど、メタルと声の関係は非常に興味深いテーマで、掘り下げるべき事柄はまだまだいくらでもある。ポピュラー音楽における歪み声の導入（近年どんどん増えている）とも絡めて議論されるようになれば幸いである。

5

ポストHR/HM

第2章の章扉でも述べたように、90年代に入るとHR/HMよりもそこからはみ出るメタルの方が多くなっていく。その中でも、英語圏で「グルーヴメタル」や「オルタナティヴ・メタル」とされるものは日本のHR/HMメディアでは「モダン・ヘヴィネス」と呼ばれることが多く、この名称はいまだによく用いられているのだが、そうしたメタルはもはやモダン（現代的）なものではない。そこで本書では、「モダン・ヘヴィネス」が指す範囲に加え、ゴシックメタルやドゥーム〜ストーナー、現代メタルの主流となったメタルコアの系譜、以上全ての結節点として重要なメロディック・デスメタル、そしてポストメタルも含む領域を、新たに「ポストHR/HM」としてまとめている。現行のポピュラー音楽に与えた影響も大きい、いま特に再評価されるべき領域である。
なお、日本のバンドは基本的には第8章にまとめているが、「メタルコア」と「デスコア」は主に本章に入れている。これは、国内外シーンの繋がりが比較的強く、リスナーもそれらを分け隔てなく聴く傾向があるためである。

グルーヴメタル

Pantera

Cowboys from Hell

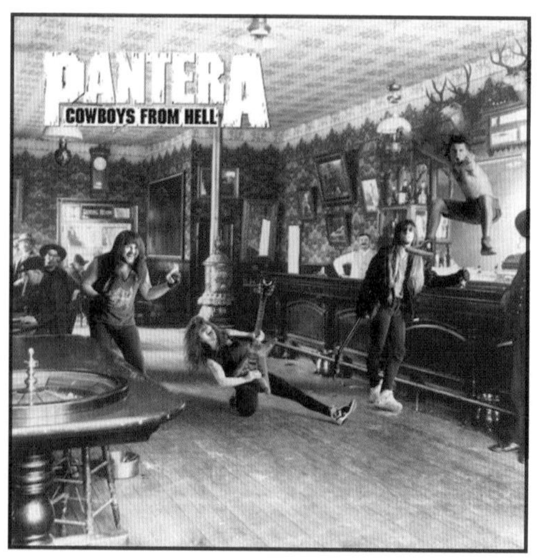

■US (1990)　■ATCO Records

独自のスタイルが明確に現れた5th アルバム。過去作の伝統的HM 要素も多分に残しつつ、次作 “Vulgar Display of Power” で完成されるグルーヴメタル形式の礎を確立。ジャンルの歴史を引き継いだ上で新たな文脈を生み出す創意と、その作業が未完成な時点だからこそ顕になる混沌とした豊かさが捉えられている。HR/HM とポスト HR/HM の結節点として最も重要な作品の一つである。

グルーヴメタルとは、ネオ／ポスト・スラッシュとも言われるように、基本的にはスラッシュメタルの延長線上にある音楽形式である。スラッシュに通じる速いギターの刻みに、ファンク的な休符やハードコア的なアクセント付けによる止め跳ねを加える。バスドラムはそうした刻みに同期する速いものだが、その一方でスネアの打数は減らされ、全体としての BPM は遅くなった印象を生む。旋律的には単調ながら表情豊かに歌うハードコアパンク＋ラップ的ボーカルは、メロディの起伏による感情の揺さぶりを排し、同じムードを保ってグルーヴに浸りやすくする効果を作り出す。ロックのグルーヴ（リズムや響きの噛み合いから生まれる一体感の質）表現やビート構成を大幅に拡張したこのスタイルは、以降のメタルの一つの雛形になった。それを後押ししたのが各人の演奏表現力で、Dimebag Darrell の重く潤うギターと Phil Anselmo の強靭なボーカルは後続に絶大な影響を与えている。ファッションの面でもそれ以前のメタルから逸脱する要素が多数。様々な面において決定的な存在感を示したバンドなのである。

以上を踏まえて興味深いのが、こうしたスタイルを殆ど確立しているのに全曲をそれに統一しているわけではないこと。Meshuggah や Fear Factory を先取りするリズム構成がある一方で、80年代 HR/HM の要素も多い。破天荒なイメージを前面に出しつつ実は極めてハイコンテクストな音楽で、それを理屈抜きに楽しませてしまう力がある。一時代を築いたのも納得。〈和田〉

グルーヴメタル

Pantera
Vulgar Displays of Power

高速のメタルの世界にタイムのズレを作ることでうねり＝グルーヴを持ち込み、メタルの緊張感を拡張させた。ミディアム曲の一拍の長さが特徴的で、打点や長さ、チューニングまでレイヤーがあることで、深く沈むグルーヴができている。リフが解放されるタイミングが絶妙に計算されているため、ただ暴力的なだけではない緊張感ある殺気がまとわりつく。〈西山〉

■US（1992） ■ATCO Records

グルーヴメタル

Pantera
The Great Southern Trendkill

もう止まらない。評価もセールスも高まる中Anselmoの薬物中毒が深刻化し、増加し続けるフォロワー、批評家やメディアとのトラブル、それら騒騒しい周囲に対する沸騰する怒りは、一層激しさを増したサウンドに表れた。南部のブルージーな要素も加わり、作品としては味わい深さも含め一大ブチ切れ絵巻きを構築。加減を忘れた、限界超えの爆音。〈つや〉

■US（1996） ■EastWest Records America

グルーヴメタル

Helmet
Meantime

2ndアルバム。創設者Page Hamiltonはジャズの音楽教育を受けつつNYの地下シーンに出入りしていたギタリストで、出音はSwansやBlack Flag、スラッジ／ストーナーに近い。後にBattlesで辣腕をふるうJohn Stanierのドラムも超強力。PanteraとSonic Youthの間に位置するようなバンドによる、メタルの概念拡大にさりげなく貢献した傑作。〈和田〉

■US（1992） ■Interscope Records

グルーヴメタル

Prong
Cleansing

90年代前半のグルーヴメタルにおける集大成。Panteraとほぼ同時期に確立していたこの形式にインダストリアル・メタルを絶妙に導入した一枚で、Killing Jokeにほどよい肉感を加えたようなストイックなグルーヴ表現がたまらない。メンバーはこの後MinistryやGodflesh、Jesuにも密接に関与。そうした人脈的繋がりの面でも重要な作品。〈和田〉

■US（1994） ■Epic

グルーヴメタル

Machine Head

Burn My Eyes

グルーヴメタルの金字塔として後続に多大な影響を与えた1st。後期PANTERAが築いたスラッシュ〜グルーヴのギャングライクなスタイルから、より硬質に洗練されていくニューメタルへの橋渡しとなっている。'I'm Your God Now'ではオルタナ的前半部からスラッシーな展開に移行し、続く小曲ではラップ・メタルの片鱗を垣間見ることができるなど、可能性の塊だ。〈清家〉

■US（1994）■Roadrunner Records

グルーヴメタル

Soulfly

Primitive

ニューメタルに括られているが、ブラジル音楽が全編にわたってマーブル模様のように混ざり込んでいるため、メタルの要素のみのセクションを探すのが難しいほど越境的なアルバムとなっている。タイトルの通り原始的なエナジーが横溢するトライバル・ビートは唯一無二の魅力があり自国文化の保存／伝達方法としても画期的な手段なのではないか。〈清家〉

■US（2000）■Roadrunner Records

グルーヴメタル

Lamb of God

Ashes of the Wake

このアルバムのタイトな音作りから発生する乾いたグルーヴと現行メタルコアに通ずる硬派で隙のないサウンドは、この2020年代現在に至ってもなおヘヴィミュージックの世界へ新入してきた者の初期衝動となり続けている。「硬派」というのがポイントで、オールドスクールとニュースクールの溝を埋めてくれる存在と化している点でも重要なアルバムだ。〈清家〉

■US（2004）■Epic, Prosthetic Records

グルーヴメタル

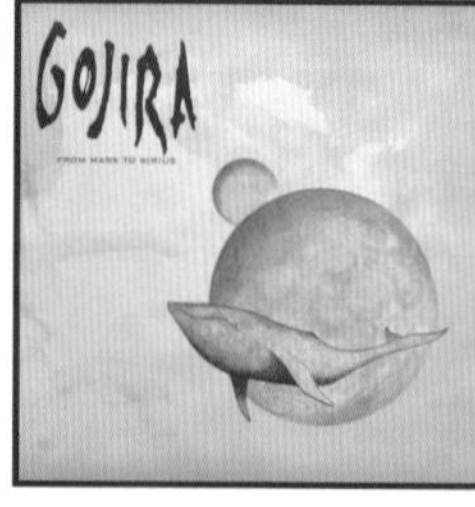

Gojira

From Mars to Sirius

現代メタルの代表格、出世作となった3rdアルバム。音楽性を一言でいえばSepultura + Morbid Angel + Neurosisで、固有の不協和音感覚を活かした作編曲、軸の歪んだ磁気嵐を想起させる驚異的な演奏表現力など、全ての要素が超一流。ニューエイジの薫りを漂わせつつ環境問題に取り組む歌詞も含め、昨今の評価の高さも頷ける凄いバンドである。〈和田〉

■フランス（2005）■Mon Slip, Gabriel Editions

Nine Inch Nails

The Downward Spiral

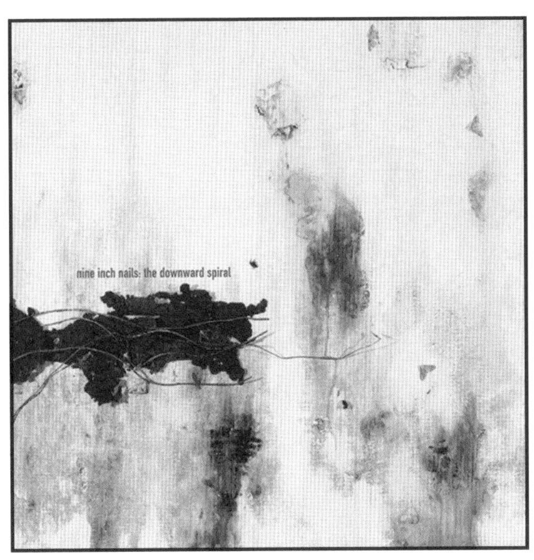

■US（1994） ■Interscope Records, Nothing Records, Island Records, TVT Records

本作に宿る美点は数あれど、メタルという観点で捉えるならば、メタル史が披露してきた多種多様な暗くネガティヴな世界観――恐怖感であり閉塞感であり、絶望感であり、荘厳さでもある――をあまりにも無自覚的にTrent Reznorならではのアプローチで構築してしまった点にある。メタルには、そういったイメージを例えばヴォーカル表現や発声法における様々なアプローチで作り上げていった歴史が存在する。中にはハイトーン・ヴォイスやデスヴォイス等のように名称がつけられているものもあれば、「Cannibal Corpseのあの吐き捨てるような歌唱」や「Deftonesのあの揺らいだ歌唱」といった形で固有名詞として示すしかないものまで、実に多くのヴァリエーションで試みられてきた。同様に、Trent Reznorはオリジナリティあふれる方法で暗くネガティヴな世界観を実現する。仮に日本語にあてはめて示すならば、それらは囁きであり、呟きであり、呻きであり、喘ぎであり、絶叫であろう。あくまで日本語に伴う分節で捉えるとしたらそのような表現になるだけであって、本作で聴こえる声をいかに形容するかは言語によって異なってくる。つまり、何か名称がつけられる前の、Trent Reznorの身体から発された音としか言えない丸裸の〈声〉がインダストリアルな響きとともに垂れ流されるのがこの作品なのだ。

何がそのような芸当を可能にさせたのだろう？それら様々な声は、絶望の淵にいた彼がひたすら内なる声に耳を傾けた結果の、反射され湧き出た孤独の差異の数なのかもしれない。孤独にも様々な種類とレイヤーと粒度がある。絶望による孤独、諦めによる孤独、憂鬱な雨の日の孤独、無慈悲なニュースを見てしまった日の孤独――。日常の連続で揺れ動く自らの内なる孤独に耳を傾けたゆえの豊富な音色は、鋼鉄の機械音の中で、それ単独で屹立しながら鳴り響いている。結果的に、メタルにある暗くネガティヴな世界観の全てを本作は手にした。〈つや〉

インダストリアル・メタル

Nine Inch Nails

The Fragile

メタル、オルタナ、インダストリアル、電子音楽などを全色モノトーンのロケットえんぴつにして描いているようで、一曲の中では自分の周りの景色がグルグルと急速に変化してゆき、総てが終わるとただ自室の天井を眺めているだけだったという迷宮感がある。凝っているのに衒いがないのは、音楽活動より自己表現に比重を置き編まれたからだろう。〈清家〉

■US（1999） ■Nothing Records, Interscope Records

インダストリアル・メタル

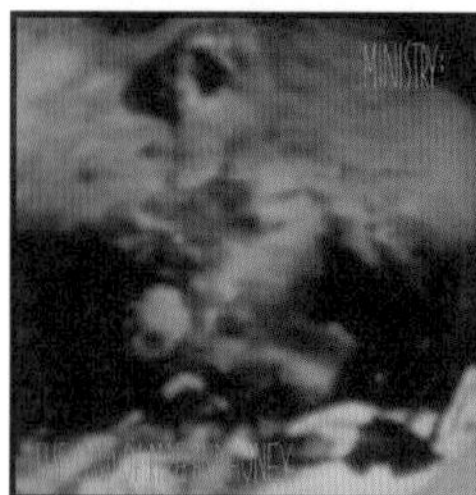

Ministry

The Land of Rape And Honey

インダストリアルメタルの誕生を告げる歴史的名盤 3rd アルバム。DAF 系譜の EBM（Electronic Body Music）を土台にしつつ、この領域では避けられていた肉厚のギターを大幅導入した一枚である。ギターが殆どない純インダストリアル曲も多く、そちら方面への入門盤としての貢献も大きい。カントリーの仄暗さ由来の危険な薫りも魅力的。〈和田〉

■US（1988） ■Sire

インダストリアル・メタル

Godflesh

Streetcleaner

インダストリアルメタルの歴史的名作。ある種のスタンダードとなったDr マシンの用法や、黙示録的な Vo & 不穏な Gt ワーク。ex-Napalm Death 他の Justin Broadrick をブレインとする、強烈なネガティヴィティを抱いた破壊と絶望のサウンドトラック。Killing Joke、Swans、Whitehouse 等のいる、80's UK シーンに通底したニヒリズムの極限的な変容でもある。〈村田〉

■UK（1989） ■Earache Records

インダストリアル・メタル

LARD

The Last Temptation of Reid

Ministry 関係者 3 名と Jello Biafra（Dead Kennedys）からなるバンドのデビューアルバム。速く硬質なインダストリアルメタルの上でBiafra のヴォーカルが狼藉の限りを尽くすコンビネーションは極上で、異常に高いテンションが妙な脱力感によって絶妙に維持・強調されているのも凄まじい。カントリー要素とメタルの融合という点でも得難い傑作。〈和田〉

■US（1990） ■Alternative Tentacles

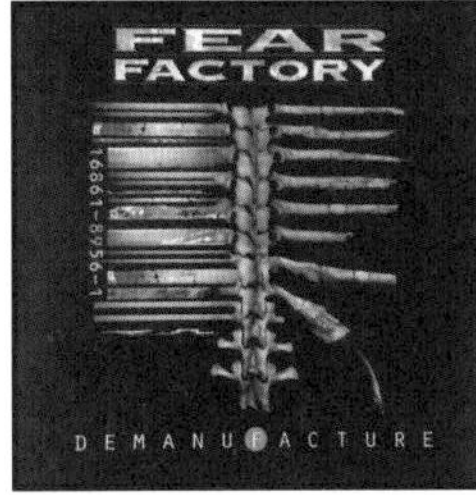

Fear Factory

Demanufacture

デスメタル〜グラインドコアの機動力とガバ的ビートを融合した歴史的名盤 2nd アルバム。超絶技巧による精密な高速アンサンブルが印象的だが、インダストリアル・メタルならではの退廃的なケミカル感も確かに漂っていて、それがサイバーパンク風の世界観に絶妙に合っている。歪み声とメロディアスなクリーン声の併用という点でも影響は大きい。〈和田〉

■ US（1995） ■ Roadrunner Records

インダストリアル・メタル

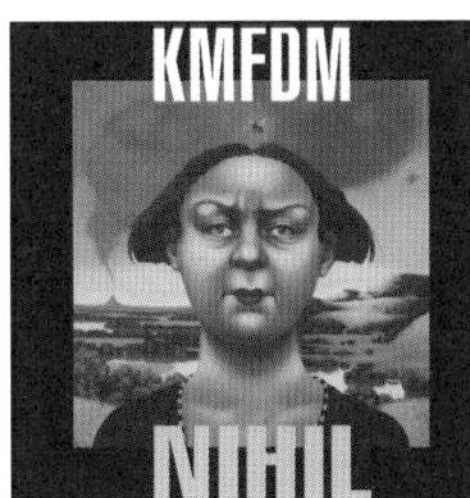

KMFDM

Nihil

ニューウェイヴ系のゴスな低音ヴォーカルにダンサブルなシンセとビートが 80 年代を思わせ、下敷きになっているのは 90 年代に花開いた無機質なインダストリアル・メタル・サウンドという毒々しくも華やかな作品で、構成要素としては同国のノイエ・ドイチェ・ヘァテに類されるバンド達にも近い（Rammstein とはスプリット・シングルを出している）。〈清家〉

■ ドイツ（1995） ■ Wax Trax! Records, TVT Records

インダストリアル・メタル

Marilyn Manson

Antichrist Superstar

コンセプト・アルバムであり、自らも不安定さを抱えていた Marilyn Manson が超越者／ロックスターの主人公を似て非なる存在として俯瞰的に描写したことでエンターテイメントとしてパッケージされている。がなり、叫び、ナイーヴにかすれる多彩なヴォーカル・ワークは流石。後半部で念動力が作用したスプーンのように捻じ曲がるサウンドが不気味に切ない。〈清家〉

■ US（1996） ■ Nothing Records, Interscope Records

インダストリアル・メタル

Rammstein

Mutter

常軌を逸した火力のライヴ演出もあって世界屈指の人気を誇るメタルバンド、代表作となった 3rd アルバム。Ministry や Depeche Mode の影響をシュプレヒシュティンメ様式のもと昇華した楽曲・演奏、マーシャル・インダストリアル的曲調を全体主義批判に反転させる強かな歌詞表現など、全ての要素が超強力。隅々まで充実した素晴らしい作品だ。〈和田〉

■ ドイツ（2001） ■ Motor, Universal

オルタナティヴ・メタル

Melvins

Bullhead

■US (1991) ■Boner Records

USアンダーグラウンドの中心的存在であり、メジャーシーンとの橋渡しとしても決定的に重要な役割を担うバンド、歴史的名盤となった4thアルバム。5曲31分余の組曲構成で、後のEarthやSunn O)))に通じるドローンドゥーム形式や、Sleep“Dopesmoker”的ストーナーロックの原型を高度に確立。その上で、FlipperとAlice Cooperのカバーで影響源を示しつつ、いずれも殆どオリジナルな出来栄えに仕上げているのが凄まじい。過去と未来を繋ぎつつ代替不可能な深みを保ち続ける、時代を超えた傑作である。

Melvinsが比較的高い知名度を得ているのは、その熱烈なファンだったKurt Cobainとの関係によるところが大きいだろう。Nirvana結成のきっかけとなったのはMelvinsであり、逆にMelvinsをメジャー契約に導いたのもNirvanaである。シアトルのシーンに絶大な影響を与えたMelvinsは言うなればグランジの生みの親であり、そこ経由でポピュラー音楽全域に影響を与えている。

それではMelvins自身の音楽はどんなものかというと、これがまた自由自在で凄まじい。圧倒的に優れた出音と、ヨレながら地面にめり込む強烈なグルーヴ表現は、戦前ブルース的に不規則な字余りフレーズで捻じ曲げられ、その上で全体としては異様な説得力を生んでいる。こうした異形の成り立ちにもかかわらず、妙な親しみやすさがあるのも凄い。影響源としては、Black Flag、Butthole Surfers、Wipers、Throbbing Gristle、Swans、Judas Priest、KISSあたりが主なようで、そう考えると確かに納得がいく音像だが、それらと同格以上の個性を確立してもいる。ToolやMr. Bungle、NeurosisやSlipknotなどにも大きな影響を与えた、ロック史上最重要バンドの一つなのである。

本作も含め、Melvinsの代表作群を聴けばヘヴィな音楽の系譜が非常によくわかる。最初は難解にも思えるが、ぜひ試してみてほしいものである。〈和田〉

Korn

Korn

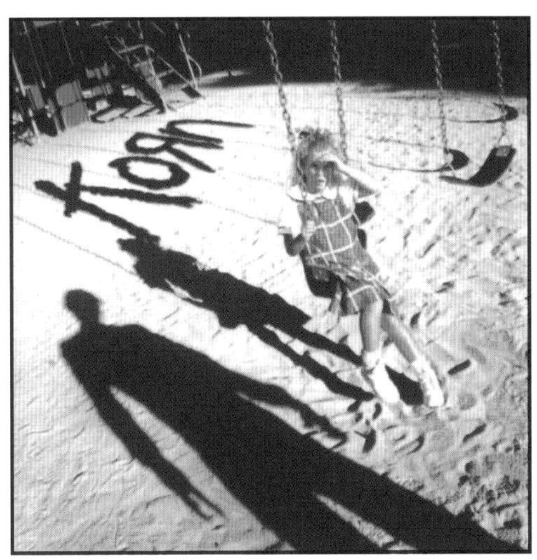

■US (1994) ■Immortal Records, Epic, Epic Records Group

近年の、時に迷走とも揶揄される作品群の影響でKORNの評価はやや安定しない印象があるが、メタル史において非常に重要な存在であることは間違いない。Limp Bizkitら多くの後発バンドを生み出したこと、The Family Values Tourを開催しロックとヒップホップの共演を現場レベルで実践し続けたこと――シーンの中心に君臨するKORNの存在感は、少なくとも2000年代半ばまでにおいてはMetallica、Panteraと並んでずば抜けていた。しかし、本当に凄いのはそういったポジショニングではなく、何よりも楽曲自体の個性である。そのサウンドは正確に理解されず、誤解され、ゆえに「重くて硬い＝ヘヴィメタル」のような音楽性にフォーカスしたジャンル名を付与されないまま「ニューメタル」というラベリングで留保された。特に日本ではラウドロックやヘヴィロック、モダンヘヴィネスと呼称が安定しなかったところに、KORNのサウンドに動揺を隠せない保守的なメディアの様子が見てとれる。

それらは端的に言うと、ヒップホップの影響である。重心をぐっと下げた、七弦ギター×ダウン・チューニングによるヘヴィネスは、ただヘヴィな音にラップを乗せていた数多のフォロワーとは決定的に異なる質感を持っていた。楽曲のいたるところに挿入されるノイジーなギター音は、ノイズ・サンプリングやスクラッチ音を彷彿とさせる。感情によって言葉を膨らませ声の質感を膨張・収縮させるジョナサンの歌唱法は、ラッパーがフロウを駆使する様子に近い。つまり、KORNの提示したニューメタルとは、決してメタルとヒップホップのクロスオーバーではなく、ヒップホップのフィールを導入することでメタルを再解釈するものだった。さらに言うならば、パンクのリアリティを取り込むことで始まったNWOBHMがすぐさま様式化しファンタジーに耽溺していく中で、再びメタルをリアルな音楽へと引き戻す試みだったのである。トラウマに基づいた陰鬱なリリック、カジュアルなadidasのジャージとともに。〈つや〉

オルタナティヴ・メタル

Deftones

White Pony

■US (2000) ■Maverick

いわゆるニューメタルの代表格にしてメタル史上屈指の越境バンド、3rd アルバム。ヒップホップのスラング def（絶対的）と音色を示す tone からなるバンド名が示すように、音楽的背景は驚異的に多様で、それらを統合して孤高の音響体験を生む表現力が素晴らしい。メタル版 Radiohead と言われるだけの発展性と影響力を持つ傑作である。
Deftones の影響源は極めて多彩で、メンバーが挙げているものだけでも、Faith No More、The Cure、Depeche Mode、Bad Brains、Cocteau Twins、Sade、Hum、Tortoise など多岐に渡る。このバンドが凄いのは、そうした参照元の滋味を作詞作曲だけでなく演奏の質感においても吸収、独自のものに昇華してしまうところで、そこから生じる音響表現力は後続に絶大な影響を与えた。空間系エフェクトの使い方がうま過ぎるギター、超タイトだが柔らかいドラムス、それらを密に繋ぐベース。その上で何より素晴らしいのが Chino Moreno のヴォーカルだろう。例えば ‘RX Queen’ の歌い出しは、こういう崩した歌い方をしたら普通は単に音を当て損なっているように見えてしまうものだが、Chino の場合は違和感がないばかりか、微分音的なズラし方が完璧な正解に思える。続くサビの正確に当てる歌い方も絶妙で、直前とは異なる歌い回しが自然に繋がる。そこに様々な塩梅で歪みを加える音色操作も見事。ラップ的なフロウとメタル／ハードコア的な絶叫を R & B 経由で融合するような歌唱表現は、これ単体で極上の越境音楽であり、様々なジャンルに信奉者がいる。それを活かすこのバンドも、メタル内外の結節点として最も重要な存在の一つなのである。
Deftones の影響は多岐に渡るが、スクリーモやポストブラックメタルの領域には特に大きな衝撃を与えている。一時期以降のヴィジュアル系も Deftones 抜きでは語れないのでは。〈和田〉

Slipknot

Slipknot

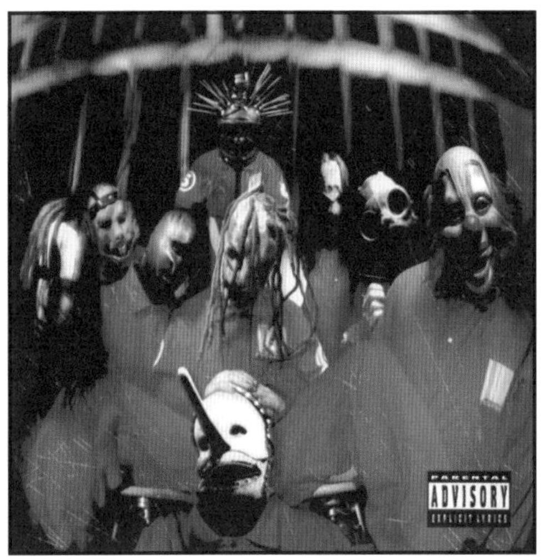

■US (1999)　■Roadrunner Records

ニューメタルのランドマーク的バンドのデビュー作。本作以前にKornやLimp Bizkitなどを手掛け、2nd"Iowa"にも参加したRoss Robinsonをプロデューサーに迎えて制作された。リリースから少なくとも20年は——つまり2010年代までは——ヘヴィミュージック・シーンに多大な影響を及ぼし続けたことは否定しようがないモンスター・アルバムであり、同じミュージシャンはもちろん、後に音楽家を志すキッズに対し半ばトラウマに近い衝撃を与えた。その理由に、音的なバランスの良さと見かけの奇妙さがある。

ギターはくしゃくしゃの鉄塊のようにどこもかしこもギザついた音で、グルーヴメタルの重心を落として横に揺れるようなリフにインダストリアルのガシャガシャと裁断されるような感覚をプラスしている。ベースは跳躍する爆弾として、時に流れるようなフレーズも弾きこなしながら鉄のギターとカラカラに乾いてハイが突き抜けるドラムの間を流れる血管。工場で金槌を振り回して暴れまわる暴漢のごとくネジの外れたパーカッションが衝動を注入し、混線したかのように切り込むターンテーブルは目に見えない羽虫となって神経を逆なでる。映画や実録音声、SlayerからIce Cubeまでを参照するサンプラーの仕事を受けてヴォーカルは時に握り拳となり、時に道化になりラップと怒声を繰り出す。9人揃って成り立つサウンドはニューメタル前後のヘヴィミュージックを包括しつつ、それぞれの領域に専念することで散漫になることを避けている。そして悪夢のテーマパークに導く画的なインパクトも外せない。覆面も衣装も、そして編成においてもトリッキーで、しかしそこが10代の少年少女をメタルの谷に突き落とす決め手の一つなのだ。最新作"The End, So Far"でもオルタナに接近したクリーン・ヴォーカルも使いつつブラストビートもしっかり残すという大人びたバランス感覚の良さを見せているが、Corey Taylorによるトラップ方面とのコラボも手伝い、新世代への訴求力は衰えていない。〈清家〉

オルタナティヴ・メタル

Butthole Surfers

Locust Abortion Technician

US 地下シーンの露悪王、代表作 3rd アルバム。低予算の宅録が実験の余裕を生むことに手応えを得て制作された一枚で、技の多さとタチの悪さが最大限に活かされている。'Sweat Loaf' は Black Sabbath の名曲 'Sweet Leaf' へのおちょくりだが、後のグランジサウンドを音響・文脈の両面で完璧に先取り。メタル的にも重要なバンドである。〈和田〉

■US（1987） ■Touch And Go

オルタナティヴ・メタル

Dinosaur Jr.

Bug

アルバムの大半はすっきりとしたインディ・サウンドの上で甘い倦怠感のあるメロディが歌われるという大衆にアピールしそうな音楽性だが、開け放たれた窓から無遠慮に吹き込むノイズの風が一気に殺伐とした空気を作る。メタル・バンドでも活動するギター／ヴォーカル J Mascis の抑えきれない歪みへの渇えは終曲の 'Don't' で臨界点に達し、暴発。〈清家〉

■US（1988） ■SST Records

オルタナティヴ・メタル

Pearl Jam

Ten

1st アルバム。Nirvana の "Nevermind" と共に、グランジが注目される契機になった歴史的名盤である。音的には The Who や KISS の影響下にある HR の系譜で、そこにパンク的なラフさやゴシックロックの気配を加えつつ、US ルーツミュージックの薫りを漂わせる配合が趣深い。1,000 万枚以上の売上も納得の、良い意味での大衆的魅力に溢れた傑作。〈和田〉

■US（1991） ■Epic Associated

オルタナティヴ・メタル

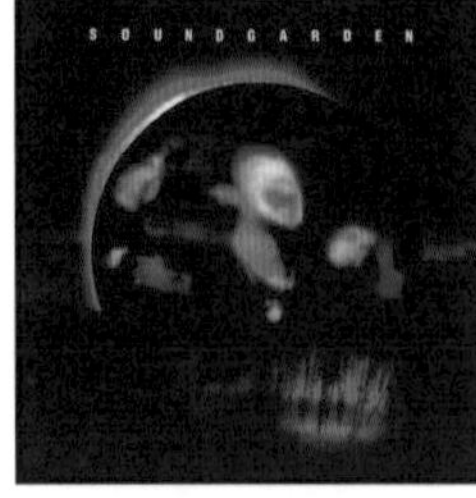

Soundgarden

Superunknown

音作りにこだわり抜き変則チューニングを使い分けて作られた技巧面でも充実したアルバムながら細々と色々な要素が詰め込まれている印象はなく、より自由で広いフィールドを手に入れることに成功している。大きく波打つ演奏にヘヴィメタルを感じさせつつ、ドロップが缶の中でからからと鳴るようなドライな明るさでもって生の空転を嘆く。〈清家〉

■US（1994） ■A&M Records

オルタナティヴ・メタル

Alice In Chains

Dirt

汚し加工が施されたようなごわついたサウンドで奏でられるハードロックといった印象で、その中にオルタナティヴ・メタルの斜に構えた捻りが注入されている。薬物使用をテーマにした曲が複数収録されているからか常にうだつのあがらない揺れがあり、弛緩してゆく身体はロッキングチェアに乗せられ、音に合わせてゆったりと前後し続ける。〈清家〉

■US（1992） ■Columbia

オルタナティヴ・メタル

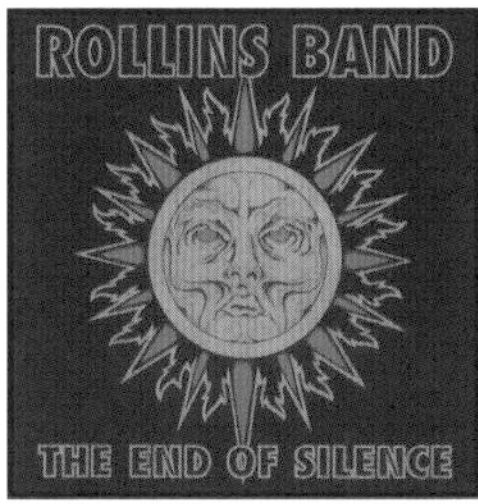

Rollins Band

The End of Silence

Henry Rollins が Black Flag 脱退後に結成したバンドの 3rd アルバム。ハードコア出身ながら 70年代 HR や King Crimson、ジャズロックから得たものも多く、電化期の Miles Davis をメタル化したような音楽性は驚異的に豊かであり、Tool などオルタナティヴ・メタル方面への影響も大きい。Henry のスポークン・ワード的ヴォーカルも素晴らしい。〈和田〉

■US（1992） ■Imago

オルタナティヴ・メタル

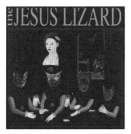

Hum

You'd Prefer an Astronaut

代表作とされる 3rd アルバム。ポストハードコアやエモ方面での存在感が大きなバンドだが、Chino Morero が主な影響源と語る通り、空間表現や時間感覚は Deftones にそのまま通じるし、Deafheaven なども影響を受けている。ストーナーロックとシューゲイザーの間にあるような質感、起伏の激しい音量変化を自然に聴かせる構成力が素晴らしい一枚。〈和田〉

■US（1995） ■RCA

オルタナティヴ・メタル

The Jesus Lizard

Liar

US ノイズロック代表格の 3rd アルバム。UK ポストロックや US ハードコアの系譜にある音楽性で、摩擦係数高めにパサつく音色も肉厚ながらメタルとは毛色が異なるが、一つ一つのリフやそこへの肉付けが驚異的に巧みで、意外と HR 色もある曲調も興味深い。Helmet や Converge、Today Is The Day など、ポスト HR ／ HM 方面への影響も大きい傑作。〈和田〉

■US（1991） ■Touch And Go

オルタナティヴ・メタル

Unsane

Scattered, Smothered & Covered

メジャーシーンでの活動を居心地悪く感じ、再びインディーズに戻って発表された 3rd アルバム。基本的には Swans や Foetus の系譜にあるノイズロックだが、スラッジコア経由でブルースロックに繋がるような艶やかな展開もあり、殺伐とした空気と絶妙な対比を見せている。Decibel 誌では殿堂入りした傑作で、Chat Pile などにも大きな影響を与えた。〈和田〉

■US (1995) ■Amphetamine Reptile

オルタナティヴ・メタル

Today Is The Day

Sadness Will Prevail

6th アルバム。主な影響源のデスメタル方面（Death や Morbid Angel）と越境的メタル（Melvins や Butthole Surfers）に加え、初期ポストロック的展開や電子音響など多彩な音楽語彙を全放出した闇鍋状の傑作で、その混沌とした構成自体が優れた表現力を生む。メタル周辺音楽の発展に多大な貢献をしたのに十分に評価されていない不遇のバンド。〈和田〉

■US (2002) ■Relapse Records

オルタナティヴ・メタル

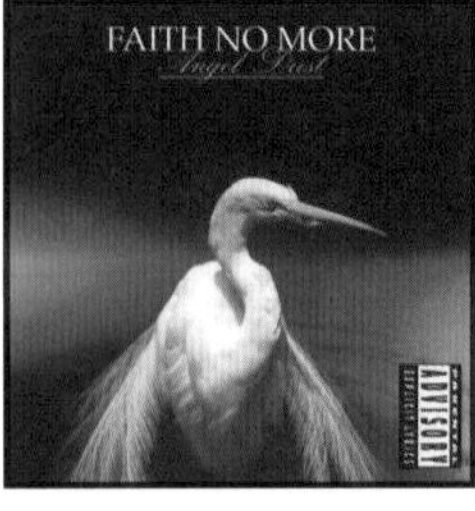

Faith No More

Angel Dust

オルタナティヴ・メタルの代表的名盤。ゴシックロック〜ポストパンクと HR ／ HM の要素を分け隔てなく混ぜる音楽性が Mike Patton 加入で大幅拡張、ファンク〜 R & B 成分も急増した前作“The Real Thing”を踏まえ、Mike の別バンド Mr. Bungle に通じる混沌がポップに描かれている。地下シーンへのゲートウェイ・ドラッグ的な影響力も重要。〈和田〉

■US (1992) ■Slash Records

オルタナティヴ・メタル

Living Color

Vivid

ブラック・ミュージックを HR ／ HM 形式に完璧に落とし込んだ 1st アルバム。Jimi Hendrix や Funkadelic の系譜にある音楽性だが、Frank Zappa や King Crimson からの影響も大きく、以降の作品では越境的な豊かさが更に増していく。人種や社会構造など複雑な問題を楽しく突きつける姿勢が Rage Against the Machine などにも影響を与えた重要作。〈和田〉

■US (1988) ■Epic Records

オルタナティヴ・メタル

Fishbone

Truth and Soul

ファンクやソウル、スカやレゲエを土台に、メタル〜ハードコア・パンクの質感や勢いを巧みに導入した傑作 2nd アルバム。演奏スタイルは完全にブラック・ミュージック由来、メタルの要素はあくまで副次的なものだが、その使い方が絶妙で、圧倒的な機能的快感もあってメタルファンにも強くアピールするものに。ジャンル内外の結節点としても重要。〈和田〉

■US（1988） ■Columbia Records

オルタナティヴ・メタル

Red Hot Chili Peppers

Mother's Milk

出世作となった 4th アルバム。プロデューサーとの衝突が険悪な雰囲気を招いた作品だが、メタル風の音色や刻みを要求されたことで生まれたサウンドは、結果としてファンク・メタルとかラップ・メタルと言われる音楽性を明確に確立するものになった。Flea の極太流麗ベースをはじめ演奏も超強力。メジャー／地下シーン問わず大きな影響を与えた。〈和田〉

■US（1989） ■EMI

オルタナティヴ・メタル

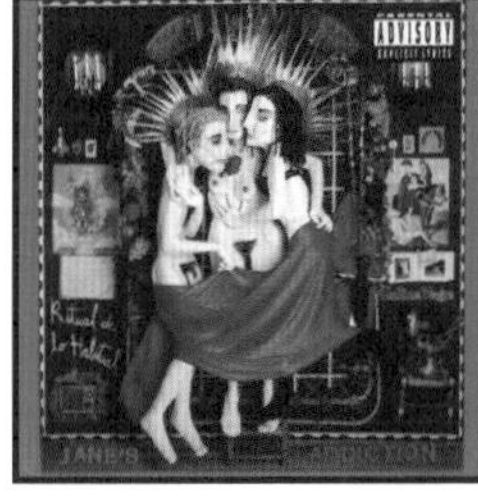

Jane's Addiction

Ritual de lo Habitual

オルタナティヴメタルの先駆者と言われるバンド、代表的名盤の 3rd アルバム。音楽的語彙は驚異的に多彩で、ファンク寄りのメタルを土台にゴシックロックやダブ、プログレッシヴロックなどあらゆる要素を取り込まんとする創意が凄まじい。Korn や Tool、The Smashing Pumpkins、Devin Townsend など広範囲に影響を与えた重要作である。〈和田〉

■US（1990） ■Warner Records

オルタナティヴ・メタル

King's X

Faith Hope Love

前身バンドの結成は 1979 年に遡るオルタナティヴロックの先駆的存在、3rd アルバム。60 〜 70 年代のブラック・ミュージック（Sly And the Family Stone など）と HR ／ HM が土台になっているのだが、音楽的語彙は多彩で、捻りの効いたアレンジをポップに聴かせる手腕は Rush にも通じる。一般層よりもミュージシャンからの評価が高い。〈和田〉

■US（1990） ■Megaforce

オルタナティヴ・メタル

Primus

Pork Soda

MP3 のジャンルタグ ID3 に Primus があるほど分類困難なバンド、なぜか US チャート 7 位を記録した出世作。ファンク・メタルと言われることが多いが、トリオ編成で描かれる楽曲は驚異的に多彩な文脈を匂わせる。The Residents と Talking Heads をインダストリアル経由で混ぜ謎のユーモアと超々絶技巧でまとめた感じ？ 変なもの好きは必聴。〈和田〉

■US（1993） ■Interscope Records

オルタナティヴ・メタル

Rage Against The Machine

Rage Against the Machine

ラップメタルの魅力を全世界に知らしめた歴史的名盤 1st アルバム。Led Zeppelin や Black Sabbath をハードコア・パンクとヒップホップで挟んだような音楽性だが、一見シンプル＆ストイックな構成ながらフレーズ展開は多彩で、淡白なアレンジだからこそ豪快かつ繊細なグルーヴ表現が映える。絶大な影響力と無二の妙味を兼ね備えた傑作。〈和田〉

■US（1992） ■Epic Records

オルタナティヴ・メタル

Limp Bizkit

Significant Other

'Just Like This' のイントロ。ループするドラム、重ねられるメタル風のギター、完璧なスタートだ。ヒップホップとメタルが最高の形で融合し、幼げなラップへと繋がっていく。何かと批判されがちなバンドだが、ヒップホップとメタルの双方に共通する反復性という作法を理解し、ここまで高揚感を煽る形でミックスしていく手腕は正当に評価されるべき。〈つや〉

■US（1999） ■Flip Records, Interscope Records

オルタナティヴ・メタル

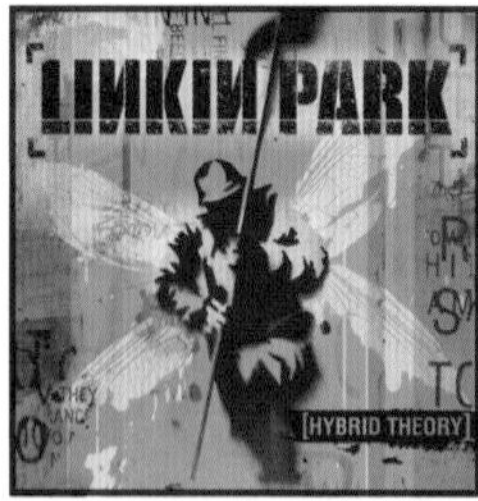

Linkin Park

Hybrid Theory

本作をもってニューメタルは完成した。Alice In Chains の倦怠感、Metallica のグルーヴ、NIN のデジタル感触、RATM の雑多性、全てがドン・ギルモアのプロデュースにより適度な塩梅でミックス＆トリートメントされ、憂いのあるメロディを支える。ヘヴィさという観点でどこかのポイントを過剰にし個性を競ってきたメタル史の中でも、このバランス感覚は異色だろう。〈つや〉

■US（2000） ■Warner Bros. Records

オルタナティヴ・メタル

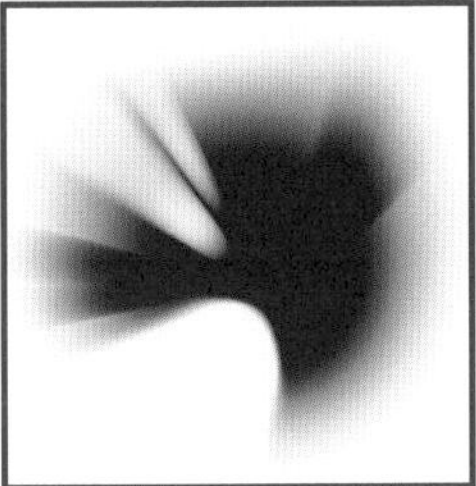

Linkin Park

A Thousand Suns

これまでとは趣向を変えてガシャガシャとしたディストーションの使用を抑え実験的なインタールードをいくつか挟みながら進んでいく本作は、EDM を取り入れつつ楽曲のスケールを広げ最後はひどく穏やかに着地するという越境的好奇心を欲しいままに満たした勇気あるアルバムだ。前半の 5 曲が指先まで脈動を感じるほど有機的で不気味なのも良い。〈清家〉

■ US（2010） ■ Warner Bros. Records

オルタナティヴ・メタル

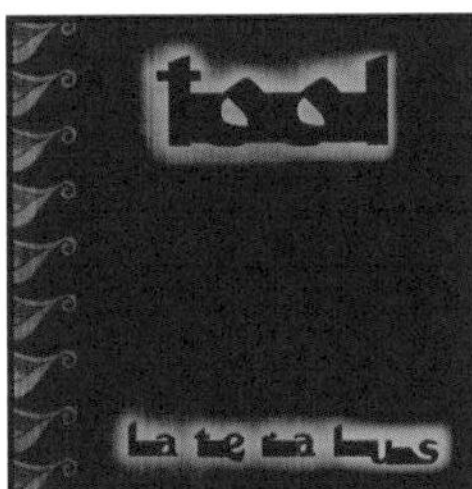

Tool

lateralus

メタルの枠を越えて信奉を集める現代最強バンドの代表作。5 拍子と 3 拍子を多用する芸術的クロスリズム、80 年代 King Crimson や Melvins の滋味を集約した単音リフ、長尺を難なく聴かせる構成力、柔らかい闇に優しく落ちていくような静寂の表現、それを可能にする天上の演奏力、全ての要素が素晴らしい。最高の瞑想音楽である。〈和田〉

■ US（2001） ■ Volcano Entertainment

オルタナティヴ・メタル

System of a Down

Toxicity

世界的に大ヒットした 2nd アルバム。Morbid Angel や Death から影響を受けたデスメタル的な展開を多用しつつ、ルーツであるアルメニア音楽の叙情的な旋律を頻繁に挿む構成は、Dead Kennedys や Bad Brains に通じる痛烈な勢いを絶妙に活かすものでもある。Slipknot とともにエクストリーム・メタルの語彙をポピュラー音楽に広めた立役者。〈和田〉

■ US（2001） ■ American Recordings

オルタナティヴ・メタル

Glassjaw

Everything You Ever Wanted to Know About Silence

2000 年代のポスト・ハードコアを代表する 1st アルバム。Deftones の系譜にある音響に複雑な曲展開を絡め、それを通して激情を解き放つ表現力が素晴らしく、スクリーモの流れに決定的な影響を与えた。Ross Robinson が「アディダス・ロック」（自身が関わった Korn や Limp Bizkit など）の流行に対抗すべく制作担当した逸話も印象的な名盤。〈和田〉

■ US（2000） ■ Roadrunner Records

オルタナティヴ・メタル

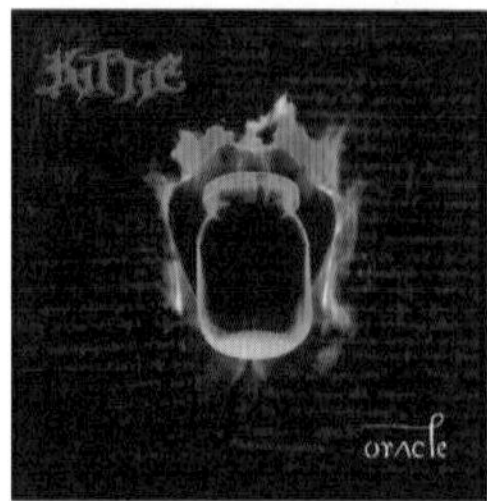

Kittie

Oracle

このシーンには珍しい全員女性の（そもそもそんな付記も不要であるべき）バンド、代表的傑作 2nd アルバム。Nile や Cannibal Corpse などデスメタルの影響が前面に出た一枚で、強烈なグロウルと優美なゴシックロック的歌唱が交錯する様子は Fear Factory にも通じる。その上で全体の印象は見事に個性的。〈和田〉

■カナダ（2001） ■Artemis

オルタナティヴ・メタル

Andrew W.K.

I Get Wet

大きな注目を集めた 1st アルバム。幼い頃からジャズピアノを学びつつメタル全般に傾倒した（取材では Carcass や Emperor の話を自発的に振る）持ち分を全開放した作品で、Strapping Young Lad の "City" にも通じる超高密度音響のもと、Ramones や Bon Jovi 的なポップソングを展開。Poppy のような近年のポップメタルの先駆けと言える。〈和田〉

■US（2001） ■Island

オルタナティヴ・メタル

Type O Negative

Bloody Kisses

ゴシックメタル路線を確立した 3rd アルバム。前バンド Carnivore における どうしようもなく酷い女性蔑視の姿勢は前面に出なくなったとはいえ依然として怪しいのだが、Cocteau Twins と Paradise Lost の間にあるような楽曲と演奏がとにかく魅力的で、この分野に限らず大きな影響力を誇る。上記のような問題も含め語られるべき重要な存在だ。〈和田〉

■US（1993） ■Type O Negative『Bloody Kisses』1993、USA、Roadrunner Records

オルタナティヴ・メタル

Evanescence

Fallen

ゴシックメタルにおける伸びやかなフィメール・ヴォーカルといわゆるモダンヘヴィネスをやや薄味にした演奏の組み合わせは互いを食わないよう配慮するあまり時に相殺されてしまうのだが、本作においてその心配はない。ラップ調のコーラスで勢いを活かす曲とストリングスやピアノのみで歌を聴かせるための曲がきっちりと仕分けられている。〈清家〉

■US（2003） ■Wind-Up

オルタナティヴ・メタル

A Perfect Circle

Thirteenth Step

総てが同じモチーフを描いているのにそこに用いられている画材が全く違うというような、各楽曲の統一感と微妙なアプローチの違いが併存する作品。前作との差別化を図りたかった Maynard James Keenan とヘヴィさを保ちたかった Billy Howerdel の意思が彼らのセンスを駆使してブレンドされ、沈殿する重低音と上澄みのクリーン・トーン＆メロディが同じコップに満ちている。〈清家〉

■US（2003） ■Virgin

オルタナティヴ・メタル

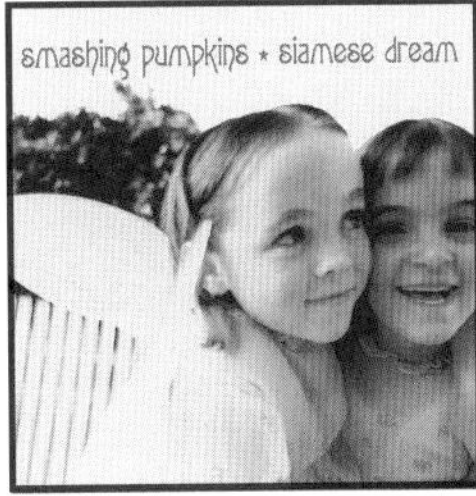

The Smashing Pumpkins

Siamese Dream

出世作となった 2nd アルバム。シューゲイザーやゴシックロックからの影響が大きいが、HR／HM から得たものも多く、それらを Cheap Trick や Electric Light Orchestra 的なポップ・センスのもとで親しみ深くまとめる手管が素晴らしい。My Chemical Romance のようなエモ〜ポップパンクの系譜をはじめ、ポピュラー音楽全般に影響を与えたバンド。〈和田〉

■US（1993） ■Virgin

オルタナティヴ・メタル

My Chemical Romance

The Black Parade

エモ／スクリーモの功績の一つは、ニューメタルにより葬られた旧来のロマンティシズム溢れるメタルのギター・フレーズに再度価値付けを行なった点。彼らは、コンセプチュアルになった本作でその華美なギターをさらに壮大なスケールに膨らませ、ナード的マインドと結びつけることで完成度を高めた。こってりのカロリーで、エモを肥大化させたのだ。〈つや〉

■US（2006） ■Reprise Records

オルタナティヴ・メタル

Avenged Sevenfold

Avenged Sevenfold

早逝した初代ドラムス The Rev が参加した最後のアルバム。主力コンポーザーの１人であり、部分的にヴォーカルも担うバンドの要であった彼の独特の高音コーラスと M. Shadows のドスを効かせた歌唱のコンボは楽曲の威力を増幅。王道メタル・サウンドにゴスの影が落ち、どこかナイーブさを感じさせる作風は本作で一度極点に達する。〈清家〉

■US（2007） ■Warner Bros. Records, Hopeless Records

メロディック・デスメタル

At The Gates

Slaughter of the Soul

■スウェーデン（1995） ■Earache Records

メロディック・デスメタルの定型を確立し、このジャンルが世界的に評価される礎を築いた4thアルバム。①北欧フォークやクラシック音楽の叙情的な旋律 を、②スラッシュメタルやハードコアパンクの系譜にある硬質なリフ と絶妙なバランスで接続した作品で、この①②の配合に関しては右に出るものがない。ジャンル黎明期の混沌とした豊かさを最高の形で活かした傑作である。

これはメロパワ／メロスピにも言えることだが、HR／HMにおける「メロディ」は、普遍的な意味での旋律というよりも、クラシック音楽や歌謡曲に通じる、起伏が大きく明瞭な旋律をさすことが多い。デスメタルを指してよく言われる「メロディがない」とは、要するに「わかりやすい旋律がない」ということで、上記の①②はいずれも広義のメロディに含まれるのに、HR/HM的観点では②は「メロディ」と認識されないのである。Carcassがメロデスのルーツと言われるのは、歪み声と①を掛け合わせるスタイルの先駆者だからだが、①を際立たせるために②を失っていったメロデスとは質が異なる。コード進行が淡白になり類型化、ビートの激しさも控えめになったメロデスは、複雑で過剰なエクストリームメタルの枠からは外れるが、だからこそそうした領域への親しみやすい入り口になったし、オルタナティヴ・メタルやメタルコアに路線転換する余地も生んだ。HR／HMとそれ以降のメタルの結節点として非常に重要なジャンルなのである。

以上を踏まえて本作が素晴らしいのは、類型的なメロデスが失ってゆく②の要素が①を一層引き立てていることだろう。それを補強するのが北欧のフォークやクラシックに通じる仄暗いコード感と複雑なリズム構成で、前作までは未整理だったこうした要素も全編効果的に活かされている。その上で見事なのが完璧なアルバム構成。2020年から行われている完全再現ライヴが大好評を博しているのも納得の、時代を超えて愛される名盤である。〈和田〉

メロディック・デスメタル

Edge of Sanity

Crimson

デスメタル・オペラとも評された“Unorthodox”の行き着く先にある、全1曲40分8部構成のプログレッシヴ・デスメタル名盤。当時23歳だったDan Swanö個人の趣向が強く反映された様相。自国スウェーデンではHypocrisyと共通したSFマインドを持ち、ゲスト参加したMikael Åkerfeldtが籍を置くOpethとも共鳴した、70's プログレ愛好の演奏力で組み立てられる。〈村田〉

■スウェーデン（1996） ■Black Mark Production

メロディック・デスメタル

In Flames

The Jester Race

初期の主要メンバーが揃った2ndアルバム。創設者Jesper Strömbladの「Iron Maidenのメロディックなギターと、デスメタルの激しさを両立する」志向が見事に実現された。コード感や旋律は北欧フォークならではの優美なものに差し替えられ、それが無二の個性になっている。2000年代以降のメタルコアへの影響も大きいメロデスの名盤。〈和田〉

■スウェーデン（1996） ■Nuclear Blast

メロディック・デスメタル

In Flames

Colony

最初の音楽的転機となった4thアルバム。Iron Maiden的なギター旋律が一層わかりやすくなり、エクストリームメタル近傍にはまだ珍しかった明るいコード感も大幅増量。その上で、以降の作品で前面に出るゴシックロック的な展開や歌いまわしを導入、従来の仄暗い雰囲気との間を絶妙に繋いでいる。キャッチーになりつつ音楽的奥行きも増した傑作だ。〈和田〉

■スウェーデン（1999） ■Nuclear Blast

メロディック・デスメタル

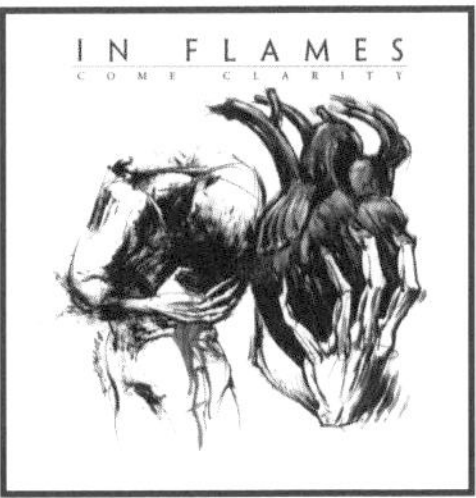

In Flames

Come Clarity

8thアルバム。2001年の6thアルバム“Reroute to Remain”から大幅導入したオルタナティヴ・メタル路線は既存ファンからの賛否を招いたが、本作ではそうした要素が、別働バンドDimension Zeroや同時期に勃興したUSメタルコアの激しさを参照しつつ巧くまとめられている。HR／HMファンからも高く評価されそちら方面の感覚を更新した。〈和田〉

■スウェーデン（2006） ■Nuclear Blast

メロディック・デスメタル

Dark Tranquillity

Projector

ゴシックロック要素を最初に全開にした4th アルバム。前作まで多用し人気を集めていた速い展開を大幅削減、Depeche Mode や The Doors に通じる耽美表現を中心に据えた作品で、世界一美しいデスヴォイスとして注目された Mikael Stanne はバリトンの歌メロも冴えている。曲や音作りの素晴らしさも併せ、過渡期の一枚扱いは勿体ない。〈和田〉

■スウェーデン（1999） ■Century Media Records

メロディック・デスメタル

Dark Tranquillity

We Are the Void

9th アルバム。再び速くなった名盤 6th アルバム"Damage Done"後の DT は、スウェーデンならではの澄明なサウンドにブラックメタルやゴシックロックのコード感を混ぜて精製するような試みを続けてきた。それが完成したのが本作で、メロデスでないスウェディッシュ・デスメタルの文脈における優れた達成だと思われる。アルバム構成も見事。〈和田〉

■スウェーデン（2010） ■Century Media Records

メロディック・デスメタル

Amorphis

Elegy

1st でメロディック・デスを、2nd ではクリーンヴォイスのパートとキーボードがアクセントとして目立つようになり、この 3rd ではヴォーカルの交代以上に音楽性が変化。フォーク要素をより強め、AOR〜ハード・ロック風味のシンセもそれを後押しする。プログを感じさせるフレーズも目立ち、一気に開けた空気を持つサウンドに変貌。〈清家〉

■フィンランド（1996） ■Relapse Records

メロディック・デスメタル

Amorphis

Eclipse

新ヴォーカリストの加入でまたもや音楽性に変化が。前 2 作では渋みのあるプログ・メタルにシフトしていたが、そちらも引き継ぎながら初期のフォーキッシュなメロデスにやや立ち戻っている。フィンランド神話に基づく演劇を題材としたことも関係してか楽曲の展開に壮麗なストーリー性があり、単なる転換点以上の価値があるアルバムだ。〈清家〉

■フィンランド（2006） ■Nuclear Blast

メロディック・デスメタル

Arch Enemy

Burning Bridges

Johan Liiva 期の最後を飾る3rd。典型的なツインリード・ギターのハモりだけではなく奔放な泣きのソロも使いメロディを表現。時にデス・メタルに馴染みのないリズムを組み込んだり鈍重なリフを採用した曲ではクワイアをアクセントにしたりと、独自性を出しながらも齟齬なくまとめ上げる手腕は見事。特に 'Silverwing' の一気に視界が開けるコーラス部分は衝撃的。〈清家〉

■スウェーデン（1999） ■Century Media Records

メロディック・デスメタル

Arch Enemy

Wages of Sin

Angela Gossow 加入後初のアルバム。彼女のデス・ヴォイスは男性と比べても遜色なく、シーンに衝撃を与えた。加えてプロダクションがよりモダンな方向へ向上、各楽器の見せ場を作りつつ楽曲の幅もミドル〜ハイ・テンポと広がっていたためバンドの人気が上昇していく。間違いなくエクストリーム・メタルにおける女性アーティストの礎となった一枚。〈清家〉

■スウェーデン（2001） ■Century Media Records

メロディック・デスメタル

Soilwork

Natural Born Chaos

メロデスへのオルタナティヴ・メタル導入路線、最大の成功例と言える4th アルバム。過去作の Metallica 的構築型スラッシュにグルーヴメタルやラップ・メタルを加えた作風だが、Devin Townsend の緻密な音響構築やメンバーの演奏表現力により唯一無二の音楽に。自分は本作をリリース当時400回聴き通した。それくらい聴き飽きない逸品。〈和田〉

■スウェーデン（2002） ■Nuclear Blast

メロディック・デスメタル

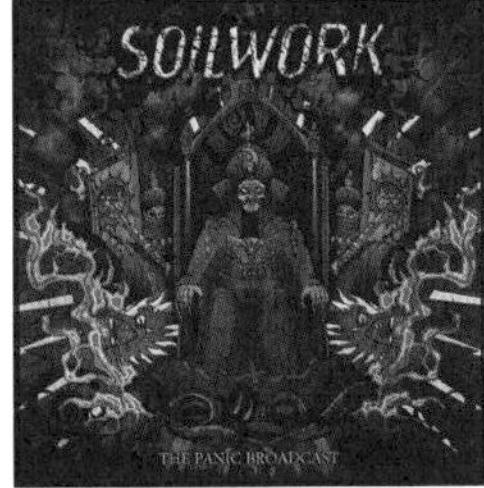

Soilwork

The Panic Broadcast

メタルコアに接近した5th アルバム以後の路線が一つの結実をみせた8th アルバム。シーン屈指の卓越したボーカルとドラムスは超絶技巧があって初めて可能になる類のキャッチーさを実現し、70年代 HR や80年代ポップスなどの多彩な引き出しが曲の奥行きを広げる。ポスト・ハードコアをエクストリーム・メタルの側から拡張してみせた作品とも解釈できる。〈和田〉

■スウェーデン（2010） ■Avalon

メロディック・デスメタル

Children of Bodom

Hate Crew Deathroll

プロダクションの向上とともにスラッシーとも言えるヘヴィでテンポの速い曲が増えた4th。前へ前へと引っ張る主張の強いAlexi Laihoのリード・ギターと、ソロ・パートでは主人公となって張り合いながらも背景美術としても機能するキーボードのタッグが最大の特徴で、ガラスの砕片のような刺々しい煌めきは一聴して誰もがCOBサウンドと認識出来る。〈清家〉

■スウェーデン（2003） ■Spinefarm Records

メロディック・デスメタル

The Black Dahlia Murder

Nocturnal

USエクストリーム・メタル・シーンの代表格。At the Gatesルーツの切れ味鋭いリフと、一音一音を際立たせたソロによる圧巻のGtワーク、全体のファストな推移にマッチした故Trevor Strnadの甲高いスクリーム。北欧メロディック・デス⇒USメタルコア系譜のUndying等からの影響に、90'sデスメタルに通じるオカルト要素をコンパイル。個性を確立した3rd。〈村田〉

■US（2007） ■Metal Blade Records

メロディック・デスメタル

The Agonist

Lullabies for the Dormant Mind

ヴォーカルのAlissa White-GluzがArch Enemyに移籍したことでも知られるバンド、出世作の2ndアルバム。入り組んだ曲展開はProtest the Heroなどのプログレッシヴなメタルコアに近く、それを北欧メロデス寄りの音進行で印象的に仕上げている。Alissaは歪み声もメゾソプラノ音域のクリーンも非常に巧い。メロデス嫌いな人にもお薦めな。〈和田〉

■カナダ（2009） ■Century Media

メロディック・デスメタル

Insomnium

Winter's Gate

1曲40分の大曲構成となった7thアルバム。旋律はメロデス系譜だがコード感はそこに留まらないアレンジが素晴らしく、ヴァイキングをテーマとした本作ではそちら方面の曲調も絶妙に駆使。AmorphisとEnslavedの間にあるような高度な音楽性を完璧な曲構成で成し遂げている。メタルコア色のないメロデスとしては現代最高のバンドと言える。〈和田〉

■フィンランド（2016） ■Century Media

Converge
Jane Doe

■US (2001)　■Equal Vision

いわゆるマスコアの代表作として知られる4thアルバム。Terrorizer誌の年間ベスト1位など、リリース当時からメタル系のメディアでも絶賛とともに受け入れられた。複雑な曲構成を超絶技巧で走り抜けることにより生み出される激情表現は、様々な領域から積極的に学ぶ姿勢とも相性が良く、本作から大幅導入されたブラックメタルの要素はこの手の音楽の可能性を一気に拡張。メタルとハードコアの双方に決定的な影響を与えた歴史的名盤である。

現代では①メタリック・ハードコアと②メタルコアはほぼ同義だが、本書では便宜的に、90年代から活動するバンドを①に、メロデス影響下のバンドを②に振り分けている。こうした分類をするのは、80年代の時点ではメタルとハードコアのシーンは水と油のごとく分かれており、互いに影響を受けても公言することが少なかったからで、特に90年代前半まではそうした空気が色濃く残っていた。しかし、1990年代も後半になると、Convergeのような優れた越境的バンドがハードコアとメタル双方からの影響を露わにした傑作を連発し、互いのシーンの距離が近くなっていく。2000年代に入ると、メロデスに影響を受けたハードコアの大量発生もあってメタルコアという言葉も普及し、そこから出発することでハードコア的な躍動感を標準装備したメタルバンドも増えてくる。メタルとハードコアは分けて語られることも多いが、切っても切れない複雑な関係にあるジャンルなのである。

マスコアとは変拍子を含むハードコアのことで、その形式にこだわるバンドならまだしも、展開上のアクセントとして少量導入しただけの本作をそう呼ぶことにはあまり意味がない。本作の美点はむしろ、入り組んだ構成を分かりやすく聴かせるところで、そうしたプレゼンのうまさはプログレッシヴなメタルバンドにも大きな影響を与えた。このような点においてもジャンルを代表する名盤に相応しい逸品である。〈和田〉

メタリック・ハードコア

Converge

Bloodmoon: I

Chelsea Wolfe らを迎え共作で開拓した新境地。ポストメタルの音響や方法論を通して Converge の音楽性を再構築している印象で、女性ボーカルの導入も相まってそのジャンル包括性はかなり広範に渡った。ドゥームやゴシック、シンフォニック・メタルの領域に至るまで幅広いニュアンスを獲得し、いよいよヘヴィ・ミュージック全般へと触手を伸ばすことに。〈つや〉

■US（2021） ■Epitaph

メタリック・ハードコア

Biohazard

Urban Discipline

NY ブルックリン出身のメタリック・ハードコア。クロスオーヴァー仕込みのノレるアンサンブルに、先駆的なラップと 70's HR ルーツの空間を鈍らせるグルーヴを落とし込んだ 2nd。「誰がメンバーかわからんぐらい大量の観客がステージに上がっていく」と先達から回顧される渋谷公演の他、リリース後は日本のニュースクール・シーンにも続く伝説を残した。〈村田〉

■US（1992） ■Roadrunner Records

メタリック・ハードコア

Earth Crisis

Destroy the Machines

ヘヴィメタルとハードコア・パンクの結節点としてのメタリック・ハードコアの名盤。グルーヴメタルにも繋がる重心を落としたアンサンブルは、極めて有機的で地面を削り取らんばかりの気迫に満ちている。環境保全や動物愛護の主張を切実に貫徹するハードコア譲りの姿勢は大量に発生した後続メタルコア・バンドたちが取りこぼしたもの。〈清家〉

■US（1994） ■Victory Records

メタリック・ハードコア

Vision of Disorder

Imprint

ハードコアの魅力をポピュラー音楽の領域に知らしめることに大きく貢献した 2nd アルバム。ストップ＆ゴーの多いグルーヴ表現は NY のメタリック・ハードコアの系譜だが、そのシーンに色濃かったタフガイなイメージからは距離を置く姿勢が優れた奥行きを生んでいる。Alice in Chains に通じる内省表現が爆発的な勢いと見事に融合。〈和田〉

■US（1998） ■Roadrunner

メタリック・ハードコア

The Dillinger Escape Plan

Calculating Infinity

ハードコアとメタルの複雑さ・激しさの基準を飛躍的に更新した1st アルバム。プログロック～プログデス、メタリック・ハードコア、デスメタルなど様々な音楽を吸収し、IDM を人力再現可能な圧倒的演奏力で統合したマスコアの金字塔で、高度な構造を突き破る異常な勢いはジャンルを超えた衝撃を与えた。ジャズ方面にもファンが多い。〈和田〉

■US（1999） ■Relapse

メタリック・ハードコア

The Dillinger Escape Plan

Irony Is a Dead Scene

初代ヴォーカリストの脱退により Mike Patton（Mr. Bungle、Faith No More ほか）との共演が実現した EP。Mike は巻上公一や Demetrio Stratos にも並ぶ特殊歌唱の達人で、多彩な奇声とポップな歌い回しを両立する姿は TDEP にそのまま通じる。理想的な組合せによる精密な混沌表現が楽しめる傑作。Aphex Twin のカバーも最高の仕上がりだ。〈和田〉

■US（2002） ■Epitaph

メタリック・ハードコア

His Hero Is Gone

Monument to Thieves

ネオクラストの歴史的名盤、2nd アルバム。クラストパンクは 1st wave 以降のブラックメタルと伝統的に関わりが深く、メタリック・ハードコアとはまた別の流れで重要な役割を担ってきた。本作はその系譜を代表する傑作で、ドゥームメタル～ダブ的な重さをまとい疾走する激情表現が凄まじい。90年代エモや日本のハードコアの薫りも趣深い重要作。〈和田〉

■US（1997） ■Prank

メタリック・ハードコア

AFTeRSHOCK

Through the Looking Glass

Killswitch Engage の主要メンバーからなり、Shadows Fall や All That Remain のメンバーも在籍した、2000年代メタルコアに繋がる最重要バンドの一つ。代表作の本作 2nd アルバムは、At The Gates の名作 “Slaughter of the Soul” を奇数拍子とブレイクダウンで彩ったような作り込みが素晴らしい。人脈抜きでも評価されるべき。〈和田〉

■US（1999） ■Good Life Recordings

メタリック・ハードコア

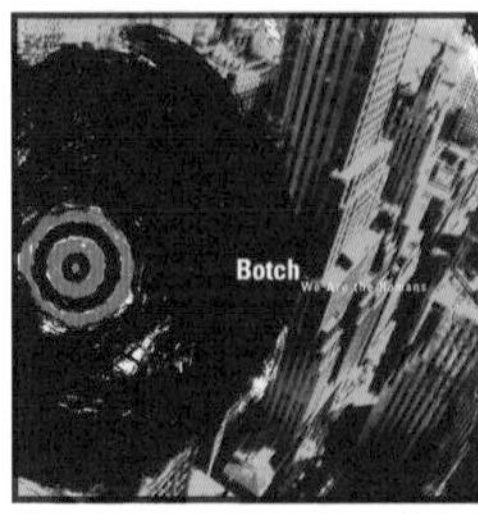

Botch

We Are the Romans

マスコアの代表的名盤であり、ハードコア一般の越境傾向を大きく更新した。この系譜の理想と言えるサウンドを駆使した目まぐるしい展開と、初期ポストロックにも通じる穏やかな場面の滑らかな接続は、リアルタイムでは全く評価されなかったが、後の世代に絶大な影響を与えた。Sepultura や Soundgarden からの影響も興味深い。〈和田〉

■US（1999） ■Hydra Head

メタリック・ハードコア

Cave In

Antenna

錆びついた町工場の 1st に巨大な工業地帯の 2nd と徐々にサウンドに油を差して磨き至った 3rd は急速にオルタナティブ・ロックに接近、オフィス・ビルの屋上から昼下がりの雑踏を一望しているような涼やかささえ出ている。従来のリスナーからは不満が噴出したようだが純粋にロックとして味わいが深く、ポストハードコアの文脈にも名を刻んでいる。〈清家〉

■US（2003） ■RCA

メタリック・ハードコア

Shai Hulud

Hearts Once Nourished with Hope and Compassion

2000年代のメタルコア（いわゆるメロディック・メタルコア）のバンド群に決定的な影響を与えた 1st アルバム。メタリック・ハードコアに叙情的なメロディを大量導入した（日本では叙情派ニュースクールと呼ばれる）スタイルの先駆で、爽やかだが甘すぎないコード進行および音響はこの系譜の重要な雛形に。Rush 的な変拍子も効果的な逸品。〈和田〉

■US（1997） ■Crisis

メタリック・ハードコア

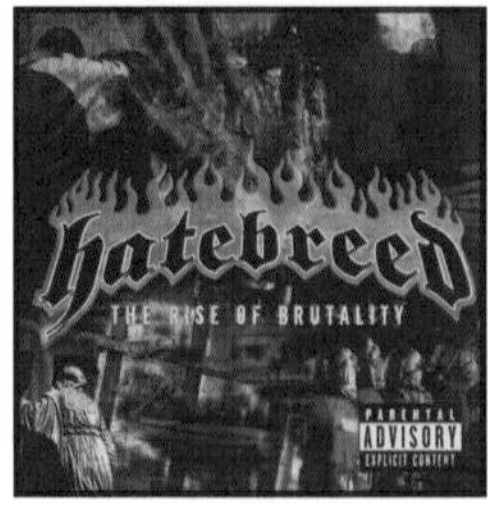

Hatebreed

The Rise of Brutality

握り拳が音楽の形になったようなアルバム。頭蓋全体を震わせて繰り出された怒声ヴォーカルの凄さは 1 曲目から最後に至るまでその憤怒のパワーを持続させ続けていることだ。簡明な歌詞は胸倉を掴み、まっすぐにこちらの眼を見つめる。起伏なんぞ不必要とばかりに爆進する楽曲はまるで四輪駆動車で、障害物を残忍なブレイクダウンで蹴散らす。〈清家〉

■US（2003） ■Roadrunner Records

メタリック・ハードコア

Misery Signals

Of Malice and the Magnum Heat

Devin Townsend がプロデュースを担当した 1st アルバム。このジャンルならではの勇壮な旋律と、初期ポストロック～エモの流れにある渋く爽やかな旋律の配合が絶妙で、激しく突っ走る場面と穏やかな場面とが互いを引き立てる。Devin 特有の音作りもそうした関係性を絶妙にサポート。2000 年代のメタリック・ハードコア屈指の傑作である。〈和田〉

■US-カナダ（2004） ■Ferret

メタリック・ハードコア

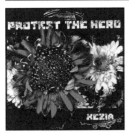

Protest The Hero

Kezia

プログレッシヴ・メタルとマスコア、双方の領域で語られる稀有のバンド。この 1st アルバムは Watchtower をメタルコア化したような音楽性だが、オペラシンガーに影響を受けたという（しかし逞しくはない）メロディアスなヴォーカルにはポップパンク的な味わいもあり、全体として妙な親しみやすさが生まれている。独特の味わいが熱烈な支持を集める。〈和田〉

■カナダ（2005） ■Underground Operations

メタリック・ハードコア

Car Bomb

Centralia

1st アルバム。Meshuggah + The Dillinger Escape Plan とメンバーが言う通りの音だが、テクニカル・デスメタルや IDM（Autechre など）を通過したサウンドは常軌を逸して複雑で、妙な論理的整合性が醸し出す謎の快感も併せ、この手の音楽に慣れた人々にも大きな衝撃を与えた。不協和音デスメタルの文脈でも重要な存在感を放つ。〈和田〉

■US（2007） ■Relapse

メタリック・ハードコア

Between The Buried And Me

Colours

プログレッシヴなメタルの歴史を代表する名盤 4th アルバム。Dream Theater など多彩な影響を完璧に統合した音楽性は、adult contemporary progressive death metal と自称する通りの仕上がりだが、出自はハードコアで、それが演奏感覚の重要な軸になっている。メタル領域でもハードコア要素が歓迎されるようになったことをよく示す。〈和田〉

■US（2007） ■Victory

メタルコア（ゼロ年代以降：メロデス通過後・現在に至る意味での）、スクリーモ

Killswitch Engage

Alive or Just Breathing

■US（2002） ■Roadrunner Records

今ではメタルコアも多様化し、様々なマイクロ・ジャンルを持つ一大勢力へと成長したが、このアルバムがリリースされた2002年はまだメタルコアというジャンルは確立されておらず、ぼんやりとメロディック・デスメタルがハードコア、スラッシュメタルなどとクロスオーバーしたサウンドが出てきた頃。その時代に現代で言う「メロディック・メタルコア」の礎を確立したのがKillswitch Engageの『Alive or Just Breathing』だ。このアルバムはメタルコアというジャンルにおいて古典であり、このアルバムを起点に現代メタルコアの歴史を考えるのが良さそうだ。当時まだドラマーとして在籍していたAdam Dutkiewiczは、ドラムだけでなく、本作ではプロデューサーとしてクレジットされている。Adamは90年代後半から2000年代にかけてメタルコアにおけるレジェンド達のレコードを数多く手掛けてきた。Shadows FallやAll That Remainsなど、全て名前を挙げたらキリがないほど、Adamはメタルコアという音楽をミュージシャンとして、そしてプロデューサーとして形成した。そして自身のKillswitch Engageでは古典的なスタイルに加え、バンドの持ち味とも言える叙情性をふんだんに盛り込んだ。‘Self Revolution’や‘My Last Serenade’、そして‘The Element of One’はこのアルバムのハイライトと言える楽曲。‘Fixation on the Darkness’のヘヴィネス、そしてキャッチーなコーラスは今から20年も前にリリースされた作品であるとは思えない。Jesseも非常に素晴らしいヴォーカルであり、Howardとはまた違った良さがある。メタルコアが幅広く様々なジャンルを取り込みながら独自に発展していくようになったのは、やはりKillswitch Engageの存在が影響しているだろう。〈脇田〉

メタルコア（ゼロ年代以降：メロデス通過後・現在に至る意味での）、スクリーモ

All That Remains

This Darkened Heart

よりメタルコアに接近した音楽性になった 2nd。ダウンチューンされたギターの開放弦を厳かに刻むブレイクダウン的フレーズはモダンでクールな印象を与え、最もメロデスの名残が残る情緒あふれるソロ・パートは非エクストリーム・メタル愛好家の耳にも心地良い。ドラミングは技巧派の長距離走ではなく短距離走的ダイナミズムを感じさせる。〈清家〉

■US（2004）■Prosthetic Records

メタルコア（ゼロ年代以降：メロデス通過後・現在に至る意味での）、スクリーモ

Trivium

Ascendancy

Killswitch Engage に次ぐメロディック・デスメタル／メタルコアの注目アクトとして Roadrunner Records と契約し華々しく発表された 2nd アルバム。スラッシーなリフ、In Flames や Arch Enemy を彷彿とさせるツインリードのメロディ、モダンさと新鮮さのバランス感覚が良く、幅広く支持された初期の傑作。〈脇田〉

■US（2005）■Roadrunner Records

メタルコア（ゼロ年代以降：メロデス通過後・現在に至る意味での）、スクリーモ

As I Lay Dying

An Ocean Between Us

2000年代を代表するメタルコア・バンドとして活躍した彼らの 4 枚目フルレングス。Killswitch Engage の Adam によってプロデュースされ、淀みのない純度 100% のメタルコアを炸裂させた傑作として知られる。PANTERA をも彷彿とさせる攻撃力、デスラッシュ的なニュアンスがもたらすパワーを深く感じることも出来る。〈脇田〉

■US（2007）■Metal Blade Records

メタルコア（ゼロ年代以降：メロデス通過後・現在に至る意味での）、スクリーモ

Bullet For My Valentine

Scream Aim Fire

メロディック・デスメタルとメタルコアを繋ぐ存在として注目を集めた彼らのセカンド・アルバム。モダンな「メロデス」感引き立たせるスラッシーなリフが繊細に輝きながら、寄り添うようにして鳴らされるエモーショナルなメロディ、そしてマットの甘い歌声に心揺さぶられる。メタル・シーンを牽引していく新世代バンドとして ブレイクを果たした名作。〈脇田〉

■UK（2008）■20-20 Entertainment LLC

メタルコア（ゼロ年代以降：メロデス通過後・現在に至る意味での）、スクリーモ

Unearth

The March

90年代終わりに結成され、シーンの代表格となった彼らの4th。メタルコアの源流であるメロディック・デスメタル、そしてスラッシュメタルのそれぞれが瑞々しくクロスオーバー、贅沢に配したツインリード、凛としたリフワークがかっちりとしたサウンドをゴージャスに彩る。モダン・メタルを次世代シーンに引き込む役割を担ったターニングポイント的な重要作。〈脇田〉

■US（2008）■Metal Blade Records

メタルコア（ゼロ年代以降：メロデス通過後・現在に至る意味での）、スクリーモ

August Burns Red

Constellations

ゼロ年代初頭のメタル・シーンを席捲した、モダンなサウンドで奏でられるメロディックなリフによる疾走感と、Djent風の威嚇射撃のような低音弦の刻みの停滞感という二つの要素を効果的に使い分けて練られた展開は後のプログ路線への適性を既に示している。安易にクリーン・ヴォイスを投入して見せ場を作ろうとしない点にも評価が高まる。〈清家〉

■US（2009）■Solid State

メタルコア（ゼロ年代以降：メロデス通過後・現在に至る意味での）、スクリーモ

Parkway Drive

Deep Blue

メロディック・デスメタルやスラッシュメタルの影響下にあった2000年代のメタルコア。Parkway Driveはハードコアの手法を用い、ダンサブルな魅力溢れるメタルコアで人気を博した。'Unrest'や'Sleepwalker'は現代メタルコアの礎とも言うべき楽曲であり、初期Parkway Driveの象徴である。〈脇田〉

■オーストラリア（2010）■Epitaph

メタルコア（ゼロ年代以降：メロデス通過後・現在に至る意味での）、スクリーモ

Architects

Lost Forever // Lost Together

2000年代後期から2010年代初頭にかけてハードコアの影響を受け、大きくスタイル・チェンジしたメタルコア。Architectsはさらに叙情的なメロディと伸縮性のあるアトモスフィリックなプログレッシヴ・サウンドでジャンルを次のフェーズへと進めた。リード・トラックである"Gravedigger"に影響を受けたバンドは多い。〈脇田〉

■UK（2014）■Epitaph

メタルコア（ゼロ年代以降：メロデス通過後・現在に至る意味での）、スクリーモ

Crystal Lake

HELIX

成長期を迎えていたメタルコアにおいて、彼らの創造性は世界に衝撃をもたらした。崇高なオーラ漂う 'Apollo'、勇壮な 'Sanctuary' といったメロディック・ハードコアの影響下にある楽曲から、新時代メタルコアの音響彫刻とも言うべき 'Aeon' など、10年後、20年後にもシーンにインスピレーションを与え続ける楽曲が詰まった傑作。〈脇田〉

■日本（2018） ■Cube Records

メタルコア（ゼロ年代以降：メロデス通過後・現在に至る意味での）、スクリーモ

The Used

In Love and Death

スクリーモが形作られた2000年代中期に産み落とされたエモ・ロック／ポスト・ハードコアの名作として名高い The Used のセカンド・アルバム。蒼く燃えるようなキラーチューン 'I Caught Fire' に代表されるような神聖なメロディとエモーションはメインストリームでも評価され、本作はプラチナディスク認定されている。〈脇田〉

■US（2004） ■Reprise Records

メタルコア（ゼロ年代以降：メロデス通過後・現在に至る意味での）、スクリーモ

Thursday

War All the Time

スクリーモ・ムーヴメントを決定付けた Thursday 通算3枚目のメジャー・デビュー・アルバム。エモーショナル・ハードコアが激しさを増し、ハイトーン・ヴォイスを持つ Geoff Rickly の胸が張り裂けるような物悲しい歌声が別世界へと連れ去ってくれる。オルタナな響きも感じせる 'Signals Over the Air' ほか歴史的名曲がずらりと並ぶ。〈脇田〉

■US（2003） ■Island Records

メタルコア（ゼロ年代以降：メロデス通過後・現在に至る意味での）、スクリーモ

Funeral for a Friend

Hours

PANTERA や Slipknot、Deftones らを手掛けた Terry Date をプロデューサーに迎え、エモ／スクリーモを軸に置きながらもメタルへと接近した Funeral for a Friend のセカンド・アルバム。鮮やかなリフと絡み合うような勇壮なボーカル光る楽曲 'Streetcar' など、アートワークも含め時代を象徴する作品。〈脇田〉

■UK（2005） ■Atlantic

メタルコア（ゼロ年代以降：メロデス通過後・現在に至る意味での）、スクリーモ

Saosin

Saosin

スクリーモというジャンルが確立され、世界中でムーヴメントが巻き起こる中、Saosin はデビュー・アルバムとなる本作でトップに躍り出た。Cove の圧倒的なボーカルから放たれる繊細な輝きを捉えながら、メロディを奏でる Justin のリード・ギターがシーンに与えた衝撃は計り知れないものがあった。今も色褪せない神々しい名作。〈脇田〉

■US（2006）■Capitol Records

メタルコア（ゼロ年代以降：メロデス通過後・現在に至る意味での）、スクリーモ

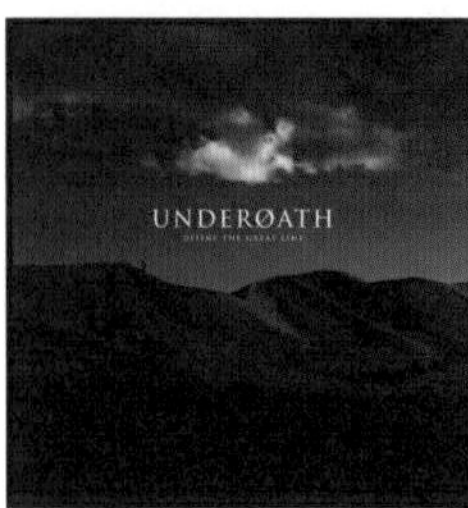

Underoath

Define the Great Line

90年代の終わりに産声を上げ、じわりじわりとシーンにおける存在感を強めた Underoath。通算 5 枚目のアルバムとなる本作をキャリアにおけるベスト作と語るファンも多い。スクリーモ／ポスト・ハードコアをヘヴィに押し上げ、カオス渦巻くサウンドを異次元の美的感覚でまとめ上げた。息を呑むライヴ・パフォーマンスも魅力のひとつ。〈脇田〉

■US（2006）■Tooth & Nail Records

メタルコア（ゼロ年代以降：メロデス通過後・現在に至る意味での）、スクリーモ

From First To Last

Heroine

Skrillex として DJ になる前の Sonny Moore がフロントマンを務めていたポスト・ハードコア・バンド。スクリーモ前夜のムーヴメントの立役者的存在として 2000年代初頭にブレイク。'The Latest Plague' といったキラーチューンをはじめ、感情的なサウンドの奥深くに宿る秘めた美しさに若き音楽リスナー達が熱狂した。〈脇田〉

■US（2006）■Epitaph

メタルコア（ゼロ年代以降：メロデス通過後・現在に至る意味での）、スクリーモ

Attack Attack!

Someday Came Suddenly

クリーン・パートを取り入れたメタルコアは、シーンの一大勢力となり、「スクリーモ」と呼ばれムーヴメントを巻き起こした。Attack Attack! は大胆にエレクトロニックなパートを組み込み、奇抜に展開する楽曲、ヴィジュアルで注目を集めた。代表曲 'Stick Stickly' はミーム化したものの現代メタルコアの大切なルーツと言えるだろう。〈脇田〉

■US（2008）■Rise Records

メタルコア（ゼロ年代以降：メロデス通過後・現在に至る意味での）、スクリーモ

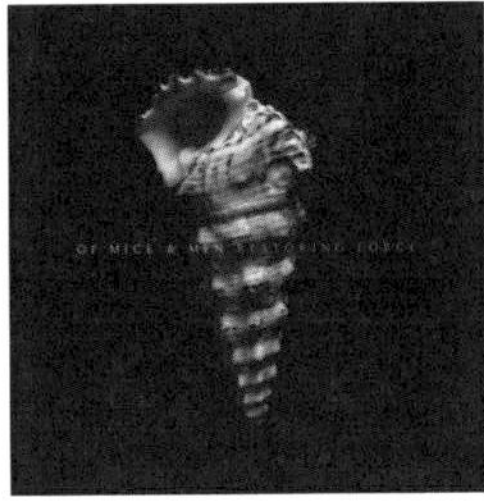

Of Mice & Men

Restoring Force

カリスマ・ヴォーカリスト Austin Carlile によって立ち上げられたこのバンドは、スクリーモから出発し、次第に収録曲 'Would You Still Be There' に代表されるようなアメリカン・ロックのダーティなフックとメロディを取り入れたスタイルへと進化。現在まで第一線で活躍する実力派の挑戦が詰まった一枚。〈脇田〉

■US（2014） ■Rise Records

メタルコア（ゼロ年代以降：メロデス通過後・現在に至る意味での）、スクリーモ

blessthefall

Witness

Story of the Year や Finch、My Chemical Romance といった類のエモがメタルコアとクロスオーバーしていく中で誕生したのがスクリーモだとしたら、blessthafall は互いの血を平等に受けついた純血種だ。メタルコアのヘヴィネスと胸を締め付けるようなクリーン・ヴォイスが見事に融合した快作。〈脇田〉

■US（2009） ■Fearless Records

メタルコア（ゼロ年代以降：メロデス通過後・現在に至る意味での）、スクリーモ

Sleeping With Sirens

Feel

Saosin らの活動休止によって、一躍ポスト・ハードコア・シーンのトップに躍り出た彼らの最もセールスを記録したアルバム。ヒット・シングル 'Alone' をはじめ、スクリーモというジャンルの持つポテンシャルをオーヴァーグラウンドに示し、美しいハイトーン・ヴォイスを持つ Kellin のカリスマ性が爆発した傑作。〈脇田〉

■US（2013） ■Rise Records

メタルコア（ゼロ年代以降：メロデス通過後・現在に至る意味での）、スクリーモ

Dance Gavin Dance

Jackpot Juicer

プログレッシヴなポスト・ハードコアはバンドのコンポーザー Will Swan の名に因んで「スワンコア」と呼ばれるなど、2000年代中期から止まる事なくリリースを続ける実力派の10作目。ファンクやR&B まで飲み込んだ 'Die Another Day' 他、艶やかに輝き、しなやかに弾むメロディ光る楽曲の数々が異世界へと連れていってくれる。〈脇田〉

■US（2022） ■Rise Records

メタルコア（ゼロ年代以降：メロデス通過後・現在に至る意味での）、スクリーモ

Pierce The Veil

Collide with the Sky

Sleeping With Sirens の Kellin をフィーチャーしたヒット・シングル 'King For A Day' が収録された彼らの出世作。「メキシコア」とも呼ばれた彼らのサウンドは、ラテン音楽のエッセンスを注入した独創的なスクリーモで評価を得た。ムーヴメントの中から唯一無二の個性を持ったバンドだけが 2010年代を代表するバンドへと成長していった。〈脇田〉

■US（2012） ■Fearless Records

メタルコア（ゼロ年代以降：メロデス通過後・現在に至る意味での）、スクリーモ

We Came As Romans

To Plant a Seed

新世代スクリーモを担う存在として本作でデビュー。メタルコアとポスト・ハードコアをクロスオーヴァーさせ、シャウト、クリーンのツイン・ヴォーカリストが織り成す流麗なコントラストでドラマ性のあるサウンドを作り上げ、ユース・シーンのトレンドになった。オーケストレーションを取り入れるのも早く、多くのフォロワーを生み出した。〈脇田〉

■US（2009） ■Equal Vision Records

メタルコア（ゼロ年代以降：メロデス通過後・現在に至る意味での）、スクリーモ

Crossfaith

XENO

海外のメタルコア／スクリーモ・ムーヴメントにいち早く反応し、国内を飛び出し国際的な評価を得たラウド・シーンの開拓者とも言える Crossfaith のメジャー・デビューアルバム。エレクトロニックの粒子が宙を乱舞するようにサウンドを立体的に整え、ゴージャスなメタルコアを軸にバラードまでプレイ。幅広い可能性を提示した一枚。〈脇田〉

■日本（2015） ■LUSTFORLIVES/Ariola Japan

メタルコア（ゼロ年代以降：メロデス通過後・現在に至る意味での）、スクリーモ

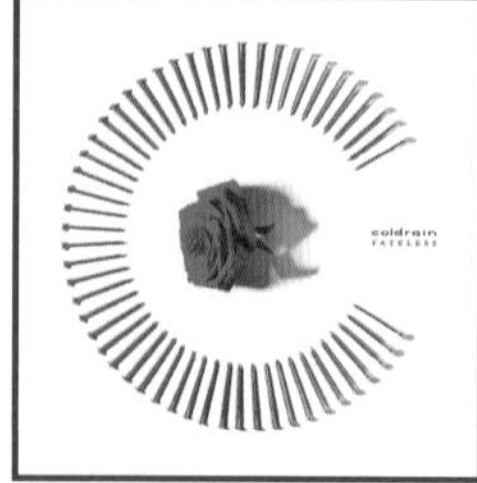

coldrain

FATELESS

国内ロック・シーンと海外のポスト・ハードコア／メタルコアの架け橋的存在であり、あらゆるシーンで高い評価を得た通算 5 枚目のフル・アルバム。本格的なポスト・ハードコアとロックのダイナミズムのシアーな発色が印象的な 'R.I.P.' や、フロアの熱気を捉えたドライブ感溢れる 'ENVY' ほか coldrain を代表する楽曲が詰まった快作。〈脇田〉

■日本（2017） ■Warner Music Japan

Job For A Cowboy

Doom

■US (2005)　■King Of The Monsters

まだ、デスコアという音楽がメタルのジャンルの一つとして世間に認められる前、Job For A Cowboy はアメリカ・アリゾナで産声を上げ、2005年にデビューEP として“Doom”をリリースした。デスメタルとハードコア、メタルコアをクロスオーヴァーさせたデスコアは多くのメタル・ファンから「これはメタルではない」と悪評されたものの、音楽プラットフォーム Myspace を中心にフレッシュな音楽を求めるティーンエイジャーから注目を集め、次第に悪評は減っていった。Job For A Cowboy は“Doom”でこそ純粋にデスコアと呼べるサウンドを鳴らしたが、以降はデスメタルへと傾倒していく。デビュー作への悪評が彼らが突き進むであっただろうデスコア・スター街道への道筋を逸らしてしまったかもしれない。ただ、リリースから十数年が経過した今でも“Doom”はデスコアのクラシック作品として語り継がれている。この作品がなぜ、メタル・ファンから当初認められなかったのか、今冷静に聴き返してみるとなんとなく感じられるはずだ。“Doom”のデスメタリックなリフは当時のデスメタル・シーンにおいてもブルータルなものであったが、ハードコアやメタルコアで組み込まれてきたチャグ（所謂ギターの刻み）のダンサブルなフレーズにフォーカスしている。PANTERA のようなスラッシュ・メタルや Suffocation のようなタイプのブルータル・デスメタルにもチャグと呼べるようなフレーズがあるが、Job For A Cowboy はデスコアをデスコアたらしめるチャグのスタイルを“Doom”で完成させている。この作品のハイライトと呼べる楽曲は MV にもなっている‘Entombment of a Machine’だ。急加速、急ブレーキを繰り返しながら、ブルータルでデスメタリックなフレーズを繰り広げ、鳥獣のようなスクリームとガテラルが交差していく。冒頭の女性の悲鳴のようなパートはバンドを知らなくても meme として知っているメタル・ファンもいるほど、キャッチーで印象的だ。歴史はここから始まった。〈脇田〉

デスコア

Suicide Silence
The Cleansing

Suicide Silenceの名を世界に知らしめることになったデビュー作。デスメタリックなリフとブラスト・ビートで加速し、直下型ブレイクダウンを繰り出すデスコアの典例は彼らが完成させたと言っていいだろう。カリスマと呼ばれたシンガーMitchの鳥獣のようなスクリーム、そしてヴィジュアルは後続に大きな影響を与えた。〈脇田〉

■US (2007) ■Century Media

デスコア

Whitechapel
This Is Exile

Whitechapelのベスト・アルバムとして今でも高く評価される2ndアルバム。デビュー作で見られたブルータルさは減退したものの、持って生まれたリフメイカーとしての才能が開花。すっきりと整理され、キャッチーに仕立てられた刻みはもちろん、それに呼応するかのようなドラマティックな展開美に思わず聴き惚れてしまう。〈脇田〉

■US (2008) ■Metal Blade Records

デスコア

Carnifex
Hell Chose Me

デスコアにブラックメタルを掛け合わせた「ブラッケンド・デスコア」というジャンルのオリジネイター。スーサイダルなメロディをメロディック・デスメタルの手法をヒントにしつつデスコアに注入。サタニックな歌詞、ヴィジュアルでデスコアの可能性を拡大した。タイトルトラック'Hell Chose Me'は現在まで続く彼らの代表曲。〈脇田〉

■US (2010) ■Victory Records

デスコア

Chelsea Grin
Desolation of Eden

徹底的にテンポを落としたデスコアをプレイし、「ダウンテンポ・デスコア」というマイクロ・ジャンルを生み出し、シーンに革命をもたらした彼らのデビュー作。強烈にダウンチューンした多弦ギタリストのトリプル編成でブレイクダウン／ビートダウンのダイナミズムを究極まで押し上げる事にフォーカス。後にブレイクするDjentにも少なからずヒントを与えた。〈脇田〉

■US (2010) ■Artery Recordings

デスコア

Despised Icon
Day of Mourning

テクニカル・デスメタルの聖地カナダ・ケベックから登場し、ブルータル／テクニカルなデスメタルをハードコアのパッションで表現したことで、デスコア・バンドとしてブレイク。危険な香り漂うツイン・ヴォーカルが捲し立てるようにフロアを煽り、モッシュの嵐を生み出していく。圧倒的なテクニックで他のデスコア・バンドとの格の違いを見せつけた。〈脇田〉

■カナダ（2012） ■Century Media

デスコア

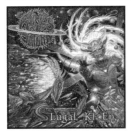

Rings of Saturn
Lugal Ki En

飽和状態にあったデスコア・シーンに突如として現れ、強烈なインパクトを与えたRings of Saturn。人間離れした異次元のスピードを誇るブラストビート、ビッグバンが炸裂したかのようなタッピング・フレーズが洪水の如く降り注ぐ、まったく新しいサウンドでデスコアだけでなくメタル・シーン全体の注目をかっさらった。〈脇田〉

■US（2014） ■Unique Leader Records

デスコア

Shadow Of Intent
Reclaimer

本格的なオーケストレーションを組み込んだ「シンフォニック・デスコア」というスタイルの先駆者。デスコアの一派でありながら、シンフォニック・メタルの一派としても存在感を放つ。バウンシーなデスコアのビートの上で鳴らされるからこそ輝きを見せるメロディに影響を受けたバンドは多い。2020年代以降のデスコア・シーンの潮流を作った作品。〈脇田〉

■US（2017） ■Not On Label（Shadow Of Intent Self-released）

デスコア

Thy Art is Murder
Human Target

オーストラリアのデスコアをはじめとするメタルのユース・シーンを世界な存在として確立させたレジェンド格のひとつとして名前が挙げられる彼ら。メタルのメインストリームで映える耳馴染みの良いデスコアを追求し続けたどり着いた傑作で、ブレイクダウンへの導入の仕方、デスコアにおけるギター・ソロの役割の考え方において頭ひとつ抜きん出た才能を感じさせる。〈脇田〉

■オーストラリア（2019） ■Nuclear Blast

デスコア

Brand of Sacrifice
God Hand

デスコアの最大の魅力である「ブレイクダウン」。シーンがそのヘヴィネスをアップデートし続けた2010年代の終わりに、Brand of Sacrificeが最終形態として“God Hand”を発表した。ニューメタル／インダストリアル・メタルの持つ金属的な音色をアクセントに、重厚なリフを無慈悲に刻み続け、デスコアを新時代に突入させた。〈脇田〉

■カナダ（2019）■Unique Leader Records

デスコア

Lorna Shore
Pain Remains

新たにヴォーカリストとしてWill Ramosが加入しリリースされた“To The Hellfire”の衝撃波は幅広くメタル・シーンに広がり、彼らをトップバンドへと押し上げた。豊麗なオーケストレーションがけぶるような霧の世界を演出、それを切り裂くようにブラスト・ビートとブレイクダウンの波動が押し寄せてくる。ヘヴィ・ミュージックの未来にいくつもの道筋を作った重要作。〈脇田〉

■US（2022）■Century Media

デスコア

NOCTURNAL BLOODLUST
ARGOS

メタルコア／デスコアを鳴らすヴィジュアル系バンドとして活躍、グローバルな人気が高まる中で発表された本作は、Lorna Shoreといった新世代バンドのブレイクに呼応しながらも、誰も真似することの出来ない「ノクブラらしさ」によって仕上げられている。デスコアやメタルコアという言葉だけでは形容できない、エクストリーム・メタルの傑作。〈脇田〉

■日本（2022）■MAVERICK

デスコア

PROMPTS
Fracture

モッシュに特化したデスコアやハードコアは、モッシュコアとタグ付けされ、静かにその歴史を積み重ねてきた。PROMPTSはそれを継受しながらニューメタルコアと結び付き、革新的なサウンドにたどり着いた。本作はこれからも続いていくデスコア／メタルコアの歴史においてターニングポイントになり得るポテンシャルを持った作品として語り継がれていくだろう。〈脇田〉

■日本（2022）■Modern Empire Music

Periphery

Periphery

■US (2010)　■Sumerian Records

メタルコアに革命をもたらした「Djent」。Meshuggah によってその概念が生み落とされ、Periphery によって世界のメタルコア・シーンに浸透していった。Periphery のデビュー・アルバムであるこの作品こそが Djent ムーヴメントを巻き起こしたきっかけであり、メタルコアの歴史の中に大きなターニングポイントを作った。アルバムが発売された当時、特に素晴らしいと感じたのがシャープに刻み込まれるチャギング・リフの鋭さだ。微細にエディットされ、ポリリズミックなグルーヴを牽引していく様に圧倒されたのを覚えている。オープニングを飾る 'Insomnia' から先に進めずに何度もリピートしてしまったのを思い出す。同じことをした人もいるだろう。綿密なサウンド・プロダクションはリフにだけ言えることではない。そのリフに様々な風合いを与えるアンビエンスやエレクトロニクスが随所に配され、近未来的なアトモスフィリックを醸し出す。細かくトーンを変えながら優雅に爪弾かれるギターのメロディも溢れ出るほど詰め込まれており、聴くものを圧倒する。これらの要素が Periphery サウンドにもたらす生命力は計り知れないものがある。ポリリズミックなグルーヴはドラムによってさらに強固になっている。このアルバムのリードトラックであり、ミュージックビデオにもなっている 'Icarus Lives' では、ダイナミックなリフを包み込むようにして叩き込まれるドラミングが楽曲の大黒柱として大きな力を発揮している。そして、このアルバムを支配するヴォーカリスト Spencer Sotelo の存在感について触れないわけにはいかない。レンジの広さや独特な歌い回しは Periphery を Periphery たらしめる重要な要素だ。深く聴き込めば聴き込むほど、味が滲み出てくるこのアルバムには、言葉では表現できないような響きがある。聴く人がミュージシャンであれば尚更だろう。アートワークの瑞々しさや奇抜な楽曲タイトル、彼らのアーティスティックな魅力が「Djent とは何か」を形作り、現在までシーンに強い影響を与え続けている。〈脇田〉

プログレッシヴ・メタルコア/Djent

SikTh

The Trees Are Dead & Dried Out Wait for Something Wild

メタルの枠を越えて注目された歴史的名盤1st アルバム（2004年にはフジロック出演）。The Dillinger Escape Plan に Deftones 的音響とスクリーモ風旋律を導入、演劇的な発狂ツインヴォーカルで彩ったような音楽性で、豊富すぎるアイデアをとことんキャッチーに聴かせる作編曲は多方面に大きな影響を与えた。プレ Djent としても重要。〈和田〉

■UK（2003） ■Unparalleled Records

プログレッシヴ・メタルコア/Djent

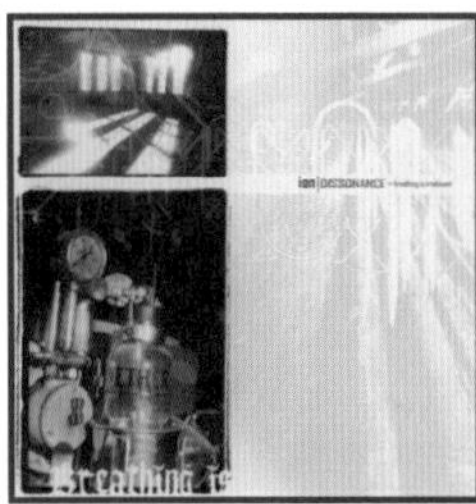

Ion Dissonance

Breathing Is Irrelevant

1st アルバム。一般的な知名度は高くないが、マスコアとデスコアと Djent の結節点として重要なバンドで、Vildhajarta をはじめとする後続に大きな影響を与えた。本作の時点ではグラインドコア要素多めで目まぐるしい展開が多いが、Meshuggah 風リズム構成＋ハードコアの躍動感＝ Djent 的な展開も既に効果的に駆使されている。〈和田〉

■カナダ（2003） ■Willowtip

プログレッシヴ・メタルコア/Djent

Textures

Drawing Circles

デジタルな質感のディストーションがかけられた Djent 系ギター・サウンドとおおらかでカラッとしたプログ・ロック的ドラムが共存しているという、不思議な均衡が保たれたアルバム。神経質に切り刻むパートが来たかと思えば、気がつけばスペーシーな空間に放り出され……とキャラクターの違う箇所を接合しているが不思議と慌ただしさはない。〈清家〉

■オランダ（2006） ■Listenable Records

プログレッシヴ・メタルコア/Djent

After The Burial

In Dreams

Djent ならびにプログ・デスコアの魅力は緻密に配線された夥しい量のケーブルのごとく複雑な知的さと、兵器を搭載したサイボーグに見立てられる冷血なブルータリティにあるが、このアルバムはそのどちらも満たしつつ推進力となるパワーに溢れるリフも組み込んでいる。無感動な幾何学模様に終始しているバンド群が避ける色を使って描かれている。〈清家〉

■US（2010） ■Sumerian Records

プログレッシヴ・メタルコア/Djent

VEIL OF MAYA

[id]

Djent 最盛期に〈Sumerian Records〉を牽引したバンドの 3rd。ダウンチューンド・ギターのリフがごろごろと転がる上でメロディを奏でるリードはプログ/テクニカル・デスの趣があり、ドラムのキックのパチパチと一音ずつ嵌っていくようなサウンドの心地よさはルービックキューブの早揃えを見ているようである。僅か 30 分弱の間に音に対する遊び心が濃縮されている。〈清家〉

■US (2010) ■Sumerian Records

プログレッシヴ・メタルコア/Djent

Born of Osiris

The Discovery

オリエンタルな音色とプログレッシヴ・メタルコア/ Djent をクロスオーバーさせ、Born of Osiris が秘めた美しさを解き放ったセカンド・アルバム。本作から 7 弦ギターを本格導入しクラシックなメタル・グルーヴをプログレッシヴに、そしてヘヴィに表現。それでいてメロディックな魅力もしっかりと爆発させている。〈脇田〉

■US (2011) ■Sumerian Records

プログレッシヴ・メタルコア/Djent

Volumes

Via

Djent はあらゆるジャンルと交じり合いながら 2010年代中期にかけて大きく発展していった。メロディック・ハードコアやモッシュコアを飲み込み、それぞれのサウンドのキーとなるニュアンスをスマートに捉え、タフさと透け感のある叙情なメロディックでスタイルを確立。本作は彼らのクリエイティヴな発想が凝縮された作品に仕上がっている。〈脇田〉

■US (2011) ■Mediaskare

プログレッシヴ・メタルコア/Djent

Vildhjarta

Masstaden

Djent のエクストリームな発展に大きく貢献した 1st アルバム。Meshuggah と Ion Dissonance に加え、Katatonia から影響を受けているのがポイントで、重く複雑なギター・リフとダーク・アンビエント的な旋律が、隅々まで澄明な音響により美しく溶け合わされている。メンバーの誤記から生まれ定着した Thall というタグ/系譜の始祖。〈和田〉

■スウェーデン (2011) ■Century Media

プログレッシヴ・メタルコア/Djent

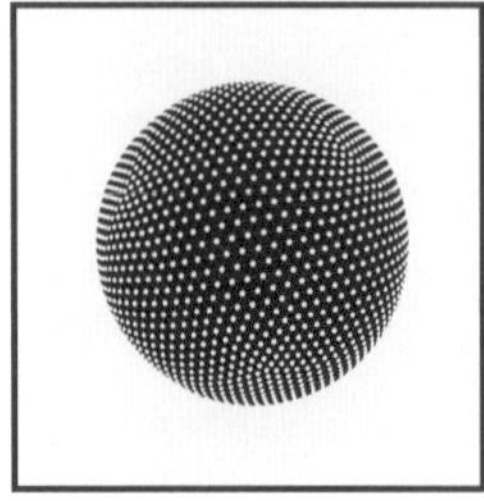

TesseracT

Altered State

エレガントな Djent のポテンシャルを引き出し注目された TesseracT の 2nd アルバム。うっとりするような芳香を放つプログレッシヴなメロディとミストのようにゆったりとした広がりを持つアトモスフィリックな音感。サウンドスケープの視界を晴らすように凛としたリフがシャープに刻まれていく。これほどまでにスタイリッシュなメタルがあっただろうか。〈脇田〉

■UK（2013） ■Century Media

プログレッシヴ・メタルコア/Djent

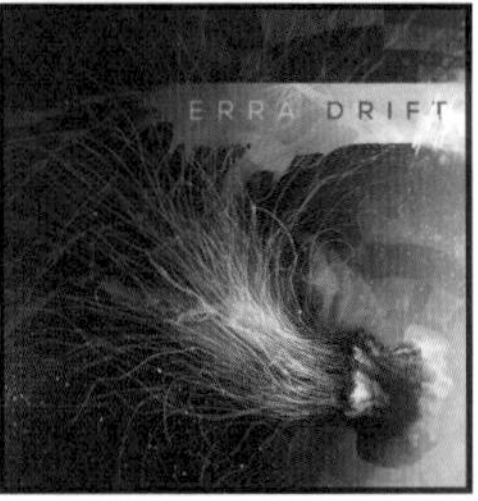

Erra

Drift

メタルコア・シーンにしっかりと根を張り育んできた独創性は、ギタリストでありクリーン・ヴォーカルも兼任する Jesse Cash の生まれ持ったカリスマ性を軸にして発展してきた。タイトル・トラック 'Drift' では、スタジアム・ロックのダイナミズムやスケールを上手く自身のスタイルに落とし込んだ一曲。後の躍進を予感させる内容と言えるだろう。〈脇田〉

■US（2016） ■Sumerian Records

プログレッシヴ・メタルコア/Djent

Oceans Ate Alaska

Hikari

暖かみのあるアートワークとは裏腹に、限界まで詰め込まれたアイデアが結果としてプログレッシヴ・メタルコアとして鳴っていると言うような、前例のないスタイルでシーンに衝撃をもたらしたデビュー・アルバム。メタルコアをエクストリームに更新していくことに対する抵抗を全く感じない桁外れの感性が爆発しており聴くたびに圧倒される。〈脇田〉

■UK（2017） ■Fearless Records

プログレッシヴ・メタルコア/Djent

Monuments

Phronesis

正統派プログレッシヴ・メタルコア／ Djent として神々しい存在感を放ってきた UK 出身の 3rd アルバム。各パートの音の輪郭がはっきりとしておりこの手のジャンルにおいて耳馴染みの良さはピカイチ。リラックス感のあるグルーヴと熟成されたエレクトロニックなスパイスが上手く作用した「Djent 入門アルバム」と言えるだろう。〈脇田〉

■UK（2018） ■Century Media

Paradise Lost
Gothic

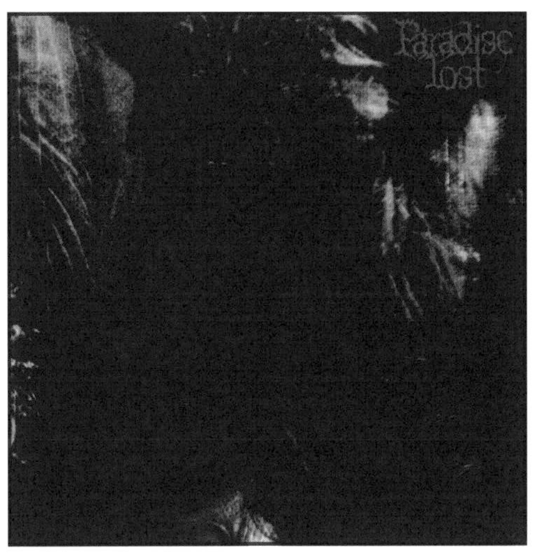

■UK（1991） ■Peaceville Records

ゴシックメタルの確立を告げる歴史的名盤。伝統的HR/HMとゴシックロックを融合、強烈な歪み声とダブにも通じる重低音で彩ったサウンドは、デス・ドゥームの先駆としても大きな影響を与えた。いわゆるPeaceville Threeの一角として、近年の初期デスメタル・リバイバルでも注目度が高まっている。
Paradise Lostの主な影響源は、Dead Can DanceとBlack Sabbathであるという。これは実に象徴的な話で、古楽や民謡にも通じる不協和音のイメージは体得できているのだが、それをコードの並びから構築する理論的持ち分はおそらくなく、70年代英国HR的なリフの使い方で何とかしようとした結果、複数の旋律の絡みから生まれる和音で表現することになる。そして、その旋律がDead Can Dance系譜の捻られたものだからこそ、リフもリードも変則的な仕上がりになり、Paradise Lost特有の蠱惑的な響きが生まれる。'Rapture'のイントロが好例で、キリスト教的な荘厳さとそこからの背徳、双方の快感を同時に喚起させるスケールアウト〜不協和音感覚は、このジャンルのイメージをかなりの部分で規定した。メタルにおける暗黒浮遊感の表現に大きな貢献をしたバンドなのである。
Paradise Lostのこのような音楽性は、90年代初頭だからこそ可能になったものでもあるのだろう。初期のThe Cureを見てもわかるように、80年代のゴシックロックと欧州HMには音楽的な共通点も多かったのだが、前者の「煮え切らない」テンポ感や歌い回しは、力強く「硬派」なものを好むHR／HM的価値観からは相容れないものとされた（Celtic Frostの"Into the Pandemonium"のような偉大な先駆はあったとはいえ）。Paradise Lostはそれをデスメタル流の歪み声と重低音で彩り、危険な雰囲気を表現するにあたっての強みとして活かすことで、メタル領域でも歓迎されるものとし、その上で聴き手の感覚を開発していく。獰猛でエレガントなイメージを最高の形で体現した、稀代の大傑作である。〈和田〉

ゴシックメタル

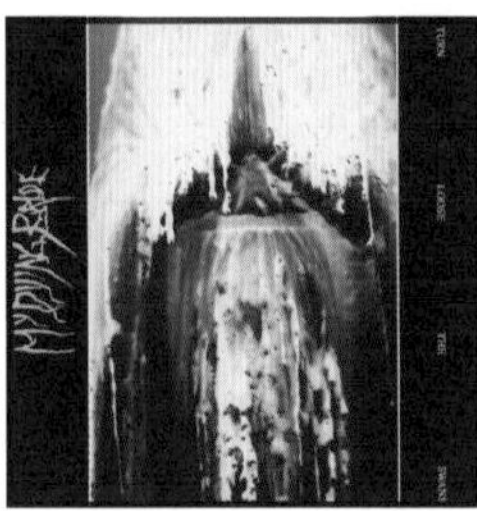

My Dying Bride

Turn Loose the Swans

UK 発信のゴシック／デス・ドゥーム史におけるクラシック。Martin Powell の幽玄な Vio/Key と、Aaron Stainthorpe の敬虔な語りを主とした 7 分半の大曲を幕開きとし、充満した陰鬱耽美な死の気配は、やがて荘厳なアンサンブルへと変態する。黒檀を帯びたディストーションに揺蕩うような美旋律を乗せた、当時としてはアヴァンギャルドな展開が続く名盤。〈村田〉

■UK（1993） ■Peaceville Records

ゴシックメタル

Tiamat

Wildhoney

スウェーデン、ストックホルムのデスメタル・シーンで、いち早くゴシック／ドゥームへ傾倒した古豪。この 4th は Century Media の協力を受け、半壊状態にあったバンドを Johan Edlund（Vo/Gt）が当時入れ込んでいた、サイケデリック／プログレの土壌で捉え直した作品だ。シーンの慣習に囚われないエキゾチックで甘美な体験は、度々トリッピーと形容される。〈村田〉

■スウェーデン（1994） ■Century Media Records

ゴシックメタル

Anathema

Serenades

Paradise Lost、My Dying Bride と並ぶ Peaceville Three として注目された 1st アルバム。ゴシックロック～アンビエントな曲調も多く、それがデス・ドゥームとともに無造作に並べられている。全体的にコード進行自体が「煮え切らない」傾向にあり、構成が未洗練な面も多いが固有の味になってはいる。後の脱メタル傾向が既に示唆されている佳作。〈和田〉

■UK（1993） ■Peaceville Records

ゴシックメタル

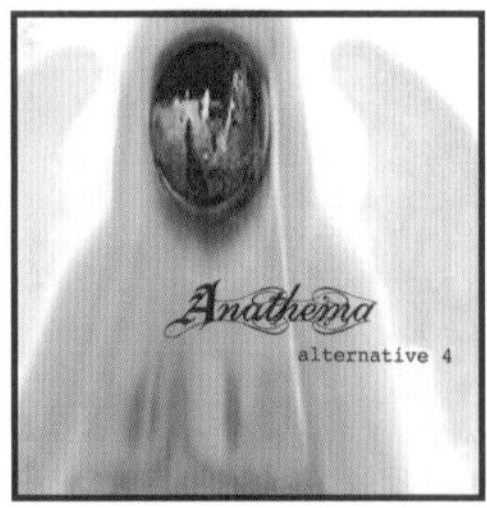

Anathema

Alternative 4

脱メタルをほぼ完了、オルタナティヴ・ロック路線の幕開けとなった 4th アルバム。過去作でも散見された極上のメロディ・センスが、エクストリーム・メタルを通過したからこそ可能になる奥深いアレンジによって最高の形で活かされている。耽美で即効性もある歌ものをここまでうまくできるバンドは稀では。以降の作品もいずれも素晴らしいのでぜひ。〈和田〉

■UK（1998） ■Peaceville Records

ゴシックメタル

Katatonia

Dance of December Souls

最初期にのみプレイしていた壮美な、エピック成分を含んだデス・ドゥームが聴ける1st。全体にリヴァーブをかけて作り出された廃墟のがらんどうを感じさせる荒涼としたサウンド。その中心でポツンと叫ぶ Jonas Renkse の声に宿る哀切はデプレッシヴ・ブラックにも通じるものがあり、圧縮された音源というフィルターを通してもなおこちらの胸を刺す。〈清家〉

■スウェーデン（1993） ■No Fashion Records

ゴシックメタル

Katatonia

The Fall of Hearts

プログ／オルタナティヴ・メタルの方向性に円熟味を増した10作目。温かみのあるトーンの裡に憂愁をたたえたヴォーカルは澱をかき混ぜるオールのようにディストーション・サウンドを中和し、全体に淡い印象を与える。ゆったりと、しかし刻一刻と流れるように表情を変えてゆく楽曲の細部にはストリングスやパーカッションが顔をのぞかせる。〈清家〉

■スウェーデン（2016） ■Peaceville Records

ゴシックメタル

The Gathering

Mandylion

大きな音楽的変遷を経てなお今も進化をみせる The Gathering の実力は、常に過小評価され続けてきたのではないか。本作から女性ボーカルのアネクが参加、伸びやかで儚げな歌唱に、時に Black Sabbath にも通じるような重量感あるギターリフが絡む。これら酩酊感を生むような音楽は、ループ音楽の快楽性をも内包しながら次作の“Nighttime Birds”でより洗練へと向かった。〈つや〉

■オランダ（1995） ■Century Media

ゴシックメタル

The Third And The Mortal

Tears Laid in Earth

ゴシック・ドゥームの隠れた名盤として語り継がれる1st アルバム。エピック・ドゥームのエッジを損なわず軽く優しくした曲調のもと、メゾソプラノと民謡の間にあるような歌声が優しく舞う作風で、隙間を活かした音響構築により空虚な寂しさを描く表現力が素晴らしい。全体の流れまとまりも見事。アルバムジャケット通りの雰囲気が絶品。〈和田〉

■ノルウェー（1994） ■Voices of Wonder

ゴシックメタル

The Third And The Mortal

In This Room

ゴシックメタルの脱メタル傾向における最高の達成と言える3rd アルバム。北欧トラッドを通過したゴシックロックの感覚でトリップホップ〜アンビエントに取り組んだような音楽性だが、個性と強度はそちら方面の代表格に勝るとも劣らない。半覚醒状態の苛立ちと安らぎを具現化したような居心地も絶品。知名度は低いが奇跡的に優れた傑作である。〈和田〉

■ノルウェー（1997）■Voices of Wonder

ゴシックメタル

Septic Flesh

Esoptron

シンフォニック・デスメタルの代表格でもある名バンドの 2nd アルバム。Iron Maiden、Morbid Angel、Celtic Frost、Death、Paradise Lost の影響を地中海の多文化ルーツ音楽と融合する作風で、西欧や北欧とは異なる仄暗いゴシック感覚が味わい深い。次作以降のオーケストラアレンジがない分、バンドの持ち味の核が明確に見える。〈和田〉

■ギリシャ（1995）■Holy Records

ゴシックメタル

Septicflesh

Communion

2003年に一度解散、復活の翌年にリリースされた 7th アルバム。初期より大幅にエッジを増したデスメタル・サウンドに生オーケストラ（音楽大学の作曲科を修了したメンバーが担当）が絡む作風で、特有のゴシック感覚を高度に精製したリフ、激しさを殺さないばかりか倍加するオケの活かし方が素晴らしい。エクストリーム・メタル入門としてもお薦めの逸品。〈和田〉

■ギリシャ（2008）■Season of Mist

ゴシックメタル

Therion

Vovin

それまでのバンド編成を解体、独自のシンフォニック・メタル形式を築き上げた 7th アルバム。初期のゴシック・デス路線から脱却し、プロのオペラシンガー集団による合唱を全面駆使するようになった作品で、Celtic Frost の系譜とパワーメタルの間にある異形の楽曲も併せ、並び立つ者のない個性を確立。親しみやすさと謎を両立する不思議な音楽である。〈和田〉

■スウェーデン（1998）■Nuclear Blast

ゴシックメタル

Sentenced

The Cold White Light

線の太いサウンドの演奏、パワー・メタルのようにがさりと野太い声で感情的に歌い上げるヴォーカル、ストレートな曲調にギター・ソロと、どれか一つだけに焦点を当てると単に涼しげなヘヴィ・ロックだ。だが、総てが結びついた途端にメランコリーの越流がはじまり、それはゴシックメタルの名盤という姿を現す。シンプルであるが故に模倣不能。〈清家〉

■フィンランド（2002）■Century Media

ゴシックメタル

HIM

Love Metal

バンドの集大成的作品となった4th。アルバム・タイトルは彼らが標榜するジャンル名。ゴシックやメタルの質感を持ちながら優しさのある、絶妙に類型に当てはめるのが難しい音楽性を表わしたものだが、これまでよりも有機的で丸みのある音作りを採用し哀愁漂うミドル・テンポの楽曲を主体に構成された本作はまさにその名の通りに仕上がっている。〈清家〉

■フィンランド（2003）■BMG Finland, Terrier Records, RCA

ゴシックメタル

Atrox

Orgasm

テクニカル・ゴシックメタルとでも言うべき強烈な音楽性を体現した傑作 4th アルバム。Voivod に北欧フォークとゴシックメタルを注入した趣の音楽性で、Kate Bush をさらに技巧的にしたような Monika のボーカルをはじめ演奏は超強力、楽曲も見事なものばかり。プログデス的な観点で見ても最高級の出来。Unexpect などと共に聴かれるべき逸品だ。〈和田〉

■ノルウェー（2003）■Code666 Records

ゴシックメタル

Ram-Zet

Intra

知名度の低さが勿体なさすぎる大傑作 3rd アルバム。Meshuggah 式の変則 4 拍子リフを正確に理解し独自に発展、印象的な歌メロを乗せて滑らかなコード進行を生んでしまう作編曲が絶品で（ブラックメタルの要素も含むゴシックの滋味が絶品）、テクニカルになりすぎずに奥深い音色表現をするヴォーカルも素晴らしい。Djent 的観点からも評価可能な超一流。〈和田〉

■ノルウェー（2005）■Tabu Recordings

Cathedral

Forest of Equilibrium

■UK (1991) ■Earache Records

ドゥームメタルの存在を全世界に知らしめた1st アルバム。初期 Napalm Death で伝説的な存在感を放った Lee Dorrian が、デスメタルに向かう音楽性を嫌って脱退した後に結成したバンドで、Napalm Death とは対照的な遅く陰鬱な曲調は、「世界最速から世界最遅になった」という驚きとともに注目された。メタル／ハードコアの越境志向を最高度に体現する傑作であり、様々な文脈の結節点としても極めて重要な一枚である。

Lee の音楽嗜好を理解するにあたって参考になる資料に、日本を代表するメタル専門誌『BURRN!』2019年10月号掲載の「編集部とライターが選ぶ35年間、この100枚」がある。同誌でコラムを担当してきたLee も100枚を選び、全作品に短評をつけているのだが、その1位が Dead Can Dance の“Within the Realm of a Dying Sun”「史上最高のゴシック作」なのである。また、18位には All About Eve の同名アルバムを挙げ、「意外かな？ 初期 Napalm Death の全員が好きだった1枚」と述べている。「遅さ」ばかりが語られる本作だが、BPM は初期 Black Sabbath の方が低いし、Carcass を直接連想させる速めの短尺曲もある。注目すべきはむしろ音楽要素の豊かさだろう。パンクな在り方にこだわりつつ越境精神に溢れるマニアの剛腕が、それまでは相容れないとされていた領域を繋げてみせた作品と見ることもできるのである。

本作では、St. Vitus や Pentagram のような80年代プレ・ドゥームの妙味を引き継ぎつつ、そこにハードコアの粗野な勢いが溶かし込まれ、90年代中盤に確立されるフューネラル・ドゥームの型が概ね築き上げられてもいる。音楽的に豊かすぎるために「ドゥームメタル」の定型的なイメージからは外れるが、様々な「○○ドゥーム」の要素が網羅され、そのいずれにも繋がるディグの入り口になっている。こうした意味でも決定的な、結節点的な名盤なのである。〈和田〉

ドゥームメタル、ストーナーロック、スラッジコア

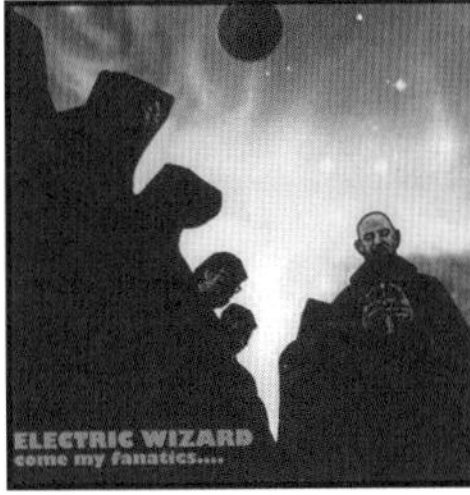

Electric Wizard

Come My Fanatics...

ドゥームメタルの歴史に輝く至高の名作。70年代前半のBlack Sabbathを徹底的に重くし、全身にじっとりへばりつく甘い煙で覆ったようなサウンドで、一見シンプルだが多彩なリフ（実はSabbathの定型から外れるものも多い）が異常な没入感を生む。正気では到底実現不可能な独特のテンションは翌年の“Supercoven”で頂点に。こちらも必聴。〈和田〉

■UK（1997） ■Rise Above Records

ドゥームメタル、ストーナーロック、スラッジコア

Blood Farmers

Permanent Brain Damage

このジャンル屈指の隠れた傑作。Black Sabbathに邪悪なNWOBHMを混ぜたようなリフの上で高速ギターが咽び泣く音楽性で、フレーズの圧倒的な冴え、鬼気迫る演奏表現力など、B級映画モチーフにそぐわない超一流の出来。オリジナルは限定50本だったが、2004年に日本のLeaf Houndからヴォーカル再録のうえ再発。探してでも聴く価値のある逸品。〈和田〉

■US（1991） ■Independent

ドゥームメタル、ストーナーロック、スラッジコア

Sleep

Sleep's Holy Mountain

ドゥーム／スラッジを代表する2ndアルバム。曲展開や声質など、Ozzy期Black Sabbathの影響は濃厚だが、そこにUS産ブルースやカントリーの要素が混入し、演奏感覚もハードコア通過後だからか、別々の国で育った遠縁のそっくりさん的な優れた個性が確立されている。このジャンルの神であるBlack Sabbathに並ぶ数少ないバンドである。〈和田〉

■US（1992） ■Earache Records

ドゥームメタル、ストーナーロック、スラッジコア

Sleep

Dopesmoker

究極のロックアルバム。63分半かけて草の聖地を巡礼する組曲で、その長さを楽々没入させる音色の良さと緩急構成力は超人的。「ほぼワンリフ」と言われることが多いが、実際は十数パートに分かれた組曲形式で、LPの中敷きには手書きの構成が記載されている。1998年リリースの短縮版“Jerusalem”（52分）とともに語り継がれる伝説的名盤。〈和田〉

■US（2003） ■Tee Pee Records

ドゥームメタル、ストーナーロック、スラッジコア

■US (1991) ■Relativity

Corrosion of Conformity (C.O.C.)

Blind

初期の2作におけるクロスオーヴァー・スラッシュ路線でも評価を受けつつスラッジへと方向転換がなされた、バンドのターニング・ポイントと言える3rd。依然スラッシュの色は残るが、グッとテンポを落とし土煙舞う渋さを押し出している。ブリティッシュ・ハード・ロックとグルーヴメタルの共闘のようなサウンドに伝統と先鋭が融けあう。〈清家〉

ドゥームメタル、ストーナーロック、スラッジコア

■US (1991) ■Earache Records

Confessor

Condemned

メタル史上究極のカルト名盤。初期 Trouble を数段捻った変拍子リフに超強力な高音歌唱が加わり、それを超絶ポリリズム（'Condemned' は 5&3）が彩る構成は、テクニカル・ドゥームメタルとも言われ、空前絶後の金字塔であり続けている。特に Stephan Shelton のドラムはジャンルを超えた最高級。Nile や Lamb of God など同業の多くに影響を与えた。〈和田〉

ドゥームメタル、ストーナーロック、スラッジコア

■US (1992) ■Dali Records

Kyuss

Blues for the Red Sun

急速に滋味を増したこの 2nd はサブジャンルとしてのストーナー・メタルの開拓に一役買ったとして評価されている作品。とは言えほとんどの曲が一般的なポップ・ソング程度の尺で作られており、同じリフを延々と繰り返してトリップさせるというような手法は取っていない。煙りうねる重厚なグルーヴそれのみが人々をストーンさせたのである。〈清家〉

ドゥームメタル、ストーナーロック、スラッジコア

■US (1993) ■Century Media

Eyehategod

Take as Needed for Pain

スラッジの始祖と冠される、ニューオリンズの重鎮による 2nd。Saint Vitus や The Obsessed 等がドゥーム界隈の未発達のために、HC バンドとギグを行う世相より。双方の音楽性に好感を抱き、速さを求める潮流へは逆行。Melvins や S.P.K. 等のノイジーな影響も取り込み、後に曲の一部を改題するぐらいヤバめな憎悪と厭世に塗れた、激重轟音を構築した名盤。〈村田〉

ドゥームメタル、ストーナーロック、スラッジコア

Monster Magnet

Spine of God

1st アルバム。Hawkwind や Captain Beyond をはじめとする 70 年代スペース／サイケデリックロックを、エクストリームメタル通過後の 90 年代ヘヴィロックのうるささ基準で強化したような音楽性で、異常な勢いとそれとは対照的に沈む気分とを滑らかに繋ぐ（その上で不安的な危険さを残す）構成力が凄まじい。ストーナーロック史上屈指の傑作。〈和田〉

■ US（1991） ■ Caroline Records

ドゥームメタル、ストーナーロック、スラッジコア

Man Is The Bastard

Thoughtless…

スラッジコアやグラインドコアが志向する速さや短かさといった側面と共振しつつも、カリフォルニア州で勃興していた DIY ハードコア・パンクの荒削りさを汲んだ個性的な音楽は、パワーヴァイオレンスと呼ばれムーヴメントを形成した。中でも、本作はプログレやノイズの影響が顕著。断片的に鳴る不快な SE は、終始神経をちくちく刺し痛めつける。〈つや〉

■ US（1995） ■ Gravity

ドゥームメタル、ストーナーロック、スラッジコア

Fu Manchu

The Action Is Go

Kyuss と並びカリフォルニアのストーナロックを代表するバンド。ロックンロールの勢いをそのまま増幅したようなアンサンブルや肉厚の鳴りは、ハードコア系譜のバンドとは毛色が異なる。一般的な「ストーナー」のイメージに最も近いのはこのあたりの音では。投げやりな歌い回しが程よい脱力感を生むところも含め、全編素晴らしく充実した傑作だ。〈和田〉

■ US（1997） ■ Mammoth

ドゥームメタル、ストーナーロック、スラッジコア

Goatsnake

I

Sunn O))) や The Obsessed のメンバーによるバンドだけあって、開幕からフルスロットルの音圧。デビュー・アルバムからこれだけ振り切れるのかというほど、常に暴力的なファズの砂嵐が吹き荒れる。そんな中、終曲 'Trower' の中盤から突入するストリングスと女声コーラスによる蠱惑的なセクションは秀逸で、砂塵の彼方に一切を睥睨する不落の孤城を幻視する。〈清家〉

■ US（1999） ■ Man's Ruin Records

ドゥームメタル、ストーナーロック、スラッジコア

The Heads

Everybody Knows We Got Nowhere

3rd アルバム。Hawkwind 系譜のスペース・ストーナーだが、MC5 や The Stooges に通じるガレージロック的な勢いがささくれだった質感を生んでいる。長尺のアルバム構成も陶酔感と悪酔い感が入り混じった（どちらかわからなくなる）居心地を増幅。ブリストル出身ならではのダブ〜ヒップホップ風味も興味深い。知名度は低いが非常に優れた作品。〈和田〉

■UK（2000） ■Sweet Nothing Records

ドゥームメタル、ストーナーロック、スラッジコア

Warhorse

As Heaven Turns To Ash…

唯一のアルバム。Sleep と Winter を足したような音楽性で、人気のない牧場の暗渠を思わせる静かなパートはアメリカン・ゴシックの危険な薫りに満ちている。ドゥーム／ストーナー／スラッジの各要素を均しく濃厚に備えたサウンドはこのジャンルの理想形。発表当時は十分な認知を得ることができなかったが、内容の良さにより語り継がれている。〈和田〉

■US（2001） ■Southern Lord Recordings

ドゥームメタル、ストーナーロック、スラッジコア

Queens of the Stone Age

Rated R

Kyuss 解散後に Joshua Homme が結成したバンド、出世作となった 2nd アルバム。後期 Kyuss に連なるストーナーロック的な質感を口当たりよく整理、UK ポストパンクにも通じるオルタナティヴ・ロック要素を溶かし込んで拡張した作品で、とにかく曲の出来が素晴らしい。NME 誌の年間ベスト 1 位に選出されるなど、世界的に高い評価を得た。〈和田〉

■US（2000） ■Interscope

ドゥームメタル、ストーナーロック、スラッジコア

Queens of the Stone Age

Villains

7th アルバム。Bruno Mars の大ヒット曲 'Uptown Funk' を制作の指標とし、同曲に携わった Mark Ronson をプロデューサーに据えたアルバムで、このジャンルとは無関係に見られがちなディスコ、ポストパンク、ゴシックロックなどの要素を通じ、ストーナー・グルーヴが見事に換骨奪胎されている。全編に漂う T. Rex の気配も興味深い。〈和田〉

■US（2017） ■Matador

ドゥームメタル、ストーナーロック、スラッジコア

High On Fire
Blessed Black Wings

Sleep、Melvins、Sunn O))) などのメンバーが集結した、スラッジ／ストーナーを掘るうえで外せない轟音集団を Steve Albini がプロデュースするという最強の布陣で、どっしりとしたブルドーザーのような凶猛なサウンドにデス／スラッシュ由来の陣風が吹き荒れ破壊的欲求を満たす。それとともに狂乱からは一歩引いたインテリジェンスも感じ取れる稀有なバランスを持つ。〈清家〉

■US（2005） ■Relapse Records

ドゥームメタル、ストーナーロック、スラッジコア

Mastodon
Crack the Skye

出世作となった傑作 4th アルバム。大雑把に言えば Captain Beyond ＋ Neurosis で、70年代前半（HR とプログレッシヴ・ロックが未分化だった時期）のロックを介してストーナーロックとオルタナティヴ・メタルを接続するような音楽性は、ライブにおける圧倒的なパフォーマンスもあって大きな支持を集めた。現代メタルの代表格と言えるバンドである。〈和田〉

■US（2009） ■Reprise Records

ドゥームメタル、ストーナーロック、スラッジコア

Uncle Acid & The Deadbeats
Blood Lust

10年代ドゥームの必聴盤ながら、まるで70年代に録音しておいた音源を蔵出しリリースしたかのような音楽性を行き届いた現代のプロダクションでアップデート。妖美な Uncle Acid の歌声はノイジーにブレて摺りガラスの向こうに留まったままはっきりと姿を現すことはない。のたのたと進む演奏に並走するメロトロンの音色が黒魔術的神秘性を高めている。〈清家〉

■US（2011） ■Killer Candy Records

ドゥームメタル、ストーナーロック、スラッジコア

Pallbearer
Sorrow and Extinction

Brett Campbell の歌唱スタイルからかトラディショナルなドゥーム・メタルと評されることも多いが、全く新しいものに感じさせる目覚ましさを持ているアルバム。'Given to the Grave' 冒頭のアンビエントやスラッジ／ポスト・メタルの因子のある透徹したサウンドには古めかしいがゆえの埃っぽい不気味さはなく、つるりとした幽鬼が雲海から次々と起き上がるよう。〈清家〉

■US（2012） ■Profound Lore Records

ドゥームメタル、ストーナーロック、スラッジコア

YOB

Clearing the Path to Ascend

すでにシーンで確固たる地位を築いていたオレゴンの巨匠、Neurot Recordings（Neurosis のレーベル）と──神とハイタッチを交わすように──契約／発表した 7th。轟音ドゥームと瞑想的手法とが、全曲 10 分を越える初期から一貫した大曲構成に対置し、時に渦巻く。終曲 'Marrow' に至って森羅万象の瞬きに想をめぐらす様は、心の傷も安寧もまとめて浚う。〈村田〉

■US（2014） ■Neurot Recordings

ドゥームメタル、ストーナーロック、スラッジコア

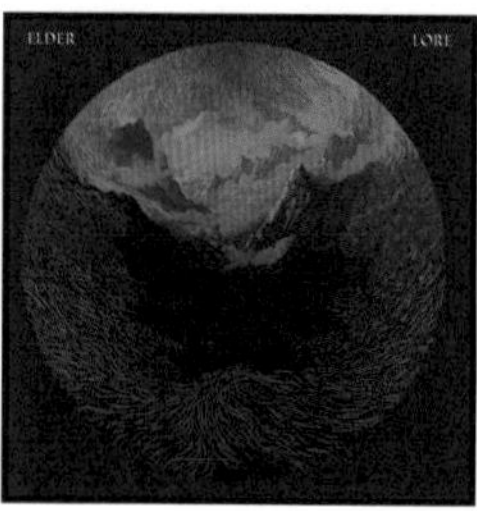

Elder

Lore

Queen Elephantine との 2006 年 Split が処女作となる US ストーナー／ドゥームメタル。近年はドイツを拠点に置き、Kadavar とのコラボレーションでも話題。本作は Roadburn Festival 2013 への出演を経ての 3rd。幻想に重きを置く壮大な構成を、クラウトロック／プログレ由来の精緻なテクニカリティで支える。Sleep 影響下サウンドの加速を予感させた出世作だ。〈村田〉

■US（2015） ■Armageddon Shop

ドゥームメタル、ストーナーロック、スラッジコア

Baroness

Gold & Grey

アート性の強いプログレッシヴ・メタルだが、ギミックのためのギミックは一切無し。粘りつくような混合拍子も決して難解ではなく、不思議と体が先に動いてしまう音楽でもある。常にまとわりつく郷愁、Radiohead 的諦観に、アメリカン・フォークソングの系譜を感じずにはいられない。洗練されつつもオーガニックに響き、余りある才能に嘆息する。〈西山〉

■US（2019） ■Abraxan Hymns

ドゥームメタル、ストーナーロック、スラッジコア

Inter Arma

Sulphur English

ヴァージニア州リッチモンドで 2006 年に結成。Relapse 所属のスラッジとして名を上げたが、特定のカテゴライズを拒む存在でもある。この 3rd では不協和音／OSDM ムーヴメントの渦中にあったダークな音の氾濫が聴ける。Ulcerate、Yautja、KEN mode 等とツアーを行い親交を深めてきた彼らならではの有機的な感覚。⑤に著しい静謐のムードにも美学を感じる。〈村田〉

■US（2019） ■Relapse Records

Thergothon

Stream from the Heavens

■フィンランド（1994） ■Avantgrade Music

唯一のアルバム。同郷のSkepticismとともにフューネラル・ドゥームの型を確立したとされる。薄靄のように肉感の乏しいサウンドと、それを引きとどめようとする遅く伸ばされた展開は、ブルース成分の少ない反復感覚も併せ、一般的なドゥームメタルとは趣を異にする部分が多い。バンド形態を保ったままアンビエント〜ドローンに接近した音楽として、ロックにおける形而上表現の一つの極北を示した傑作である。

このような音楽性には、90年代初頭の欧州シーンの傾向が密接に関わっている。Paradise LostやCathedralのようなゴシックロック志向の強い英国バンドに加え、同郷フィンランドの初期デスメタル・シーンではCarcassやAutopsyに影響を受けたバンドが非常に多く、その殆どがデス・ドゥームの要素を備えていた。遅く重い展開のもと、陰鬱な雰囲気を醸し出す音楽性は、死や葬送に関する内省的な思索を掘り下げるのに適しており、シーンのイメージもそちら方面へ染まっていく。Thergothonのメンバーはデスメタルには影響を受けていないと言うが、こうした空気感にあてられた面はあるだろう。diSEMBOWELMENTなどを見てもわかるように、同じルーツから新しいものを生もうとするシンクロニシティ的な潮流ができていたのである。

しかしその上で、それ以前のドゥームとは明確に異なる部分もある。Thergothonの音楽は哀感に満ちているが、安易に泣いて済ますのではなく、寂しさを携えながら淡々と在り続けていくような展開になっている。アンビエント〜ドローン的な音響はそこに密接に繋がり、世界崩壊後の黄昏を描いたような歌詞もそうした雰囲気を支える。このジャンルがブラックメタルやドローン・ドゥームとの接点を持っているのは、こうした音楽性によるところも大きい。以上のような流れを準備し、ロック領域における音楽の可能性を拡張した、歴史的にも非常に重要な作品なのである。〈和田〉

フューネラル・ドゥーム

Winter

Into Darkness

唯一のアルバム。Hellhammer ～ Celtic Frost をクラストパンク経由で遅く重くしたようなサウンドは、Autopsy や Paradise Lost に比べ音響もコード進行も淡白に乾いており、フィンランドの Unholy などとともにフューネラル・ドゥームの雛形を形成した。荘厳ながら殺伐とした雰囲気が熱烈な信奉者を生み続ける、デス・ドゥーム史上最高傑作の一つ。〈和田〉

■US（1990） ■Future Shock

フューネラル・ドゥーム

Esoteric

The Pernicious Enigma

3rd アルバム。Autopsy や My Dying Bride から出発しつつ、Monster Magnet やインダストリアル、ダーク・アンビエントからも影響を受けているバンドで、スペース・ストーナー要素と肉感に乏しいデス・ドゥームを混ぜる難しい配合を見事に達成。2 時間弱の長尺を難なく聴かせきる驚異的構成力も併せ、唯一無二の境地を切り拓いた。〈和田〉

■UK（1997） ■Aesthetic Death

フューネラル・ドゥーム

Worship

Last Tape Before Doomsday

Fucked-Up Mad Max（Dr, Vo）の自死によりカルト化したフランス／ドイツのフューネラル・ドゥームによる伝説のデモ。CD 版（2004年～）には氏の遺作となった Agathocles との Split 用音源を追加。主な作曲を担当する The Doommonger（Gt, Ba, Vo）のゴシック／ドゥーム派の旋律と、Zine の制作等でも活動した Max の地下偏向／希死念慮の詞による妙然たる展開美を収録。〈村田〉

■フランス/ドイツ（1999） ■Impaler of Trendies Productions

フューネラル・ドゥーム

Nortt

Gudsforladt

ブラック／フューネラル・ドゥームの形態を開拓したデンマークの独りプロジェクトによる 1st。Burzum、Aghast、Thergothon を主要な影響源とする楽曲は、無機質なビートに乗せられる、鬱屈としたディストーションと物悲しい鍵盤が印象的。実存主義／自由意志の信仰のための悪魔崇拝に傾倒したブラックメタル派らしい美しさが、死や虚無へと向かう。〈村田〉

■デンマーク（2003） ■Sombre Records

フューネラル・ドゥーム

Evoken

Antithesis of Light

diSEMBOWELMENT や Thergothon に US/NJ 州でいち早く呼応し、現代へゆっくりと継承してきた Evoken の 3rd。暗黒デスメタルと密接な関係にある、奈落の響きや浮遊感を伴うフューネラル・ドゥームの傑作。それはプロダクションや音の尖鋭化が進んだ当時の真正な、Doom ≒ 破滅、死、不吉の表れでもあった。本作までのアルバムは Ron Thal がエンジニアを担当。〈村田〉

■ US（2005） ■ Avantgarde Music

フューネラル・ドゥーム

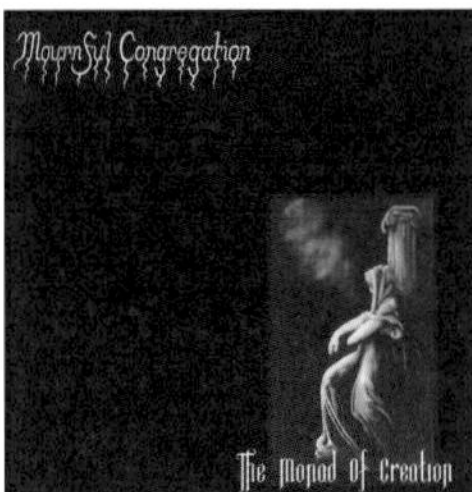

Mournful Congregation

The Monad of Creation

風穴の底から轟いてくるようなデスヴォイスで歌われるフューネラル・ドゥーム。メンバー個人の鬱積の発散というわけでもなく、ましてやリスナーの憂悶に寄り添おうという音楽でもない、人類の来し方に山積した骸と行く末に斃れ伏すであろう屍への葬送曲である。要所で挿入されるスポークン・ワードは黄泉路へ奏上された弔いのこえ。〈清家〉

■（2005） ■

フューネラル・ドゥーム

Ahab

The Call of the Wretched Sea

小説『白鯨』の世界観をモチーフにしたフューネラル・ドゥームバンドの 1st アルバム。大海に呑み込まれる恐怖を描いたかのような楽曲は恐ろしくも情感豊かで、Thergothon のようなタイプ（感情から離れようとしつつその残滓が印象に残る）とは対照的だが、それだけに訴求力が強く、高い評価を得た。Dream Unending なども影響を受けている。〈和田〉

■ ドイツ（2006） ■ Napalm Records

フューネラル・ドゥーム

Bell Witch

Mirror Reaper

蠱惑的なアートワークが注目を集めた 3rd アルバム。この絵だけ見ると何か恐ろしげだが、音の方は自然派ポストブラックの穏やかな部分を抽出した感じで、寂しくも優しい雰囲気が堪らない。ベース（多重録音でリードもとる）とドラムの 2 人編成を最大限に活かす演奏、83 分の長尺を難なく聴かせる構成、いずれも素晴らしい。〈和田〉

■ US（2017） ■ Profound Lore Records

ドローン・ドゥーム、メタル隣接のアヴァンギャルド音楽

Sunn O)))

Life Metal

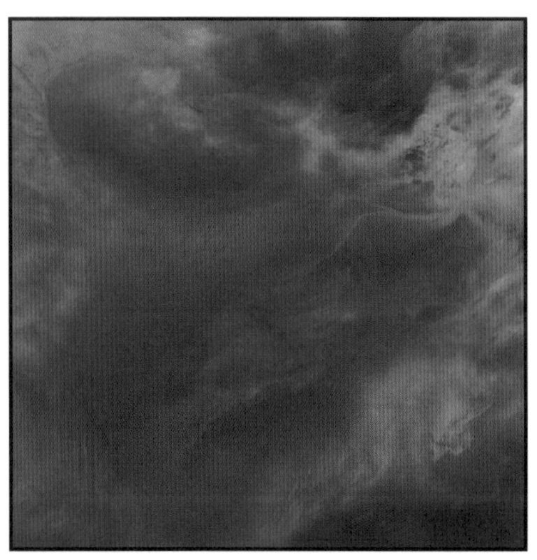

■US (2019) ■Southern Lord Recordings

現代音楽や世界各地の地下シーンとの結節点として重要な役割を担ってきたバンド（名前の読みはsun）、新たな代表作となった9thアルバム。Steve Albiniを録音担当に据えて一発録りで作られたアルバムで、音程変化のあまりないドローン（持続音）を旨く聴かせる鳴りの良さ、演者のバイオリズムを具現化したような時間感覚の表現は、ジャンルを問わず右に出る者がない。この手の音楽への入門としても最適である。

Sunn O)))が確立したドローン・ドゥームという音楽形式は、打楽器のビートを完全に排除、メロディも殆どない初期作の印象から、ロック方面のリスナーからしたら取っ付きづらいものに思われがちだが、コンセプトとしては非常にわかりやすく、実際かなり聴きやすいものでもある。ステージ上に並ぶアンプ群や、ローブをまとった儀式的演出を見てもわかるように、神秘的なイメージ付けをしながらも、それをエンタメとして楽しませる外連味にも満ちている。リゲティやケージの影響から出発し、メンバーのStephen O'Malleyがアルヴィン・ルシエと共演するなど現代音楽方面で重宝される一方で、耳栓を配り爆音を肌で感じさせるライヴは、細かいことを考えず無心に浸れるものになっている。その上で、ブラックメタルや電子音楽など様々な尖鋭音楽の要素を柔軟に取り込み、いくらでも聴き込める音源を作り続けていく。ノイズやドローンをポップに聴かせる策士であり、そちら方面への入り口としても重要な存在なのである。

本作において特に興味深いのが、鳴らしたギター音が膨らみ減衰していくのを放置観察、それに合わせて音を出すという、ギターの音響特性とそれに対する反応から生じる呼吸の感覚が捉えられているところだろう。持続音の連なりから演者の生理感覚が立ち現れ、出音の艶かしさを一層引き立てる。そうした様子をわかりやすく味わえる点においても、誠に得難い作品だといえる。〈和田〉

ドローン・ドゥーム、メタル隣接のアヴァンギャルド音楽

Burning Witch

Crippled Lucifer (Seven Psalms for Our Lord of Light)

Thorr's Hammer 解散後に Sunn O))) の 2 名（Stephen と Greg Anderson）が核となり結成されたバンド、98年のデモ音源集。前身バンドの延長線上にあるスラッジ・ドゥームだが、Khanete や Sunn O))) に通じる呼吸～間合いの感覚が既に顕れている。Greg が運営する Southern Lord からの 2 枚目のリリース（1 枚目は Thorr's Hammer）。〈和田〉

■（1998）■Southern Lord Recordings

ドローン・ドゥーム、メタル隣接のアヴァンギャルド音楽

Thorr's Hammer

Dommedagsnatt

後の Burning Witch ～ Sunn O))) の面々が、ノルウェーから留学中の女学生 Runhild Gammelsæter と 1995年の 6 週間を活動した伝説的バンドの EP。Hellhammer や地元シアトルの Earth 等の要素を持つドゥーム／デスメタルに、彼女の北欧神話モチーフやノルウェー語の歌／グロウルを掛け合わせた狂気の音楽。サバトのごとき雰囲気に魅せられたリスナーは数知れず。〈村田〉

■US（1998）■Southern Lord Recordings

ドローン・ドゥーム、メタル隣接のアヴァンギャルド音楽

Khanate

Things Viral

フィードバック・ノイズにまみれたドローン／アヴァンギャルド・メタル。実験的ホラー映画の音声部分を抽出して聴いているような錯覚に陥り、静的で抽象的な恐怖に襲われる。色彩の失せた楽曲はカルト・ムービー『Begotten』の質感に近い。Alan Dubin の極めて邪悪なヴォーカリゼーションには真性の狂気が宿っており、自分の神経と相談しての聴取を勧める。〈清家〉

■US（2003）■Southern Lord Recordings

ドローン・ドゥーム、メタル隣接のアヴァンギャルド音楽

Nazoranai

Beginning to Fall in Line Before Me, So Decorously, The Nature of All That Must Be Transformed

全身音楽家・灰野敬二と、現代音楽やジャズ領域で辣腕をふるう Oren Ambarchi と Stephen からなるバンド、2014年に六本木 Super Delux で行われたライブ。静的で不穏な展開、灰野のギター＆ヴォイスが弾ける終盤、いずれも絶妙な呼吸の交歓が示される。なぞらない（灰野による improvisation の訳）という強い意志が素晴らしい達成を導いた名演。〈和田〉

■日本、US（2017）■W.25th

ドローン・ドゥーム、メタル隣接のアヴァンギャルド音楽

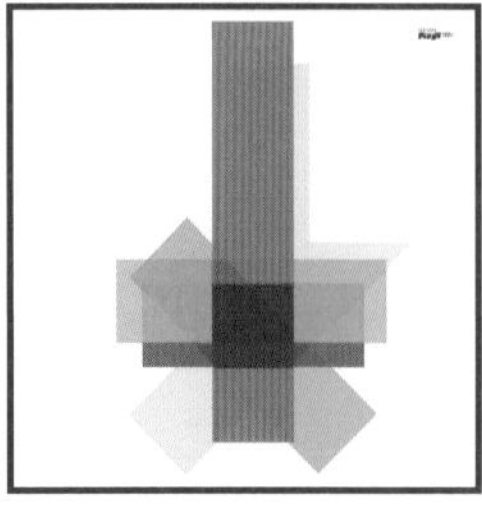

KTL

V

電子音楽の世界を代表する名門 Editions Mego を運営した故 Pita = Peter Rehberg（自身も超一流の演奏家）と Stephen のデュオ、その Mego 屈指の傑作と言われる 5th アルバム。ドローン・ドゥームと電子音響の理想的な融合を示した名作で、生オケを担当した故 Jóhann Jóhannsson の仕事も素晴らしい。メタル成分は希薄だが極上の音楽なのでぜひ。〈和田〉

■フランス、US（2012） ■Editions Mego

ドローン・ドゥーム、メタル隣接のアヴァンギャルド音楽

Earth

Earth 2 - Special Low Frequency Version

ドローン・ドゥームを確立した 1st アルバム。リーダー Dylan Carlson はラ・モンテ・ヤングのようなミニマル音楽に影響を受け、Slayer のリフを半分の速さで 20 分間演奏したら格好良いというコンセプトで本作を制作、実際その通りの仕上がりに。Sunn O))) の主な影響源であり、グランジ領域との関わりも深い傑作である。〈和田〉

■US（1993） ■Sub Pop Recordings

ドローン・ドゥーム、メタル隣接のアヴァンギャルド音楽

Earth

Hex; or Printing in the Infernal Method

復活作となった 4th アルバム。過去作のドローン・ドゥーム的な時間感覚は引き継ぎつつ、Ennio Morricone や Billy Gibbons（ZZ Top）、Neil Young からの影響を前面に出した作品で、アメリカ音楽の精髄を集めたような土臭く情感豊かな旋律がたまらない。メタルというよりもアメリカーナ〜ポストロックの系譜におく方がしっくりくる大傑作。〈和田〉

■US（2005） ■Southern Lord Recordings

ドローン・ドゥーム、メタル隣接のアヴァンギャルド音楽

Nadja

Touched

Aidan Baker によるソロ・プロジェクト期の 1st。ドローン／ノイズ／アンビエント／ポストメタルなどを塗り重ね、それでもなお不思議な透明感を保っているという、数十枚のオブラート越しに覗く陽光を思わせるサウンド。つまり自衛のための度の合わない眼鏡であり、我々の眼を傷つけたり心を鬱がせたりする世界の汚濁を相殺するためのノイズなのだ。〈清家〉

■カナダ（2002） ■Deserted Factory

Neurosis

Times of Grace

■US (1999)　■Relapse Records

前作“Through Silver in Blood”に並ぶ歴史的名盤6thアルバム。名エンジニアSteve Albiniとの協働関係の幕開けとなった一枚で、バンドの超絶的な演奏表現力がAlbiniの卓越した録音技術により「そのまま」捉えられている。ハードコア・パンクからプログレッシヴ・ロック、インダストリアルやジャンクに至る多様な語彙を溶け合わせ、一つの大河をなすような音楽性は唯一無二。いわゆるポストメタルの音響イメージを準備し、様々な音楽領域に大きな影響を与えた大傑作である。

自分は2019年2月のNeurosis来日公演を観ることができたのだが、これはもう信じられないくらい素晴らしいものだった。圧倒的なアンサンブルの強度、激しさと内省を両立する瞑想的な居心地もさることながら、とにかくあまりにも音が良すぎる。各人の出音が驚異的に豊かでその配合も極上、最高のミキシングとマスタリングを同時進行するような音響は、静かな展開からいきなり爆音を出す場面でも全く潰れず、大音量なのに全く耳が痛くならない。こうした演奏表現力があるからこそ可能な音楽だと実感させられたわけだが、本作“Times of Grace”では、その超絶的な生音の質感が見事に捉えられている。Albiniは精密なマイク配置による一発録りでバンドの地力を「そのまま」収録する名人であり、上記のような演奏表現力と非常に相性が良い。この組み合わせが実現したことで、Neurosisの「生音」が音源作品として広く聴かれるようになり、それに倣う後続を生んでいく。このような意味において、非常に重要な立ち位置にある作品なのである。

「ポストメタル」というジャンル名は「ポストロック」に倣って付けられたものではあるが、Neurosis（1985年結成）の活動時期を考えれば、同時進行的に形成されてきた潮流と見るべきだろう。別物として語られてきたことで取りこぼされているものも多く、そこは批判的に再検討されるべきだと思われる。〈和田〉

ポストメタル

Isis

Oceanic

ポストメタルの型を確立した2ndアルバム。リーダーのAaron Turnerによると、主な影響源はSwans、Melvins、Tool、Godflesh、Neurosisで、それらに並ぶ強靭な演奏表現力を、それらとは一線を画する嫋やかな「アトモスフェリック・スラッジ」音響のもと統合。Thinking man's metalとも言われる音楽性を体現している。〈和田〉

■US (2002) ■Ipecac Recordings

ポストメタル

Isis

Panopticon

最高傑作の呼び声高い3rdアルバム。ポストロック〜アンビエントに通じる静寂パートの比率を増やした作品で、シューゲイザー風味もある音作りが素晴らしい効果をあげている。Neurosis（土着的で厳格な印象が強い）に比べリリカルな曲調もジャンルのイメージを決定付けた。インディロック方面からも評価される類のメタルの傾向をよく示している。〈和田〉

■US (2004) ■Ipecac Recordings

ポストメタル

Jesu

Jesu

Justin Broadrickが2003年に始動した、エクスペリメンタル・メタル／シューゲイズの1st。「Godfleshの解散やパートナーとの別れを経験していた時期の表れ」と後年語られる#3の他、氏の孤独が反映された轟音が続く作品。その繊細な内面から投射される光芒のような調べと儚げな歌声を支えるのは、Ted Parsons (ex-Swans, Prong) のマシンビートだ。〈村田〉

■UK (2004) ■Hydra Head Records

ポストメタル

Pelican

The Fire in Our Throats Will Beckon the Thaw

シカゴ出身のインスト・バンド、2ndアルバム。本人たちの意識としては「ヴォーカルの入れ方がわからないのでたまたまインストになっている」ということなようだが、それが作品の抽象性を高め、メタルとパンク〜ハードコアを横断する豊かな音楽性を引き立てている。ポストロックとポストメタルの分類不可能性を非常によく体現する作品である。〈和田〉

■US (2005) ■Hydra Head Records

ポストメタル

Red Sparowes
At the Soundless Dawn

ISISは、ハードコアに陰影という新たなニュアンスを持ち込んだバンドだった。そのISISのクリフ・メイヤーが次に着眼したのは、すでに先行してロックの領域で同様の試みを行っていたポストロック勢のアプローチ。ロックを解体していくようなそれらの手つきはISIS以上にフランクな実験性を漂わせ、結果的に諦念と厭世観に帰結する。〈つや〉

■US（2005） ■Neurot Recordings

ポストメタル

Cult of Luna
Somewhere Along the Highway

スラッジ／ポストメタルの理知的に組み上げられた楽曲と「男性の孤独」をテーマに哀感を込めて詩情あふれる歌詞を歌うヴォーカルに関してメンバーは田舎的な雰囲気を纏っていると語るが、無表情なエレクトロニクスが都市的な孤立感も請け負っているように感じる。90年代オルタナの質感もあり、リリース後にはSmashing Pumpkinsのカバー音源を発表している。〈清家〉

■スウェーデン（2006） ■Earache

ポストメタル

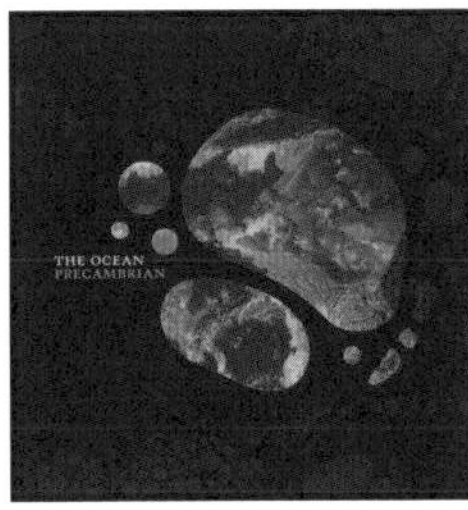

The Ocean
Precambrian

地球46億年の歴史のうち40億年を占める「先カンブリア時代」の名を与えられたこのアルバムはCave In、Converge、Texturesのメンバーらをゲストに招き本格オーケストレーションを施したタイトル以外もスケールの大きな作品。2枚組構成で前半部は冥王代から太古代をヘヴィなプログ・メタルで、後半部は原生代をポストメタルを軸にして激動の進化の過程を描く。〈清家〉

■ドイツ（2007） ■Metal Blade Records

ポストメタル

Russian Circles
Empros

シカゴ出身のGtとDrに、ex-Botch他のワシントン／タコマ出身のBaからなるインスト・トリオ。本4thはPelicanを先人として、後にDeafheaven等とも親交を持つ彼らの音楽的変遷を追う。Craftの影響を公言する序盤のメタリックな緊張感や、Enoへの賛辞を示すラストのVo曲から想起させる剛柔が、木漏れ日のあらゆる情景と紐づいたポストメタルの名盤。〈村田〉

■US（2011） ■Sargent House

ポストメタル

Amenra

Mass VI

1999年にベルギーで結成し、2003年からメンバー個人の心的外傷に基づいた楽曲をMassの連作として発表。「暗闇から光に向かって歩む」ことを核に据えた涅色のネガティヴィティが寄せては返す。その構築美／展開美にあるColin H. Van Eeckhoutの叫びと儚げな語りに、重苦しさや無力感をおぼえる。ポスト／スラッジ・ジャンルの現行最高峰による名作6th。〈村田〉

■ベルギー（2017）■Consouling Sounds

ポストメタル

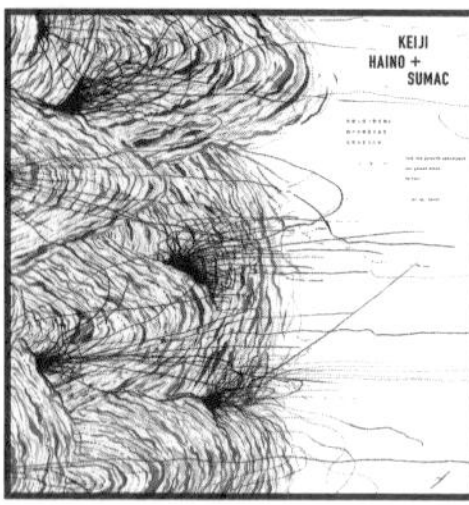

Sumac／灰野敬二

Into This Juvenile Apocalypse Our Golden Blood to Pour Let Us Never

Aaron Turner（ex. Isis）率いるSumacと灰野敬二の共演、3作目となるアルバム。Sumacは元々フリーな展開が多い（ポストメタルの書き譜的構成からは逸脱する）バンドで、そうした適性が、そちら方面の第一人者である灰野の対応力により大幅に引き出されている。70歳近くになって全く衰えない灰野の存在感も凄まじい。〈和田〉

■US（2022）■Thrill Jockey

ポストメタル

Blackwater Holylight

Silence/Motion

ドゥーミー・スラッジなオープニング／ラスト・チューンではゲスト・ヴォーカルの濁声が響き、一転それ以外のアコースティックとポストロック・サウンドで構成された楽曲群は美しい灰色の浜辺でのそぞろ歩きのよう。夜気に冷えたシーツの寂しさを感じさせる声の持ち主Allison “Sunny” Farisが歌う歌詞は袂を分かった恋人を愛惜するようなものがほとんど。〈清家〉

■US（2021）■RidingEasy Records

ポストメタル

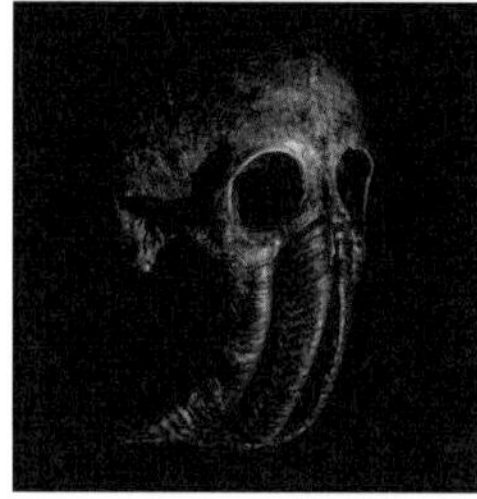

Absent in Body

Plague God

Scott Kelly（Neurosisの創設者の一人だが、家族への長年の虐待を反省し音楽活動を引退）、AmenraのMathieuとColinからなるバンドの唯一作。両組の重苦しい雰囲気を煮詰めて澄明な音響と合わせたような音楽性で、客演のIgor Cavalera（ex. Sepultura）のインダストリアル的ビートも絶妙に活きている。活動継続不可能なのが残念。〈和田〉

■ベルギー（2022）■Relapse Records

Deafheaven

Sunbather

■US (2013)　■Deathwish

ポスト・ブラックメタル、ブラックゲイズという形式を広く知らしめた2ndアルバム。シューゲイザーやポストロックなどの要素をブラックメタルの演奏スタイルと融合した作品で、メタルファンの間で賛否両論となる一方、Pitchforkのレビューで8.9を獲得するなど、メタル外ではリリース直後から絶賛されることが多かった。メタルがその激しさを保ったまま現行のポピュラー音楽に衒いなく向き合い、意識の面でも音楽成果の面でも垣根を取り払ってみせたことを示す、歴史的に最も重要な作品の一つである。

「ポスト・ブラックメタル」を考えるにあたって重要なこととして、ブラックメタルはそもそも「ポスト」以前から越境的な拡散傾向を持っていた事実がある。Deafheaven（2010年結成）のメンバー自身が言うように、そうした試みは「自分達がバンドを始める10年前から行われていた」のである。それでは「ポスト」前後で最も違うのは何かというと、アンダーグラウンド精神の濃淡ではないかと思われる。犯罪の香りがしないことと、ポピュラー音楽に向き合う意志があること。アングラ精神が薄くなっても先鋭性が失われるわけではなく、別の角度からの挑戦が行われる。その意味において、確かに地続きの領域ではある。

本作のジャンル的意義は、シューゲイザーの陶酔的な空間表現とブラックメタルのブリザード音色を前者寄りに融合し、演奏の激しさは後者寄り、という配合を成し遂げた点にもあるだろう。遠景で渦を巻くような特殊な鳴り（My Bloody ValentineにMogwaiとDeftonesを混ぜた感じ）は唯一無二で、それをドラムやボーカルの爆発的な勢いがブーストする。ブラックメタル的な旋律とインディフォークやドリームポップに通じるコード感の混淆も素晴らしい。ブラックゲイズと言われる通りの音楽性を、ポピュラー音楽に限りなく接近したところで理想的に達成した。〈和田〉

ポスト・ブラックメタル、ブラックゲイズ

Alcest

Souvenirs d'un autre monde

ポスト・ブラックメタルという形式の確立を告げる歴史的名盤 1st アルバム。リーダーの Neige は Buzum や Ulver のような越境的ブラックメタルと Slowdive のようなシューゲイザーの影響から出発し、本作では 4AD レーベル的なドリームポップの要素を大胆に導入。優しく暖かい音響・曲展開と絶叫が違和感なく融合することを知らしめた。〈和田〉

■フランス（2007） ■Prophecy Productions

ポスト・ブラックメタル、ブラックゲイズ

Alcest

Ecailles de lune

ブラックゲイズの最高峰。トレモロ・リフ、ブラストビート、濁った叫声といったブラックメタルのクリシェはシューゲイザー／ポストロックの大気のなかに逃げ水として立ち現れる。あの夏のガードレール、あの冬のプラットホームから遥か上空へ。卑近も普遍もまとめて気化する Neige の個人的夢世界は普遍的無意識と繋がっている。〈清家〉

■フランス（2010） ■Prophecy Productions

ポスト・ブラックメタル、ブラックゲイズ

Agalloch

The Mantle

アトモスフェリック・ブラックメタル（ポストブラックとの区別が難しい）を代表する 2nd アルバム。フォーク・ブラックとも言われる穏やかな曲調のもと、キリスト教に対する異教徒の文化や大自然について歌い上げる。ライヒやアルヴォ・ペルトのようなミニマル音楽、Coil のようなインダストリアルからの影響の活かし方も素晴らしい。〈和田〉

■US（2002） ■The End Records

ポスト・ブラックメタル、ブラックゲイズ

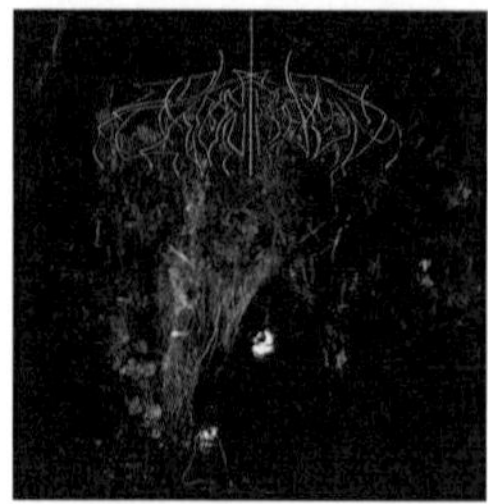

Wolves in the Throne Room

Two Hunters

アトモスフェリック・ブラックのパイオニアとも評されるが、彼ら自身はジャンルへの執着はなく土地や風景と結びついた音楽を創出しているという。特に 'Cleansing' はそれが顕著で、冒頭に漂うギター・ノイズは雨音のようにもそれによる葉擦れのようにも聞こえ、やがて雷鳴が轟くと土砂を押し流すブラスト・ビートが、最後には一陣の寒風が吹き抜ける。〈清家〉

■US（2007） ■Southern Lord Recordings

ポスト・ブラックメタル、ブラックゲイズ

Krallice

Krallice

NY の地下シーンで非常に重要な役割を担う越境派バンドの 1st アルバム。近年は不協和音デスメタルに接近した傑作を連発しているが、初期はブラックメタルの枠を内側から広げる路線で注目を浴びた。ポストロックやポストメタルの要素を取り込んだブラックメタルをポストブラックという場合もあり、本作はどちらかと言えばそちらに含まれる。〈和田〉

■ US（2008） ■ Profound Lore Records

ポスト・ブラックメタル、ブラックゲイズ

Fen

The Malediction Fields

高度な演奏技術と優美な雰囲気表現の両立が注目を浴びた 1st アルバム。土着的なブラックメタルと仄暗いシューゲイザーを融合させた音楽性は Agalloch と Alcest の間にある感じで、どちらかと言えばブラックメタル寄りのぼやけた音響が深い霧を想起させる空間感覚を生み、それが素晴らしい表現力に繋がっている。アルバム全体の構成も見事。〈和田〉

■ UK（2009） ■ Code666

ポスト・ブラックメタル、ブラックゲイズ

Lantlôs

.neon

Neige（Vo）の加入で話題を博した、Markus Siegenhort（当時は Herbst 名義）のプロジェクト・バンドによる 2nd。後者の Amesoeurs との接触を発端とする化学反応は、都会的な味わいとして表出。「居場所のない者」の意であるバンド名にふさわしい前作のディプレッションはまろやかに。Miles Davis をリスペクトしたジャジーなうねりは次作への布石ともなる。〈村田〉

■ ドイツ（2010） ■ Lupus Lounge

ポスト・ブラックメタル、ブラックゲイズ

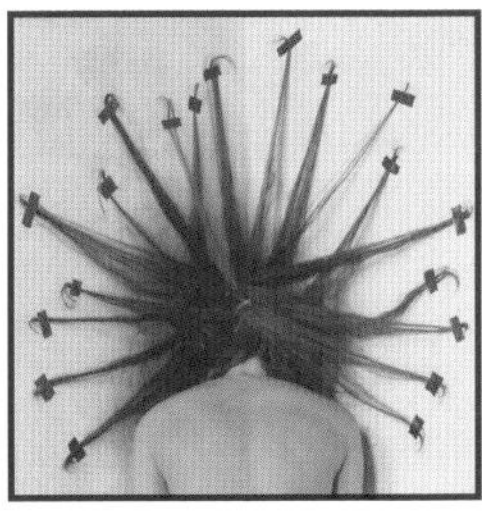

Pyramids

A Northern Meadow

テキサスのエクスペリメンタル・メタル。Hydra Head からのデビュー＆数々のコラボ活動で発揮してきた異能の存在感が、当時のポスト・ブラックメタル的意匠に収斂した 2nd。Colin Marston（Krallice 他 /Gt）と、Vindsval（Blut aus Nord/Dr Programming）が参加。閉塞と解放といった情景喚起に秀でた楽曲を、R. Loren が柔らかくも危うげに歌い上げる。〈村田〉

■ US（2015） ■ Profound Lore Records

ポスト・ブラックメタル、ブラックゲイズ

Harakiri for the Sky

III: Trauma

その特徴的なワード・センスと美メロで日本のメタル・ファンを虜にする、オーストリアのポスト・ブラックメタル。前作"Aokigahara"より2年振りに発表された3rd。自殺や心的外傷をテーマに、全8曲が8分超えの長尺をとるドラマティックな作品。オルタナ／インディーとメタルの文脈がダイナミックに交錯し、哀切のイメージが強く訴えかける。〈村田〉

■オーストリア（2016）■AOP Records

ポスト・ブラックメタル、ブラックゲイズ

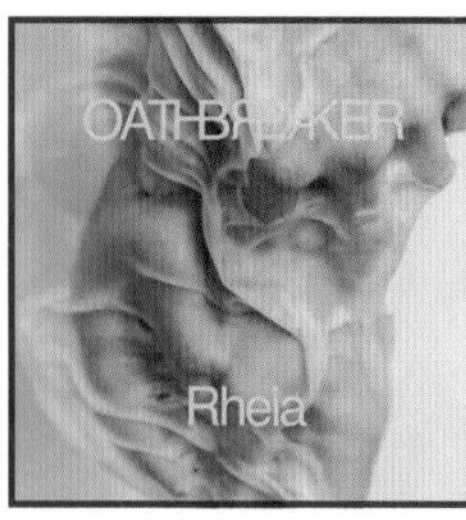

Oathbreaker

Rheia

ベルギーのポスト・ブラックメタル／激情ハードコアによる3rd。同じChurch of Raの一員であるAmenraのGtと、WiegedoodのGt, Baが在籍。後者のDrも②、⑤、⑧で参加。劇的さを増した曲構築と、Jack Shirleyのエンジニアリングで感情を揺さぶる。Caro Tangheの内省を綴る、嫋やかさと衝動が綯い交ぜになった、ピッチ高めのVoワークも特徴的だ。〈村田〉

■ベルギー（2016）■Deathwish Inc.

ポスト・ブラックメタル、ブラックゲイズ

Myrkur

Mareridt

Amalie Bruunによる独りバンド、世界的に大きな注目を集めた2ndアルバム。Amalieのメゾソプラノ歌唱＆絶叫の見事さもさることながら、Dead Can DanceやSigur Rósをブラックメタル化したような音響と、古楽〜地中海音楽〜欧州トラッド要素を巧みに混淆した作編曲が素晴らしすぎる。メタルが苦手な人もぜひ聴いてみてほしい。〈和田〉

■デンマーク（2017）■Relapse Records

ポスト・ブラックメタル、ブラックゲイズ

Madmans Esprit

무의식의 의식화 (Conscientization of Unconsciousness)

デプレッシヴ・ブラックとヴィジュアル系の最大公約数を提示する2nd。バンドを牽引するKyuhoのヴォーカル・ワークには目を見張るものがあり、喉を裂く叫喚でメロディを紡ぐ絶唱は無二の説得力を持つ。他のメンバーも実力者揃いで様々なアプローチの楽曲が並んでいるが、どれもが一貫して浴室の鏡に映る自己への止まない問いかけのような狂気を孕む。〈清家〉

■韓国（2018）■Gan-Shin Records

ポスト・ブラックメタル、ブラックゲイズ

Liturgy

H.A.Q.Q.

ポストブラック黎明期に注目を浴びたが失速していたバンド、復活作となった4th アルバム。リーダーの Hunter（現 Ravenna）Hunt-Hendrix が「Meshuggah はライヒのようなミニマル音楽とメタルを繋ぐ存在」と言う通りの変則 4 拍子系リフを絶妙に活かしつつストレートな勢いを出す創意が圧巻。次作以降に繋がるコード感も興味深い。〈和田〉

■US（2019） ■YLYLCYN

ポスト・ブラックメタル、ブラックゲイズ

Liturgy

Origin of the Alimonies

最大の転機となった 5th アルバム。NY 前衛音楽シーン屈指の達人 8 名を招聘、メシアン‘永遠の教会の出現’をブラックメタルに翻案した 14 分の大曲が示す通り、構造的強度・演奏感覚・音響の全てにおいてメタルの枠を拡張する勢いが凄まじい。本作に際し Ravenna はトランス女性であることを公表。そうした気迫と開放感も良い方向に作用した。〈和田〉

■US（2020） ■YLYLCYN

ポスト・ブラックメタル、ブラックゲイズ

Sadness

April Sunset

Damián Antón Ojeda のソロ・プロジェクトのうちの一つで、非常に自由な楽曲制作が行なわれている。クロスフェードやマッシュアップ的な手法、時にはピッチを調節して女声にコンバートされるヴォーカルなど、ポストブラック／ブラックゲイズを素材とした AMV のような感覚。加工されたアトモスフェリックなフレーズがヴェイパーウェーブを思わせる場面もある。〈清家〉

■US（2021） ■Not On Label

ポスト・ブラックメタル、ブラックゲイズ

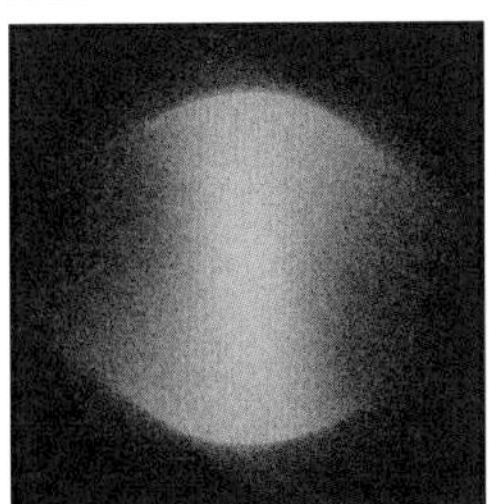

Deafheaven

Infinite Granite

ついに脱ブラックメタルを果たした本作だが、それは単純にブラストビートとメタリックなギター・リフが激減した事実のみを指すわけではない。むしろ大きいのは、ビルドアップとカタルシスの喪失である。つまり、快楽の希求が後景に退き、代わりに顕在化してきたのは伝統的な UK ロックにも通じるはっきりとした輪郭の旋律。大きな次の一手。〈つや〉

■US（2021） ■Sargent House

上記全てを包含しうる境界例的なバンド

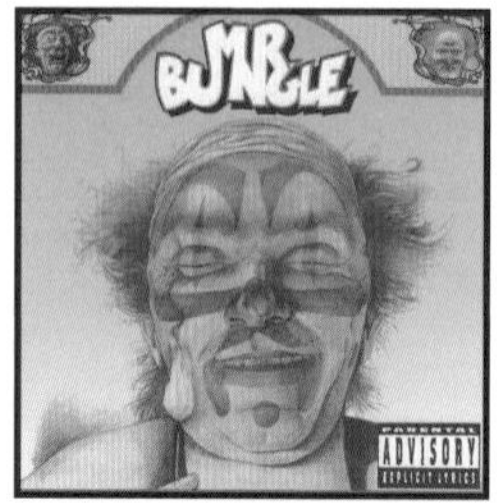

Mr. Bungle
Mr. Bungle

歴史的名盤 1st アルバム。見世物小屋の猥雑な舞台裏を軽快に描ききるような音楽で、メタルを出汁とした闇鍋にアメリカのあらゆる音楽（関連するユダヤ音楽なども含む）を投げ込む過剰な混淆を、Mike Patton（Faith No More ほか多数）などメンバーの超絶的な演奏表現力が鮮やかに捌く。Korn をはじめ後続バンドに決定的な影響を与えた。〈和田〉

■ US（1991） ■ Warner Bros. Records

上記全てを包含しうる境界例的なバンド

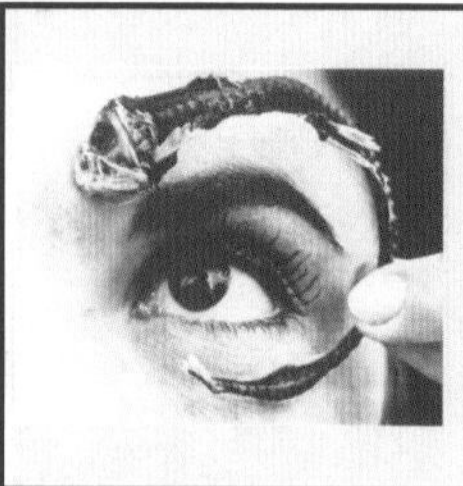

Mr. Bungle
Disco volante

Mr. Bungle は John Zorn の系譜にあるバンドで、Mike だけでなく Trevor Dunn（ベース）や Trey Spruance（ギター）もジャズとメタルの接点として非常に重要な役目を担ってきた。本作 2nd アルバムはそうした音楽性が最もよく出た一枚。依然としてポップだが、それが仄暗く危険な薫りを強調しているのが凄い。ベストに挙げる人も多い。〈和田〉

■ US（1995） ■ Warner Bros. Records

上記全てを包含しうる境界例的なバンド

Mr. Bungle
California

バンドの拠点地名を冠した 3rd アルバム。Slash（Warner 傘下）の売れ筋 Faith No More の成功を盾に異常なまでの芸術的自由を与えられてきた Mr. Bungle だが、多少は気を遣ったのか本作では真っ当なポップソング形態に接近、それでいて濃さは健在。The Beach Boys（同郷）に通じる美しい展開が闇の輝きを放っている。入門にお薦め。〈和田〉

■ US（1999） ■ Warner Bros. Records

上記全てを包含しうる境界例的なバンド

Mr. Bungle
The Raging Wrath of the Easter Bunny Demo

1986 年 1st デモを再録した 4th アルバム。このバンドとしてはストレートなクロスオーバースラッシュで、ポピュラー音楽と地下メタルの間を反復横跳びするような過去作とは趣が異なるが、特有の越境性は見事に活かされている。新加入の Dave Lombardo（元 Slayer の伝説的ドラマーで前衛方面の活動が主）と Scott Ian（Anthrax）も最高。〈和田〉

■ US（2020） ■ Ipecac Recordings

上記全てを包含しうる境界例的なバンド

maudlin of the Well

Leaving Your Body Map

ハンプシャー大学で結成。Tiamatの“Wildhoney”から出発し、独自のゴシック感覚を突き詰めていったインディ・バンドである。本作のテーマは「霊的な図書館」と変性意識で、入眠前にギターを爪弾くことで得られた特殊なコード感が素晴らしい表現力を生んでいる（特に‘Interlude 4’）。バンドはこの大傑作を遺し解散、Kayo Dotに移行する。〈和田〉

■US（2001）■Dark Symphonies

上記全てを包含しうる境界例的なバンド

Kayo Dot

Choirs of the Eye

John ZornのTzadikからリリースされた1stアルバム。motWの延長線上にある音楽をNYの越境的ミュージシャン達と共に構築した傑作で、メタル系のメディアでも高い評価を得た。本作のリリース後、OpethファンとmotWファンが楽曲形式の類似について口論（全然似ていないが）。これを受けてリーダーToby Driverはリフ志向から離れることを決意。〈和田〉

■US（2003）■Tzadik

上記全てを包含しうる境界例的なバンド

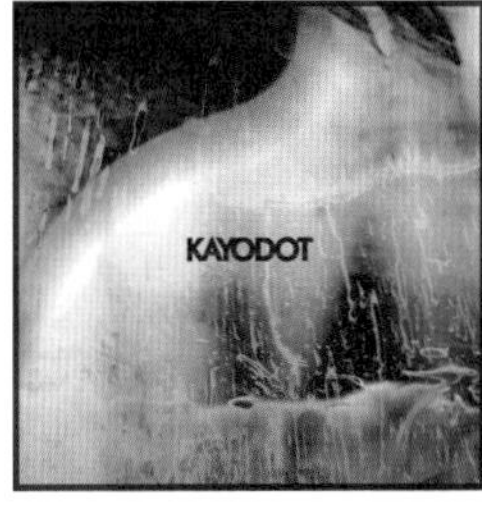

Kayo Dot

Hubardo

結成10周年を祝う6thアルバム。メタル成分を大幅に復活させた100分弱のコンセプト作で、チェンバーロックとブラックメタルを作編曲・音響の両面で融合し別次元に変容させたような音楽性が素晴らしい。様々な文化が交錯するNYシーンの可能性を体現しつつ非常に聴きやすく仕上げた作品で、長尺だが難なく聴き通せる。ベストに挙げる人も多い。〈和田〉

■US（2013）■Ice Level Music

上記全てを包含しうる境界例的なバンド

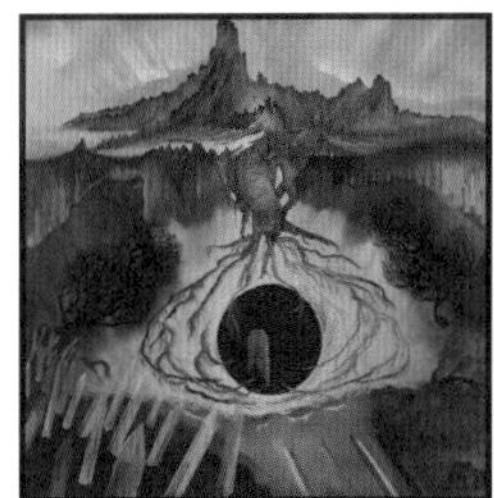

Kayo Dot

Moss Grew on the Swords and Plowshares Alike

10thアルバム。motWの25周年を祝い、原点である欧州ゴシックメタルを明確に意識した作品で、その領域の名盤に共通する特別な雰囲気を引き継ぎつつ、作編曲の未洗練な部分を改善。Tobyの一人多重録音形式も歪な質感を増していてよく合っている。WormやDream Unendingのようなゴシック・デス再評価の潮流と軌を一つにする興味深い作品。〈和田〉

■US（2021）■Prophecy Productions

上記全てを包含しうる境界例的なバンド

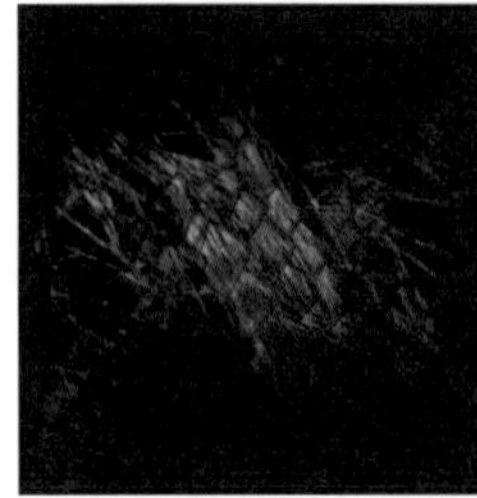

Vaura

Sables

Josh Strawm 率いるバンドの 3rd アルバム。ブラックメタルのコード進行を Japan の "Tin Drum" に落とし込むというアイデアが異形のポップスを生んだ作品で、Kevin Hufnagel (Dysrhthmia、Gorguts) や Toby Driver の演奏表現も見事。無重力空間を想起させる、ポストパンク〜ゴシックロックの系譜としても最高の達成の一つと思われる。〈和田〉

■US (2019) ■Profound Lore Records

上記全てを包含しうる境界例的なバンド

Vaura

Vista of Deviant Anatomies

4th アルバム。Nurse With Wound や Coil のようなインダストリアルに接近した怪作で、ブラックメタルとは伝統的に近いところにあったそうした要素を、メタル内からの間接経路でなく直接咀嚼して礎とし、その上でメタルに接近したような趣も。上記 3 名の超絶技巧は前面に出ていないが、しっかり活かされている。仄暗い謎に満ちた蠱惑的な作品。〈和田〉

■US (2022) ■Primal Architecture Records

上記全てを包含しうる境界例的なバンド

Sleepytime Gorilla Museum

Grand Opening and Closing

1st アルバム。Henry Cow や Univers Zéro など、いわゆるアヴァン・プログの系譜にあるバンドだが、Swans や Mayhem からも影響を受けており、そこから得たメタル的エッジが絶妙に効いている。知名度は極めて低いが、Tony Levin (King Crimson) が大ファンで、本作の冒頭曲 'Sleep Is Wrong' は Stick Men の主な影響源だという。傑作。〈和田〉

■US (2001) ■Seeland, Chaosophy

上記全てを包含しうる境界例的なバンド

Diablo Swing Orchestra

Sing Along Songs for the Dammed & Delirious

2nd アルバム。東欧クラシックとプレモダンジャズ (ビッグバンド寄り) を北欧トラッド経由で融合したような音楽性で、メタル史上最高のスウィング感 (ドラムが交代した次作以降は無くなるのが残念) を誇るリズム表現力が素晴らしすぎる。超一流のグルーヴ音楽として広く聴かれるべき傑作。〈和田〉

■スウェーデン (2009) ■Sensory

上記全てを包含しうる境界例的なバンド

Waltari

Yeah Yeah! Die! Die! Death Metal Symphony in Deep C

メタル領域を代表する超絶ミクスチャーバンド、オーケストラとの共演作となった5th アルバム。クラシックの交響曲にテクノやヒップホップ、北欧のハードコア寄りデスメタルを融合させる手管が素晴らしい。しかもオケのリズム処理が大変見事で、ターンテーブル的カッティングも極上。バンドとオケの融合という形式の一つの到達点と言える。〈和田〉

■フィンランド（1996） ■Spin Records

上記全てを包含しうる境界例的なバンド

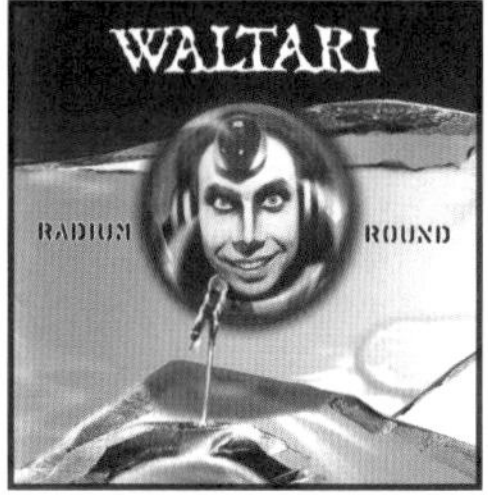

Waltari

Radium Round

7th アルバム。Waltari の音楽性は特定のジャンルに括るのが難しいが、それはポピュラー音楽としては最適な在り方で、それでこそ本領を発揮するバンドでもある。本作はこうした路線を代表する傑作で、Faith No More から意地悪さを減らしポップなメロディセンスを増強したような音楽性が素晴らしい。全曲出来がよくアルバム構成も見事。〈和田〉

■フィンランド（1999） ■Edel Records

上記全てを包含しうる境界例的なバンド

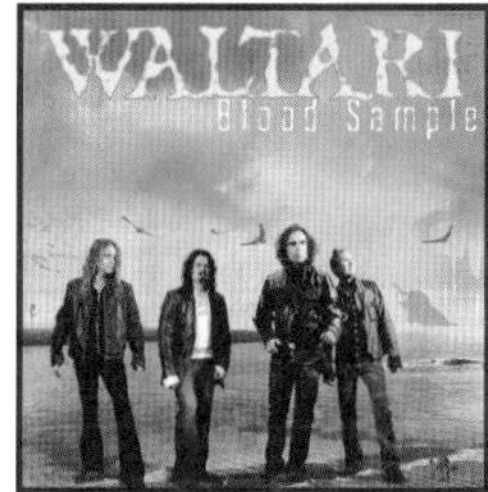

Waltari

Blood Sample

代表作の呼び声高い 9th アルバム。'Helsinki' や 'New York' といった曲名が示すように、これまで培ってきた要素を集約した音楽世界一周的な作品である。エクストリームメタル的なエッジを増しつつフィンランド流の官能的な旋律も増加、ビートミュージック成分の活かし方も見事。The Beatles の名曲 'Julia' で締める構成も象徴的。〈和田〉

■フィンランド（2005） ■Blastic Heaven Records

上記全てを包含しうる境界例的なバンド

Circle

Alotus

NWOFHM（New Wave of Finnish Heavy Metal）を名乗る超絶越境バンド。この 9th アルバムは Ash Ra Tempel と Can を混ぜたような暗黒クラウトロックだが、音楽性は作品ごとに大きく異なり、それでいて共通する味がある。知名度は低いが、同郷の Oranssi Pazuzu（本作に通じる部分が多い）などに大きな影響を与えている。隠れた重要バンド。〈和田〉

■フィンランド（2002） ■Klangbad

上記全てを包含しうる境界例的なバンド

Circle

Sunrise

上記9thと同年に発表された10thアルバム（3枚出す年も多い）。冒頭曲はNWOBHMをフィンランド流のコード進行で再構築したもので、NWOFHMというコンセプトの具現化としては直球。しかしそこから外れる70年代欧州ロック的な曲調も多く、全体としては絶妙に掴み所がない。1980年頃にしか思えない音だが現代的な感覚もある不思議な作品。〈和田〉

■フィンランド（2002） ■Ektro Records

上記全てを包含しうる境界例的なバンド

Circle

Terminal

単独名義としては32作目のアルバム（1991年結成）。Kyussと初期Ulverを混ぜ、ダーク・アンビエントを絶妙な隠し味として振りかけた上でフィンランド味に染めた感じの音楽性で、多彩な技を全投入しつつ聴きやすくまとめる手管が素晴らしい。知名度の面でも代表作と言える。とにかく興味深すぎるバンドなので本作を入り口に色々聴いてみてほしい。〈和田〉

■フィンランド（2017） ■Southern Lord Recordings

上記全てを包含しうる境界例的なバンド

King Gizzard & The Lizard Wizard

Murder of the Universe

現代屈指のサイケデリック・ジャムバンド、2017年に発表した4枚のアルバムのうちの2枚目（10th）。PhishとNeu!とKing Crimsonが主な影響源だという音楽性がHR寄りに仕上げられることで、エピックメタル化したCaptain Beyondのような味が生まれている。奇数拍子の長尺構成をハイテンションで聴かせきる馬力が素晴らしい。〈和田〉

■オーストラリア（2017） ■Flightless

上記全てを包含しうる境界例的なバンド

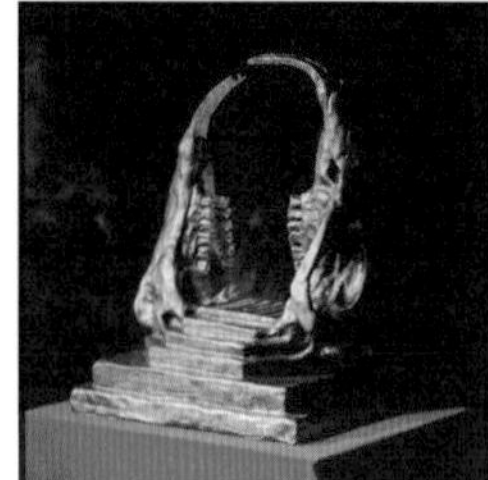

King Gizzard & The Lizard Wizard

Infest the Rat's Nest

メタル化が話題を呼び、Metal Archives登録やフジロック来日にまで至った15thアルバム。路線としてはNWOBHM系譜を悪魔改造したカルト・スラッシュで、Pentagram～Electric Wizardに通じる音響でSodom的な爆走をする（それでいて崩壊しない）楽曲・演奏が素晴らしい。マニアックな作り込みを楽しく聴かせる技が見事な好作である。〈和田〉

■オーストラリア（2019） ■Flightless

6

メタルの理解を深めるにあたって重要なジャンル外音楽②：00年代以降

第1章のThe Bodyの項でも述べたように、近年のメタルはポピュラー音楽におけるジャンル越境志向や包括・協働姿勢に触発され、旧来の悪弊を見直すバンドが増えているが、専門メディアはそれに追いついておらず、外からの評価に追随することも多い。その一因として考えられるのが、メタル系メディアはポピュラー音楽の存在を無視してメタル内だけで話を進めたがる傾向にあり、HR/HM領域に近い60〜70年代ロックの名盤を除けばジャンル外に注目すること自体が少ないため、上記のようなバンドを評価する視点が十分に得られないということだろう。逆に言えば、ジャンル外の音楽についての知識が増えれば、そのぶんメタルに対する理解が深まる。いずれも素晴らしい作品なのでぜひ聴いてみてほしい。

■US (1999) ■MCA Records

blink-182

Enima of the State

20年代ポップパンク・リバイバルの最重要人物となったTravis Barkerだが、実はLil Peepが自身のプレイリストにblink-182の曲を入れていたりと、彼らの影響範囲は非常に広い。青春のバタつきを表現するかのような疾走するドラムをはじめ、性急さでは時にハードコア／メタルに近づくも、最後までポップパンク然とした陽気なトーンは保たれ続ける。〈つや〉

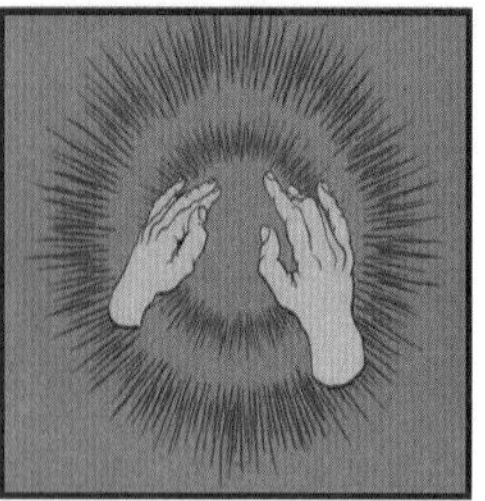

■カナダ (2000) ■Constellation

Godspeed You! Black Emperor

Lift Your Skinny Fists Like Antennas to Heaven

隠された素顔と確固たる政治的主張、対して極めて難解な楽曲という特異性による影響は絶大ながら今日まで模倣すら叶った者はいない。ミニマルなフレーズが滔々と打ち寄せ、その波が運んできた誰かの持ち物・記憶・感情が海岸にどっさりと堆積していくように高まっていく。'Storm' の第二楽章でまだらに響く 'Amazing Grace' のメロディに彼らのシグナルを見出す。〈清家〉

■オーストリア (2001) ■Mego

Fennesz

Endless Summer

エレクトロニカ（踊るよりもじっくり聴き込むのに適するとされる電子音楽）を代表する名盤の一つ。晩夏の黄昏を思わせる静かなフォークを薄いノイズの幕で彩った音楽で、一般に耳障りなものとされる類の音響がノスタルジックな表現力を高める手法は大きな影響を与えた。なお、FenneszはUlverの"Shadows of the Sun"にも参加している。〈和田〉

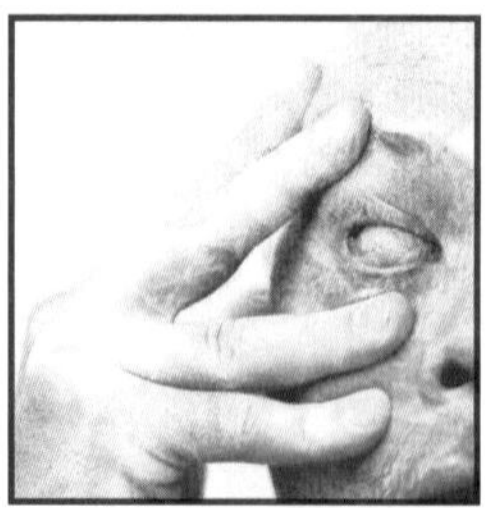

■UK (2002) ■Lava

Porcupine Tree

In Absentia

現代プログレッシヴ・ロックの代表格であり、その括りで語られるのを嫌う名手Steven Wilson率いるバンド、大きな影響を与えた名盤7thアルバム。Pink FloydやGenesisに連なる英国ロックにメタルやシンセポップなど多彩な要素を融合、全く新しい音楽を築き上げた傑作である。StevenはOpethなどとも関わりが深く、メタル的にも重要な存在。〈和田〉

Avril Lavigne

Let Go

Y2K 期のアイコンとなった本作。今でこそリバイバルを通じポップパンクの代表作としてのポジションが確立されているが、リリース当時はもっと曖昧な立ち位置で受容されていた（からこそのメガ・ヒット作）。パンキッシュなノリをベースに、'Sk8er Boi' のカタルシス、'Losing Grip' のハードなギターなどハードロックやニューメタルの要素も一瞬顔を覗かせる。〈つや〉

■カナダ（2002）■Arista

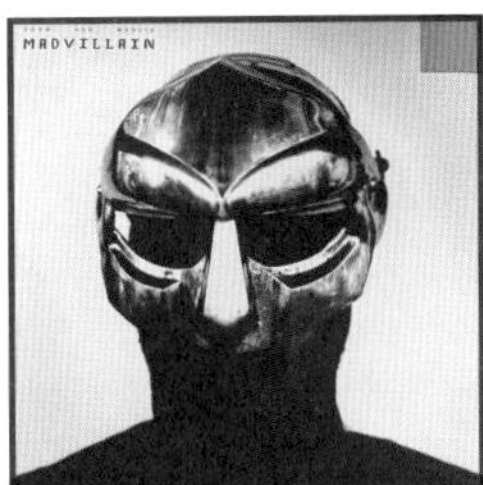

Madvillain

Madvillainy

デュオが遺した唯一のアルバムにしてアブストラクト・ヒップホップのエッセンシャル。ジャズから『ストII』までを最小の機材でサンプリングしたビートとマクロで観念的な視点を持つリリックは卓出しており、Radiohead の Tom Yorke や Gorillaz とのコラボへ繋がるなどギャングスタ精神を離れた、ミクスチャーなどとは異なる新しいロックとの結合を発生させた。〈清家〉

■US（2004）■Stones Throw Records

Ben Frost

By The Throat

がらんどうな空間に肌理細かいノイズの嵐が吹くサウンドが高く評価された 5th アルバム。グリッチ（擦過音のような電子ノイズ）の輪郭だけでメタルリフを作るかのような極上の音響構築は、本作をお気に入りに挙げたアンビエント〜ノイズの名手 Tim Hecker にも通じる。Swans や Vampillia との共演を通して現代メタルへ与えた影響も大きい。〈和田〉

■オーストリア（2009）■Bedroom Community

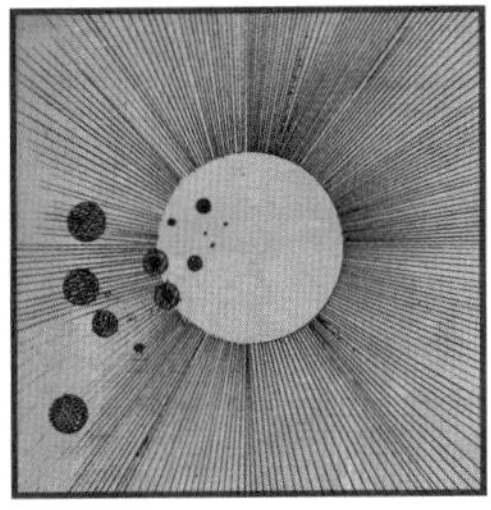

Flying Lotus

Cosmogramma

IDM とアフロ・フューチャリズム（スピリチュアル・ジャズや P-FUNK など複数の文脈が絡む）の交差点としても注目を集めた 3rd アルバム。名レーベル Brainfeeder の主催者でもある FLylo は日本のアニメやゲーム音楽にも造詣が深く、その点でも地元 LA のシーンや現代ジャズに多くのものをもたらした。メタルへの間接的な影響も大きいのでは。〈和田〉

■US（2010）■Warp Records

James Blake

James Blake

2010年代最重要作の一つ。ピアノ弾き語りのソウルミュージックに変則ビートを絡める音楽性、特に'Limit To Your Love'に顕著なダブステップのワブルベースは、猛烈な低音（一般的なベースのオクターブ下＝サブベース）により以降の音楽全般のヘヴィさの基準を塗り替えた。メタル要素はないが、現代メタルを語る際は絶対に外せない作品。〈和田〉

■UK（2011） ■Atlas Recordings, A&M Records

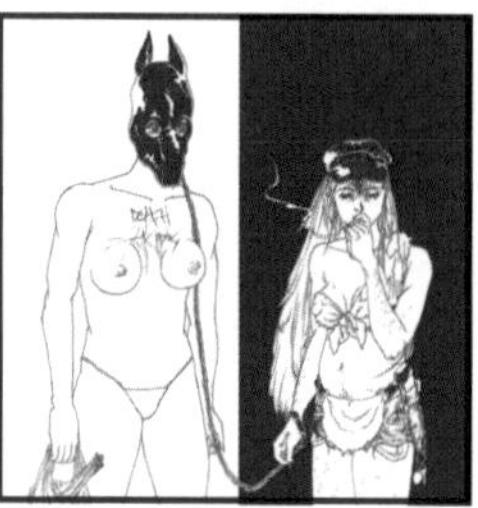

Death Grips

The Money Store

サウンド・コラージュ的サンプリングや種々のEDMをプレス機で一つに固めたようなサウンドの実験性はもちろん特出しているが、そこを理解せずともノれるのはやはりロックのヴァイブが充満しているから。ライヴでドラムを叩くZach Hillは過去にSOADのギタリストのサイド・プロジェクトに参加、彼のインダストリアル・ビートはニューメタルの系譜にある。〈清家〉

■US（2012） ■Epic

múm

Early Birds

ブラックメタルのドキュメンタリー『Until the Light Takes Us』に曲が使用されていた事でも知られるmúmの初期未発表曲や入手困難のレア曲を纏めたコンピレーション。注目すべきは、1999年にリリースされていた泣きのメタル・ギターが大暴れするドリーム・メタルとも言えるようなMúsikvaturのリミックス。múmの静けさのある妖艶なエレクトロニカからはブラックメタルとの親和性が感じられる。〈梅ケ谷〉

■アイスランド（2012） ■Morr Music

Arca

Mutant

アートワークに描かれた、連れまわしたショップバッグのような引き攣れのびたクリーチャー。これこそがミュータント（突然変異体）であり、Arcaの分身でもあるのだろう。グロテスクだが邪気はない。本作にただよう澄んだアンビエントと工業的ノイズのパンチ・ホールも同じで、理解は及ばないのに人懐こさがある。精緻で不器用な決死の対話なのだ。〈清家〉

■ベネズエラ（2015） ■Mute

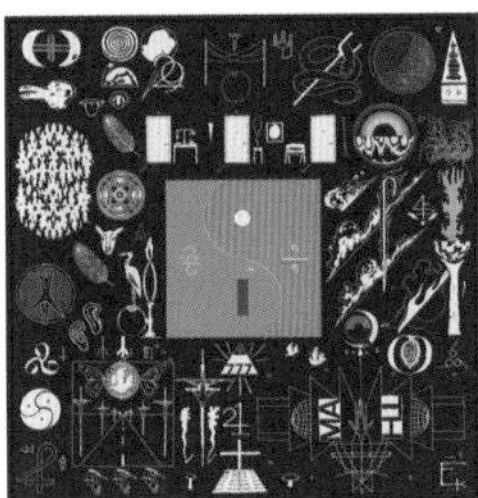

■ US (2016)　■ Jagjaguwar

Bon Iver

22, A Million

2016年の屈指の傑作として各所で絶賛された3rdアルバム。プリズマイザーを用いたデジタルクワイア（生声＋デジタル音声による合唱）が本格導入された最初の作品で、アメリカーナ（汎アメリカ的ルーツ音楽）志向のインディ・フォーク楽曲の素晴らしさも併せ、以降のポピュラー音楽全般に絶大な影響を与えた。本作も現代メタル音響を考える際に重要。〈和田〉

■ US (2016)　■ Boys Don't Cry

Frank Ocean

Blonde

2010年代最重要作の一つ。アルヴォ・ペルトのようなミニマル音楽、ニューエイジ、The Cureなど、「黒人音楽」外からも多くを取り込んだサウンドはアンビエントR＆Bとも呼ばれ、ビートが殆どない展開を踊らせ心地よく浸らせる音作りの素晴らしさも併せ、ポピュラー音楽全般に絶大な影響を与えた。越境傾向の強いメタルを考える際には重要。〈和田〉

■ US (2018)　■ Epic, Cactus Jack, Grand Hustle

Travis Scott

ASTROWORLD

トラップ・ミュージックの一つの完成形として淫靡な音が鳴り響く本作は、ヒップホップが様式美を極めたという点において最もメタルに接近した事例かもしれない。限りなく快楽を追求していく楽曲構造の中で、たとえば 'Sicko Mode' のスイッチするビートの緩急は、ブレイクダウンを織りまぜ練り上げていくメタルコアやデスコアの方法論にも近しい。〈つや〉

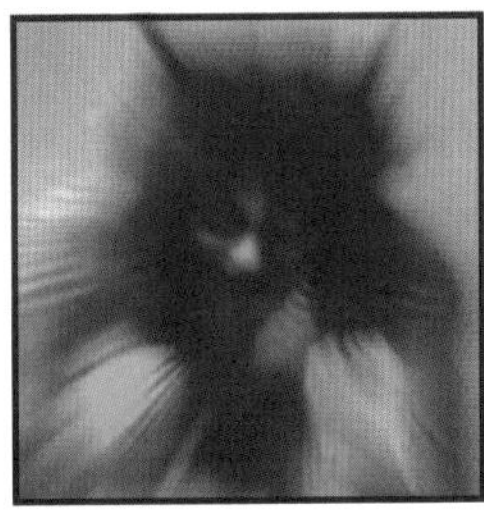

■ US (2018)　■ Warp Records

Yves Tumor

Safe in the Hands of Love

歌メロによって幾分か親しみやすくなった3rd。とは言えそれは一要素にしか過ぎず、そこかしこに不安が渦巻く作品である。悲鳴のような音をあげる弦楽器とノイズ、街中の内なる悪態がドッと頭に流れ込んでくるような怒声や話し声の挿入。極めつけはBLMの発端を思わせる 'Noid' のMV。踊ろうが歌おうが立ち去ることのない根の深い不安は残酷なほど鮮明だ。〈清家〉

Billie Eilish
When We Fall Asleep, Where Do We Go?

囁くような歌声と足元を震わすサブベースは、高速道路に耳をつけて感じる物量がもたらす振動と脳内でさえずる実体のない妖精の如きコントラストを持つ二層構造だ。そして低音域の過度な拡張は、挑発的な歌詞と攻撃的なパフォーマンスは、若きポップスターが自らを護る武装だ。同じ鎧う音楽としてヘヴィミュージックとの親和性は極めて高い。〈清家〉

■US（2019） ■Darkroom, Interscope Records

The Weeknd
After Hours

The Weeknd の初期作は Cocteau Twins に通じるゴシック風味が全開で、仄暗さと Michael Jackson ばりの優美な歌唱が官能的に融け合う音は 2010 年代 R&B の流れを決めた。本作はそれをシンセウェイヴに寄せた名作で、'Blinding Lights' は史上屈指のロングヒットに。『ストレンジャー・シングス』に通じる雰囲気を鑑みればメタル的にも重要。〈和田〉

■US（2020） ■XO, Republic Records

Playboi Carti
Whole Lotta Red

2020 年代初頭における凶暴なヒップホップサウンドのトレンドを決定づけた、レイジ・ビートの代表作。猛威を振るう低音によって増幅される不安、露悪的に濫用されるゲーム音楽のようなシンセ、シャウトとラップの間を行き来するフロウ、そして狂騒的なライブの盛り上がりも含めて、どこかブラックメタルとも通底するムードが全編を支配。〈つや〉

■US（2020） ■Interscope Records

Maneskin
Teatro d'Ira Vol.I

サマソニ 2022 の伝説級パフォーマンス（同期音源なし生演奏とスタジアムの相性の良さ！）も記憶に新しい、現代屈指のロックバンド。ジェンダー格差をはじめとする社会問題に積極的に取り組む姿勢と、そこに説得力を与える卓越したグルーヴ表現（ヒップホップなどからも多くを得ている）が素晴らしい。現代メタルも無関係ではいられない重要バンド。〈和田〉

■イタリア（2021） ■Sony Music, RCA

COLUMN

Dave Grohl（Nirvana、Foo Fighters）の地下メタル愛

〈和田信一郎〉

Dave Grohl といえば、Nirvana のドラムスを担当、自身の Foo Fighters も世界屈指の存在感を誇るバンド、というふうにロック史を代表するミュージシャンの一人だが、Melvins などを介してメタルシーンに接点を持っているわりにその文脈で語られることが殆どなかった。しかし、Dave 自身はメタルの大ファンで、並のマニアでは到底不可能な凄まじい音楽的達成を繰り返している。ここではそれを簡単にまとめておきたい。

まず、2004 年に発表された Probot の同名アルバムである。これはアンダーグラウンドシーンの重要人物が集結したオールスター作品で、それぞれの音楽的キャリアを踏まえて Dave が作った楽曲（大部分の楽器演奏も担当）に各ゲストが歌詞と歌唱で参加、人によってはギターまたはベースも弾いている。収録曲順に名前を挙げると、Cronos（Venom）、Max Cavalera（Sepultura、Soulfly）、Mike Dean（Corrosion of Conformity）、Kurt Brecht（D.R.I.）、Lee Dorrian（Cathedral、Napalm Death）、Wino（The Obsessed、Saint Vitus）、Tom G. Warrior（Hellhammer、Celtic Frost）、Snake（Voivod）、Eric Wagner（Trouble）、King Diamond（Mercyful Fate、King Diamond）、Jack Black（映画『スクール・オブ・ロック』など）。スケジュールが合わなくて不参加となった Tom Araya（Slayer）も含めれば、スラッシュメタルからドゥームメタルに至る 80 年代地下メタルの最重要格がほぼ完全に網羅されている。その上、曲の出来が良い。本作は Dave の知名度もあってかなりの売上を達成。こうした面々をここで初めて知った人も多いはずだ。

そして、2022 年に発表された Dream Widow の同名アルバムである。これは Foo Fighters 主演のホラーコメディ映画（Dave 原案）に登場する架空のバンドの音源という名目で発表された作品で、全ての作詞作曲と大部分の演奏を Dave 独りで構築している。90 年代の最初期エクストリームメタルやゴシック／ストーナーロック（特に Type O Negative）の妙味を巧みに抽出融合した作編曲は全編素晴らしい。2022 年のメタル屈指の出来であり、広く聴かれるべき傑作だと思われる。

以上のような企画はメタルマニアの多くが夢想することだが、商業的規模の面でもクオリティの面でもここまでやってのけた人は殆どいない。ロックスターのお遊びという次元を遥かに超えた、自身を認めてくれないシーンに対する外部からの奉仕とさえ言える仕事。高く評価されなければならないだろう。

COLUMN

メタルとヒップホップの救い――逃避と革命の音楽

〈つやちゃん〉

メタルとヒップホップの関係性を考える際の代表的な事例としては、まずAnthraxとPublic Enemyによる'Bring The Noise'(1991年)が挙げられるだろう。どちらかが一方的に行ったカバーではなく両者がコラボレーションによってリメイクに取り組んだという点で、非常に意義深い例である。というのも、Jay-ZとLinkin Parkのマッシュアップ作品"Collision Course"(2004年)などを除けば、90〜00年代のニューメタル/ラップメタル勢の躍進はほとんどが白人によるメタル側からのヒップホップ引用であり、00年代以降にラッパーによって行われたメタル表象の引用(曲中でのメタルギターのサンプリング、アートワークへのメタルフォントの借用、デスメタルTシャツの着用など)もヒップホップ側からのアプローチである。両者はそもそも活動シーンが異なるため、対等な立場でのクロスオーバーというのは積極的には起こり得なかった。ゆえに、元々ハードコアから端を発しヒップホップへの転向後もハードロック/メタルのサンプリングを多数行ってきたBeastie Boysや、同じくハードコアやメタルバンドから活動を開始し悪魔的なリリックをラップするGhostemane(を中心とした10年代半ば以降のトラップメタル勢)の存在は貴重である。全く異なるコミュニティとして成り立ってきた両者は本来交わるはずはなく、実例を積み重ねることによって少しずつ歩みを縮めてきたのだ。もちろんそこには、黒人を中心としたヒップホップコミュニティ側からの、白人資本による搾取に対しての根強い警戒心もあっただろう。遡ると、'Cop Killer'にまつわる事件(ラッパー・Ice-Tが所属するハードコア/メタル・ラップバンドのBody Countがリリースした曲が警察・国家権力に対して物議を醸し発売中止となった)の際に、なぜか彼らが「メタル」ではなく「ラップ」と言われ批判を集めるということもあった。そこには恐らく潜在的な人種差別が隠されている。つまり、メタルは本来マジョリティである白人中心の音楽で、ヒップホップはマイノリティである黒人中心の音楽だということだ。そういった点で、両者には明確な背景の違いがある。

けれども、当然ながら孤独や憂鬱や絶望はマイノリティのみが抱えるわけではない。マジョリティの白人といえどネガティヴを背負う時はあり、別の局面でマイノリティになることもあるだろう。メタルとは、そのようなネガティヴにさらされた者たちに対し、ラウドでノイジーな重量感のある音によって現実逃避の場所を描いてきた音楽なのではないだろうか。対してヒップホップとは、ループやサンプリング、ラップという極めて民主的な手法によって音と意味の戯れを喚起し、革命を描いてきた音楽(であり文化)である。両者はそれぞれ〈逃避〉と〈革命〉という形で社会と対峙してきたのだ。同時に、ある種のナルシシズムという点においても共通する。メタルは難易度高いテクニックとファンタジーで自己陶酔に耽り、ヒップホップは社会に対し革命を起こすためにセルフボーストで自己顕示に耽る。楽曲における型を作り上げ、その上での微妙な違いを楽しんでいくような貴族趣味的な点でも両者は共通している。メタルとヒップホップは、居場所を失った者たちに向けた、逃避と革命を起こすための開かれたサロンなのだ。その点で、出自やメンタリティは違えど、双方は今後ますます接近していくだろう。そしていつどんな時も、逃避と革命で人々を救うだろう。

7

2010年代以降のメタル

第6章の章扉で述べたように、メタル系メディアはポピュラー音楽の存在を無視してメタル内だけで話を進めたがる傾向にあるのだが、近年の大手音楽メディアはそうした区分をあまり気にせず、ポピュラー音楽一般と（その視点から評価しやすい類の）メタルを並べて語るところも多い。これと同様に、定額ストリーミング配信サービスが普及した昨今においては、毎週の新譜チェックの一環として、メタルに馴染みのない音楽ファンがいきなりコアなメタルに到達する機会も増えている。この章では、以上のような経路で既に「発見」されているにもかかわらずメタル専門メディアでは評価が追いついていない作品を中心にまとめている。本書の中でも特に新鮮な気分でお読みいただけると思われる部分である。

ポップミュージックのフィールドにおける活用

100 gecs

1000 gecs

シカゴ発の2人組は、あくまで真面目な冗談として人工的な音素材を引き裂きエディットし尽くすような手法をとることにより、全てがフックとなり得る奇妙なポップミュージックを作り上げた。メタル濃度の高い音もふんだんに引用されるが、金属を練り上げ構築していくのではなくメルトさせていく感覚がメタルバンドのそれとは決定的に異なる。〈つや〉

■USA（2019）■Dog Show Records

ポップミュージックのフィールドにおける活用

Grimes

Miss Anthropocene

Bring Me The Horizonとのコラボや Nine Inch Nails からの影響を公言するなどメタルとも関わりの深いシンセポップ・ディーヴァの5th。甘美にこだまするウィスパー・ヴォイス、現実逃避のための（意識的に現実と乖離させたような）エセリアル・サウンド、日本のサブカルに直結したモチーフ使いは現行の越境／トラップメタル系女性アーティスト達の先駆けであり先端。〈清家〉

■カナダ（2020）■4AD

ポップミュージックのフィールドにおける活用

Poppy

I Disagree

ポップスター Poppy がその親しみやすさを一切損なわずメタル志向を全開にした傑作。本書第5章の全ての要素を The Beach Boys に溶かし込んだような仕上がりは、素晴らしい完成度も併せ2010年代メタルの総決算とさえ言える。以降の作品はポップパンク・リバイバル志向を強めるため、この音楽性は本作に限る。そういう意味でも貴重なアルバム。〈和田〉

■USA（2020）■Sumerian Records

ポップミュージックのフィールドにおける活用

Rina Sawayama

SAWAYAMA

Y2K リバイバルの風が吹き荒れる中でリリースされた2020年前後の様々なポップミュージックの中でも、ニューメタルの再解釈に対し最も真正面から挑んだ作品か。既存の価値観に対する聡明な怒りとも言うべき態度が、地を這うようなラウドなギターと透明でなめらかな声質によって表現される。それでいて、随所に顔を出す UK ガラージの要素がエレガント。〈つや〉

■日本（2020）■Dirty Hit

ポップミュージックのフィールドにおける活用

Zheani

Eight

1st ミックステープ。中盤からトラップメタルの顔が剥き出しに。甘ったるい少女性が滴る歌声が憑りつかれたようにヒステリックな絶叫に変わる様は『エクソシスト』を彷彿とさせる。荒れた環境の中で育ち 10 代でエモやメタルに居場所を見つけたという彼女にとっては周囲を激怒させるための手段であり、醜悪に聞こえれば武器として合格なのだ。〈清家〉

■オーストラリア（2018） ■Sleepcvlt

ポップミュージックのフィールドにおける活用

Jazmin Bean

Worldwide Torture

パステル・カラーのキュートで悪魔的なヴィジュアルは一目で目に焼きつき、シンクロする楽曲も同様に耳にこびりつく。ポップネスに案内されたおとぎの国は、ひとたび瞬きをすれば凄絶な血の海に変貌。総てが歪んだトラップメタル・サウンドの王国で Jazmin は木に生った眼球をかじり、花開いた絶望を愛でて嗤う。ここは始めから奈落だったのに、と。〈清家〉

■UK（2020） ■Aswang Birthday Cake

ポップミュージックのフィールドにおける活用

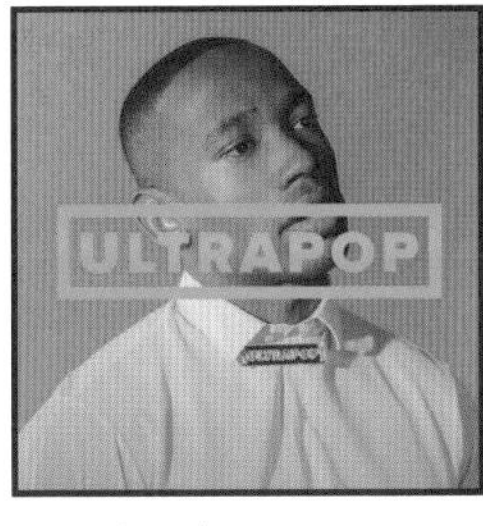

The Armed

Ultrapop

Converge や Deafheaven のような激音をグリッチ＆シューゲイザーで彩り、ポップパンクやゴスペルの明るさを巧みに取り込んだ音楽。同時期に広く知られるようになった hyperpop に通じる質感もあって高く評価され、うるささはポップさを増強する要素だということを実証し、ポピュラー音楽一般のヘヴィさの基準が上がっていることを示した。〈和田〉

■USA（2021） ■Sargent House

ポップミュージックのフィールドにおける活用

Danny Elfman

Big Mess

Oingo Boingo で名を馳せ、映画音楽（ティム・バートンなど）の領域で優れた作品を連発する Danny のキャリア総決算的ソロ作。極上のメタル～ハードコアバンド＋強靭な生オケ編成で、Tool と川井憲次を Primus 経由で混ぜたようなサウンドは、強大な存在感があるのに緊張感よりも緩さが勝る。Mr. Bungle にも通じるアメリカ暗黒音楽の精髄だ。〈和田〉

■USA（2021） ■Anti-, Epitaph

ポップミュージックのフィールドにおける活用

■USA（2021）■Capitol Records

Halsey

If I Can't Have Love, I Want Power

Trent Reznor がプロデュースに参加した本作は、全編に渡りゴシックなムードに包まれており、時にインダストリアルや不穏なノイズもインサートしながら Halsey の声をつややかに磨いていくデカダンスが In This Moment らメタルバンドを連想させる。本作で表現されている自身の妊娠に対する感情は、これまでメタルがほとんど描いてこなかったテーマだろう。〈つや〉

ポップミュージックのフィールドにおける活用

■カナダ（2021）■blacksquares

Black Dresses

Forever in Your Heart

クィア・デュオの 4th。サウンドはデジタル・ハードコア／エレクトロ・インダストリアルで、絶えずエラーを吐き出す壊れたパソコンを無理やり使い続けているように電子的ノイズがそこかしこを埋め尽くしている。極度に音割れしたシャウトは凄まじく、終始吐き出され続ける。そのブルータリティは類似ジャンルを見渡しても他に類を見ないほど。〈清家〉

ポップミュージックのフィールドにおける活用

■USA（2022）■Domino

Sasami

Squeeze

インディロックに激メタルを大幅導入した 2nd アルバム。メタルを「非常に暴力的でレイプ的」と考え距離を置いていたが、スラッジバンド Barishi を生で観てそのエネルギーに感銘を受け、「暴力の被害者ではなく主体・加害者としての女性」というテーマに活用することに。ジャンルの在り方を反転させただけでなく、メタル的にも優れた音楽作品だ。〈和田〉

ポップミュージックのフィールドにおける活用

■（2022）■VERSION III

Banshee

FANTASY

読んで字の如く可憐であえかなフェアリー・トラップのスープにゴロゴロと豪快にメタルを放り込んだキメラ・ミュージック。ブラック・メタルさながらに渓谷の奥底から響いてくるフライ・スクリームもさることながら、表題曲のメロディック・デスを思わせるリード、デスコア風の刻み、ツーバスの連打といった文脈を伴う引用にも驚かされる。〈清家〉

メタリック・ハードコアの発展

Code Orange

Underneath

US ペンシルベニアのバンド、Deathwish Inc. から Roadrunner への移籍後 2 作目となった 4th。メタル×ノイズの現代的手法へ HC シーンの角度から切り込んだ従来作から、インダストリアル方向に進化したタフな演奏。時折自己に立ち返る歌唱に、少女の声や「ただ独り／お前だけの」といった呟きだったり、時に微睡み、時に張り詰める演出を加えた SF 的な表現を添えて。〈村田〉

■USA（2020） ■Roadrunner Records

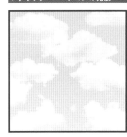

メタリック・ハードコアの発展

Turnstile

GLOW ON

大手メディアからも非常に高く評価された 3rd アルバム。基本的にはメタリックなハードコアだが、ポップパンクやグランジ、ドリームポップや R&B など、多彩な要素が無節操に取り込まれ、それでいて非常に聴きやすくまとめられている。昨今のポストジャンル的ポップスの在り方を反映、ヘヴィな音楽への入り口としても素晴らしい作品だ。〈和田〉

■USA（2021） ■Roadrunner Records

メタリック・ハードコアの発展

Fever 333

Strength in Number333rs

フジロック 2018 や朝の TV 番組「スッキリ」（2019 年）での破天荒なパフォーマンスが話題を呼んだトリオ。Rage Against The Machine をメタルコア化したような音楽性で、現行ポピュラー音楽から多くを得た捻りあるビート構成が、Bad Brains に通じる瞬発力により理屈抜きに楽しく示される。2022 年 10 月に 2 人が脱退、今後の動向に注目が集まる。〈和田〉

■USA（2019） ■333 Wreckords Crew, Roadrunner Records

メタリック・ハードコアの発展

Loathe

I Let It in and It Took Everything

新世代の旗手として期待を背負う気鋭バンドの 2nd。オルタナ／ポストメタル、デスコア、Djent、シューゲイザーなど多種多様なスタイルの影響下にある音楽性で、アンソロジー的に羅列するのではなく一曲のうちにシームレスに混ぜ合わせてまとめ上げるバランス感覚はシーンに発生したハイブリッド・アーティスト群の中でも数歩リードしている。〈清家〉

■UK（2020） ■SharpTone

メタリック・ハードコアの発展

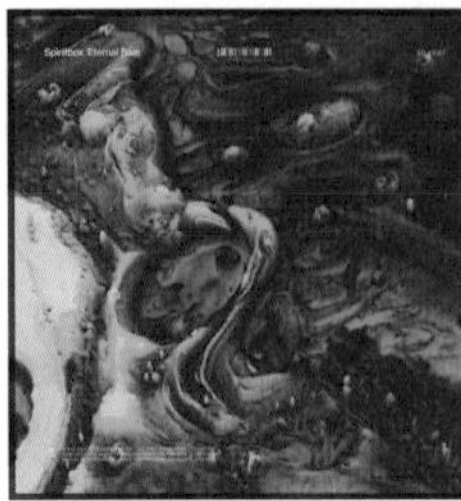

Spiritbox

Eternal Blue

元 Iwrestledabearonce のシンガーとギタリストによる、他ジャンルから受けた影響を反映させた新バンドのデビュー・アルバム。メタルコアと Djent を軸にしたサウンドにデジタル要素が加えられているのが特徴で、エレクトロ・ヴォイス風に加工されたクリーン・ヴォーカルやシンセがフュージョン系 Djent を思わせる浮遊感のあるギターと調和し、激しさとの対比となっている。〈清家〉

■ UK（2021） ■ Pale Chord

メタリック・ハードコアの発展

Frontierer

Oxidized

話題を呼んだ 2018年の前作 “Unloved” に続く 3rd アルバム。過去作では歪な所が残っていた曲構成を完璧に洗練、演奏の迫力はさらにブーストした圧倒的な作品で、荒れ狂うアーミング＆ハーモニクスを音楽的に活かす創意が凄すぎる。Car Bomb や Code Orange の先にある音だ。英語圏のリスナーの digital insanity というコメントも納得の怪作。〈和田〉

■ UK（2021） ■ Not On Label（Frontierer Self-released）

メタリック・ハードコアの発展

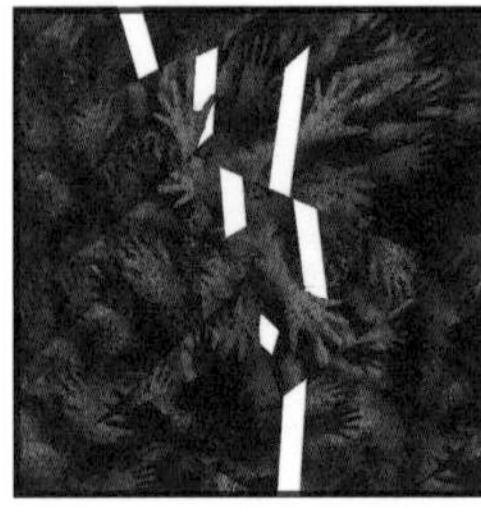

Plebeian Grandstand

Rien ne suffit

飛躍的な音楽的変化を遂げた 5年ぶりのアルバム。「Deathspell Omega Like but Not Nazis」（似ているがナチではない）というプレイリストでも紹介される “Paracletus” 系譜のハードコアだったが、本作ではそこに野太くのたうち回る電子音を全面導入、前人未到の激音が生まれている。Stereogum の年間ベストメタル 1 位にも選ばれた。〈和田〉

■ フランス（2021） ■ Debemur Morti Productions

メタリック・ハードコアの発展

Vein.fm

This World Is Going to Ruin You

Vein の後ろに .fm を付けての 2nd。ボストンのカオティック／マスな HC 界隈を出自とするが、『マトリックス リザレクションズ』や『サイバーパンク 2077』等とのシンクロニシティもうかがえる激音だ。それは Slipknot の再来ぐらいの衝撃があった前作を踏襲。近未来的な感覚を伴うある人生のような題材を、サブスク対応型のシームレスな編曲で描ききる。〈村田〉

■ USA（2022） ■ Closed Casket Activities

Ghostemane

ANTI-ICON

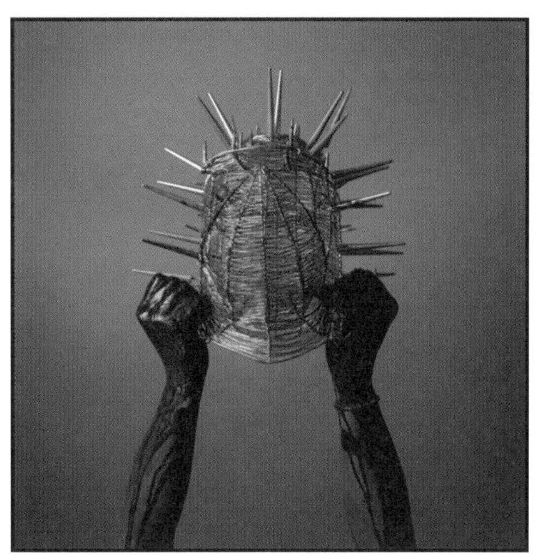

■USA (2020) ■Blackmage Records

ブラック/スラッジ・メタル・プロジェクトでも活動するラッパーの8th。インダストリアル・メタルとトラップを掛け合わせ、ブレイクダウンやノイズを使ったこれまでで一番ヘヴィなアルバム。彼はなぜシーンで確固たる立ち位置と支持を得、Full Of Hellのリミックスや『Knotfest』出演などヘヴィミュージック・アーティストからの信頼も厚いのか。モノクロのビジュアル、沈鬱を叫ぶリリック……耳目を集める要因はいくつもあるが、最大の理由は「音楽遍歴にメタル/ハードコアの文脈が刻まれているから」だろう。従弟の勧めでDeicideやMayhemなどのバンドに触れ、10代でメタルコア、20代からハードコアに浸かり、ギタリストとしてバンドで活動していた頃にヒップホップに出会うという、ラッパーとしてはかなり遅咲きの彼。しかし、だからこそすぐに自らでビートを作り（特にアルバム収録曲はほぼ彼によるセルフ・プロデュースだ）高いレベルの自己表現が叶えられた。自らメタリックなトラックを制作できるラッパーは僅かだ。加えて2018年頃からはフィーチャリング曲以外はほぼシングルを出さず、リリース済のものもアルバムに収録されていればサブスクから下げるという、かなりバンド的な活動方針を採っている。こうしたアティテュード面は非常に重要だ。地道な楽器練習を必要とせず、時には数分でRecを終えるラッパーの身軽さは時にロックとの溝を深めるし、なおかつトラップメタルのアーティスト達には文脈を伴わずメタルの意匠を引っこ抜く者も少なからず出てきている。その点に関してもGhostemaneは本流から正式に汲む方法をとっていて、“Fear Network”のアートワークなどで使用しているロゴはPETRIFICATIONのJason Barnettによるものだ。トラップメタル・シーンが日々拡大しつつあるなかでヘヴィメタルから乖離していく、それを防ぐ役割のアーティストが必要である。例えばGhostemaneが競演したSCARLXRD（ラップメタル・バンド出身）やHo99o9（元Black Flagのメンバーも在籍）には今後も注視していきたい。〈清家〉

エレクトロニック・ミュージックとの接続

Mr. Dibbs

Random Volume 1

メタル、パンク、ミクスチャーを大胆にサンプリングしたパワフルなビートでカルト的な人気を誇るターンテーブリスト／プロデューサーMr.Dibbsの見魅が存分に体感出来る一枚。一度は聴いた事があるだろうドラムやギターのフレーズがスキルフルなスクラッチと重なり、B-Boyもメタラーもパンクスも体を揺らす極上の音源が収録されている。〈梅ケ谷〉

■USA（2002） ■Puddles Frothingsquat Recordings

エレクトロニック・ミュージックとの接続

Otto Von Schirach

Global Speaker Fisting

IDMやグリッチ的な手法を使って表現されたブルータルでエンターテインメント性の強いゴアグラインドを披露した衝撃作。Ottoの隠し切れないピュアな本能が全面に溢れ出ており、他に類を見ない異端な曲には様々なタイプのリスナーが反応した。今作以降、更にゴアグラインドやポルノコア的な側面を強めていき、Ipecacからもアルバムを発表する。〈梅ケ谷〉

■USA（2004） ■Schematic

エレクトロニック・ミュージックとの接続

Drumcorps

Grist

ブレイクコアというジャンル／概念をアップデートさせた歴史的な名盤。天才的なプログラミング技術と斬新な発想によって著名なグラインドコア、カオティック・ハードコア、デスメタル・バンドの音源をマッシュアップした曲は、世界中のエクストリーム狂を悶絶させ、本家のバンド・ファンからも支持された。〈梅ケ谷〉

■ドイツ/USA（2006） ■Ad Noiseam/Cock Rock Disco

エレクトロニック・ミュージックとの接続

Skrillex

Scary Monsters and Nice Sprites

ブロステップ（ダブステップを簡略化し中高域を強調）の代表作。ポストハードコア・バンドのボーカルとして出発、声帯を痛めて転向した経歴が示すように、キャッチーな音の端々にはメタリックな質感が効いている。2017年のThe Dillinger Escape Plan最終来日公演でステージ脇からダイブするなど、この手の音楽に対する愛は尽きないようだ。〈和田〉

■USA（2010） ■Mau5trap Recordings

エレクトロニック・ミュージックとの接続

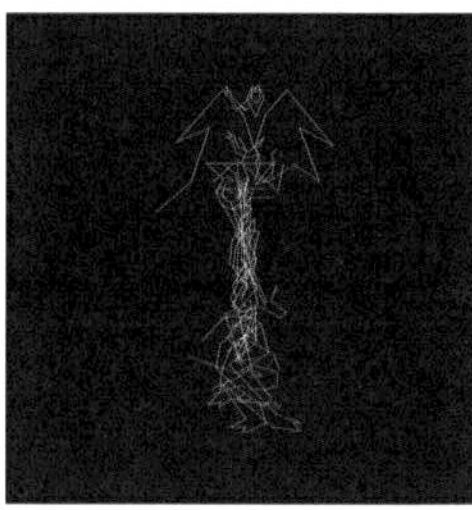

Oneohtrix Point Never

Garden of Delete

最近は The Weeknd との共作などポピュラー音楽領域でも注目されるOPNは、初期から地下メタルファンの間でも不思議と認知度が高かった。本作はインダストリアルメタルに急接近した例外的作品で、固有の変則的な音像がさらなる異形と化している。実験的な電子音楽へのメタル側からの入門としても良いかもしれない。〈和田〉

■USA（2015）■Warp Records

エレクトロニック・ミュージックとの接続

Perturbator

The Uncanny Valley

シンセウェイヴとは、John Carpenter や Vangelis をはじめとする80年代音楽のダーク＆サイバーパンクな意匠を再解釈する電子音楽。その代表格である Perturbator は、ブラックメタルのギタリストとして出発、メタルへの愛を保ちつつトラックメイクを続けている。2020年には Roadburn Festival のキュレーターを担当。現代メタル的にも重要人物。〈和田〉

■フランス（2016）■Blood Music

エレクトロニック・ミュージックとの接続

XXXTENTACION

SKINS

エモラップ・スター、早すぎる死の後に発表された3rd。影響源としてロックやゲーム音楽などヒップホップ外アーティストを挙げており、抑圧と抑鬱がにじみ出る内向的なリリックも相まってロックとの親和性は高い。本作収録の Blink-182 の Travis Barker が参加したデジタリック・ニューメタル的ナンバーで聞ける獣性シャウトには見果てぬ可能性を感じずにいられない。〈清家〉

■USA（2018）■Bad Vibes Forever

エレクトロニック・ミュージックとの接続

Jpegmafia

All My Heroes Are Cornballs

Code Orange とのコラボでも知られ、その制御不能な荒々しいライヴ表現がハードコアやメタルのマナーを彷彿とさせる Jpegmafia は、NY 出身のラッパー。ノイズから金属音までの要素をコラージュして生成される音の砂嵐は、鋭い知性と煙たい肉体によってキャビアのような粒感、香りを発する。断片化し素材化したメタルをエクスペリメンタルな音楽に応用した好例。〈つや〉

■USA（2019）■Not On Label（JPEGMAFIA Self-released）

エレクトロニック・ミュージックとの接続

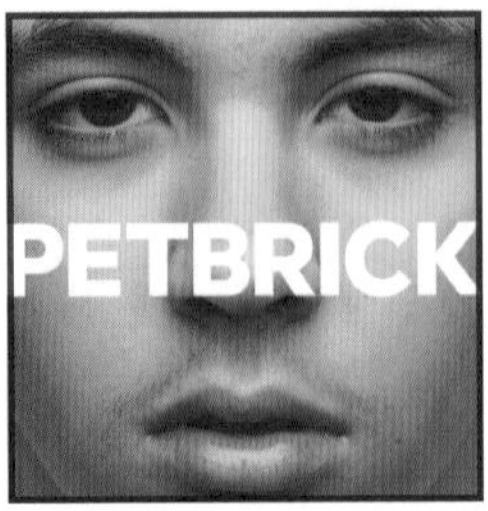

Petbrick

I

Iggor Cavalera（ex. Sepultura）と Wayne Adams によるユニットの 1st アルバム。ゲストには Dylan Walker（Full Of Hell）と Dwid Hellion（Integrity）などが参加。Igogor が Mixhell と Soulwax の活動で得た経験が遺憾なく発揮され、生楽器とエレクトロニクスの新たな融合の形を見せてくれている。〈梅ケ谷〉

■UK（2019） ■Rocket Recordings

エレクトロニック・ミュージックとの接続

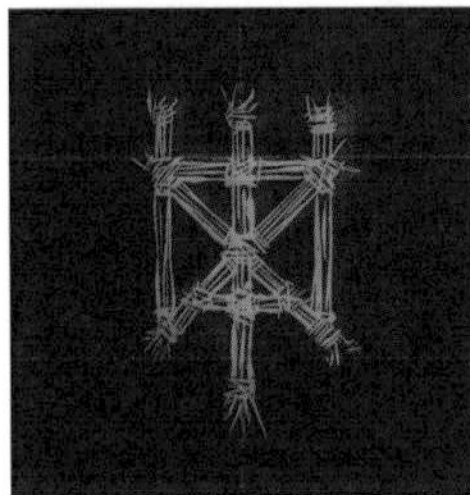

Backxwash

God Has Nothing to Do with This Leave Him Out of It

ザンビアとカナダにルーツをもつトランス女性ラッパー／プロデューサー、メタル成分を全面導入し注目を集めた 3rd アルバム。'Black Sabbath' の Ozzy の叫びや Zep のドラムなど、サンプルは 70年代 HR が多いが、全体の質感はトラップメタルを通過した現代的なもの。次作はスラッジと東アフリカ音楽の要素を増量、こちらも素晴らしい仕上がりだ。〈和田〉

■カナダ（2020） ■Not On Label（Backxwash Self-released）

エレクトロニック・ミュージックとの接続

Injury Reserve

By the Time I Get to Phoenix

2019年に Crossfaith の企画で Vein とともに来日した実験的なヒップホップトリオ、翌年にメンバーを亡くし、その上で前に進むことを示した傑作 2nd アルバム。Shellac などもサンプルしつつ複雑怪奇に捻られたビートはヘヴィ・ミュージック一般の可能性を広げるもので、そこに淡々と漂う情感も胸に迫る。何度でも繰り返し聴ける作品。〈和田〉

■USA（2021） ■Not On Label（Injury Reserve Self-Released）

エレクトロニック・ミュージックとの接続

Fire-Toolz

Eternal Home

メタル周辺音楽の歴史屈指の超絶ミクスチャー作品。Frank Zappa ～ 80年代 AOR、プログメタル～ポストブラックのラインを、hyperpop 以降のビート感覚でクリアに融合したような音像で（ヴェイパーポップとは無関係とのこと）、弾幕系シューティングゲームに通じる思考の加速感がたまらない。Deftones や Kayo Dot からの影響も興味深い。〈和田〉

■USA（2021） ■Hausu Mountain

エレクトロニック・ミュージックとの接続

Duma

Duma

ナイロビを拠点とする電子音楽デュオ（当地のメタルシーン出身）の1st アルバム。東アフリカ音楽の複雑なビートをグラインドコア経由でブレイクコアに落とし込んだ趣の音楽性で、Bandcamp の激推しもあって世界的に大きな注目を集めた。グラインドコアの開拓精神を最高度に示し、現代屈指の重要レーベル Nyege Nyege の面白さも知らしめた。〈和田〉

■ケニア（2020）■Nyege Nyege Tapes

エレクトロニック・ミュージックとの接続

Senyawa

Alkisah

Sunn O))) にインドネシアのフォークやガムランを注入したような音楽で、不規則なキメと淡々とした気分の両立が素晴らしい。なお、メタル専門でないメディアで時々 Duma や Senyawa がドゥームメタルと紹介されるが、ドローン要素はあってもドゥームではない。近年はこうしたジャンル内外の伝言ゲーム的な認識のズレも生じるようになった。〈和田〉

■インドネシア（2021）■Senyawa Mandiri

エレクトロニック・ミュージックとの接続

Jack Lucifer

King Of The Dead EP

テクノ・シーンで人気の Miro Pajic によるブラック／デス・メタルとハードコア・テクノを組み合わせる Jack Lucifer 名義での EP。数年のブランクを空けてリリースされた今作であるが、棺桶を引きずっているようなドゥーミーな Jack Lucifer の世界観は健在。リスナーの気力を容赦なく削る圧倒的にダークなサウンドには強い中毒性がある。〈梅ケ谷〉

■ドイツ（2020）■Terrornoize Industry

エレクトロニック・ミュージックとの接続

IC3PEAK

Kiss OF Death

混迷極まるロシアより届いた反抗声明。BMTH の Oli Sykes、Grimes、Kim Dracula といった現行オルタナ／トラップメタルの重要人物たちが客演、当局に異を唱えしばしば危険に晒されるデュオの追い風となった。幼気に語りかけ拐かすダーク・ポップ、寒村を軋らせる民謡のような澄み渡るメロディ、無機質なトラップメタルが濃密に死のにおいを放つ歌詞に絡みつく。〈清家〉

■ロシア（2022）■Not On Label（IC3PEAK Self-released）

ジャズとメタルの交差関係

John Zorn

Spinoza

■USA（2022） ■Tzadik

アメリカ音楽を代表する作曲家・サックス奏者の、プログレッシヴ・メタルを追求するバンドSimulacrumでの10作目。メンバーは、オルガンのJohn Medeski（ジャムバンド方面でも知られる名手）、ギターのMatt Hollenberg（Cleric ほか）、ドラムスのKenny Grohowski（Imperial Triumphant ほか）の3名で、Zornは全ての作曲を担当。本作は22分+20分の組曲で、前半では名ギタリストBill Frisellが、後半ではZorn自身がソロイストとして参加している。Dream Theater系譜のプログメタル形式を正確に把握しつつ、それを大幅に逸脱する多彩なジャンル語彙を混ぜる音楽性は、堅牢な構築美と乱調の美を等価に並べ融合するもので、圧倒的な演奏表現力により途轍もない高みに達している。メタルとしてもジャズとしても傑出した作品である。

John Zornは、Napalm Death人脈との関わりから1990年前後の活動はメタル方面でも知られているが、シーン全体への影響力はそれ以後の方が大きいと思われる。90年代メタルの裏番Mr. BungleはZornの影響から出発したバンドで、Kornなどオルタナティヴ・メタルの流れを決定付けただけでなく、メンバーのMike Patton、Trevor Dunn、Trey Spruanceは個人単位でも越境的メタルの領域を耕し続けてきた。また、上記のSimulacrumも、MattとKennyがエクスリーム・メタル領域で活躍し、その先端部を開拓しつつ重要な接点を築き続けている。ジャズとメタルは一般的には関係のあるものとして認識されていないが、Zornを中心とした人脈は両シーンを接続し、地下水脈的に影響を及ぼしてきた。双方の歴史を考えるにあたって非常に重要な系譜なのである。

Zornの作品があまり語られないのは、リリース数が多すぎる一方で流通が悪く、サブスク配信も拒否しているのも大きい。そうした敷居の高さもあってなかなか難しいが、できるだけ注目が集まってほしいものである。〈和田〉

ジャズとメタルの交差関係

John Zorn

Naked City

Zorn は 80 年代に NY の伝説的ライヴハウス CBGB でハードコアに衝撃を受け、そのままグラインドコアの勃興にも立ち会っている。本作の音楽性もそれに通じるもので、オリジナル曲はもちろん映画音楽やジャズの名曲も爆音高速化。Fred Frith（Henry Cow や Massacre）、山塚アイ（ハナタラシや Boredoms）など重要人物多数参加。〈和田〉

■ USA（1990） ■ Elektra Nonesuch

ジャズとメタルの交差関係

Painkiller

Buried Secrets

元 Napalm Death の伝説的ドラマー Mick Harris、ベースに Bill Laswell（Zorn に比肩する超絶越境音楽家）、Zorn のサックスからなるトリオ。グラインドコア以降の音だが、遅く静かな展開でこそ醸し出される殺伐とした雰囲気表現も追求されており、Bill によるダブ～アンビエント感覚が絶妙に活きており、ドゥーム・ジャズ的な趣もある。〈和田〉

■ USA（1992） ■ Earache

ジャズとメタルの交差関係

Praxis

Sacrifist

Bill Laswell のプロジェクト。本作で Bill と共に中核を担う Buckethead と Brain は後に Guns N' Roses にも参加。デスメタル＋ダブという趣の音楽性だが、Bootsy Collins と Bernie Worrell（いずれも P-FUNK の主要格）、Mick Harris、山塚アイなど人脈は異様に広範、しかも全員が絶妙に貢献。当時のジャンル越境関係を象徴する作品。〈和田〉

■ USA（1993） ■ Subharmonic

ジャズとメタルの交差関係

Bohren & Der Club Of Gore

Gore Motel

ドゥーム・ジャズの代表格。ダークアンビエント＋遅いジャズ＋ Autopsy を志して作られたという作品で、メタル音色はないが確かにデス・ドゥームやドローン・ドゥーム的な感覚がある。『ツイン・ピークス』に通じる不穏な空気は様々な領域のバンドに影響を与えた（Ulcerate なども）。Mike Patton をはじめ人脈面でもメタルと繋がりがある。〈和田〉

■ ドイツ（1994） ■ Epistrophy

ジャズとメタルの交差関係

Cleric

Regressions

Matt Hollenberg のリーダーバンド。この 1st アルバムでは、Meshuggah と The Dillinger Escape Plan をぐちゃぐちゃに攪拌して全く別の高度なものに仕立てたかのような凄まじい音楽が聴ける。グラインドコア的でもドゥームメタル的でもあり、それでいてジャズ的な冷静さも貫かれる。全体を流れるアンビエント的な居心地も素晴らしい。〈和田〉

■USA (2010) ■Web Of Mimicry

ジャズとメタルの交差関係

Imperial Triumphant

Alphaville

Zachary Ilya Ezrin 率いるブラックメタル出身バンドが音楽性を確立した 4th アルバム。ジャズの名手 Kenny Grohowski と Steve Blance の加入により飛躍を遂げた前作の強化版で、Duke Ellington から Ben Monder に至る高度な和声感覚を活かし、NY という街の陰惨な美しさを描ききっている。Voivod と The Residents のカバーも象徴的。〈和田〉

■USA (2020) ■Century Media

ジャズとメタルの交差関係

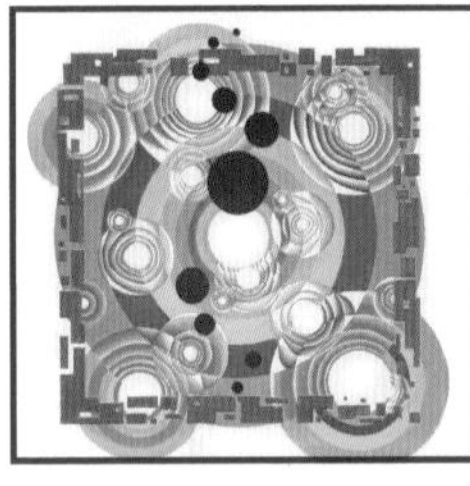

Titan to Tachyons

Vonals

Gigan のサポートで知られるギタリスト Sally Gates に Simulacrum の Matt と Kenny が加わり結成されたバンド。前作は Zorn 人脈ジャズメタルを Gorguts に寄せ『ツイン・ピークス』的雰囲気のもと発展させた秀作で、この 2nd アルバムはそこに Ved Buens Ende 的コード感を加え更なる先を提示。新加入の Trevor Dunn も素晴らしい。〈和田〉

■USA (2022) ■Tzadik

ジャズとメタルの交差関係

Animals As Leaders

Animals As Leaders

８弦ギターの Tosin Abasi、Djent を下敷きにギター音楽の新たな可能性を開拓。奏法をクリエイトし、それによって新しい音楽表現を得ていく進化の過程を見ているようである。演奏不可能にも思えるギターの音列が続き、テクニックとアイデアの博覧会の様相だが、アカデミックに染まりすぎない独自のクリエイティヴィティに、未来を感じる。〈西山〉

■USA (2009) ■Prosthetic Records

ジャズとメタルの交差関係

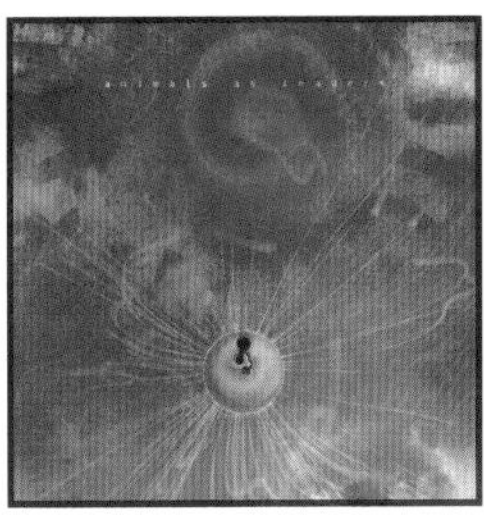

Animals As Leaders

The Joy of Motion

ナイジェリア系アメリカ人 Tosin Abasi のソロから発展。メタルと現代ジャズの接点として最も重要なバンドの一つである。Steve Vai や Yngwie Malmsteen の影響から出発、Meshuggah や Squarepusher、Kurt Rosenwinkel や Adam Rogers からも多くを得た音楽性は、メタルの和声やリズムを大きく発展させ続ける。この 3rd アルバムが代表作。〈和田〉

■USA（2014） ■Sumerian Records

ジャズとメタルの交差関係

Plini

Handmade Cities

フュージョン系プログメタル・ギタリストの 1st。同系統アーティストの楽曲にゲストとして引っ張りだこの実力派で、他と比較して Djent 的な低音の刻みフレーズが少ないという特性を持つ。本作も基本的に 6 弦シグネチャーで演奏されており、ゆったりとした曲調を主にベースとドラムの存在も感じられる温かみのある高品質のインストゥルメンタルだ。〈清家〉

■オーストラリア（2016） ■Not On Label（Plini Self-released）

ジャズとメタルの交差関係

Arch Echo

Arch Eco

名門バークリー音楽大学出身者が多くを占めるプログメタル／フュージョンバンド。といっても楽曲は 70 年代の英国シンフォニック・ロックに近く、その領域特有の曲調が Djent 以降のコード感やリズム感覚で絶妙に修飾されている。どんなにテクニカルに弾き倒す場面でも唄心が勝る仕上がりが素晴らしい。ジャンルを越えて聴かれるべき逸品だ。〈和田〉

■カナダ（2017） ■Not On Label

ジャズとメタルの交差関係

Polyphia

New Levels New Devils

2010 年代のキッズは避けて通れなかったと言っても過言ではないバンドの 3rd。Jason Richardson や Ichika など今をときめくシュレッド・ギタリストをゲストに迎え、新世代ギター・ヒーロー Tim Henson と Scott LePage の絢爛自在なプレイも更に進化。プログ Djent 期よりも垢抜けた洒脱で軽やかなマス・ロック・サウンドにトラップのハイハットや R&B 調アレンジも加わり新たなステージへ。〈清家〉

■USA（2018） ■Equal Vision Records

ジャズとメタルの交差関係

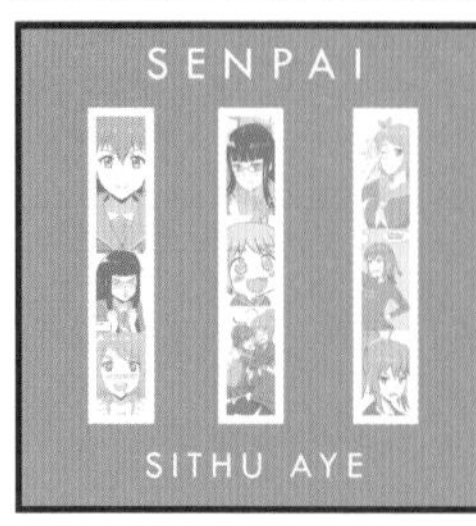

Sithu Aye

Senpai III

流行りの杢目材使用多弦ギターを操るテクニカル・プレイヤーであり無類のOtakuという点が日本でも愛されているフュージョン系Djentギタリストの5th。本作はこれまで2枚のEPで語られてきた、プログを愛する女子高生達の日常を描く「Senpaiシリーズ」の最終章。イラストも自身で手掛け、キャラクターの卒業に至るまでを描くコンセプトの一貫性は筋金入り。〈清家〉

■スコットランド（2021） ■Not On Label（Sithu Aye Self-released）

ジャズとメタルの交差関係

LIND

A Hundred Years

プログレッシヴロック方面で活躍するドラマーAndy Lindのソロ2ndアルバム。全体のノリとして近いのはX-Legged SallyやSnarky Puppyのような現代ジャズ～ビッグバンドで、濃厚なゴシック感覚はRam-Zetに通じる所が多い。ドラムソロを入れなくても技術的な見せ場を作れるDjentという形式の強みを活かした、極上の作曲志向作品。〈和田〉

■ドイツ（2021） ■UNIformatted Records

ジャズとメタルの交差関係

Tigran Hamasyan

Shadow Theater

Meshuggahを愛しメタル好きを公言するピアニスト、キャリア初期の到達点。豊富なリズムアプローチは、出身のアルメニア音楽由来とメタル由来のギミックとグルーヴが渾然一体となり、非常に自然な彼の言語として確立した。楽器的にヴォーカルを多用しているためソフトで優しい触感だが、意外と引き算無し、非常に重層的な音像もメタル由来か。〈西山〉

■アルメニア（2013） ■Verve Records, Universal Music Classics & Jazz France

ジャズとメタルの交差関係

Antonio Loureiro

Só

ミナスはジャズとブラジル音楽の接点として非常に重要な地域。Antonioはその新世代を代表する達人である。ドラムスと鍵盤の双方が超一流、作編曲でも無二の境地を切り拓くAntonioは、Tigran Hamasyan経由でToolやMeshuggahにも影響を受けている。この2ndアルバムも、13拍子と8拍子が滑らかに交代する名曲‘Reza’など通じるものが多い。〈和田〉

■ブラジル（2013） ■Borandá

ジャズとメタルの交差関係

■USA（2017） ■Mack Avenue

Cameron Graves

Planetary Prince

細部まで構築され圧力の高いサウンドからメタルから影響を受けていることは明らかだが、ジャズの根幹である会話によるアンサンブルの余地は少ない。ピアノソロ部分もビバップ由来の呼吸を持ったジャズ言語やイントネーションではなく、息継ぎなくレガートで溢れる音の洪水という意味では、メタル的速弾きをそのままジャズに導入した感がある。〈西山〉

ジャズとメタルの交差関係

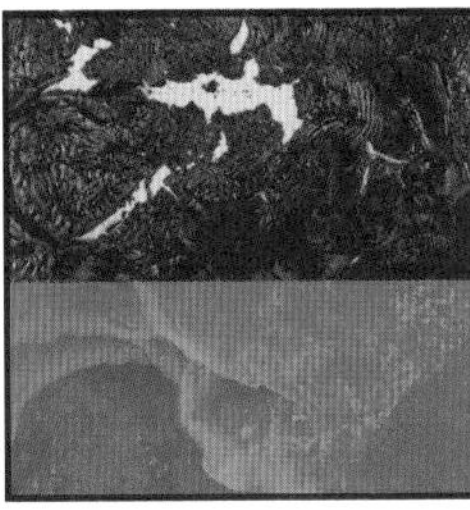

■USA（2018） ■Anti-, Epitaph

Rafiq Bhatia

Breaking English

Son Lux の一員として活動、NY の越境的シーンで存在感を放つインド／アフリカ系アメリカ人のソロ 3 作目。Madlib の複雑なビートや Ben Frost の音響感覚に大きな影響を受け、Sunn O))) 系譜のドローン・ドゥームの要素も取り込んだサウンドは、独特のフレーズ構築とともに現代ジャズの可能性を拡張した。メタル的にも興味深い作品。〈和田〉

ジャズとメタルの交差関係

■USA（2018） ■Pi Recordings

Dan Weiss

Starebaby

ジャズ～メタル越境の代表格であるドラマー／作曲家。Gorguts や Meshuggah に大きな影響を受けており、『ツイン・ピークス』を題材とした本作ではそうしたバンドの複雑なコード感やドラム・オーケストレーションが活かされている。Trevor Dunn や Ben Monder（Imperial Triumphant の主な影響源）などメンバーも超強力。〈和田〉

ジャズとメタルの交差関係

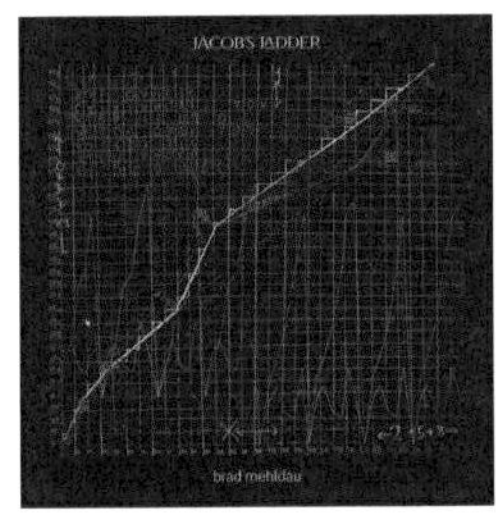

■USA（2022） ■Nonesuch

Brad Mehldau

Jacob's Ladder

現代最高峰ジャズ・ピアニスト、発想の原点の一つであるプログレッシヴ・ロックを軸とした作品。原曲を下敷きにバッハ的ポリフォニックな再構築を試みるが、完全な構造物を目指すのではなく、多要素が混沌と絡み合った結果、複雑で美しく、宗教的ともいえる触感に。即興はミニマルな構造物の上でするに留め、ホリゾンタルに物語を描き出す。〈西山〉

不協和音デスメタル

Gorguts

Obscura

■カナダ（1998） ■Olympic Recordings, Slipdisc Records, Mercury

1993年にはデモ音源として大部分が完成、1998年に発表された3rdアルバム。いわゆる不協和音デスメタルの草分けとして後続に絶大な影響を与えた歴史的名盤である。ペンデレツキやショスタコーヴィッチのような無調寄り近現代音楽の要素をデスメタルに落とし込んだ大傑作で、奇怪なフレーズやコード感に異常な説得力を持たせる作編曲が素晴らしい。演奏表現力も音響も極上、複雑な構造を細部まで快適に見通せることもあってか、ジャズなど他領域にも信奉者が多い。メタルの歴史において最も魅力的な謎に満ちた作品の一つである。

「不協和音デスメタル」は2010年代に確立された括りで、それまではGorgutsなど多くのバンドがブルータル・デスやテクニカル・デスの括りに入れられていた。OSDMに通じる異様なヴィジョンを備えつつ、洗練された技術はブルデスやテクデスに近い。というふうに、どちらの枠でもしっくりこないが双方の美点を備えているものを新たにこう呼んだ経緯があり、「不協和音」を除けば各バンドの音楽的共通点は少ない。作編曲が特に高度で個性もあるデスメタル、というくらいにみるのがいいかもしれない。
Gorgutsのリーダー Luc Lemayの発言として象徴的なのが、「ペンデレツキはクラシックの世界におけるデスメタルのようなもの」「デスメタルはクリシェにとらわれない実験精神と美学に満ちたジャンル」というものだろう。Deathの1stアルバムでこの世界に惹き込まれつつ、1995年には音楽学校に入り作曲を修めたLucは、エクストリームなクラシックとメタルの双方を等価に愛し、旨味の芯を掴み融合する。こうした熱意と技術の結実が本作"Obscura"であり、そして2010年代"Colored Sands"なのだろう。特に後者は、Luc以外のメンバーを介しNYの越境シーンにも大きな影響を与えている。立ち位置はカルトだが即効性の魅力に満ちた音楽。〈和田〉

不協和音デスメタル

Immolation

Close to a World Below

初期デスメタルの代表格でもあるImmolationは90年代初頭から独特の不協和音を追求し続けてきたバンドで、曲構成の抽象化傾向を先導する傑作を連発してきた。本作4thアルバムでは第2のキャリアハイとなった歴史的名盤で、後発組であるGorgutsなどのコード感覚を通過した上で固有の音楽性をさらに発展。極上の旨味に満ちている。〈和田〉

■USA（2000） ■Metal Blade Records

不協和音デスメタル

Mitochondrion

Parasignosis

2010年代以降に広く認知されるようになった、漆黒の闇に包まれるブルータル・デスメタルの音像を確立したバンドの一つ。Portalなどが築き上げた混沌音像にIncantation的な高速デス・ドゥームの重さを加えたサウンドは、暗黒宇宙を吹き荒れる大海嘯のような質感を実現。同郷ブリティッシュ・コロンビアのウォー／ベスチャル・ブラックメタルにも共振する。〈和田〉

■カナダ（2011） ■Profound Lore Records

不協和音デスメタル

Portal

Vexovoid

デスメタルの抽象表現を極めたような4thアルバム。混沌を極めた音像は慣れないと聴き取るのも困難だが、慣れたら慣れたで、個々の旋律が意外とクラシカルで馴染みやすいとわかる一方で並びの不条理さに困惑させられる。そしてそれはラヴクラフト的な理不尽を扱う歌詞に絶妙にマッチ。大きな影響力を示しつつ余人の追随を許さない重要バンド。〈和田〉

■オーストラリア（2013） ■Profound Lore Records

不協和音デスメタル

Gigan

Multi-Dimensional Fractal - Sorcery and Super Science

名前の由来は東宝映画『地球攻撃命令 ゴジラ対ガイガン』。“Obscura”を崇拝する一方で、70年前後のMiles Davis、Captain BeyondやRush、Primusからの影響も大きく、テクデスには珍しいストーナー的な肉感はこのあたりから来ているのかも。そうした音像をSF的イメージで彩るのがまた興味深い。独特な味わいが素晴らしい作品だ。〈和田〉

■USA（2013） ■Willowtip

不協和音デスメタル

Dimesland

Psychogenic Atrophy

The Residents の Bob こと Nolan Cook 率いるバンド、現時点で唯一のアルバム。Portal や Deathspell Omega "Paracletus" にも通じる音だが、同一フレーズをあまり反復しない展開やリズム構成など、デスメタルの枠から大きく外れる要素も多い。The Residents の豊かすぎる音楽性をメタルに落とし込んだらこうなるのかという印象もある強力な作品。〈和田〉

■USA (2014) ■Independent

不協和音デスメタル

Chthe'ilist

Le dernier crepuscule

現時点で唯一のフルアルバム。Demilich を不協和音デスメタルの文脈で再構築したような作品で、リフ展開は殆どそのままなのだが、後期 Emperor にも通じるコード感（文脈が大きく異なる）が加わっているためかしっかり別の優れたものに聴こえる。現代メタルのリバイバル傾向とそれによるジャンル転生が非常にわかりやすく示された好作と言える。〈和田〉

■カナダ (2016) ■Profound Lore Records

不協和音デスメタル

Pyrrhon

What Passes for Survival

不協和音デスメタルの系譜では特に興味深い位置にあるバンド。Gorguts にヘヴィ・ジャンクやグラインドコア〜フリージャズ的な質感を加え、フォーク〜アメリカーナ的な仄暗い豊穣に潜っていくような音楽性は、Swans に代表される NY 地下シーンの文化の坩堝的な特質を体現するものである。Imperial Triumphant や Seputus との人脈的繋がりも重要。〈和田〉

■USA (2017) ■Throatruiner Records

不協和音デスメタル

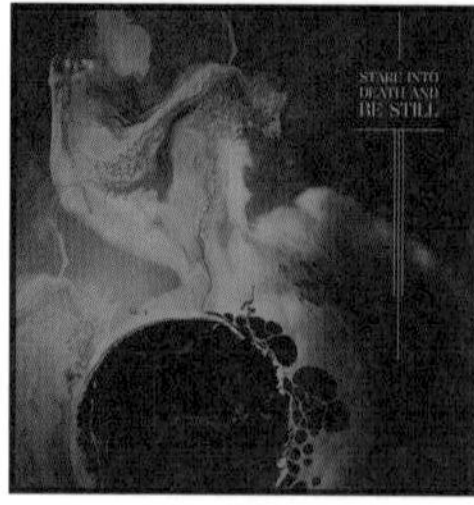

Ulcerate

Stare into Death And Be Still

不協和音デスメタルという枠の筆頭格。Immolation や Gorguts、Today Is The Day らの影響を独自の個性に昇華した作編曲は壮大な交響曲のようであり、極限までテクニカルになったジャズロックのようでもある。現代ジャズや Bohren & Der Club of Gore などから得たものも多い。なお、Deathspell Omega からの影響はないという。〈和田〉

■ニュージーランド (2020) ■Debemur Morti Productions

不協和音デスメタル

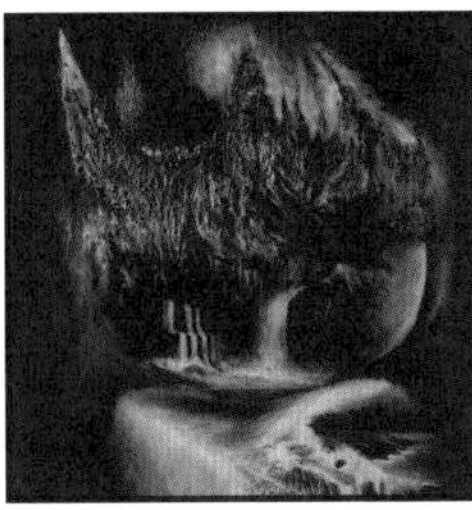

Ad Nauseam

Imperative Imperceptible Impulse

2nd アルバム。Gorguts や Ulcerate を参照しつつその先を切り拓くような音楽性だが、何より凄いのが音響で、Steve Albini を崇拝し理想の環境を作るために自前のスタジオを構築したという蓄積のもと、イコライザーやコンプレッサー類を一切使わない録音を（このジャンルで！）実現。それを可能とする繊細な演奏表現力も凄すぎる。〈和田〉

■イタリア（2021） ■Avantgarde Music

不協和音デスメタル

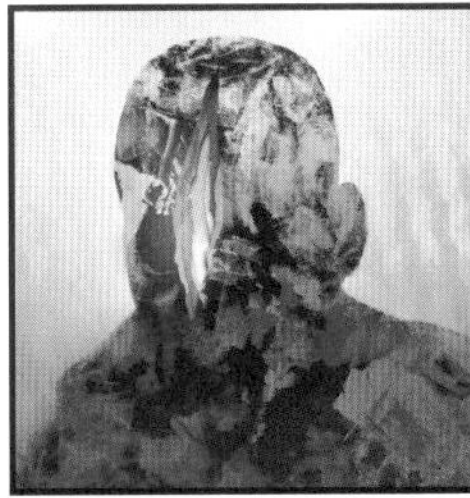

Seputus

Phantom Indigo

Pyrrhon の 4 人中 3 人からなるバンドだが、音楽性は大きく異なり、2010年代 Gorguts を Deftones 経由で Neurosis に繋げたような音楽性が素晴らしく個性的。神経学者オリバー・サックスの著書『見てしまう人びと 幻覚の脳科学』を反映したという音像も、焦点が合わない具合を安定して保つかのようで、このジャンルの可能性を拡張する傑作。〈和田〉

■USA（2021） ■Willowtip

不協和音デスメタル

Siderean

Lost on Void's Horizon

前身となる Sci-Fi メタルバンド Teleport が改名し遂に完成させたフルアルバム。Teleport の頃は Vektor や Voivod のようなプログレッシヴ・スラッシュを Goguts 的な無調寄りデスメタルと合わせる路線だったが、本作では Dødheimsgard などの前衛ブラックメタルに通じるコード感が大幅増量。様々な文脈の交差点となる作品である。〈和田〉

■スロベニア（2021） ■Edged Circle Productions

不協和音デスメタル

Succumb

XXI

大きな発展を遂げた2ndアルバム。大まかに言えば Portal と Converge を足して割らずしかもキャッチーにしたようなデスメタリック／ブラッケンド・ハードコアなのだが、緻密かつ重層的なリフの数々、圧倒的な演奏表現力など、全ての要素が素晴らしい。Pan Sonic や Autechre、Low や P-FUNK 周辺からも影響を受けたという奥行きも興味深い。〈和田〉

■USA（2021） ■Flenser Records

COLUMN

ヘヴィ・ミュージックの革新性と包括性、それを示す場としての Roadburn Festival 〈和田信一郎〉

Roadburn Festival は、毎年 4 月にオランダで開催される音楽フェスである。「ヘヴィ」と形容できる音楽であればジャンルを問わない運営は、観客にも同様の越境姿勢をもたらし、ディレクターの Walter Hoeijmakers が言う通り、「バンドがオープンマインドな観客の前で演奏する機会を与えるのが主な目的」という理想的な関係を築いてきた。それを反映してか、ここのラインナップは他のメタル系メディアやフェスの数年は先を行っている。新しく興味深い音楽を探求する者にとっては特に注目すべき存在なのである。

Roadburn 最大の特徴はキュレーター制度だろう。4 日開催となった 2008 年以降、一部の日のヘッドライナーがこれを兼任し、Walter と協力しながら 1 年かけて自身が出演する日のラインナップを決める。2019 年までの担当者は、David Tibet（Current 93）、Neurosis、Tom G. Warrior（Triptykon, 元 Celtic Frost）、Sunn O)))、Voivod、Jus Osborn（Electric Wizard）、Mikael Åkerfeldt（Opeth）、Ivar Bjørnson（Enslaved）、Lee Dorrian（元 Cathedral, Napalm Death ほか）、John Dyer Baizley（Baroness）、Jacob Bannon（Converge）、Tomas Lindberg（At The Gates）。いずれも地下シーンの代表格であり、同時に屈指の音楽ディガーでもある。Roadburn の極めて興味深いラインナップは、こうしたキュレーター制度によるところも大きい。

その Roadburn が更なる革新姿勢を示したのが 2020 年。キュレーターに選任されたのは Emma Ruth Rundle（Red Sparowes など）と James Kent（Perturbator）で、この領域との関わりが深いとはいえ自身の音楽はメタルでもハードコアでもない女性・男性が 4 日間すべてに関与することにより、ジェンダー・バランスの適正化と音楽的な豊かさが最大限に両立された（残念ながらコロナ禍で中止、翌年も配信限定開催に）。これは、ジャンル内での知名度を度外視し招聘、観客もそれを歓迎する Roadburn だからこそ成り立つのだろうし、第 1 章の The Body の項で述べたような包括性をポピュラー音楽から学んできたことも関係しているだろう。そうした姿勢を引き継ぐかのように、2022 年のキュレーターは GGGOLDDD の Milena Eva と Thomas Sciarone が担当、非常に良いラインナップを構築していた。Roadburn は今後も更に重要な存在感を示していくことになるだろう。

Roadburn Festival公式サイト

Roadburn Festival

Earthless

Live at Roadburn

Roadburn の名前を最初に知らしめた作品の一つ。4 曲で 90 分を駆け抜ける超絶ジャムで、Julian Cope の『ジャップ・ロック・サンプラー』『Krautrocksampler』から多くを学び、同系統の音楽性を凄まじい馬力で発展させたような演奏が全編驚異的。Roadburn 出演者は同名のライヴ作品を発表することが多く、いずれも非常に良い内容になっている。〈和田〉

■ USA（2008） ■ Tee Pee Records

Roadburn Festival

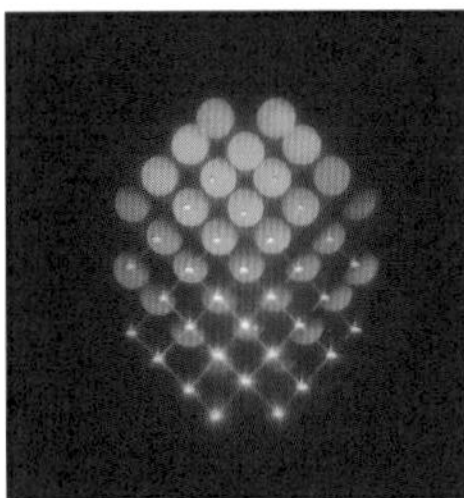

Waste of Space Orchestra

Syntheosis

Roadburn は毎年コラボ企画を行ない、素晴らしい成果を生み続けている。本作は Oranssi Pazuzu と Dark Buddha Rising の合体バンドで、2018 年の出演時には概形が完成。29&3 のポリリズムが楽しい ‘Journey to the Center Mass’ などアイデア多数。この成果は Oranssi Pazuzu の名盤 “Mestrain Kynsi” に繋がる。〈和田〉

■ フィンランド（2019） ■ Svart Records

Roadburn Festival

Triptykon with The Metropole Orkest

Requiem - Live at Roadburn 2019

メタル史上最重要人物のひとり Tom G. Warrior の集大成的名曲 ‘Requiem’、オーケストラ付き初演。Celtic Frost から Triptykon に至る孤高の音楽性を網羅、最高の演奏表現力で具現化した神懸かり的名演である。資金面で実行困難なこうした企画をレジェンド枠として実現するのも Roadburn の凄い所。この世界にもたらした貢献は計り知れない。〈和田〉

■ スイス（2020） ■ Century Media, Prowling Death Records

Roadburn Festival

Neptunian Maximalism

Eons

「文化的エンジニア・コミュニティ」による 3 枚組 1st。ミュージシャンの一団による長大なフリー・インプロヴィゼーションの叙事詩はまさにマキシマム。アヴァンギャルド・ジャズともドローン・メタルとも架空の土着音楽ともつかないサウンドスケープの混沌は、宗派や大陸によって分たれていた地獄が突如として習合してしまったかのよう。〈清家〉

■ ベルギー（2019） ■ I, Voidhanger Records

Roadburn Festival

■USA（2019） ■Sargent House

Chelsea Wolfe

Birth of Violence

かねてからブラックメタルによる影響を語り、2021年にはConvergeとのコラボレーション・アルバムも実現するなどヘヴィミュージックとの関連が深いシンガー・ソングライターの6th。SUMACのAaron Turnerらが参加した前作に比べるとメタル要素は薄いが、いやに眩しい曇天のようなダーク・フォークが身を埋めるアンビエンスと幽かに聞こえるギターはポストメタル的。〈清家〉

Roadburn Festival

■USA（2020） ■Sargent House

Mrs. Piss

Self Surgery

SSWのChelsea Wolfeが組んだヘヴィなバンドは、各楽器を過剰にかき鳴らし密度高く楽曲を練り上げていかなくとも、最低限のミニマルな音で〈メタル〉を表現できることを証明している。MVやアートワーク等のヴィジュアルも同様で、ファンタジックに作り込まずしてシンプルにメタルの表象を描き出す手腕に驚く。骨組みとしての、あるいは概念としてのメタル。〈つや〉

Roadburn Festival

■UK（2020） ■Holy Roar Records

Svalbard

When I Die, Will I Get Better?

2020年を代表する名盤の一つ。ポストハードコア〜ネオクラストを軸にポストブラックに接近したような音で、性差別や虐待、メンタルヘルスについて歌いつつ着実に善い方に進もうとする表現力が素晴らしい。本作はHoly Roarオーナーの性的暴行事件発覚に対し、レーベルを即脱退した上で発表。そうした姿勢が作品自体の強度と結びついた傑作だ。〈和田〉

Roadburn Festival

■USA（2020） ■Sacred Bones Records

Emma Ruth Rundle & Thou

May Our Chambers Be Full

Thouはスラッジ〜ポストメタル的な音を軸に越境的共演を繰り返すバンドで、The BodyやFull of Hell（ともにRoadburn常連）に通じる重要な役割を担ってきた。本作はRoadburn 2019を機にThouが画策したもので、ポストメタル領域との関連も深いEmmaの声も絶妙にはまっている。The Gatheringをより強靭にしたような趣もある。〈和田〉

Roadburn Festival

Midwife

Luminol

Roadburnは広義の「ヘヴィ」と言える優れた音楽なら何でも招聘し、無名のアーティストも積極的に起用し続けてきた。Midwifeは録音技師としても活動するMadeline Johnstonのソロで、Claire Rousayあたりに通じるアンビエント〜フォークに微細な歪みをまぶす音像はHeaven Metalという自称どおり。シューゲイザーとしても優れている。〈和田〉

■USA（2021） ■Flenser Records

Roadburn Festival

Lingua Ignota

Sinner Get Ready

4thアルバム。前作“Caligula”は、クラシック音楽の素養を電子音やブラックメタルの激音で彩り、家庭内やメタルシーンで被ってきた凄惨な虐待に立ち向かう歌詞表現が注目を集めた。本作はそうした姿勢を保ちつつ生楽器のみを使用、変調を施した音響が強烈な激しさを生んでおり、Roadburnに通じる「ヘヴィさの更新」を成し遂げた。〈和田〉

■USA（2021） ■Sargent House

Roadburn Festival

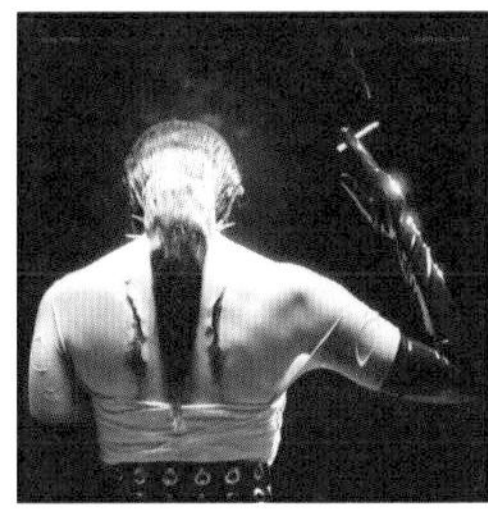

King Woman

Celestial Blues

Kristina Esfandiari率いるバンドの2ndアルバム。The GatheringとNeurosisの間にある強靭な音のもと、カリスマ派キリスト教の両親に育てられたトラウマとの葛藤が、ミルトン『失楽園』的なメタファーを通して真摯に描かれている。演奏の心地よさと重く深い表現力のバランスもよく、地味なようでいて稀有の魅力に満ちた作品である。〈和田〉

■USA（2021） ■Relapse Records

Roadburn Festival

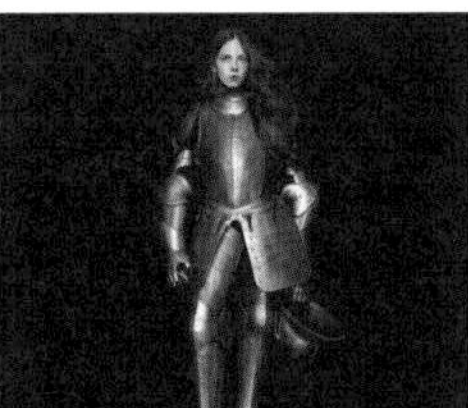

GGGOLDDD

This Shame Should Not Be Mine

Milena Evaは19歳の時に監禁され性的暴行に遭う。本作はそのトラウマや影響に向き合った作品で（自身を愛することを歌う‘I Won't Let You Down’が最も辛かったという）、Portisheadに淡白なブラックメタルと仄かなユーモアをまぶしたような音像が優れた深みを生む。Roadburn 2021での披露が翌年のキュレーター起用に繋がった。〈和田〉

■オランダ（2022） ■Artoffact Records

Blood Incantation

Hidden History of the Human Race

■USA (2019)　■Dark Descent Records

暴力や反宗教でもない幻想的かつコズミック（宇宙的な）デスメタルを形作った名盤“Starspawn”から3年。2019年2〜3月にかけてNecrotと同行したDecibel Magazine TourでのCannibal Corpse、Morbid Angel、Immolationとの共演をハイライトとする数々のツアー＆ギグを経てリリースされた2nd。その間にはカリフォルニア〜シアトル〜オレゴンを股にかけるUS西部におけるOSDMシーンの勃興もあって、発表前からメディアでの評価が約束されていた観は否めなかった。当作のこれまた批評的といえる作風は、表向きに激賞されたが、同界隈には若干の戸惑いと共に広まっていく。ロウエンドな領域から中高音域に音の重心を移したミックスや、技巧的なフレーズを多用した比較的クリアな演奏等といった、特定の形態へのよろめきと捉えかねない要素。それが従来の作風を起点として、あらゆるOSDMの側面を理念的かつ漸進的に捉えていたことに加え、そもそもジャンルの懐が深さがハンパでなかったからだろう。生の質感を重要視するアナログ機材を用いたレコーディングと、幻想SFの画家Bruce Penningtonによる1970年代の作品を使用したアートワーク、1st EP以前の2013年に作曲されていた#2 ‘The Giza Power Plant’を始めとして全編を貫くリリカル・テーマは、初期から通底した彼らの表現。70’sプログレッシヴ・ロックへの賛辞を贈る、約18分にも及ぶラストトラックと調和させた構築美にて（ある種、Deathがやったように）その道の先を示している。そして病的な激音にもかかわらずノンストレスに諸要素がシームレスに移行し、サイケデリックな色彩に支配されたモザイク模様の螺旋が描かれる。特にライヴだと「なんだかわからんが凄いことが起こっている?!」と思わせてくれるような、オカルトめいた「見える」ところがあるはず。メンバー3名が在籍するSpectral Voice、内1名が在籍するBlack Curseの名と共に現行シーンを代表するバンドの歴史的名作。〈村田〉

オールドスクールなスタイルの再評価を起点とした新たな広がり

Undergang

Indhentet Af Doden

デンマークのデスメタル・シーンを蘇生させた、David Torturdød（Gt,Vo）を中心とするバンドの名作1st。次作以降ドゥーミーな変化を見せていくが、この頃はメタルもパンクもひっくるめたRawデスメタル。自身が携わるフェスやレーベル運営へと続き、また当作を引っ提げ各国のアンダーグラウンドを回り、主要な現行OSDMシーンとの関係を築いている。〈村田〉

■デンマーク（2010）■Me Saco Un Ojo Records

オールドスクールなスタイルの再評価を起点とした新たな広がり

Obliteration

Black Death Horizon

ノルウェー／コルボトンにて、2000年代半ばよりOSDMシーンの中核へ参入していったバンドの3rd。影響を公言するDarkthrone "Goatlord"と、Autopsy "Mental Funeral"に、メンバー2名が在籍するNekromantheonの要素が渾然一体となった好内容。まさにタイトル通りといった暗黒の瘴気と狂乱渦巻くアレンジはロウながら壮大で、界隈の作曲の幅を広げている。〈村田〉

■ノルウェー（2013）■Indie Recordings

オールドスクールなスタイルの再評価を起点とした新たな広がり

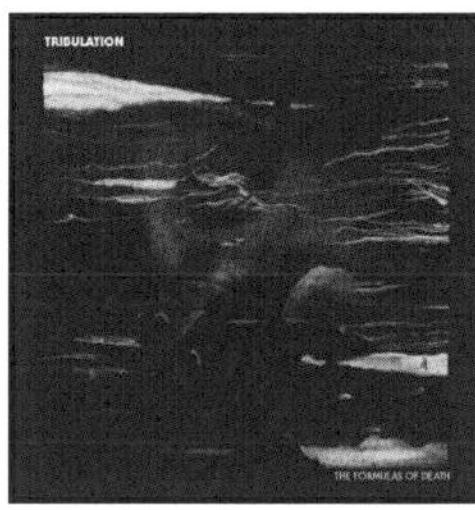

Tribulation

The Formulus of Death

出世作2ndアルバム。Morbid Angelに通じる前作までのOSDM志向から一転、変則的な展開が増えた作品で、これはIron Maidenからの影響やEnforcer～In Solitude人脈との親交が関係している模様。次作以降はゴシックロック成分が増え、ある種ヴィジュアル系にも通じる薫り高い歌ものに精製されていく。過渡期ならではの豊かさが素晴らしい佳作。〈和田〉

■スウェーデン（2013）■Invictus Productions

オールドスクールなスタイルの再評価を起点とした新たな広がり

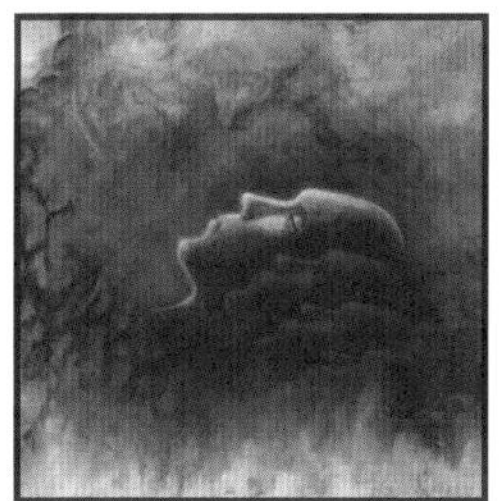

Morbus Chron

Sweven

2010年代のOSDMリバイバルにおける代表的名盤。Autopsyのようなデス・ドゥームからスピードメタル～NWOBHMを遡行してブラックメタルに接続するようなスタイルは、既存の様々な要素をモザイク状に繋ぎ合わせたような仕上がりだが、そうした乱雑な歴史的懐古と夢をテーマとした描写が美しく結びついている。構造的強度も批評性も優れている。〈和田〉

■スウェーデン（2014）■Century Media

オールドスクールなスタイルの再評価を起点とした新たな広がり

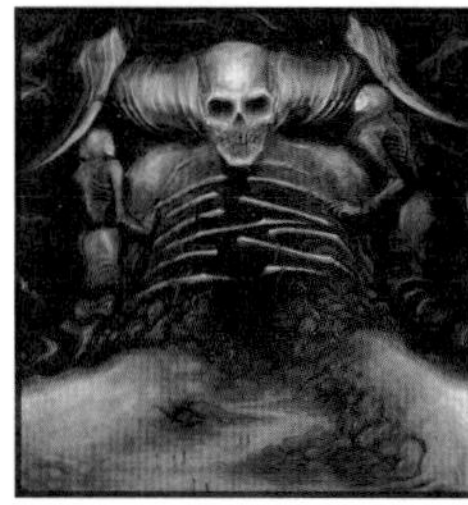

Horrendous

Anareta

アメリカからスウェディッシュ・デスのリバイバル勢に加わったバンドの3rd。Matt Knox（Gt, Vo, Ba）とJamie Knox（Dr）の兄弟や、エンジニアとしても名を上げているDamian Herring（Gt, Vo, Ba）による最大公約数的サウンド。中音域ベースで全ての音を活かす姿勢により育まれた、アプローチの多用さが魅力。次作はこの発展形としてプログレッシヴ・デス化。〈村田〉

■USA（2015）■Dark Descent Records

オールドスクールなスタイルの再評価を起点とした新たな広がり

Tomb Mold

Planetary Clairvoyance

OSDMリバイバルの代表的名バンド、傑作3rdアルバム。DemigodやRippikouluのようなフィンランド型デスメタルを土台に独自のコズミック・デス路線を確立……みたいなことを一切考えなくても楽しめる、ハイコンテクストさとキャッチーさの両立が完璧な作品で、リフの冴えとアルバム全体の完成度が凄すぎる。2010年代のデスメタル屈指の逸品。〈和田〉

■カナダ（2019）■20 Buck Spin

オールドスクールなスタイルの再評価を起点とした新たな広がり

Krallice

Mass Cahtexis

Kralliceは初期のポスト・ブラックメタル的作風で知られるが、一時期以降はそこを脱し、地下メタルの多彩な妙味を融合する活動を続けてきた。本作はその集大成で、コズミック・デス、シンフォニック・ブラック、不協和音デス、それら全てに影響を与えたVoivodなど、様々な文脈をこのバンドにしか成し得ない形で統合。現代メタル屈指の重要作。〈西山〉

■USA（2020）■Hathenter

オールドスクールなスタイルの再評価を起点とした新たな広がり

Cryptic Shift

Visitations from Enceladus

NocturnusやTimeghoulに連なるコズミック・デスメタルの増加は、ポリティカル・コレクトネスに抵触しないテーマとしてSFが求められたからとも言われるが、本作のヒットを見ると受け手の側にも確かにその傾向があるのかも。VoivodやGorguts、Atheistに影響を受けたという通り、複雑な展開を楽しく聴かせる不協和音遣いが見事な好作だ。〈和田〉

■UK（2020）■Blood Harvest

オールドスクールなスタイルの再評価を起点とした新たな広がり

Atramentus

Stygian

First Fragment や Chthe'ilist でも辣腕をふるう Phil Tougas によるフューネラル・ドゥームバンド。といっても鮮やかな音進行はエピック・ドゥームに近い部分も多く、中間のダークアンビエント風の展開も印象的。このジャンル特有の哀しく厳かな気分と音楽的な豊かさを両立した。優れたものが多い Phil 関連作の中でも屈指の出来。〈和田〉

■カナダ (2020) ■20 Buck Spin

オールドスクールなスタイルの再評価を起点とした新たな広がり

Worm

Foreverglade

3rd アルバム。Spectral Voice にも通じる diSEMBOWELMENT 的な音だが、My Dying Bride や Paradise Lost、Anathema の初期作を強く意識しており、そこに流麗なギターソロを乗せ、ブルデスの遅いパート経由で自然に混ぜたような仕上がりが素晴らしい。Dream Unending などと共に、ゴシック・デス・ドゥームのリバイバルを導く未来も見えてくる。〈和田〉

■USA (2021) ■20 Buck Spin

オールドスクールなスタイルの再評価を起点とした新たな広がり

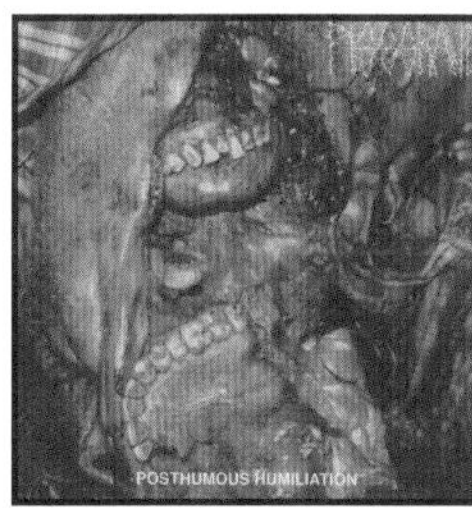

Pissgrave

Posthumous Humiliation

潔癖なこの時代に似つかわしくない空気を呼び戻してしまった 2nd。露悪的なコラージュなどは施されずにかえって恐ろしく鮮明になった死体写真のジャケットは、彼らの音楽が現実に根差していることを表わす手法の一部だ。ジリジリとノイジーに歪んだサウンドが、凄惨な殺人の舞台となった血腥い廃コンテナハウスをパッケージしたかのように渦巻く。〈清家〉

■USA (2019) ■Profound Lore Records

オールドスクールなスタイルの再評価を起点とした新たな広がり

Dream Unending

Tide Turns Eternal

自身の音楽性を Dream Doom と呼ぶデュオの 1st アルバム。Anathema や Esoteric、Ahab といったゴシック・デス〜フューネラル・ドゥームの系譜と、Cocteau Twins などのドリームポップの系譜が美しく融合した音楽で、深淵を知った上で俯かない、地に足の着いた優しさのある佇まいが素晴らしい。伝統と革新の両立により初めて可能になる大傑作。〈和田〉

■USA／カナダ (2021) ■20 Buck Spin

オールドスクールなスタイルの再評価を起点とした新たな広がり

Enforcer

Diamonds

New Wave of Traditional Heavy Metal（伝統的HMリバイバル）の中心的存在となったバンドの2ndアルバム。楽曲や音作りは完全にNWOBHM〜スピードメタルの焼き直しだが、アレンジの細部や演奏感覚は確かに現代的に更新されており、この手の音楽性に馴染みのない層からも好評を得た。Tribulationとメンバーが重複しているのも興味深い。〈和田〉

■スウェーデン（2010） ■Earache, Heavy Artillery

オールドスクールなスタイルの再評価を起点とした新たな広がり

Municipal Waste

Hazardous Mutation

USクロスオーヴァー・スラッシュの2nd。Dave Witte（Dr／ex-Discordance Axis他）と、Land Phil（Ba, Vo／後のCannabis Corpse他）の加入／Earacheへの移籍作。多彩なリフ&キレッキレのリズムが間違いないし、どこかサイコーなくだらなさを感じる。2000年代プロダクションの強度で世界的なシーンの音とタメを張り、ジャンルの復興を高らかに宣言した名盤。〈村田〉

■USA（2005） ■Earache Records

オールドスクールなスタイルの再評価を起点とした新たな広がり

Vektor

Outer Isolations

プログレッシヴSci-Fiスラッシュとして知られるバンドの2ndアルバム。ロゴの印象からVoivodと絡めて語られることが多いが、リフやボーカルはDestructionのような欧州スラッシュの系譜で、曲調もObliveonやTimeghoulの方が近く、大曲構成の見事さは双方から一線を画す。現行の技巧派スラッシュの一つの指針にもなっていると思われる。〈和田〉

■USA（2011） ■Heavy Artillery

オールドスクールなスタイルの再評価を起点とした新たな広がり

Powertrip

Nightmare Logic

テキサスはダラス出身のクロスオーヴァー・スラッシュによる2nd。NYHC系譜にあるリバーブがかった音を聴かせた前1stより、シームレスなヴァイオレント・スラッシュへの転化を見せた。ノリノリの2ビートや能動的なGtソロを駆使しながら、くそったれの社会構造を蹂躙するうねりを形成。故Riley Galeのヴォーカリゼーションを含め、鬼気迫るものがある。〈村田〉

■USA（2017） ■Southern Lord Recordings

エピックメタル方面

Crypt Sermon

Out of the Garden

エクストリーム・シーンで腕を振るってきたミュージシャン達がトラディショナル・エピック・ドゥームにくべる薪。羊皮紙の匂いを感じるヴィンテージな味わいのヴォーカルが吟遊詩人の体で曲を引っ張り、モダンなフレーズを交えつつハイビジョン化された中世ヨーロッパのような世界を見せながら展開する演奏はプログ・ロックの空気も纏う。〈清家〉

■USA（2015）　■Dark Descent Records

エピックメタル方面

Khemmis

Hunted

サブジャンルの枠組みにおける制限を意識せず作られた2nd。ドゥームへの敬意を感じさせつつ、それを主体として純然たるヘヴィ・メタルの影響下にあるツイン・リードのハーモニー／ソロやストーナー味のある燻したように歪んだ低音との交互浴が発現。リフの引き延ばしを避けてどしどしと展開していく楽曲がドゥームからカルトな退屈を奪う。〈清家〉

■USA（2016）　■20 Buck Spin

エピックメタル方面

Eternal Champion

Ravening Iron

エピックメタルの現代的継承としては最高の達成の一つと言える2ndアルバム。Fates WarningやMorgana Lefayのような初期プログメタル、Cro-MagsやThe IcemenのようなNYハードコアからも影響を受けており、関わりが深いPowertripにも通じる豊かな演奏感覚が素晴らしい。Decibel誌の年間ベスト2位を獲得するなど高く評価された。〈和田〉

■USA（2020）　■No Remorse Records

エピックメタル方面

SONJA

Loud Arriver

1stアルバム。Manilla Roadと初期Ulverを混ぜたような音楽性が絶品、この系譜全体を見ても屈指の傑作である。それをトランス女性Melissa Moore（ブラックメタルの名バンドAbsuに所属していたが、同僚のトランスフォビアを非難し2018年に脱退）が率いるのは意義深い。「様式美」に絡めて語られがちなHMの可能性を示す作品。〈和田〉

■USA（2022）　■Cruz Del Sur Music

2022年の傑作群

Messa
Close

飛躍的な発展を遂げた3rdアルバム。過去作ではアンビエント成分も含むフォーク寄りの楽曲が多かったが、本作ではそこに黎明期フューネラル・ドゥーム的な輪郭を加え、60年代ジャズやOpethに通じるメロウな長尺展開を描いている。エピックメタルとゴシックメタルの滋味の芯を融合したような雰囲気が絶品。うるさい音が苦手な方にもお薦め。〈和田〉

■イタリア（2022）■Svart Records

2022年の傑作群

MWWB（Mammoth Weed Wizard Bastard）
The Harvest

MWWBに改名した心機一転の4thアルバム。CathedralやUnholyのような黎明期フューネラル・ドゥームに野太い低域を加え、シンセウェイヴ経由でドリームポップと融合させた感じの音楽性で、Cocteau Twinsに甘い煙を加えたような陽／妖の気配が魅力的。Electric WizardやParadise Lostと並べて聴けるポップスという趣もある。〈和田〉

■UK（2022）■New Heavy Sounds

2022年の傑作群

Wormrot
Hiss

2022年を代表する名作との評価も固まりつつあるグラインドコア傑作。ネオクラストや日本のハードコア（アルバムジャケットは梶芽衣子）、ポスト・ブラックメタルなど多彩な音進行を吸収、溢れる情感と構築美を両立する音楽性で、音作りも楽曲構成もこのジャンル屈指の理想的な出来。本作をもってヴォーカルArifが脱退。有終の美を飾った。〈和田〉

■シンガポール（2022）■Earache Records

2022年の傑作群

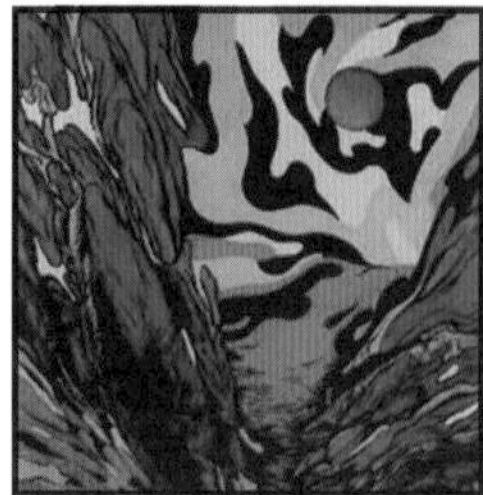

Cloud Rat
Threshold

2022年はグラインドコアの当たり年で、作曲・演奏クオリティと越境精神を高度に両立する傑作が多数リリースされた。本作はその中でも最高のものの一つだろう。リフの多彩さとクオリティは驚異的、15曲31分を絶妙な緩急のもと滑らかに繋いでいく構成も完璧。Wormrotの“Hiss”にも勝るとも劣らない（個人的にはこちらを推す）。〈和田〉

■USA（2022）■Artoffact Recors

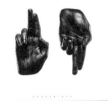

2022年の傑作群

Soul Glo

Diaspora Problems

4th アルバム。black midi 以降の Bad Brains という感じの音楽性で、スクリーモやパワーバイオレンスを土台にダブ／スカ／ヒップホップほか膨大な音楽性を統合、Meshuggah などの影響も滲ませつつ大幅にポップ化した路線が最高の成果をみせている。反差別を歌う凛とした佇まいと理屈抜きの楽しさの両立も見事。ブラック・パンクの歴史的傑作。〈和田〉

■USA（2022）■Epitaph Records

2022年の傑作群

Zeal & Ardor

Zeal & Ardor

見違えるような発展を遂げた 3rd アルバム。Web 掲示板に書き込まれた「ブラックメタル＋ブラックミュージック」というネタから出発したプロジェクトだが、本作は Sepultura "Roots" 系譜の最高進化形とも言える極上のグルーヴメタルに。その上で元ネタジャンルの滋味も見事に活かされている。このコンセプトの是非も含め議論されるべき話題作。〈和田〉

■スイス（2022）■Mvka

2022年の傑作群

Bloodywoods

Rakshak

ハイブリッド・ニューメタル・バンドの 1st。YouTube にてポップスのメタル・アレンジ動画で注目を集めたという背景からヘヴィさの中にキャッチーなポイントを作る塩加減が非常に優れており、自国の伝統音楽のエッセンスを多分に含ませつつパワーメタル的歌唱も盛り込み、その勢いを殺さず自身のルーツであるラップメタルの要素も押し出している。〈清家〉

■インド（2022）■Independent

2022年の傑作群

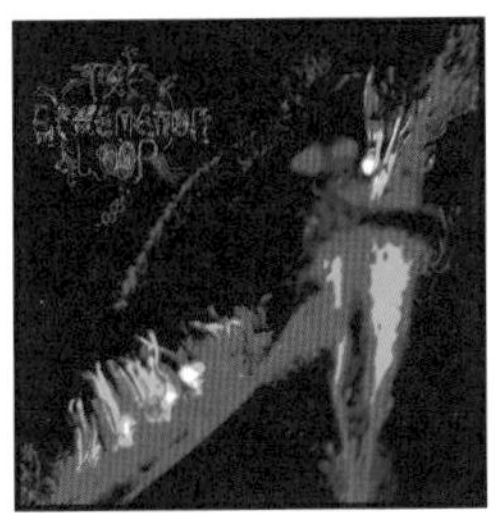

The Ephemeron Loop

Psychonautic Escapism

2008年から作り溜められていたという電子音楽の大作。ブレイクコアやダブテクノのようなクラブ方面から地下水脈を通り、ダークアンビエント～ ethereal、ブラックメタルやグラインドコアなどに至る豊かさは無節操にも思えるが、楽曲構成は隅々まで見事で、8 曲 80 分の長尺を難なく聴かせきる。不協和音デスメタル的な観点からも興味深い。〈和田〉

■UK（2022）■Heat Crimes

COLUMN

メタルとヴィジュアル系 〈藤谷千明〉

本書をご覧なればわかるように、ヴィジュアル系と称されるバンドの多くは広義のメタルである（正直、筆者も「え、このバンド入るんですか？」と何度か驚いたので……)。

男性がメイクをしていればそうだとか、“ヴィジュアル系”専門CDショップや雑誌に掲載されているものがそうだとか、厳密なヴィジュアル系の定義も難しいものであるけれど、本稿ではヴィジュアル系シーンの中でのメタルの流れを簡単に整理したい。

XがインディーズCDセールスやライブ動員記録を塗り替え、破竹の勢いのままメジャーデビューしたのは80年代末のこと。それと同時にYOSHIKIの主宰するExtasy RecordsはLADIES ROOM、ZI:KILL、LUNA SEAらを輩出。関西ではCOLORのダイナマイト・トミー（氏はのちにDIR EN GREYを見出す）のフリー・ウィル・レコードが台頭し、現在に続くシーンが確立されブームに発展し、ブームに発展したのは周知の通りだ。“メイクをしていたらヴィジュアル系”なブーム期の低い敷居を逆手にとってゴリゴリのヘヴィメタルでシーンに参入し人気を博したSEXMACHINEGUNSが前例となり“ここなら派手に演れる”と、2000年代のDELUHI、2010年代のNOCTURNAL BLOODLUSTに至るまで外部からの参入はシーンに豊かさをもたらした。

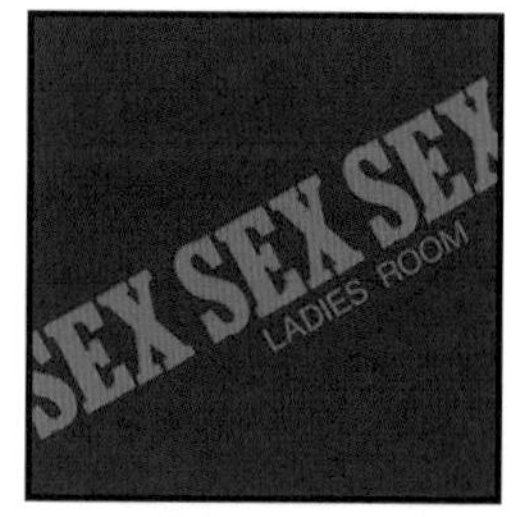

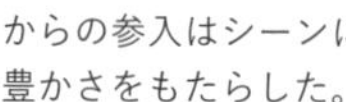

一方で90年代に“究極のヴィジュアル系”と称されたMALICE MIZER以降、2000年代から現在まで活動中のVersaillesやDなど耽美な世界観を構築し物語性を突き詰めるタイプのバンドもやはりメタルをベースにしているし、これらのバンドは海外人気も高いのだがメタルという世界共通の音楽言語だからこそ広まったという側面もあるのでは。ヴィジュアル系という言葉が誕生して30年以上経過した。シーンの傾向に変化はあれど、“激しさ”と“美しさ”は一貫し続けているように思う。そのスピリッツとメタルサウンドは相性がいいのだろう……っていうかやっぱこのテーマ、この文字数じゃ足りませんよ！

8

日本のメタル周辺音楽

第 1 章の Boris の項でも述べたように、日本にも国外で大きな影響をもたらし歴史的に重要な役割を担ってきたバンドが少なからず存在する。それならそうしたバンドを第 2〜7 章に入れてもよかったのではとも思われるが(実際、メタルコアの項には入っている)、そうすると日本のシーンをまとめて俯瞰するのが難しくなる。また、日本のメタル語りは HR/HM 的価値観の範疇に留まっていた期間が長かったために、本来ならばメタルと関連付けて語るべきなのに見過ごされてきた作品が非常に多い。そこで本章では、そうした作品を可能な限り網羅し、今後のための包括的な叩き台を準備することに努めている。ここまでの章と見比べるといろいろなことが浮かび上がってくるはず。本書のまとめとしてお読みいただければ幸いである。

大きな影響をもたらした代表格

LOUDNESS

DISULLUSION ～撃剣霊化～

■日本 (1984)　■日本コロムビア

4th アルバム。初の US ツアーを成功させ、続く欧州ツアーの最中に録音された作品で、当時の HR/HM としては世界最高級の演奏力と、それを活かす楽曲の良さが大きな評判を呼んだ。翌年の海外進出作“THUNDER IN THE EAST”で一時的にポップメタル化する前（プログレッシヴ・ハード路線）の集大成であり、既存の音楽業界～芸能界からは極力距離を取りつつ、その上で微かに滲ませる歌謡曲の薫りが素晴らしい。80年代の日本のロック領域全体を代表する名盤である。

LOUDNESS は日本の HR/HM の代表格だが、それ以前に、ポピュラー音楽のメジャーシーンで自分の意見を通して成功したバンドの草分け的な存在でもある。前身バンド LAZY は事務所の意向でアイドル売りを余儀なくされ、それに反旗を翻した名盤“宇宙船地球号”もネガティヴな反応が多かったという。こうした流れを踏まえて結成された LOUDNESS は、活動当初から妥協のない音楽的追求を行っており、それが国内・国外の双方で予想外の好評を得ることになる。特にアメリカでは、1st～3rd アルバムがファンジン（自主制作誌）を通しマニアの間で話題を呼び、1983年にはメジャーデビュー前の Metallica から高崎晃（ギター）への加入オファーが届く。また、LP の売れ行きの良さに興味を持った現地のレコード店が US 西海岸のツアーを組み、それが冒頭で述べた展開に結びつく。こうした成功（特にチャート順位）は近年まで日本の音楽全般において超えられることがなかった。後年の頻繁な音楽的変遷など紆余曲折も多かったが、そうしたことも含め、唯一無二の実力と実績を示してきたバンドなのである。

本作の魅力は枚挙に暇がない。メタル版 Rush という趣の‘魔性の女’（間奏の 13 拍子が見事）、名ソロが映える‘CRAZY DOCTOR’や‘夢・FANTASY’、そして Zep 歌謡ともいうべき‘アレスの嘆き’における日本語歌唱ならではの叙情など。技術の披露が優れたエンタメになる HM の美点を描ききったこのアルバムは、洋楽至上主義が根強くあった日本においても、「本場」の海外シーンにおいても、極めて高い評価を得た。いまだ尽きせぬ魅力に満ちた、金字塔的な傑作である。〈和田〉

DEAD END

shámbara

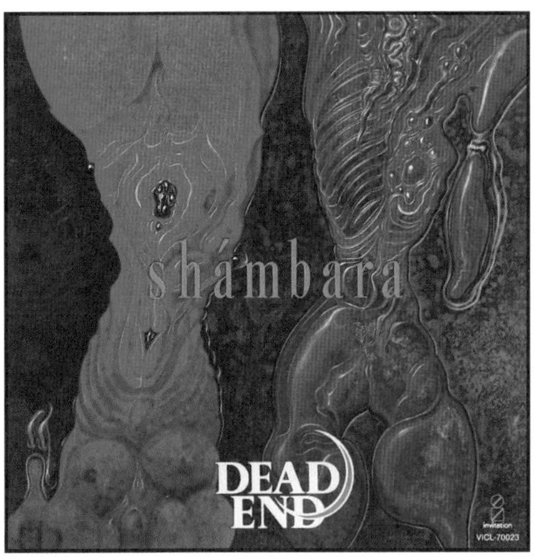

■日本（1988） ■Victor Invitation

3rd アルバム。世界的に見ても最初期のオルタナティヴ・メタルと言える驚異の作品である。メタルリフに変則的な歌メロを乗せるアレンジセンスは唯一無二で、そこから生まれる特有のゴシック感覚はいわゆるヴィジュアル系の系譜に決定的な影響を与えた。本作がなければ世界の音楽史が変わっていたはず。HR/HM の枠を越えて評価されるべき歴史的名盤である。

DEAD END の本作をはじめ、筋肉少女帯や L'Arc~en~Ciel など多くのバンドで優れたプロデュースを行なってきた岡野ハジメは、自伝で以下のように述べている。

「DEAD END の仕事の時は、洋楽と肩を並べてもメタル的に遜色のない音にしなければならないと思っていたんですけど、メンバーに会ったら意外とメタルを卒業していたというか、MORRIE はもうシャウトのようなことをやりたがらないんですよ。彼がその当時よく口にしてたのは、MISSION と Jane's Addiction でした。ジェーンズは 1st アルバム（1987 年）が出た頃で、年代的にはゴス・ロックとグランジ、オルタナの中間くらいの感じ」。これは主に音作りについての話だが、そうしたゴシック感覚は MORRIE のアレンジによるところも大きい。リフだけ聴けば比較的オーソドックスな HM でも、MORRIE の歌メロが加わることで特殊なコード感が生まれる。'Embryo Burning' の蠱惑的なコード進行はこの人がいなければ得られなかったものだろう。ゴシックロック成分を含むオルタナティヴ・ロックとして最初期の作品なのである。

その上で、DEAD END は演奏も極めて素晴らしい。メンバーはいずれもシーン屈指の技量を誇り、バンドの音楽性と同等以上の影響を及ぼした。清春（黒夢、SADS）も、本作を自身のバイブルと語る Michael Amott（Arch Enemy）も、そして他の多くの名人も、DEAD END がいなければ、少なくとも今のかたちでは存在しなかった。いまだに孤高の存在感を誇る、メタル史上最重要作の一つである。〈和田〉

大きな影響をもたらした代表格

DEAD END
Metamorphosis

20年ぶりのリリースとなった5thアルバム。各メンバーの圧倒的表現力もさることながら、楽曲の出来がとにかく素晴らしい。CREATURE CREATURE要素の導入が素晴らしい'テレパシー'、極上のハードコア疾走ビートが映える'Devil's Sleep'、最後を飾る至高のレクイエム'冥合'など全編がハイライト。個人的にはこれが最高傑作だと思う。〈和田〉

■日本（2009） ■DANGER CRUE RECORDS

大きな影響をもたらした代表格

MORRIE
HARD CORE REVERIE

MORRIEは驚異的な越境感覚を持つ人物で、Swans人脈やJohn Zornなどとの関わり、Hiatus Kayoteを傑作2ndの発表前から注目していた耳の早さなど、音楽的な包容力とそれを駆使する力は孤高の境地にある。本作はそうした持ち分が最も活かされ、全ての作編曲と演奏が素晴らしい。故・青木裕（downy）の全面参加作としても重要な一枚。〈和田〉

■日本（2014） ■Nowhere Music

大きな影響をもたらした代表格

CREATURE CREATURE
Death Is A Flower

MORRIE率いるバンド（立ち位置はソロプロジェクトらしい）。前述の音楽的引き出しがプログメタル形式のもとで全開になる驚異的なグループで、多彩な拍子を滑らかに聴かせる構成力・演奏力が凄すぎる。この4thアルバムでは、ゴシックロック版King Crimsonとも言えるコード感、Swansにも通じるジャンク感覚が滋味深い。他3作も全て極上。〈和田〉

■日本（2017） ■Nowhere Music

大きな影響をもたらした代表格

GASTUNK
DEAD SONG

メタルとハードコアの両シーンに衝撃を与えた1stアルバム。NWOBHM系譜の構築美と初期パンク的なラフさの兼ね合いが独特の滋味を生んでおり、耽美さといかつさの両立は後のヴィジュアル系にも通じる（DEAD ENDにも大きな影響を与えたし、ラルクのHydeは今も熱愛を公言）。「インディーズ」シーンの誕生を知らしめた点でも重要。〈和田〉

■日本（1985） ■Dogma Records

大きな影響をもたらした代表格

GASTUNK

UNDER THE SUN

名ドラマー Pazz の加入により演奏表現力の幅が急増、プログレッシヴ・ロックにも通じる大曲構成が増えた 2nd アルバム。ハードコア的な勢いを保ちつつ入り組んだ展開を駆け抜ける音楽性は唯一無二で、同時期の Voivod を Amebix のようなクラストに寄せた感触も。初期以上の凄まじい混沌と後の洗練、双方の魅力を兼ね備えた贅沢な一枚。〈和田〉

■日本（1987） ■Vice

大きな影響をもたらした代表格

GASTUNK

MOTHER

3rd アルバム。前作までの強烈な勢いはだいぶ落ち着いたものの、そのおかげで楽曲の構築美がよく見えるようになった。リリース当時は賛否両論となったが、このバンドならではの容易に手綱を取らせない野趣は健在で、異形さとキャッチーさを兼ね備えた音楽として稀有の域にある。黎明期のヴィジュアル系にそのまま繋がる部分も多い。〈和田〉

■日本（1988） ■Vice

大きな影響をもたらした代表格

S.O.B

Don't Be Swindle

1st アルバム。Napalm Death と同時にグラインドコアを確立した歴史的名盤である。同年発表の "Scum" のサンクスリスト（影響源一覧でもあり、ディグ用の参考資料にもなる）にも S.O.B の名前が掲載され、これをきっかけに両組の交流が開始した。ブラストビートというよりは超速いツービートな構成が個性的な、ジャンル黎明期ならではの作品。〈和田〉

■日本（1987） ■Selfish Records

大きな影響をもたらした代表格

S.O.B

What's the Truth?

グラインドコアとデスメタルの中間で独自の個性を発揮した傑作 2nd アルバム。クラスト成分多めな Napalm Death に対し、SxOxB はクロスオーバー・スラッシュ色が強く（スケートとの関係が深い）、そのぶんモッシュパートの活かし方が上手い。この路線はそうした持ち味を絶妙に活かすものでもある。前作までとは毛色が異なるが素晴らしい作品。〈和田〉

■日本（1990） ■Selfish Records

大きな影響をもたらした代表格

X（X JAPAN）

BLUE BLOOD

■日本（1989）　■Siren Song

日本のメタル、いやロック史の金字塔といえるXの“BLUE BLOOD”。“ヴィジュアル系”という言葉の語源は諸説あるが、このジャケットにも記されているキャッチコピー“PSYCEDELIC VIOLENCE CRIME OF VISUAL SHOCK”を発端にしているという説が有力で、本作リリースの翌年創刊されたヴィジュアル系専門誌“SHOXX”のキャッチコピーは“鮮烈なヴィジュアル＆ハードショック”そして本文中にも“ビジュアル・ショック系（本文ママ）”という呼称が使用されていり、同時期の“宝島”などでもXらを称するときに“ビジュアルロック（本文ママ）”という表記が見られるので、“ヴィジュアル系”自体が本作なしには成立しなかったであろう。

‘PROLOGUE（~WORLD ANTHEM）’から地続きで表題曲のハイスピードナンバー‘BLUE BLOOD’へなだれ込むオープニング、‘WEEK END’や‘X’といった代表曲が繰り出される。フォークデュオ・ゆずにも影響を与えたバラード‘ENDLESS RAIN’、あるいは高校野球の応援で今なお演奏されている‘紅’など知らぬ者はいない曲ばかり。当時のロックアルバムとしては異例のセールス、あるいはフルオーケストラの導入、GASTUNKのBAKIら同時代のミュージシャンがコーラスに多数参加など付随する情報は多く（Xにまつわることは、ほぼだいたい情報過多だが）、影響を受けたと公言するミュージシャンも枚挙にいとまがない。リリースから30年以上経っても、この時期のXの姿を“ヴィジュアル系バンド”のパロディ元として参照するコンテンツは後をたたず、ある種のアイコンとして君臨し続けている。しかし、X自体はLUNA SEAや黒夢と違ってフォロワーらしいフォロワーのバンドが少ない。というか、おそらくいない（プロミュージシャンなどによる有名コピーバンドは多数あるが）。誰もが憧れたけれど誰も真似はできない、それがXであり“BLUE BLOOD”なのだ。〈藤谷〉

大きな影響をもたらした代表格

筋肉少女帯
SISTER STRAWBERRY

2nd アルバム。日本のプログレッシヴなメタル（プログメタルではない）を代表する驚異の名盤である。本作で脱退する超絶ピアニスト三柴理（三柴江戸蔵名義）とサポートギター横関敦の絡みはHM史上最高級、メンバーの曲想を最大限に引き出す大槻ケンヂの歌詞・歌唱も凄まじい。エクストリーム・メタルのファンも度肝を抜かれること必至。〈和田〉

■日本（1988） ■TOY'S FACTORY

大きな影響をもたらした代表格

筋肉少女帯
月光蟲

代表作5th アルバム。3rd 以降の筋少は橘高文彦の様式美ギター（Queen〜Michael Schenker）の印象が強いが、本作の音はHelmetやShellacに近く、それをジャズロック的なリズム隊の超絶技巧が彩る。大槻の歌詞・歌唱も絶好調。7拍子の‘風車男ルリヲ’から最後の‘少女王国の崩壊’まで曲の並びも完璧。聴きやすいが実は異形。〈和田〉

■日本（1990） ■TOY'S FACTORY

大きな影響をもたらした代表格

筋肉少女帯
レティクル座妄想

橘高文彦の加入によりツインギター編成となった「90年代筋少」の傑作。フロントマン大槻ケンヂのサブカル・ハイコンテクストな歌詞はうつ伏せた学習机の天板の香ばしさを思い出させる鬱屈とした妄想物語を語り、そこへ橘高が持ち込んだメタルの様式美、速弾きのスパークが炸裂。強烈な化学反応が発生している。ヴィジュアル系への影響も大。〈清家〉

■日本（1994） ■Universal

大きな影響をもたらした代表格

人間椅子
黄金の夜明け

史上最高のHRバンドの一つ。Black Sabbathと絡めて語られることが多いが、King Crimsonなど様々な70年代ロックから影響を受けており、その型を残しつつ独自の味に仕上げてしまうのが凄すぎる。清濁の対比が絶妙なツインヴォーカルに加え、全ての楽器が名人級に旨い。この3rd アルバムは、そうした持ち味が最初の完成をみた壮大な作品。〈和田〉

■日本（1992） ■meldac

大きな影響をもたらした代表格

人間椅子
無頼豊饒

聴く伝奇小説バンドとしてお茶の間を騒がせ、『Ozzfest Japan 2013』への出演でセカンド・ブレイクを掴んだバンドのデビュー25周年を寿ぐ18th。前作の流れを汲んだリフ主体のヘヴィ・ドゥームで「自由たれ」という普遍的なメッセージを伝える。SF的テーマの楽曲や土着グルーヴ・メタルと呼べそうなモダンさを自然に織り込み、後の海外での成功を予見させる。〈清家〉

■日本（2014）■meldac

大きな影響をもたらした代表格

Sigh
Hail Horror Hail

Sighは川嶋未来率いる世界屈指のブラックメタルバンド。スラッシュメタルと近現代音楽の深い理解に基づく作編曲と、なりふり構わぬ勢いの両立が素晴らしく、その姿勢は結成から40年以上を経た今も保たれている。本作3rdはシンフォニック・ブラック寄り路線の代表作でシンセによるオーケストレーションの完成度はロック史全体を見ても最高級。アルバムの流れも完璧。〈和田〉

■日本（1997）■Cacophonous Records

大きな影響をもたらした代表格

Sigh
Imaginary Sonicscape

音楽的転機となった（同じ路線は以降もない）5thアルバム。従来の作風から一転して陽/妖の側面を出した一枚で、70年代ロックの豊かさを増量した作風はCarcassやXysmaにも通じるかも。それでいて持ち味は全く損なわれていないのが凄い。本作は英語圏の投稿型サイトRate Your Musicを起点に名盤という評価を確立。〈和田〉

■日本（2001）■Century Media

大きな影響をもたらした代表格

Sigh
Shiki

12thアルバム。全曲で日本語詞を採用、死に対する恐怖を率直に歌い続ける作風で（Shikiは死期や四季など様々な言葉を含意）、過去作から格段に成長したボーカルの響き・表現力により極上の味わいが生まれている。サポートのドラムとギターも素晴らしく、演奏と音作りは過去最高。HMの滋味を集約したリフも全編たまらない。掛け値なしの傑作だ。〈和田〉

■日本（2022）■Peaceville

大きな影響をもたらした代表格

■日本（1994）■XEO Invitation

COALTAR OF THE DEEPERS

The Visitors from Deepspace

国内外に多くのフォロワーとファンを持つ越境シューゲイザー・バンドの 1st。ギター／ヴォーカルの NARASAKI は元々エクストリーム・メタルを好んでいたため、The Cure のカヴァー 'Killing An Arab' はノイジーなデスグラインドに魔改造され、'Blink' ではニューメタルとシューゲの強制交配にブラスを追加。突飛なようでいて決してギャグにはならない楽曲に度肝を抜かれる。〈清家〉

大きな影響をもたらした代表格

■日本（2001）■Music Mine

COALTAR OF THE DEEPERS

NO THANK YOU

遥か前の夏の夜に嗅いだ、湿気を含んだ幼い期待を連れもどすシューゲイザー。その心地よくも痛みの伴うノスタルジーに飛び込もうと窓枠から身を乗り出すと、次の瞬間着地するのはガシャガシャと機動するインダストリアル・メタルに支配されたライヴハウスの床だ。本作を最後にバンドを去った ICHIMAKI の脱力した歌声は轟音の中でもひとりぼっちで響く。〈清家〉

大きな影響をもたらした代表格

■日本（1996）■Victor Invitation

THE MAD CAPSULE MARKETS

4 PLUGS

国産ラウド／ミクスチャーの先駆者による 6th フル。前年には初の海外公演を敢行、刺激を受けて出来上がったのが、このブラウン管の中で暴走するポリゴンのパンクスのようなスタイルだ。英詞と日本詞を曲ごとに使い分けながらエネルギッシュなラップを取り入れ、対して無機質なインダストリアル・サウンドのロボット・アームがあちこちをまさぐる。〈清家〉

大きな影響をもたらした代表格

■日本（1997）■Speedstar

THE MAD CAPSULE MARKETS

DIGIDOGHEADLOCK

むしろ近年はロック以上に国内ラップ勢からのリスペクトを獲得している MAD だが、中でも本作はギターリフが HELMET のような金属的な重さを発揮し、Fear Factory や The Prodigy を思わせるデジタル要素も大幅に導入。ヴォーカルが埋もれるほどのサウンドの重量感が壮絶で、当時のニューメタル作品の中では抜群の強度を誇る。この後海外進出を果たし OZZFEST にも出演。〈つや〉

日本のプレ HR/HM

フラワー・トラベリン・バンド

SATORI

名実ともに日本を代表する原初期ハードロックの名盤。内田裕也（日本のロック史において非常に重要な存在）に見出され結成、ライブ活動で鍛え上げられたのち制作された 2nd アルバムで、Black Sabbath に祭囃子やインド音楽を注入し全く別物に変えたような音楽性は、世界的に高い評価を得た。国外ミュージシャンも影響源に挙げることが多い。〈和田〉

■日本（1971） ■Warner-Pioneer Corporation

日本のプレ HR/HM

スピード・グルー&シンキ

イヴ（前夜）

Julian Cope の怪著『ジャップ・ロック・サンプラー』巻末 50 選の 2 位に挙げられた名盤（1 位は“SATORI”）。Eric Clapton にも勝るとも劣らない陳信輝のギター、常軌を逸してヘヴィ&流麗な加部正義のベース、フィリピンを代表するロックスター Joseph Smith のドラム兼ヴォーカルなど、全パートが超強力。HR の歴史全体をみても屈指の傑作。〈和田〉

■日本（1971） ■Atlantic

日本のプレ HR/HM

カルメン・マキ&OZ

カルメン・マキ&OZ

日本の HR の草分けとも言われる 1st アルバム。マキの歌唱は、ロック転向の契機になったという Janis Joplin の技術的難点を克服したような最高級品で、静と動の双方で極上の表現力を発揮。その分、歌謡曲寄りな音作りは勿体なくも思えるが、ブルースロック的な曲調には合っており、演奏も全パート素晴らしい。後続への影響も大きい。〈和田〉

■日本（1975） ■Polydor

日本のプレ HR/HM

ジャックス

2nd Jacks Show, Jul 24, 1968

名盤“ジャックスの世界”の録音の 2 ヶ月後に開催された自主公演の録音。冒頭の名曲‘マリアンヌ’は巻上公一“殺しのブルース”における灰野敬二と Painkiller（John Zorn バンド）によるカバーが凄まじいが、このライヴ音源はすでに同等の高みに達している。当時はまだアンダーグラウンドだった日本のフォークとロックの交差点として重要な記録。〈和田〉

■日本（2022） ■Super Fuji Discs

日本の HR/HM

浜田麻里

ROMANTIC NIGHT

80年代に女性ロックシンガーの旗手として売り出され、いまだ現役を保ち続ける実力者。この 2nd アルバムの音響は完全に HM だが、例えば ‘Xanadu’ の骨格はポストパンク歌謡というふうに、多彩な曲調を HR/HM テイストで聴かせる興味深い場面が多い。そこに一貫した印象を与える浜田の野趣ある歌い回し（パンク出身）も見事。〈和田〉

■日本（1983）■Victor Invitation

日本の HR/HM

SABBRABELLS

SABBRABELLS

日本の HM 黎明期を代表するカルト名盤。自主制作の 1st アルバムだが、演奏も出音も全編素晴らしく、強靭なバッキングに比べると少々柔らかく感じられる高橋喜一（後に G.I.S.M. にベース／ギターで参加）のヴォーカルも最高の味を出している。同年リリースの Mercyful Fate の 1st を歌謡曲寄りにしたような印象も。暗黒メタルの傑作である。〈和田〉

■日本（1983）■Explosion Records

日本の HR/HM

Flatbacker

戦争 -アクシデント-

北海道札幌市（日本の HR/HM において重要なシーンの一つ）で結成、後に E・Z・O に改名し US 進出。この 1st アルバムは当時世界屈指のハードコア／メタル名盤である。変則的な楽曲もタイトな演奏も見事で、そこに乗る山田雅樹の超絶ボーカルが異常な説得力を生む。まだ水と油だったメタルとハードコアの要素を絶妙に混ぜたという点でも意義深い。〈和田〉

■日本（1985）■Invitation

日本の HR/HM

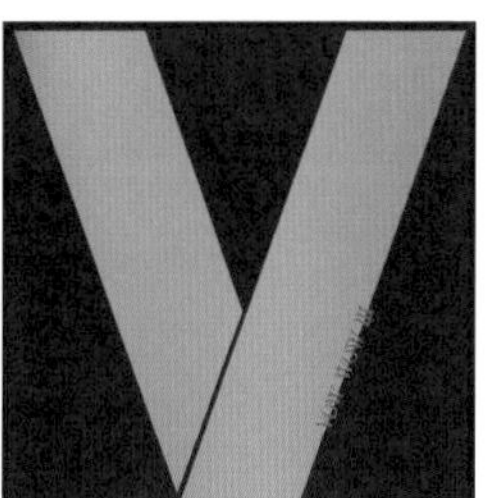

VOW WOW

III

名ギタリスト山本恭司率いる BOW WOW、VOW WOW に改名してからの 3rd アルバム。日本を代表するボーカリスト人見元基の声は Robert Plant（Led Zeppelin）と David Coverdale（Whitesnake）の間という感じで、英国プログレに通じるドラマティックな HM とは性質が異なるが、その兼ね合いが無二の味を生んでもいる。発表当時から国内メディアでも絶賛された。〈和田〉

■日本（1986）■Eastworld

日本の HR/HM

Doom

No More Pain...

国産スラッシュの名盤と語られることが多い伝説的傑作。NWOBHMなどをチェックする一方でKilling JokeやBauhausの「マイナス志向」にも衝撃を受けたという音は、故・諸田コウの超絶ベースをはじめとする演奏の凄さもあって、King CrimsonとVenomをゴシックロック経由で融合したような趣も。以降の作品も全て凄い。孤高の名バンドである。〈和田〉

■日本（1987）■Explosion Records

日本の HR/HM

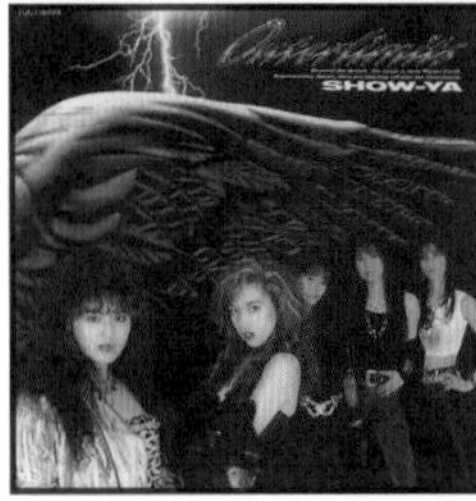

SHOW-YA

Outerlimits

女性のみからなるHR/HMバンドの草分けにして、結成40年を越えていまだ走り続ける名バンド。この7thアルバムはHM色を一気に濃くした代表作で、名曲'限界LOVERS'を筆頭に、当時の日本のポップスならではのメロウさを正統派HM形式に落とし込んだ楽曲が素晴らしい味を生んでいる。演奏も良い。力押し一辺倒でない緩急表現力も見事。〈和田〉

■日本（1989）■Eastworld

日本の HR/HM

Bellzlleb

Bellzlleb

黎明期ヴィジュアル系との人脈的繋がりでも知られるカルト名盤。サタニックなメタルパンクがSwans経由で後のドゥーム／スラッジと接続しているような音で、湿った歌謡感覚と殺伐とした激情表現の兼ね合いが凄すぎる。最初期の黒夢などとはまた別の形で時代の先を行っていた傑作。昨今の日本のエクストリームメタルシーンにも影響を与えている。〈和田〉

■日本（1989）■Nude Records

日本の HR/HM

Sabbat

Karisma

世界中のメタル・フリークから愛される、日本が誇るブラッキング・メタル・バンド。ブラッキング・メタルって何なんだと思われるかもしれないが、Venomが好きならSabbatも気にいること請け合い。80年代から活動を続け、誰も全体を把握できないほどのリリース数を誇る。本作はフル・レングスとしては6枚目で、題材的にも音楽的にも和を取り入れた傑作。〈川嶋〉

■日本（1991）■Iron Pegasus Records

日本のHR/HM

■日本（1991）■Polydor

Outrage

The Final Day

名古屋を代表するHMバンド、名盤4thアルバム。スピードメタル～スラッシュメタルから出発したバンドだが、本作では遅いハードコアやRamonesのようなポップなパンクの滋味を大幅導入、グルーヴメタルとは似て非なる極上のメタルを構築している。James Hetfieldに通じつつしっかり別物な（これが難しい）橋本直樹の歌も素晴らしい。〈和田〉

日本のHR/HM

■日本（1992）■Sohbi, After Zero

Gargoyle

璞（あらたま）

日本を代表するスラッシュメタルバンドであり、ヴィジュアル系の草分けとしても重要な存在、初期3部作の完結篇となった3rdアルバム。KIBAの荒々しく演劇的な歌唱、屍忌蛇の官能的なギターをはじめ演奏が非常に強力なだけでなく、変則的なリフとメロディアスな展開を両立する楽曲が歌謡曲的な情感といかつさを兼ね備えている。〈和田〉

日本のHR/HM

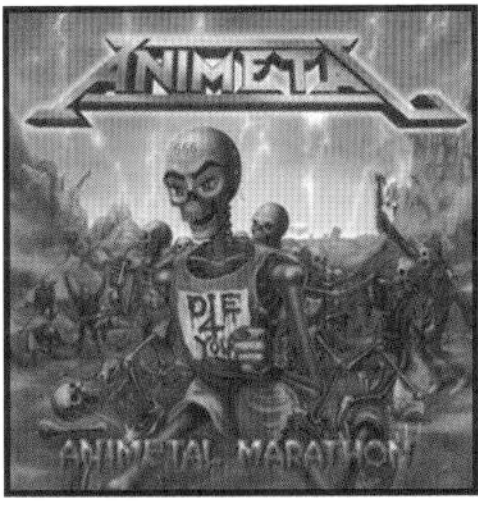

■日本（1997）■Sony

ANIMETAL

ANIMETAL MARATHON

色物・際物の誹りを受けながらも大きな成功を収めた1stアルバム。演奏メンバーはみな国内HMシーンを代表する名プレイヤーで、メドレー形式で繰り出されるアニソンの名曲群は、いずれもHR/HMの名フレーズを組み込まれる形で絶妙にビルドアップされている。この企画は好評を得てシリーズ化。両ジャンルへのリスペクトを高度に実現した。〈和田〉

日本のHR/HM

■日本（1998）■Express

SEX MACHINEGUNS

SEX MACHINEGUN

ユーモラスな（ジャンル批評的には斜に構えた）歌詞と歌唱によりメタルの枠を越えて売れた1stアルバム。Acceptを高速化させた感じの音はメロパワと似て非なるもので、メタルとして非常にクオリティが高い。インディーズバンドブームで活気のあったヴィジュアル系シーンに活路を見出し（V系の流儀にも真摯に対応し）成功したバンドの草分けとしても重要。〈和田〉

日本の HR/HM

B'z

Brotherhood

Mr. Big のリズム隊も参加した 10th アルバム。HR/HM 的な超絶技巧をもつ B'z がメタル領域で避けられてきたのは、売れ過ぎた（メタラーは他領域で評価されたものから距離を置く）のは勿論、弱音を吐くのを厭わない〈マッチョでない〉歌詞がメタル的価値観から離れていたのも大きいかも。HR 路線に徹したからこそそうした味が引き立っている。〈和田〉

■日本（1999） ■Rooms Records

日本の HR/HM

陰陽座

煌神羅刹

メジャーデビュー作の 3rd。近作よりもスラッシュ・メタルの色合いが強いロウなサウンドが盾、黒猫の凪にはためく絹のような艶麗ヴォーカルが鉾となっている。組曲形式が初登場、歌詞と楽曲における徹底した和のコンセプトは既に出来上がっており、枷とも言うべきそれを強みに変え現在まで熱量と質を落とさず活動している信念の強度は天晴。〈清家〉

■日本（2003） ■Nexus

日本の HR/HM

GALNERYUS

ULTIMATE SACRIFICE

国産メロスピの傑士。この 11 枚目は第 4 期ラインナップの唯一作であり、前作で語られた物語の続きを描くコンセプト・アルバム。高音域を自在に乗りこなす SHO（小野正利）のヴォーカルはいわゆる飛翔系の解放感を持ち、技巧派ギタリスト SYU を中心に綿密に構築された長尺の楽曲と合わさることで渓谷を抜けてゆくような爽快極まるカタルシスが得られる。〈清家〉

■日本（2017） ■Warner Music Japan

日本の HR/HM

LIV MOON

Symphonic Moon

宝塚歌劇団の男役出身という経歴が注目を集めた AKANE LIV 率いるシンフォニックメタル・ユニット。Nightwish 版 'The Phantom of the Opera' に衝撃を受けて出発したという通りの音楽性だが、クラシックのアルト〜ソプラノを起点にメタル的な逞しさを獲得した歌唱が素晴らしく、メンバーも名手揃い。歌謡曲的ゴシック感覚も味わい深い好作。〈和田〉

■日本（2012） ■Victor

日本のHR/HM

Unlucky Morpheus

Change of Generation

同人サークルとして発足、オリジナルとしては3作目のフル。美麗なメロディとテクニックを持ちあわせたメロスピだが従来のバンドにありがちだった粗雑な押しの強さを排し、仄甘いゴシックの帳が降りているのが特徴。Jillのヴァイオリンが加えられ、より壮美に広がるサウンドの中に危うい華奢さも漂う。アニメ・ソングとの親和性は国内随一。〈清家〉

■日本（2018）■Not On Label（Unlucky Morpheus Self-Released）

日本のHR/HM

LOVEBITES

Electric Pentagram

キャリア3枚目にして完全に華開いた見事な傑作。楽曲自体は非常にオーセンティックなNWOBHM、パワーメタル系だが、スターにもなれる技術を持つ5人全員が、誰がトップになるわけでもなくフォーメーションを変えながらバンドのために奉仕し、魂を結束し突き進む一体感のある演奏。荘厳な曲調も魅力だが、バンドの士気の充実した演奏が際立つ。〈西山〉

■日本（2020）■Victor

日本のHR/HM

Mary's Blood

Mary's Blood

華やかで打撃力のあるEYE（vo）とSAKI（gt）というスタープレイヤーを擁し、2010年代後半のガールズメタルを牽引してきたMary's Blood、ヘヴィメタル原点回帰の疾走チューンが並ぶ快作。スラッシュやメタルコア系と、90年代ヴィジュアル系を思い起こさせる歌謡曲寄りのメロディラインが上手くミックスし、表情豊かな歌唱とスター性満点のギターで一気に駆け抜ける。〈西山〉

■日本（2021）■Japan Record, Tokuma Japan Communications

日本のHR/HM

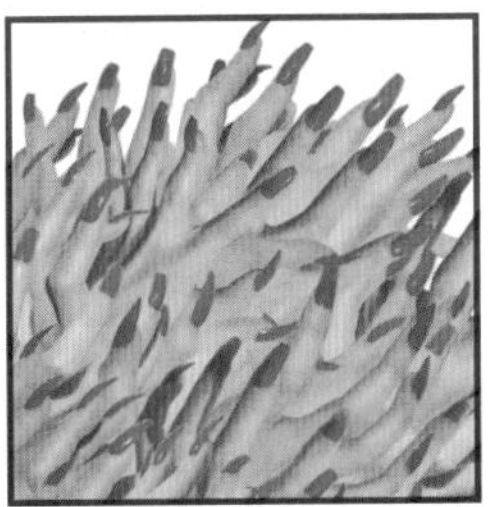

BAND-MAID

Unseen World

メイドを題材にした装いが印象的だが、演奏も作編曲も非常に高度で、日本のガールズロックの系譜（特定の音楽的傾向あり）をHM方面の超絶技巧で悪魔改造する趣も。プログメタルとジャジーなヒップホップを混ぜて謎の構造物を錬成してしまったような'Giovanni'など、様々な文脈が複雑に交錯し、その上で見事に聴きやすい。〈和田〉

■日本（2021）■Pony Canyon

メタルに近いところにある日本のパンク／ハードコア

THE STALIN
虫

日本のパンクを代表する名盤3rdアルバム。仄暗い雰囲気はBlack Flag“My War”と絡めて語られるが、暗雲たちこめる音像はAmebixのようなクラストを先取りした感も。遠藤ミチロウの原点であるThe Doorsの妙味が全く別の個性に昇華された。Dead Kennedysにゴシック風味を加えたような趣もある、世界的にみても最高水準。〈和田〉

■日本（1983）■Climax Records

メタルに近いところにある日本のパンク／ハードコア

The COMES
No Side

80年代ハードコア四天王に数えられるバンドの1st EP。Dead Kennedysのストレートな勢いとDischargeの生硬さを合わせたような演奏の良さ（メンバーはLIP CREAMとGASTUNKに移行）もさることながら、切羽詰まった勢いと妙に間の抜けた懐の深さを兼ね備えたチトセのボーカルが素晴らしい。様々な面において重要な立ち位置を担う名作。〈和田〉

■日本（1983）■Dogma Records, City Rocker Records

メタルに近いところにある日本のパンク／ハードコア

GAUZE
Equalizing Distort

40年以上にわたり日本のハードコアを代表する名バンド、代表作2ndアルバム。Dischargeのような欧州HCの硬い質感に抜群の瞬発力を加えたようなアンサンブルが圧巻で、10曲18分を駆け抜けつつ多彩なフレージングで魅せる構成力が素晴らしい。後続への影響も絶大。日本ならではのメタリックなHCの妙味を集約したような傑作である。〈和田〉

■日本（1986）■Selfish Records

メタルに近いところにある日本のパンク／ハードコア

LIP CREAM
Close to the Edge（危機）

日本のハードコアを代表する異形の名盤。欧州HC色が強かったシーンの傾向とは異なるUS寄りの音楽性で、ファストコア～グラインドコア以降の激しさ基準を踏まえつつもそれらよりは音数を控えめにしたビート構成がむしろ勢いを強調している。同タイトルのYesの名盤とはかけ離れた音だが、過剰な意志が凝縮されている点では通じるかもしれない。〈和田〉

■日本（1988）■Selfish Records

メタルに近いところにある日本のパンク／ハードコア

DEATH SIDE

Bet on the Possibility

日本のメタリック・ハードコア最高傑作の一つ。非常にメロディアスなリードギターが全編で乱舞する構成だが、リフ進行やコード感がメタルとは異なるからか、全体的な印象はHMではなくあくまでHC。後のメロディック・デスメタルやネオクラスト（ブラックメタル系譜）とは似て非なる極上の音楽である。Darkthroneなど国外バンドへの影響も大。〈和田〉

■日本（1991）■Selfish Records

メタルに近いところにある日本のパンク／ハードコア

ヌンチャク

ヌンチャク

KxCxHxC（柏シティ・ハードコア：DCHCをもじったもの）を自称する名バンドの1stアルバム。グラインドコアをグルーヴメタル経由でKornに寄せた感じのサウンドは、キャッチーなリフと高低ツインボーカルの魅力もあってか、この手の音楽性としては異例のヒットを記録。マキシマム ザ ホルモンなどにも大きな影響を与えた重要バンドである。〈和田〉

■日本（1995）■Howling Bull

メタルに近いところにある日本のパンク／ハードコア

Garlicboys

ポエム

1985年結成、代表作と言われることが多い6thアルバム。ヌンチャクの向達郎が「GARLICBOYSみたいなバンドをやりたかった」と語るように、メロディックなパンクやユーモラスな歌詞を軸としながらもその音楽性は驚異的に豊か。ファストコア〜グラインドコアに通じる激音やシューゲイザーも自然に取り込む混淆センスが素晴らしいアルバムだ。〈和田〉

■日本（1996）■Epic

メタルに近いところにある日本のパンク／ハードコア

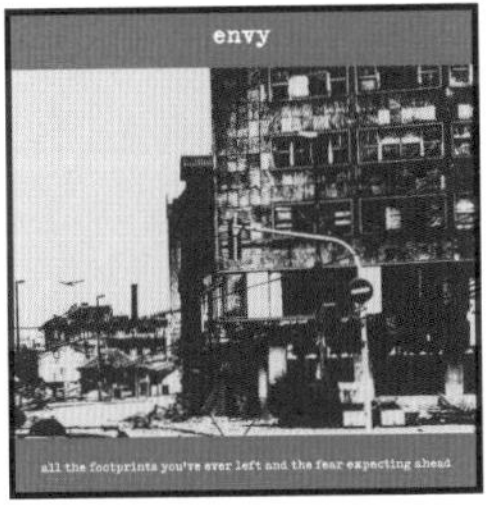

envy

君の靴と未来

今や日本中に散らばる激情系ハードコアの源流となったバンドの代表作である2nd。前身のBlind Justiceの音楽性を引き継いでいた最初期を経て、ポストロックの憂いあるサウンドをがぶがぶと飲み込み、内省的かつノートに書き殴った決意表明のような青臭い衝動が横溢するメッセージ性を持つ日本語詞という武器を手に入れて音楽性が発展。海外での評価も盤石。〈清家〉

■日本（2001）■HG Fact

メタルに近いところにある日本のパンク／ハードコア

bluebeard

bluebeard

唯一のアルバム。日本のエモ／ポストハードコアを代表する名盤である。爽やかに胸をかきむしる音像は英米の同系統バンドに通じ、日本のポップスの系譜にある起伏の大きい歌メロ、そしてメタリックなギターが絶妙な味を添える。メンバーの高橋良和は後のAS MEIASでMeshuggahからの影響を前面に出す。そうした傾向も既に垣間見え奥深い。〈和田〉

■日本（2001） ■Mangrove

メタルに近いところにある日本のパンク／ハードコア

Kamomekamome

kamomekamome

元ヌンチャクの向達郎が中心となり結成されたバンドの1st アルバム。向の原点は三上寛やHellchild、UnitedやGarlicboysとのことで、その系譜にある激しくも懐の深い表現力がポストハードコア的なサウンドのもとで絶妙に映えている。同時期のプログレッシヴなメタリック・ハードコアとも共振する音楽性で、国内シーンに及ぼした影響も大きい。〈和田〉

■日本（2005） ■Howling Bull Entertainment, Inc.

メタルに近いところにある日本のパンク／ハードコア

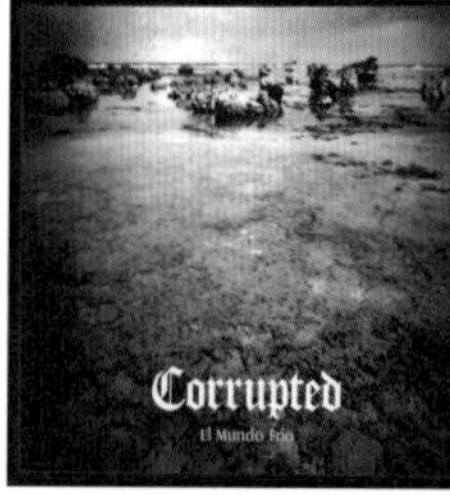

Corrupted

El mundo frío

日本が世界に誇る大阪スラッジ／ドゥーム。精力的なライヴ活動の一端を目の当たりにし、人生が変わった者も少なくない。結成から10年を経ての4thの日本語詞が持つ、この尽れた響きは時が経つほどに重みを増す。GriefやNoothgrush等とのSplitを発表していた初期の作風より、大部分をニヒリスティックなポストロック・パートで構成した全1曲71分の巨作。〈村田〉

■日本（2005） ■HG Fact

メタルに近いところにある日本のパンク／ハードコア

killie

犯罪者が犯した罪の再審始まる

激情系ハードコア・シーンでひときわ異彩を放つバンドの初期音源を再録した編集盤。独自の活動スタイルで賛否が両極化している彼らだが、過激性が一目でわかる曲名とそれを裏切らないキリキリとしたサウンドは一聴の価値あり。謎のヴェールに包まれたまま曝け出される激情が、廃墟に残された個人的な落書きのように不気味に距離を詰めてくる。〈清家〉

■日本（2018） ■Not On Label (Killie Self-released)

日本のエクストリーム・メタル

Jurassic Jade

Gore

日本のスラッシュメタル代表格。HIZUMIの強靭な歌唱・歌詞表現や白塗り姿に注目が集まるが、変則的なリフ遣いは世界的に見ても屈指の個性を誇り、この名盤1st以降はコード付けの面でも発展を続けていく。特に2000年代に入ってからは、海外のプログレッシヴなメタリック・ハードコア一線球級に並ぶ凄みを確立。いまだ現役の素晴らしいバンド。〈和田〉

■日本（1989） ■Explosion Records

日本のエクストリーム・メタル

Multiplex

World

唯一のアルバム。日本のグラインドコア領域を代表する異形の名盤である。Carcassの変則曲展開を優れた技術で高速回転、インダストリアルメタル風味も加えたような仕上がりは、最初期のFear Factoryに並走し、後のDiscordance Axisなどに繋がるものでもある。独特の録音は音楽性に合っていないように思えるが、その異物感も味わい深い傑作。〈和田〉

■日本（1992） ■Selfish Records

日本のエクストリーム・メタル

Clotted Symmetric Sexual Organ
collection

C.S.S.O.

Collection

日本のグラインドコア代表格であり、グラインドロックの提唱者でもある重要バンド。XysmaやDisgraceのようなフィンランドの越境バンドと同時進行的にグラインドコアの可能性を拡張、海外バンドとの交流で培ったゴア要素も非常に興味深い音源集だ。メンバーの関根成年は、はるまげ堂／Obliteration Records主宰者としてもシーンに大きな貢献をし続けている。〈和田〉

■日本（2003） ■From Beyond Productions

日本のエクストリーム・メタル

HELLCHILD

Wish

日本のデスメタル黎明期から活動するレジェンド。深い関係にあったMultiplexと同様に、日本独自の高度な音楽的発展を示してきたバンドで、本作はこの時期にUSで活発になったカオティックなメタリック・ハードコアに通じる音楽性がミドルテンポで重くもがく展開の上で絶妙に映えている。シーン屈指のシンガー原川司の表現力も素晴らしい作品。〈和田〉

■日本（2000） ■Ritual Records

日本のエクストリーム・メタル

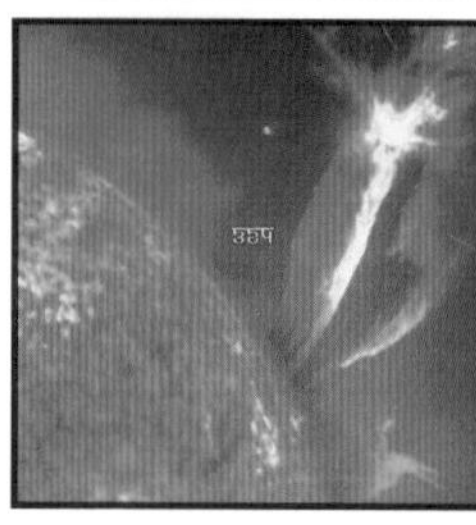

324

冒涜の太陽

グラインド・レジェンドの 1st。まさに太陽、圧倒的熱量で迫りくるアンサンブルは全パートの勢いが拮抗している点が何より素晴らしい。ノイジーに回り続ける大車輪リフ、周囲を睨みつけるようなベース、10 倍速で降る雹の如きブラストを繰り出すドラム、音量的には然程突出していない筈なのに存在感を失わないヴォーカル。恐怖の大王の遅れた到着。〈清家〉

■日本（2000） ■HG Fact

日本のエクストリーム・メタル

Gallhammer

gloomy lights

Coffins や Anatomia とほぼ同時期に始動した東京のフィーメール・クラスト／ブラックメタルは、Hellhammer や Amebix をベースに過剰な装飾のない無骨なサウンドを構築し、Corrupted 等への憧憬を感じるスラッジの要素も交差させた。アルバム全体を覆う侘しいムードは、他のクローンとは一線を画す。当 1st に続く Peaceville 契約後の作品も異彩を放つ。〈村田〉

■日本（2004） ■Goatsucker Records

日本のエクストリーム・メタル

Blood Stain Child

Idolator

トランス・メタル・バンドの 3rd。これまでもキーボードがフックになっていたが、あくまでもメロディック・デスの中のアクセントといった使われ方だった。しかし本作から本格的にトランス／ EDM 的な音色が導入され、加えてギターの RYU によるクリーン・ヴォーカルも新要素となり現在の彼らに続くスタイルが確立され始める。ゲーム音楽的色合いも出現。〈清家〉

■日本（2005） ■M&I Company Ltd.

日本のエクストリーム・メタル

Kanashimi

Romantic Suicide

O. Misanthropy によるソロ・プロジェクトの 1st。国内外の根強いファンの要望に応え、リリースから 10 年の後再発された。ディスクに鑢をかけたが如き音像で出力されるヴォーカルやギターに対し、独りクリアでイノセントな旋律を奏で続けるピアノ。古いビデオテープを再生して、モニターではしゃぐ過去の無垢と肥えてゆく現在の虚ろが交差してゆくような作品。〈清家〉

■日本（2009） ■Nekrokult Nihilism

日本のエクストリーム・メタル

Manierisme

過去と悲哀

Jekyll によるソロ・プロジェクトの 1st。プリミティヴなブラストとトレモロ・フレーズをふんだんに盛り込んだロウなデプレッシブ・ブラックだが、歌詞が聞き取れるような歌唱の部分では黎明期の V 系／アングラ・ゴシックを感じさせる退廃的な文学性と歌謡風のメロディが目立つ。過ぎた時間に思いを馳せ、破滅に向かう現実を徹底的に描く壮絶な 1 枚。〈清家〉

■日本（2010） ■Not On Label（Manierisme Self-released）

日本のエクストリーム・メタル

THOUSAND EYES

ENDLESS NIGHTMARE

10年代中盤から頭角を現わしたメロディック・デス・バンドの 2nd。デビュー作から既にクオリティは申し分なかったが、ここで更にギアを上げ、分離の良いモダンなプロダクションながら突風のような迫力のある楽曲を揃えてきた。リフ、リードのメロディ、ヴォーカルのキメのリリックの総てが耳に残るという点において間違いなくずば抜けている。〈清家〉

■日本（2015） ■Spiritual Beast

日本のエクストリーム・メタル

Defiled

Towards Inevitable Ruin

日本を代表するデスメタルバンドの一つ。1992 年結成なこともあって初期デスとブルデスの間にあるサウンドで、テクニカルだが淡白にならない塩梅は Cannibal Corpse や Deicide に通じ、その上で特有のねじれた奥行きを確立。この 5th アルバムは初期デスを意識したと思われる音質の癖が強いが、慣れれば無二の妙味に。楽曲の充実も見事な好作だ。〈和田〉

■日本（2016） ■Season Of Mist

日本のエクストリーム・メタル

Second to None

Bāb-Ilū

1990 年代後期の関西メタリック HC シーンで頭角を現し、近年は Coffins との盟友関係も築いている重要アクト。待望の声が多かった本 1st は、彼らのこれまでの歴史を総括する名盤だ。Benediction や Winter 等を汲んだズルズル感／モタレ感の背後には、フロアで研磨されたモッシーなキレも勿論あり、90's ゴシックの雰囲気を醸す終曲まで孤高の姿勢を崩さない。〈村田〉

■日本（2016） ■Radical East

日本のエクストリーム・メタル

Butcher ABC

NORTH OF HELL

Butcher Analtoshit（Gt, Vo）を名乗る、はるまげ堂／Obliteration Records 主宰者を中心としたバンド。21 世紀初頭に活動を本格化して多数の作品をリリースしてきたが、アルバムは本作が初。同レーベル／ディストロの取扱い範囲で小気味良く、悪鬼の行進のような重量感で躍動するゴアグラインディング・オールドスクール・デスメタル。氏は現在 Gravavgrav で活動中。〈村田〉

■日本（2017） ■Obliteration Records

日本のエクストリーム・メタル

Coffins

Beyond the Circular Demise

Relapse 所属の東京 OSDM。前作より 6 年振り「Raw Stench Death Metal」を標榜する新体制での 5th。Hellhammer や Winter のリバイバル的に国際的評価を受けてきたドゥーム・デスの神髄に、クラスティーな UK 初期デスや 90's HC のムードが潜在する。生々しい録音のミニマルな動静の随所に、各メンバーのフェチを満載した傑作。アートワークは Chris Moyen が担当。〈村田〉

■日本（2019） ■Relapse Records

日本のエクストリーム・メタル

Takafumi Matsubara

strange, beautiful, and fast

Mortalized や Gridlink 等で活動してきたテクニカル・グラインドコア・ギタリストの 1st ソロ。脳梗塞による左手麻痺の数年のリハビリを経て、世界中より 30 名以上のグラインダー／実験音楽家を招集。全 17 曲それぞれが映画のワンシーンのような独立した情景を描く。氏がこれまで培ってきた技巧を駆使して、力強くタイトル通り、その身を焦がすように。〈村田〉

■日本（2019） ■Selfmadegod Records

日本のエクストリーム・メタル

KRUELTY

A Dying Truth

Dead Sky Recordings オーナー率いるバンド。町田を拠点として精力的なツアー／ギグを行い、現行のハードコアとデスメタルを結ぶ。Taylor Young（Nails）がミックスを手掛けた 1st では、陰惨たるドゥーム・デスの重さを会得した、関西ニュースクール／エッジメタル影響下のサウンドを織りなす。曲／アルバム全体の構成も卓越した名作。国内外で話題を呼んだ。〈村田〉

■日本（2020） ■Daymare Recordings

日本のエクストリーム・メタル

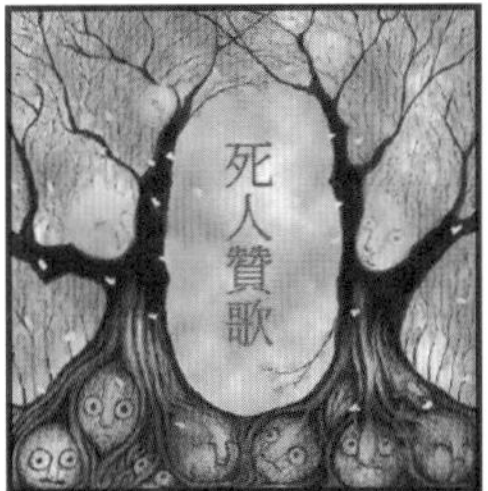

五人一首

死人賛歌

15年にわたる作編曲およびパート別録音を経て完成した3rdアルバム。日本のプログデスを代表する（人間椅子や初期の筋少に連なる）一枚だ。King Crimsonの影響が濃いが、70年代だけでなく90年代以降の複雑メタル化してからの要素も噛み砕き独自昇華しているのが見事。なお、ベースの大山徹也は『スプラトゥーン』のアレンジでも知られる。〈和田〉

■日本（2020）■B.T.H.

日本のエクストリーム・メタル

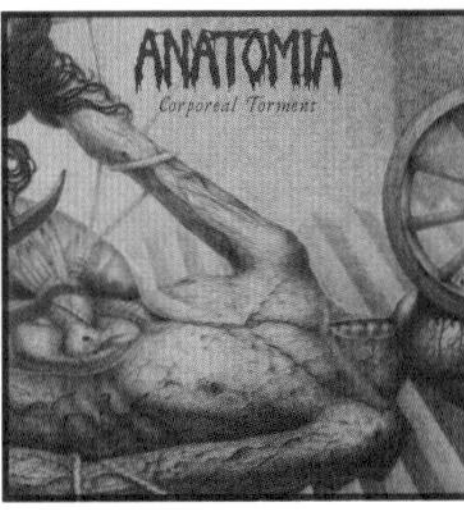

Anatomia

Corporeal Torment

Transgressor／Necrophile等で活動してきたレジェンドによるバンド。AutopsyやUndergangとの親交があり、後者とはWormriddenといったプロジェクトも稼働。オリジナル・メンバー2名で制作された4thでは、彼らと共に歩んだドゥーム・デスメタルを礎石として柱には、激しさでベスチャル・デス、深さでフューネラル・ドゥームに接近する装飾を凝らした内容。〈村田〉

■日本（2021）■Dark Descent Records

日本のエクストリーム・メタル

Swarrrm

ゆめをみたの

前作“こわれはじめる”で導入した歌謡感覚をさらに熟成した6thアルバム。グロウルのまま豊かなメロディを歌い上げる原川司の声は気迫と情念を両立し、ブラストビートを軸にしつつ叙情的な展開を惜しまない楽器陣も凄まじい。泣き濡れながらもベタつかない潔さがあり、安全地帯と初期Ulverをグラインドコア経由で融合したような傑作だ。〈和田〉

■日本（2021）■Long Legs Long Arms

日本のエクストリーム・メタル

State Craft

To Celebrate the Forlorn Seasons

東京ニュースクールHCシーンに伝説を残したバンドの唯一アルバム。Metal Zoneを用いた叙情派サウンドからは、息を呑むほど美しい瞬間が度々訪れる。メンバーが並行して活動する、Loyal To The Graveと共にしたAFTeRSHOCK等との関係も重要だ。事件や日本のメタル／ハードコア間の隔たりもあって歴史に取り残された、2000年代メタルコア前夜の爛熟盤。〈村田〉

■日本（2000）■Good Life Recordings

日本のエクストリーム・メタル

PALM

TO LIVE IS TO DIE, TO DIE IS TO LIVE

ライヴハウス火影の店主や、エンジニアを擁して、音楽的にスラッジ、カオティック、デス／グラインド、エモ、パワーバイオレンス等といった多彩な要素を具有するにもかかわらず、楽曲はロウで一点に凝縮している。ステージに集積した黒さ侘しさのカオスの放散も、現代に遍在する一つの事象として捉えたい。この刹那を生きる大阪ハードコアの 3rd。〈村田〉

■日本（2018） ■Deliver B Records

日本のエクストリーム・メタル

Mortal Incarnation

Lunar Radiant Dawn

明日の叙景と同世代の東京デスメタルによる 1st EP。OSDM ／アンダーグラウンド・ブラックメタル寄りのハイコンテクスト化した文脈を俯瞰する音で、界隈では一目置かれる存在。雲がちぎれる時、日本のコロラド（Blood Incantation/Spectral Voice 等への回答）が月の門を開く。モノリシックかつ論理的な構造を、幻想文学的なイメージで結晶化させた全 2 曲約 16 分。〈村田〉

■日本（2019） ■Self-Released

日本のエクストリーム・メタル

SUGGESTIONS

Another Heaven, Our Catharsis

自身を「Depressive Groovy Metalcore」と形容する大阪のバンドによる 1st。ダウンテンポ・デスコアに匹敵する重量級グルーヴと、ニューメタル賛美的な技で演出される狂気を基調に、シューゲイザー／トラップの幻覚的要素を攪拌させた一作。ホラー映画影響下のダークネスと、線の細くメロウな日本人の声帯を逆手に取った歌唱で、人々の恐怖心を巧みに煽る。〈村田〉

■日本（2019） ■Self-Released

日本のエクストリーム・メタル

Plastic Dogs

IVERT

小埜涼子（サックス）率いるプログレッシヴ・メタル・バンド。カンタベリー系ジャズロックや John Zorn 流ジャズメタルに通じる音だが、ギター周りの轟音はグラインドコアなどエクストリーム・メタルの系譜で（これも Zorn 的か）、緻密な構造と爆裂するユーモア感覚が自然に統合されている。リードもリフも隅々まで美味しい。〈和田〉

■日本（2021） ■R-Records

日本のポスト HR/HM

YBO2

Alienation

エクスペリメンタル・プログ・バンドの 1st。『FOOL'S MATE』誌を創刊したヴォーカルの北村昌士は長髪に不健康そうなメイクを施した出で立ちで、血腥さとナイーヴさが犇めく歌詞、嘆願するように不安定な歌のインパクトなども踏まえＶ系の祖先と言える存在だ。騒々しく金切り声をあげるギターに注目すればアヴァンギャルド・メタルとしても受け取れる。〈清家〉

■日本（1987）■Transrecords

日本のポスト HR/HM

Asylum

Asylum

メジャーデビュー作。プログレッシヴロックとゴシックロックを HM 的質感のもと混淆する音楽性は、YBO2 などのトランスレコード勢と共振するもので、後のヴィジュアル系に大きな影響を与えた。このあたりはメタル文脈では全く語られてこなかったが、ポスト・ブラックメタルを通過した今なら歓迎される音なのでは。そうした説得力に溢れた傑作である。〈和田〉

■日本（1989）■Invitation

日本のポスト HR/HM

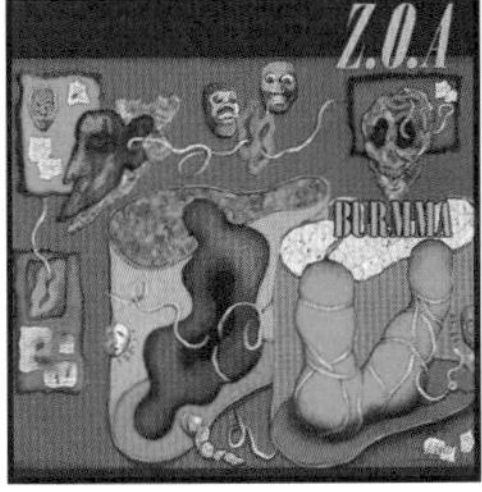

Z.O.A.

Burmma

YBO2 にも参加した森川誠一郎が率いるバンドの 2nd。大幅な編成変更を経て制作された今作はサウンドの表情が一曲の内でがらりと変わるのが楽しい劇場型アヴァンギャルド・プログ。性急なテンポ・チェンジで奇を衒う錯乱性はなく、アコースティックに包まれ優しく歌うセクションからパンキッシュな初期の顔が現れるなど場面が転換していく感覚がある。〈清家〉

■日本（1989）■Bang A Gong

日本のポスト HR/HM

D'ERLANGER

LA VIE EN ROSE

うねるベース音に跳ねるドラム、踊るギター、華のあるヴォーカル。初期Ｖ系シーンの傑作として名高い本作は、Ｖ系特有のナルシシズムを各楽器の自由ながら拮抗した演奏が補強しつつも粉砕し、アンビバレンツな様子を絶妙に演出している。例えばギターのフレーズなど時折メタルの色が顔を覗かせるものの、構造自体はポストパンク的。唯一無二。〈つや〉

■日本（1989）■Danger Crue RECORDS

日本のポスト HR/HM

COCOBAT

COCOBAT CRUNCH

特にラウド畑のアーティストのルーツとして挙がることが多い国内ヘヴィミュージックの俊傑による必携 1st。グルーヴメタル〜スラッシュ〜ハードコアをミックスしたザクザクのサウンドにスラップ・ベースが光る。'Fish' の中盤や 'Mental' で見せる悠々自適のクールさにも痺れ、電池をクランチ・チョコの塊に交換された King Crimson のカヴァーでトドメを刺される。〈清家〉

■日本（1992） ■Stinky Records

日本のポスト HR/HM

黒夢

生きていた中絶児…

インディーズ時代の 2 作目。作品ごとに大きな変化をしていくバンドだが、本作では同時期のノルウェーで形成されつつあったブラックメタルにも通じる激音が体現されている。特殊なコード感は Pestilence や中期 Death にも通じるし、世界的に見ても（同時期の国内 HR/HM シーンよりも）非常に早い音楽性。メタル側からも評価されるべき傑作。〈和田〉

■日本（1992） ■La†Miss

日本のポスト HR/HM

Zeni Geva

Desire for Agony

自身をプログレッシヴ・ハードコア・ロックトリオと称する国内地下シーンの重要バンド。関わりの深い YBO2 や Doom と同じく、King Crimson などのプログレの影響が強いが、卓越した演奏表現により無二の個性が生まれている。Steve Albini は Zeni Geva のファンで、本作でも録音を担当。Helmet などと聴き比べるのも興味深い。〈和田〉

■日本（1993） ■Alternative Tentacles

日本のポスト HR/HM

hide

Hide Your Face

世紀末のギター・ヒーロー、ソロ初アルバム。SE のセレモニーを受けて 'Dice' が脳天をぶち抜く流れは完全無欠。ブリキの兵隊たちが大挙して反乱を起こしたようなインダストリアル・メタル・サウンドに持ち前のラムネ菓子的ポップネスがはじける。終曲に忍ばせた仕掛けまで遊び心が尽きない作品。この音楽性を大衆に受け容れさせる才能に脱帽。〈清家〉

■日本（1994） ■MCA Records

日本のポスト HR/HM

LUNA SEA

MOTHER

90年代を代表するバンドの 4th で、メンバーも予測していなかったほどのモンスター・アルバムに仕上がった。プロダクションの大幅な改善に従って前作までのハードコア／パンクの味は薄れたが、頭の中身が大気中に霧散していくような感覚になる宇宙的な広がりのサウンド、電子音やギターシンセの導入によるインダストリアル色が加えられた。〈清家〉

■日本（1994） ■MCA Records

日本のポスト HR/HM

SCARE CROW

立春

日本のヴィジュアル系を代表する究極のカルト名盤。影響源は Japan や King Crimson、The Police あたりらしいが、澄明な音像に無数の音楽語彙が溶けているさまは Jim O'rourke や後期 Talk Talk にも通じる。7 曲 22 分という短さを必要十分に思わせる時間感覚も凄い。音の風合いは異なるが、Cynic の 1st にも通じる。再評価が望まれる。〈和田〉

■日本（1994） ■Human Voice

日本のポスト HR/HM

Super Junky Monkey

Screw Up

女性のみからなるバンドとしては……といった注釈なしでも世界最高レベルと言えるミクスチャー・ハードコアバンド、代表作の 2nd アルバム。圧倒的な勢いとファンク的な粘りを両立する演奏は極上、そこに激情を加える声のキレも凄すぎる。突き抜けた絶望がユーモアに転化してしまう様を示す歌詞表現も驚異的。ヴォーカル高橋睦の逝去が惜しまれる。〈和田〉

■日本（1994） ■Sony Records

日本のポスト HR/HM

PUGS

Sports?

ホッピー神山と岡野ハジメ、スティーヴ・エトウ（いずれも元 PINK の達人）を軸に結成、ロラパルーザでも好評を博したバンドの 3rd アルバム。全曲一発録り、ミックスまで 8 時間で完了した作品で、演奏・楽曲双方の冴えが素晴らしい。Honey☆K の歌も見事で、パートナーのいきちがいを即興で描ききった '円谷 POOL' は至高の名演。〈和田〉

■日本（1994） ■White Dog

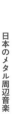

日本のポストHR/HM

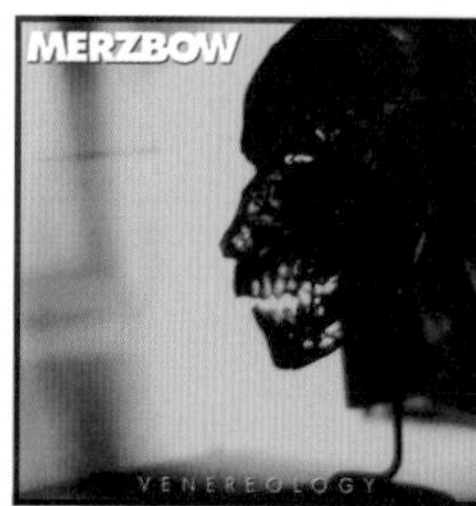

Merzbow

Venereology

世界的ノイジシャン秋田昌美によるプロジェクト。膨大なディスコグラフィーの内の一枚で、音的には石を擦りあわせて鉄を洗うような徹底したハーシュ・ノイズだが、Relapse Recordsからリリースされたこともありデスメタルやグラインドコアを意識して制作されている。確かに軋みの波の感覚が狭くなる部分は地獄に堕ちたグラインドの様相を呈している。〈清家〉

■日本（1994） ■Release Entertainment

日本のポストHR/HM

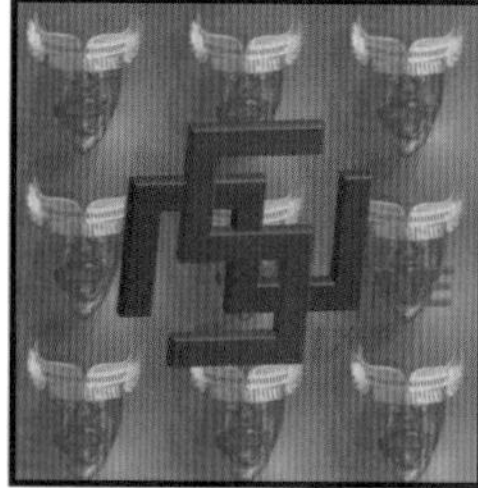

BUCK -TICK

Six/Nine

35年以上にわたり同一メンバーで活動、作品毎に異なる音楽領域を拓き続ける最高のバンド。本作はオルタナ路線とネガティヴな歌詞表現が極点に達した名盤で、固有のゴシック感覚のもと、同時期のロックや電子音楽の妙味が濃縮混淆されている。どんなに沈んでも洒脱な佇まいを崩さないのも素晴らしい。音響的にもメタル側からの入門に適した一枚。〈和田〉

■日本（1995） ■Invitation

日本のポストHR/HM

Zilch

3・2・1

主に既存の楽曲の解体・再構築などを通して実験的なアプローチを加速させていった、hideによる異色のユニット・zilch。その制作方法自体がポストパンク的だと言えるが、一方で導入されるサウンド自体はインダストリアルからヘヴィなギターまで、ニューメタルの過剰性がメイン。その点、20年代のハイパーポップにも通じる世界観を持っている。〈つや〉

■日本（1998） ■Cutting Edge

日本のポストHR/HM

Cocco

クムイウタ

Coccoの独自性を一言で述べるならば、生活と地続きのはずの情景／心情描写が気がつくとフェアリーテールとして成立してしまう不思議さにあるだろう。それはグランジのリアリティとメタルのファンタジーが接合した感覚にも近く、例えばAlice In Chainsの発する情念とも共振する。事実、本作ではグランジ風ギターが随所で感情の揺れを崇高なものへ昇華させる。〈つや〉

■日本（1998） ■Speedstar

日本のポスト HR/HM

Siam Shade

SIAM SHADE V

技巧者揃いなのにマニアックになりすぎないスタンスからプレイヤー志望者からも高い支持を集めていたSIAM SHADE。前作に続いて明石昌夫をプロデューサーに迎え、さらにハードロック寄りになっている。ラストを締めくくる 'Grayish Wing' はこの年に亡くなったhideに手向けた曲。〈藤谷〉

■日本（1998） ■SME Records

日本のポスト HR/HM

MALICE MIZER

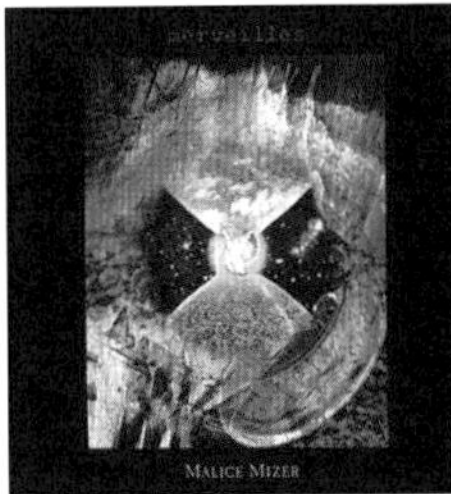

merveilles

中世ヨーロッパの麗しい世界観に振り切り絶大なインパクトを残したV系バンドの2nd。コンセプトに忠実にストリングスやオルガン、ハープなどを用いて華美な城館を築き、そこへメロディの甘露を垂らしたネオクラシカル・サウンドの親しみやすい楽曲が玉座に座すが、Gacktのゴスな低音を活かした実験的インダストリアル・ダークウェーブも聴きどころ。〈清家〉

■日本（1998） ■Maitrize

日本のポスト HR/HM

Plastic Tree

トロイメライ

COALTAR OF THE DEEPERS経由でメタル成分を大幅導入した4thアルバム。元々はThe CureやBauhausといったゴシックロック、森田童子や浅川マキのような日本のフォーク／ブルースをオルタナティヴロックに溶かした作風だったが、本作の路線変更も成功、現在に繋がる礎となっている。初期の傑作群と併せて聴かれるべき素晴らしい作品。〈和田〉

■日本（2002） ■ATMARK CORPORATION

日本のポスト HR/HM

Merry Go Round

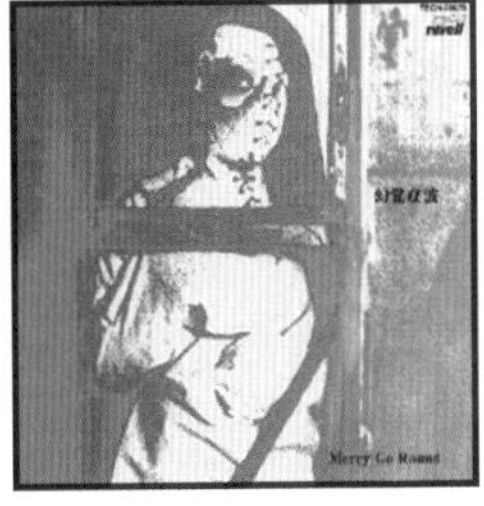

幻覚α波

いわゆる名古屋系の極北的傑作となった2ndアルバム。KornとVoivodの間にあるような楽曲と演奏はともに超強力で、こけおどしに徹するようでいて上滑り感が全くない真（カズマ）のボーカルも凄まじい。以上の要素が絡むことで生じる不思議議な落ち着きも極上で、アルバム全体の流れまとまりも最高。V系の枠を越えて聴かれるべき稀有の作品である。〈和田〉

■日本（2000） ■Reveil

日本のポストHR/HM

椎名林檎

勝訴ストリップ

早きに熟したシンガーソングライターの2nd。不機嫌にハスキーな高音で立体化される、古めかしい言い回しの歌詞は濃艶に咽ぶ。曲作能力の高さにおいて現在に至るまで彼女に匹敵するカリスマは現れておらず、しばしば同性から偶像化される。'アイデンティティ'や'病床パブリック'では高校時代に愛聴していたというオルタナの質感が色濃い。〈清家〉

■日本（2000） ■Virgin

日本のポストHR/HM

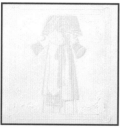

Raphael

不滅華

絶頂期にバンドの象徴的存在であるギターの華月が急逝、彼に捧げるために編まれたメモリアル・ベスト。華月はHelloweenを始めとしたパワー・メタルの影響を公言しており、本作収録曲ではバスドラの連打にそれが表れている。合唱団出身のYUKIが朗々と歌い上げるメロディと10代にしか書けない一瞬を切り取った詞が刹那的に輝く。〈清家〉

■日本（2001） ■For Life Records

日本のポストHR/HM

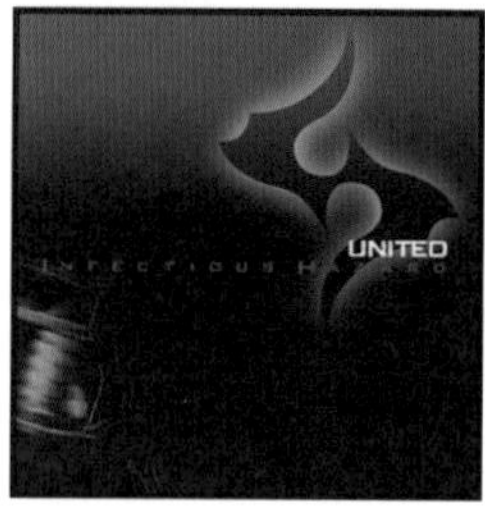

United

Infectious Hazard

1981年に結成された日本のスラッシュメタル代表格。日本の地下シーンに非常に重要な貢献をしたバンドである。本作6thアルバムは紆余曲折を経てスラッシュ路線に回帰した一枚で、新加入のヴォーカルとドラムによりデスメタル的な迫力とハードコア的な躍動感が加わっている。スラッシュ出身でなければ出せない類のグルーヴメタル風味も絶品な好作。〈和田〉

■日本（2001） ■Howling Bull

日本のポストHR/HM

Greenmachine

The Archives of Rotten Blues

バンド名はKyussの2ndアルバム収録曲から。世界屈指のハードコア・ロックンロールバンドである。本作は代表作の呼び声高い3rdアルバムで、Motörheadにも通じるブルース風味がスラッジコア的な摩擦係数高めの出音で絶妙に映えている。High On Fireにも並ぶ激重突進音楽。Eternal Elysiumの岡崎幸人によるリマスターも素晴らしい。〈和田〉

■日本（2001） ■Diwphalanx Records

日本のポスト HR/HM

cali≠gari

再教育

V 系の枠を超え独自の越境ポップスを発展させ続けるバンド、初期の「密室系」曲の再録作。この時点では桜井青（超絶音楽マニア）の楽曲のみ、新ヴォーカル石井秀仁（超絶音楽マニア）の貢献は後の作品を待たなければならないが、80〜90 年代のあらゆる音楽を融合するような名曲の数々が圧巻。村井研次郎の超絶ベース（メタルシーン屈指）も最高だ。〈和田〉

■日本（2001） ■密室ノイローゼ

日本のポスト HR/HM

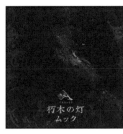

Melt-Banana

Cell-Scape

Discordance Axis とのスプリット作や Mr. Bungle との共演など地下メタルシーンとの関わりが深く、John Peel の激賞で世界的な評価を得た無二のロックバンド。本作はグラインドコアとブレイクコアを融合したような音楽性で、Yako のアニメ声的でもある軽快なヴォーカルが昨今の hyperpop に通じる印象も生む。痙攣的な機動力と不思議な鎮静感の両立が素晴らしい一枚。〈和田〉

■日本（2003） ■A-Zap Records

日本のポスト HR/HM

ムック

朽木の灯

ヘヴィ路線を深化させた 4th。ダウン・チューニングがずしりと沈み込むギターの音はニューメタルそのものだが、リフの組み合わせで構成された音楽ではなく、種々の音色をフレーズ毎に使い分けてアクセントを作ることで沈鬱なコンセプトに奥行きを持たせている。初期からのフォーク／歌謡曲メロディを捨てなかったことも個性として非常に大きい。〈清家〉

■日本（2004） ■Universal

日本のポスト HR/HM

deadman

in the direction of sunrise and night light

最終作でフルとしては 2 枚目。V 系とオルタナの融合において現時点での最高到達点と言える。aie の音作りが素晴らしく、Nirvana の影響が大きいと語っているものの決してフォロワーに終始せず、一聴して彼のものだと判る固有のサウンドを持っている稀有なギタリストである。乾燥した演奏の上で眞呼が魔性のメランコリーを謳うことにより deadman は完成する。〈清家〉

■日本（2005） ■david skull no records

日本のポストHR/HM

D'espairsRay

Coll:set

いち早く海外公演を行い、06年には"Wacken Open Air"にも出演。国内だけでなく海外評価も獲得していたバンドの1st。BUCK-TICKやマリリン・マンソンの影響を感じさせるインダストリアル、ゴシックロックサウンドと2000年代以降のV系の様式美いえる破壊的なシャウトと艶やかなクリーンが特徴。〈藤谷〉

■日本（2005）■Universal

日本のポストHR/HM

MONO

You Are There

ポストロックやポストメタルの間を揺らぐようなサウンド地点から出発し、今も音楽性を変化させ活動するバンドの4th。オーケストラの音を駆使しながら既存の様式の解体をしつつも、全編に渡って振りまかれる強いロマンティシズムにどこか様式への希求も感じる。その相反するいびつさこそがMonoの個性であり、メタル的な陶酔感とも通底する点だろう。〈つや〉

■日本（2006）■Human Highway

日本のポストHR/HM

Metalchicks

St. Wonder

シュガー吉永（Buffalo Daughter）と吉村由加（元DMBQ／OOIOO）によるバンド。メタルとダンス・ミュージックの融合を目指していたというが、Metalchicksは他のダンサブルなメタル・バンドよりも本質的にその二つの要素を組み合わせられていた。日本のオルタナティヴ・メタルの歴史の中で今もっとも再評価すべき一枚。〈梅ケ谷〉

■日本（2006）■Kotori Punk

日本のポストHR/HM

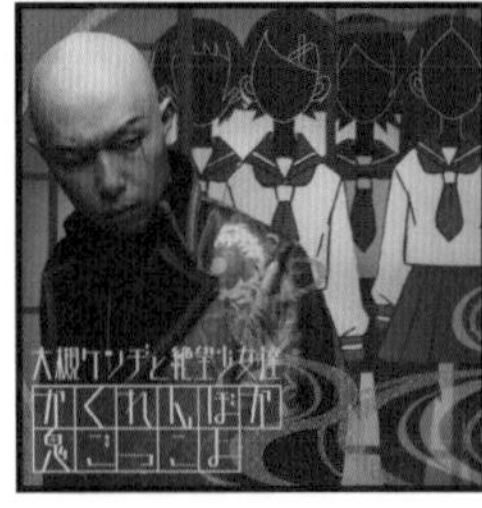

大槻ケンヂと絶望少女達

かくれんぼか鬼ごっこよ

COALTAR OF THE DEEPERSのNARASAKIがプロデュース。サブカルに造詣が深いアニメ『さよなら絶望先生』の声優陣が大槻と共演した一枚で、筋肉少女帯〜特撮にスラッジコア的な重さを加えた音楽性が超強力。本作はレーベルEVIL LINEの礎となり、ももクロ以降の実験的ポップスの系譜に大きな影響を与えた。日本のポップスにおける重要作。〈和田〉

■日本（2008）■Starchild

日本のポスト HR/HM

夢中夢

イリヤ -ilya-

フューネラルクラシカルを自称、久石譲 meets ブラックメタルとも称される大阪出身のバンド。2000年代日本の地下メタル周辺を代表する名盤である。清廉なポストロックがサウンドの軸で、後に実験音楽方面で名を馳せるハチスノイトの歌唱も控えめだが、それは過剰な展開を程良くまとめる作編曲にも通じる。激情と節度の兼ね合いが見事。〈和田〉

■日本（2008）■Gyuune Cassette

日本のポスト HR/HM

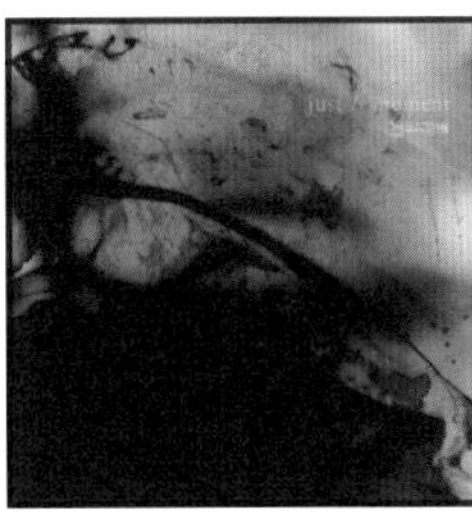

凛として時雨

just a moment

ポストロック〜マスロック以降の地点から如何にロックを始めていくか？ 時にメタルのリフと手数の多い派手なドラムもまじえつつナルシシズム一歩手前の破壊衝動を音像化していく彼らのサウンドは、むしろハイパーポップ以降の過剰さに慣れきった2020年代の今こそリアリティを放つ。メタルへの距離感に対し照れがなく、それは当時まだ貴重だった。〈つや〉

■日本（2009）■SAR

日本のポスト HR/HM

FACT

FACT

ポストハードコア・バンドの2ndフルにしてメジャー／海外デビュー作。メンバー全員が要所でヴォーカルを執るという自由度の高い編成により多彩な楽曲が並んでいるためジャンルのラベリングが難しい。本作では坂本龍一のカヴァーからスラッシーなインストに移行する部分などがまさにそうで、その雑多性こそがキッズの好奇心を擽る点でもあった。〈清家〉

■日本（2009）■Vagrant Records

日本のポスト HR/HM

D

Genetic World

“V系冬の時代”と呼ばれた2000年代初頭に斜に構えず真正面から薔薇やヴァンパイアを掲げていた（何故かティム・バートンもAsagi（Vo）を“日本のヴァンパイア”と称賛している）D。岡野ハジメプロデュースのメジャーデビュー作ということもあり、聴きやすさはあれどダークさ、耽美さは忘れていない。〈藤谷〉

■日本（2009）■avex trax

日本のポストHR/HM

NoGoD

欠片

ルーツとサウンドはHR/HMと強固に結びつきながらフロントマンの団長がV系への愛を語ることで二者間の橋上に陣取るバンド。例えば神話をモチーフに幻想的なワードを交えつつ不純な社会を批判する歌詞がキャッチーな旋律に乗るVロック‘蝋翼’から様式美的ギター・ソロが壇上に上がるインストの次曲への展開で彼らのスタイルを理解出来るはず。〈清家〉

■日本（2010）■Nexus

日本のポストHR/HM

DELUHI

Vandalism

現在は個人での活動でも知られる実力派ギタリストLeda率いるV系／メタルコア・バンドのベスト。ガリガリと掘削していくサウンドはヘヴィミュージック愛好者でも満足出来る重さを備えており、‘Revolver Blast’のイントロをブラストビートでこじ開けてくれる点が流石。初期シングルのタイトルにも見られるエスニック色が反映されたメロディは中毒性強し。〈清家〉

■日本（2011）■Braveman Records

日本のポストHR/HM

BiS

IDOL IS DEAD

ももクロの1stアルバム（2010年）はアイドル音楽の越境＆多展開傾向を導き、「楽曲派」と言われる類のグループの定番化を招いたが、その影響を受けつつヘヴィロック音響を導入した点ではBiSが先駆者と言えるだろう。メタルコアやDjentも駆使しつつアイドルソングならではのエモを描く手管が素晴らしい。‘PPCC’や‘nerve’など名曲多数。〈和田〉

■日本（2012）■Avex Trax

日本のポストHR/HM

己龍

朱花艶閃

2010年代〜現在までV系シーンの最前線で活躍する己龍の3rd。“和”や“ホラー”を掲げていながらGargoyleや陰陽座、あるいは彼らが師と仰ぐあさきらに比べて攻撃性やおどろおどろしさは薄く、そのいい意味での“軽さ”が、彼らの個性と呼ぶべき2.5次元的なキャラクター性を際立たせている。〈藤谷〉

■日本（2012）■B.P.RECORDS

日本のポスト HR/HM

不失者

光となづけよう

灰野敬二の多岐にわたる活動の主軸となるバンド。1970年代からメンバーを変えつつ存続してきたが、本作ではナスノミツル（アルタード・ステイツ、是巨人など）、高橋幾郎（HIGH RISE、マヘル・シャラル・ハシュ・バズなど）という日本の地下シーンを代表する名手が参加。各人の豊かな表現語彙から生まれる独特の間の感覚が素晴らしい。ヘヴィロックの傑作だ。〈和田〉

■日本（2012） ■Heartfast

日本のポスト HR/HM

ももいろクローバーZ

5TH DIMENSION

ネオ・スターゲートをくぐり抜け楽曲の多様化と先鋭化が進んだ2作目。豪華コンポーザー達の力量を見せつけられると同時に、サウンドのインパクトに負けず、上滑りもせずポップに乗りこなしてしまうメンバーのセンスにもうなる。Marty Friedman が参加した'猛烈宇宙交響曲～'の別バージョンには Yngwie Malmsteen も登場。〈清家〉

■日本（2013） ■King Records

日本のポスト HR/HM

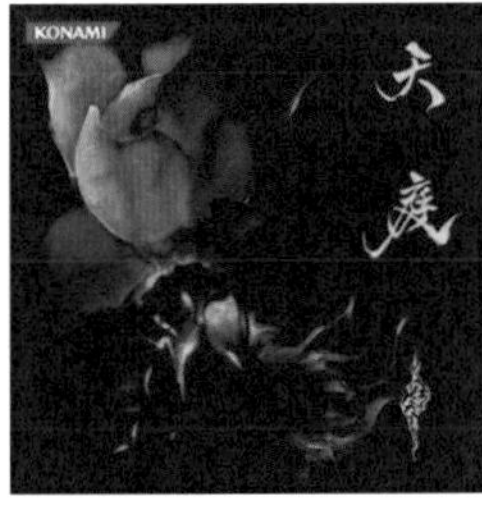

あさき

天庭

BEAMANI シリーズなど数多のゲーム音楽を手がける作曲家のソロ2nd アルバム。関わりの深いV系（自身は「京都メタル」と称する）のゴシック成分を増量、プログレッシヴなブラックメタル以降の感覚で異常発展させたような音楽は、DIR EN GREY や sukekiyo に通じつつ複雑さは数段上、それでいてキャッチー。〈和田〉

■日本（2013） ■Konami

日本のポスト HR/HM

downy

第五作品集 無題

VJ を擁するバンドなだけあって、エーテルとして大気中に分散しとけ込むシンセサイザーがプロジェクターの役割を果たして映像を立ちのぼらせるようなサウンドを奏でている。ドラムが路を舗装、ベースがそれを蛇行させ、歌は絶えず流れる雲に、ギターは頭上に光る星々に、左右に点いては消える音たちは散歩道に過ぎ去る誰かの住処の灯りになる。〈清家〉

■日本（2013） ■Felicity, SSNW

日本のポストHR/HM

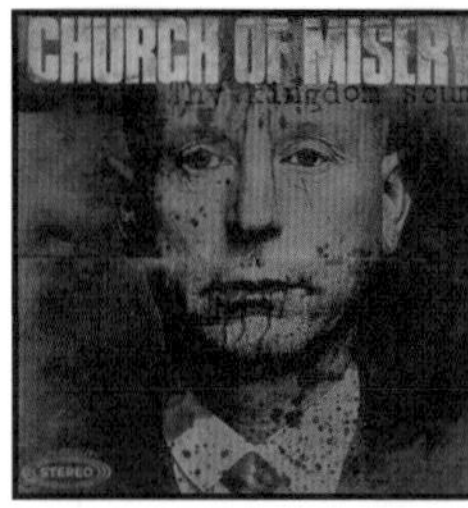

Church of Misery

Thy Kingdom Scum

世界屈指のドゥームメタルバンド。ジャンルの特性からBlack Sabbathと絡めて語られることが多いが、Sabbath的なリフは殆どなく、シンプルな単旋律が軸なのに一つ一つのフレーズが見事に個性的。初期SleepやWarhorseに通じるスラッジコア的な摩擦係数も好ましい。シリアルキラーの生涯をテーマにした歌詞も外連味一杯、全編味わい深い。〈和田〉

■日本（2013） ■Rise Above Records

日本のポストHR/HM

Pay Money To Pain

Remember the Name

活動休止から9年、なお無視できない存在として在り続けるオルタナ／ポストハードコア・バンドの3rd。ヴォーカルのKの遺作となった4thには錚々たるゲストが歌声を手向けており、彼らが現在のラウド・シーンに与えた影響の大きさを物語っている。本作は後半に集中的に収録されているミディアム・ナンバーが抜群で、悲しくも心地よい。〈清家〉

■日本（2013） ■Vap

日本のポストHR/HM

マキシマム ザ ホルモン

予襲復讐

オリコン3週連続1位を獲得した5thアルバム。Mike Patton関連バンドやTool、Convergeなど様々な激音の妙味を取り込みポップに仕上げる作編曲は極上で、演奏も非常にうまい。歌詞のノリは賛否分かれるが、日本のメタル領域に最も大きく貢献したバンドの一つである。Tシャツの柄で地下シーン実力者のフックアップをする姿勢も素晴らしい。〈和田〉

■日本（2013） ■Vap Inc.

日本のポストHR/HM

摩天楼オペラ

喝采と激情のグロリア

V系シンフォ／パワー・メタル・バンドの5th。質の異なるものを掛け合わせるという意味を持つバンド名を体現している作品で、圧迫感のある骨太でヘヴィなサウンドに対し自由に羽ばたいていく開放感のあるメロディの二項共闘を提示。クワイア・アレンジの効果とちくりと刺すキーボードも絶妙なバランス。圧倒的に華がある苑の声はシーン屈指。〈清家〉

■日本（2013） ■King Records

日本のポスト HR/HM

lynch.
GALLOWS

90年代V系の血統を色濃く受け継ぐ一方でPTP、coldrainなど同時代のラウドシーンとも共振していたlynch.が結成10年目に発表した8枚目のフルアルバム。激しいサウンドと艶やかな美学を両立させ、当然ながら決してどっちづかずなわけではく、強い意志を感じさせる一枚。〈藤谷〉

■日本（2014）■King Records

日本のポスト HR/HM

赤い公園
猛烈リトミック

2nd アルバム。SMAPにも楽曲提供したガールズバンド、という印象が強いと思われるが、J-POPの王道をJim O'rourke経由でSwansやShellacと繋げるような音楽センスは最高で、直球のポップさとフリーキーな捻れを自然体で両立する作編曲は様々な領域の意識を変えてきた。リーダー津野米咲の早逝が本当に惜しまれる。〈和田〉

■日本（2014）■Virgin Records

日本のポスト HR/HM

Vampillia
My Beautiful Twisted Nightmares in Aurora Rainbow Darkness

災禍を予見する白昼夢が如き音楽を放つブルータル・オーケストラがBjörkやSwansを手掛けるBen Frostをプロデューサーに迎えて制作したアルバム。奇天烈なサウンドで海外でも人気を博す。ブラック・メタルやアヴァンギャルド／ノイズを参照しつつそれをクリスタルを通して見るような、言わば「儚い美少女と醜悪な怪物」的ダークファンタジーを感じさせる。〈清家〉

■日本（2014）■Virgin Babylon Records

日本のポスト HR/HM

MEJIBRAY
SM

V系歌唱の"癖"が極まったボーカル、HM/HRの申し子のようなテクニカルなギター、疾走するリズム隊、そこにサビでタイトルを連呼するビーイング的なキャッチーさでコーティング。奇跡的なバランス感覚で2010年代V系シーンを駆け抜けたバンドのベスト。なおタイトルは「すごいMEJIBRAY」の略という説が（本当か？）。〈藤谷〉

■日本（2014）■フォーラム

日本のポストHR/HM

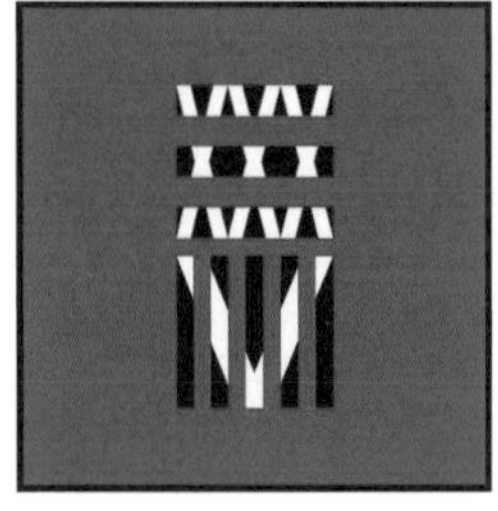

ONE OK ROCK

35xxxv

ワンオクをメタルバンドと認識している人は殆どいないだろうが、エモ〜ポストハードコアを軸としながらも低音で刻むフレーズはメタルコアの系譜で、この魅力の何割かはメタルに由来している。そして、それが意識されないまま日本のロック領域全般に伝播していったのはとても意義深いことに思える。アルバム全体の構成も見事な好作。〈和田〉

■日本（2015）■A-Sketch

日本のポストHR/HM

The GazettE

DOGMA

青臭さ故の勢いで2000年代のシーンを駆け上がった彼らが、2010年代に入ると徐々に成熟していく。あえてもう一度自分たちを形作るものを見つめ直したということで“教義”と名付けられた本作。ひたすらにダークかつヘヴィ、そして色気を帯びた“成熟したV系”を堪能できる。〈藤谷〉

■日本（2015）■Sony Music

日本のポストHR/HM

戸川純 with Vampillia

わたしが鳴こうホトトギス

Vampilliaの主催イベント（2007年）に戸川純が出演したことから実現したコラボレーション。戸川の代表曲を再録、新曲1曲を加えたアルバムだが、絶妙な力加減で原曲とは全く異なる正解を描き出す両組の表現力が全編驚異的。戸川が標榜してきた「予想を裏切って期待に応える」を見事に達成した。共演ライブも本当に素晴らしかった。〈和田〉

■日本（2016）■Virgin Babylon Records

日本のポストHR/HM

KOHH

DIRT II

2010年代の日本のヒップホップ・シーンを代表するKOHHの4thアルバム。ロック以上にロックなリリックと血生臭い歪んだ咆哮が突き刺さる「Die Young」は、トラップメタルの最高峰の一つと言える。今作以降KOHHはAIR JAMへの出演、ザ・クロマニヨンズとの対バンなどを実現させ、ジャンルレスで刺激的な活動を進めて行った。〈梅ケ谷〉

■日本（2016）■Gunsmith Production

日本のポスト HR/HM

sukekiyo

ADORATIO

DIR EN GREY の京（ヴォイス担当）率いるバンドの「音源映像集」（フルアルバムとしては 2nd)。プログレッシヴ・ブラックメタルと 80年代歌謡曲をゴシックロック経由で融合するような音楽性で、京の卓越した歌唱表現力が超絶技巧の楽器陣により遺憾なく引き出されている。非常に複雑だが全編キャッチー。DIR とは別の凄みに満ちた傑作である。〈和田〉

■日本（2017） ■Penyunne Zemeckis

日本のポスト HR/HM

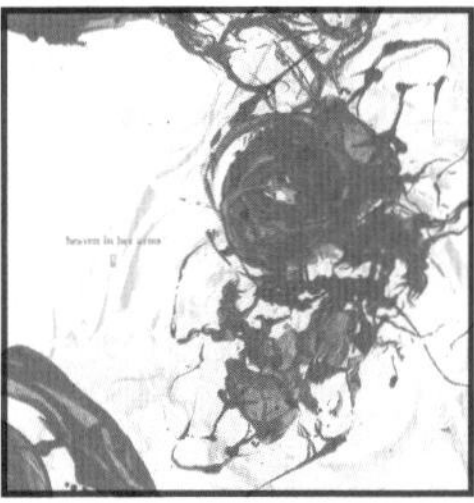

HEAVEN IN HER ARMS

白暈

バンド名は Converge の名盤“Jane Doe”収録曲から。ポストハードコアの括りで語られるバンドだが、ギター 3 本による分厚い音像とクラシカルな曲調もあってかポスト・ブラックメタルに通じる部分も多い。緻密に編み込まれたコード進行は理性と激情を絶妙に両立する表現力を備えており、明日の叙景などにも影響を与えた。〈和田〉

■日本（2017） ■Daymare Recordings

日本のポスト HR/HM

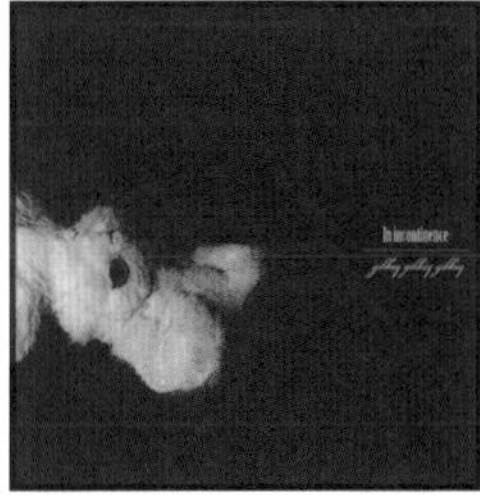

gibkiy gibkiy gibkiy

In incontinence

kazuma（ex. Merry Go Round）と aie（deadman）を中心に結成された名古屋系譜のスーパーバンド。Ved Buens Ende に通じる 1st から一変、この 2nd アルバムではテクニカルなキメを連発するメタリックな構成が主に。13 拍子や 15 拍子を滑らかに聴かせつつ固有の捻れた激情を歌う表現力が驚異的。〈和田〉

■日本（2017） ■praying mantis records, david skull no records

日本のポスト HR/HM

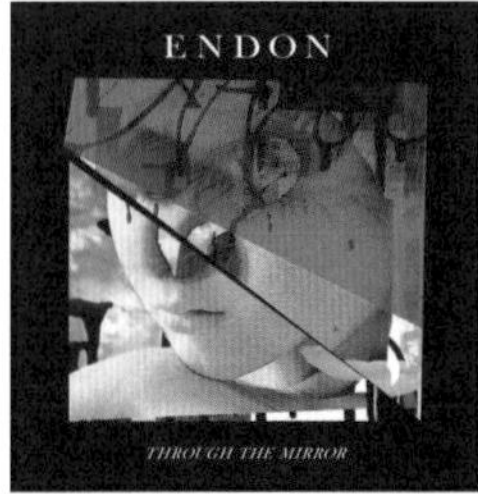

ENDON

Through the Mirror

極東実験音楽シーン最下層にあるという極彩色の桃源郷から、在りし日の Hydra Head の面影が去来する。Mikko Aspa が寄稿した 1st EP も、続く Atsuo（Boris）プロデュースの“MAMA”や、Boris との Split“EROS”も通過。Kurt Ballou プロデュースも次の扉が開いた観があり。90's emo 的スケールを基軸にブラックメタルへ接近して、久遠の美を送るジャパノイズの名盤。〈村田〉

■日本（2017） ■Daymare Recordings

日本のポスト HR/HM

PassCode

ZENITH

ももクロや BiS、BABYMETAL の活躍でアイドル領域において引き上げられた「うるささ」基準をさらに高めたグループ。このメジャー 1st アルバムの音楽的な軸はエレクトロニコア（メタルコア+EDM、日本での通称はピコリーモ）だが、そこにメンバー自身がスクリームを乗せるスタイルが衝撃を呼んだ。話題性だけでなく音源作品として優れた一枚だ。〈和田〉

■日本（2017）■Universal Music

日本のポスト HR/HM

NHORHM

New Heritage Of Real Heavy Metal III

西山瞳率いるピアノトリオ。メンバーは皆メタルから大きな影響を受けており、現代ジャズのコード感を駆使してメタル名曲を再構築する本シリーズはいずれも極上の仕上がり。原曲とは異なる雰囲気を描きつつ魅力の芯は外さない翻案は見事の一言、最後を飾る 5 拍子の 'EL. DORADO'（聖飢魔 II）は特に素晴らしい。メタラーもジャズファンも必聴。〈和田〉

■日本（2018）■Apollo Sounds

日本のポスト HR/HM

People In The Box

Kodomo Rengou

現代日本を代表する超絶越境ポップスの名バンド。影響源は広すぎて特定ジャンルに絞れないが、本作収録 '無限会社' の Meshuggah 式リフを見てもわかるようにメタルにも非常に詳しく（押入れから The 3rd And The Mortal の "In This Room" が出てきた話など）、そうした要素を別次元に昇華させている。全ての作品が素晴らしいのでぜひ。〈和田〉

■日本（2018）■Crown Stones

日本のポスト HR/HM

NECRONOMIDOL

Voidhymn

他に類を見ないほどニッチでブラックメタルに傾倒した楽曲を発表し話題を呼んだアイドル・グループの 3rd。本作には明日の叙景の Kei Toriki、キバオブアキバのやっくん、箱庭の室内楽のハシダカズマらがコンポーザーとして参加、邪神をセーラー服の裾に隠した少女達の触手がダークウェーブやフォーク・メタルにまで伸びる。〈清家〉

■日本（2018）■Imperiet IV

日本のポスト HR/HM

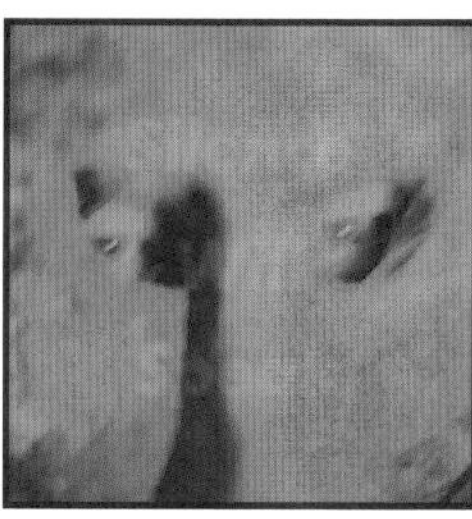

■日本（2018） ■十三月

GEZAN

Silence Will Speak

映像作品やイベント主催など多方向に展開するバンドの 4th。Steve Albini のエンジニアリングによりこれまでより整理され、しかし最も重く有機的な手ざわりのサウンドとなっている。シャウトとブラスト・ビートをきっかけにブラックゲイズ質のイントロが奔出する'忘炎'、ポストスラッジ／ハードコアの上で異種格闘のマイクリレーが行われる'Body Odd'が白眉。〈清家〉

日本のポスト HR/HM

■日本（2020） ■Last Fort Records

Arise in Stability

犀礼／Dose Again

メタリック・ハードコアの領域では史上屈指の傑作。リーダー Masayoshi の「自分の曲は分解すればSIAM SHADE と King Crimson の'Frame by Frame'で要約できる」という志向を 2004年前後のプログレッシヴなメタルコアの塩梅で構築した作品で、複雑な展開をキャッチーに聴かせる構成力と気迫が全編素晴らしい。〈和田〉

日本のポスト HR/HM

■日本（2020） ■Lantis

妖精帝國

the age of villains

アニソンやゲーム音楽との関わりの深い「ゴシックメタル」バンドの 7th アルバム。ALI PROJECT や J・A・シーザーといったサブカル方面で培われてきた類のゴシック感覚を、デスコア的躍動感や Dimmu Borgir 的なシンフォニック音響と共に表現するもので、独特の歌い回し込みも相まって日本からしか生まれない個性が生まれている。〈和田〉

日本のポスト HR/HM

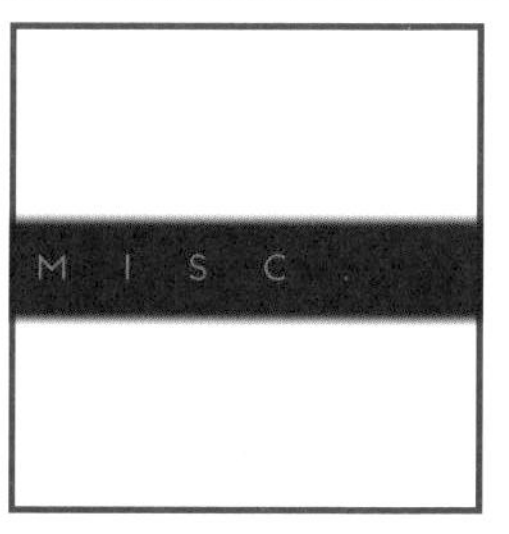

■日本（2020） ■DUM LABEL.

DIMLIM

MISC.

1st 時点から垣間見せていたマスコアやエレクトロニカの素養を突き詰め、これまでになかった V 系とマス・ロックの融和を実現させた 2nd。銀細工の質感を持つサウンドを悲憤に艶めいた歌唱が貫く。インタールードに至るまで統一感を持っており、彼ら自身の音楽を探り当てた手ごたえのようなものを感じさせる完成度の高さなだけに解散が悔やまれる。〈清家〉

日本のポストHR/HM

君島大空
縫層

近年J-POPは高い音楽的素養を求められる傾向が顕著だが、君島大空もその一翼を担う新世代。過去にはメタルのギターを弾いていた君島が、淡い内面世界を自由に厚みを持って描き出す。サウンドはジャズ要素が多く見られるが、繊細なだけで終わらないプログレメタル的な構造の分厚さがあり、常に様々な音楽にアクセスができる世代ならではの新鮮な多面体。〈西山〉

■日本（2020）■Apollo Sounds

日本のポストHR/HM

RAISE A SUILEN
Era

メディアミックス・プロジェクト『BanG Dream!』（バンドリ！）を機に結成された女性声優バンド。メンバーの多くは予めプロ音楽家としての経験を積んでおり、演奏はライヴでも非常にうまい。ギターよりもむしろシンセが低域を担う音響は現代のサウンド基準を踏まえたもので、楽曲展開もキャッチーながら変則的で全編興味深い。〈和田〉

■日本（2020）■Bushiroad Music

日本のポストHR/HM

(sic)boy
vanitas

hydeへの憧れを抱きながらヒップホップ・コミュニティから現れた新世代ラッパー／シンガーは、プロデューサー・KMによる全面プロデュースのもと、90〜00年代のニューメタル、中でもミクスチャーにあったグルーヴをトラップ以降のサウンドデザインで磨き取り入れている。メタルの要素がポップネスとともに現代化された事例として最高の一枚。〈つや〉

■日本（2021）■add. some labels

日本のポストHR/HM

キズ
仇

個人的なことから社会的なことまでその音は世界に対する慟哭を表現するためにある。そのバンドのキャリアのスタートを‘おしまい’という曲タイトルに託したように一筋縄ではいかない、だからこそ誠実さと切実さを感じる。近年のV系シーンにおいて人気、実力ともにトップを走っている俊英の軌跡に触れることのできるベスト。〈藤谷〉

■日本（2021）■DAMAGE.

日本のポスト HR/HM

代代代

MAYBE PERFECT 甲

電子音楽方面の激音とメタル／ハードコア方面の激音を縦横無尽に織り混ぜる作風が話題を呼んできたアイドルの 2022 年作。メンバーの歌唱音源（「乙」盤）を大幅に編集し別物の表現力を生んだ逸品で、Oranssi Pazuzu に通じる 7 拍子の‘まぬけ’をはじめ全曲別方向に凄まじい。それでいて全曲キャッチー、アルバムの流れも完璧。驚異的な傑作。〈和田〉

■日本（2022） ■Lonesome Record

日本のポスト HR/HM

moreru

山田花子

Z 世代のトラウマノイズ発振集団の 2nd。ひしゃげた狂騒、遠くで溺れるメロディ。かの年の終業式から一度も開けていない黄ばんだ押し入れには、少し嬉しかったこと、すごく苦しかったこと、咀嚼しきれないまま口の中でとうに腐った思い出が閉じ込められていて、このアルバムの澱んだ目つきが連れ出してしまう。それは誰かの禁忌であるのに。〈清家〉

■日本（2022） ■Not On Label（Moreru Self-released）

日本のポスト HR/HM

Imperial Circus Dead Decadence

殯――死へ耽る想いは戮辱すら喰らい、彼方の生を愛する為に命を讃える――。

退廃芸術集団の 3rd フル。シンフォ／メロディック・デス／ブラック／プログ／パワー・メタル／V 系などの多岐にわたる興味のレイヤーを重ね合わせて耽美でひとまとめにする、ロリータのパニエの如き音楽性。常にボリューミーなサウンドなのだが今作は過去最大の情報量を誇っており、アルバムという杯からどす黒い多重奏が溢れんばかりである。〈清家〉

■日本（2022） ■Radtone Music

日本のポスト HR/HM

明日の叙景

アイランド

2022 年のメタルを代表する歴史的名盤。「J-POP？ それともブラックメタル？」という通りの複雑な背景（ゲームやアニメなど近年の文化も含む）を凝縮した音楽だが、英語圏のレビューに「並行世界の 8 月 32 日に僕らを連れてゆく」とあるように、文脈を超えて遥か遠くに届く想いにも満ちている。Bandcamp 夏期ベストの筆頭にも選出された。〈和田〉

■日本（2022） ■Not On Label（明日の叙景 Self-released）

■1～

■A

■B

■ E

■ F

■ G

PROFILE

和田信一郎（s.h.i.）
医療職、音楽関係の文筆。『rockin'on』や『Rolling Stone Japan』、各種 web メディアに寄稿のほか、J-WAVE（ミナス音楽、ENDRECHERI 特集）出演など。ブログ『Closed Eye Visuals』

清家咲乃
Z 世代の音楽ライター。『BURRN!』編集部を経てフリーランスに転向、紙／Web の両媒体で執筆中。同人音楽からメタルの道に入った自分にとって本書は最高の越境本になりました。皆さんが度肝を抜く一枚と出会えますように。

村田恭基
1994年 3月生まれ、北海道旭川市で育つ。高校中退。メタルとテクノに人生を救われる。上京後はブロガー兼レコ屋店員として 6〜7年勤務。著書に『オールドスクール・デスメタル・ガイドブック』がある。Twitter：@abortedeve

脇田涼平
岐阜県中津川市出身。海外アーティストのツアー、プロモーションを手掛ける RNR TOURS や音楽情報サイト RIFF CULT などを運営。著書『Djent ガイドブック』、『デスコアガイドブック』ほか雑誌などへの寄稿多数。

つやちゃん
ヒップホップや R&B といった音楽を中心に、ロック、メタル、ダンスミュージック等さまざまな音楽・カルチャーにまつわる論考を執筆。アーティストのインタビューも多数。著書に『わたしはラップをやることに決めた フィメールラッパー批評原論』(DU BOOKS)。

西山瞳
ジャズ・ピアニスト。国内外で活躍し、2015年よりヘヴィメタル名曲をカヴァーするプロジェクト NHORHM を率い、アルバム『New Heritage Of Real Heavy Metal』シリーズはジャンルを超えたベストセラーとなる。

川嶋未来
エクスペリメンタル・メタル・バンド SIGH のヴォーカル、キーボード、フルート担当として、これまでに 12枚のアルバムを発表。主にエクストリーム・メタル系の音楽ライターとして、インタビュー取材、ライナーノーツ執筆、歌詞対訳なども手掛ける。著書に『意味も知らずにヘヴィメタルを叫ぶな !』。

藤谷千明
81年生、フリーライター。ヴィジュアル系バンドを中心にインタビュー取材やレポート、コラムを寄稿。「すべての道は V 系へ通ず。」(市川哲史氏との共著／シンコーミュージック)、「水玉自伝〜アーバンギャルド・クロニクル〜」(ロフトブックス）など。

梅ヶ谷雄太
2002年から都内で DJ を始め、2004年に自身主宰イベント／レーベル Murder Channel をスタート。パブリブから出版された『ブレイクコア・ガイドブック』『ハードコア・テクノ・ガイドブック』の著者を勤める。

現代メタルガイドブック

2022年12月29日　初版印刷
2022年12月29日　初版発行

監修　和田信一郎
執筆　清家咲乃、村田恭基、脇田涼平、つやちゃん、西山瞳、川嶋未来、藤谷千明、梅ヶ谷雄太

デザイン　北村卓也
編集　大久保潤（Pヴァイン）

発行者　水谷聡男
発行所　株式会社Pヴァイン
〒150-0031
東京都渋谷区桜丘町21-2 池田ビル2F
編集部：TEL 03-5784-1256
営業部（レコード店）：
TEL　03-5784-1250
FAX　03-5784-1251
http://p-vine.jp
ele-king
http://ele-king.net/

発売元　日販アイ・ピー・エス株式会社
〒113-0034
東京都文京区湯島1-3-4
TEL　03-5802-1859
FAX　03-5802-1891

印刷・製本　シナノ印刷株式会社

ISBN　978-4-910511-35-1